KB067555

외식경영학개론

Restaurant Management

차성수

박영사

Preface

머리말

세계 식품시장 규모는 IT나 자동차 산업보다 크며, 국내 외식업시장 규모는 제조업을 능가한다. 그리고 우리나라 식품시장이 세계 식품시장에서 차지하는 비중은 약 1.1%로 높은 성장잠재력을 보유하고 있으며, 국내 식품제조업이 전체 제조업에서 차지하는 비중은 5.2%로 일본 11.8%, 미국 14.8%에 비해 작기 때문에 향후 성장 가능성이 높다고 할 수 있다.

최근 증권사 애널리스트보고서에 따르면 2018년 국내 외식시장 규모는 136조 원으로 전망된다. 이는 식료품제조업(약 106조원)과 음료제조업(약 13조원), 담배제조업(약 4조원)의 올해 예상 시장규모 합계를 상회하는 수치이다. 연평균성장률(2010년~2018년)은 9.1%에 달할 것으로 예상했다. 또한, 정부는 최근 발표를 통해 식품제조·외식산업 매출액을 2022년 330조원까지 늘린다는 목표를 세웠다.

이러한 성장 속에 외식산업은 거대한 변화에 직면하고 있다. 최저임금제와 주52시간 근무제 등 정부주도의 제도변화는 사람들의 생활패턴과 더불어 외식산업에 큰 영향을 미치고 있으며, 금리 인상이나 대출규제 등 경제 상황도 녹록하지 않다. 게다가 편의점의 가파른 성장과 HMR 시장의 급속한 확대는 전통적인 외식산업 구조의 근간을 바꾸고 있다. 하지만 이런 가운데에서도 4차 산업혁명으로 촉발된 인공지능, 빅데이터 등 외식산업을 둘러싼 패러다임의 변화를 일찍부터 준비한 업체들에게는 새로운 기회가 될 것이다.

지난 약 20년간 기업에서 인사, 마케팅, 기획, MD, 리징 업무를 하며 실무에서 익힌 경험을 학생들과 나누고자 교육현장으로 왔으며, 하루가 다르게 발전하는 사회변화의 소용돌이 속에서 살아있는 현장의 모습들을 보여주기 위한 방안으로 본 도서를 집필하게 되었다.

외식경영관련 실무에 도움이 되는 내용을 담기 위해 최선을 다하였지만 여전히 부족함과 아쉬움이 많이 남는다. 그럼에도 불구하고 미력하나마 실제 기업의 이야기들을 교재 곳곳에 들려

주려고 노력하였다. 외식 산업 자체가 끝없이 진화하고 있듯이, 본 교재의 내용 또한 끊임없이 수정 보완될 것이다.

출판을 허락해주신 박영사 안종만 회장님과, 지난 여름 역사적인 폭염 속에서도 출판일정을 맞추기 위해 노력해주신 배근하 대리님 그리고 관계자 여러분들께 감사드린다.

2018년 8월 연구실

차성수

Contents

차례

Part 1 외식경영의 이해

Part 3 외식경영의 기초

Part 4 외식인사관리

 Part 5 외식재무관리

──부록

Part 1

외식경영의 이해

Part 1

외식경영의 이해

SECTION 01 음식과 문화의 의미

인간은 식생활을 통해서 삶의 원동력인 에너지를 공급받고 건강한 일상생활을 영위함으로써 건전한 문화발달을 형성한다. '라따뚜이'라는 만화영화를 보면 평범한 시골사람들이 만든 음식을 주인공과 생쥐셰프가 유명한 음식비평가에게 선보이자 비평가가 어렸을 때 어머니가 해주던 라따뚜이 맛을 회상하며 감동하는 장면이 나온다. 음식을 통해 인간은 과거를 회상하고 음미하며 그때의 시간으로 돌아가기도 한다. 어느 재벌그룹의 총수는 해외출장을 다녀오는 날이면 젊었을 적 먹었던 해장국 집으로 달려가서 해외생활을 하며 허기졌던 배를 채웠다고 한다. 해외의 값비싼 호텔 레스토랑이나 뷔페보다 어린 시절 어머니의 해장국이 더 그리웠을 것이다.

이처럼 머릿속을 모두 지워도 뼛속에, 살 속에 배어있는 식습관, 즉 식생활은 인간의 본능적 욕구인 생존과 배고픔을 충족시켜 주는 것에서부터 자아실현의 욕구를 충족시키는 데 이르기까지 관련된 인간의 주요생활을 의미하며, 경제·사회·문화·기술적인 환경 등 인간의 생활양식에 의해서 영향을 받게 된다. 이러한 식생활은 산업화나 도시화의 진전 과정에서 사회구조 변모와 함께 생활양식이나 식사양식의 변화가 점차 복잡하고 다양화되면서 새로운 식생활구도로 형성되어 간다.

각 나라의 전통음식은 그 나라를 대표하는 문화재와 다름없는 품격을 갖게 되기 때문에 식생활과 문화는 별개의 의미보다는 상호 연계성을 가지면서 동시성을 갖는다. 문화라고 하는 것은 인간사회의 구성원에 의하여 습득·공유·전달되는 행동양식이나 생활양식의 총체를 의미하는데, 엘리어트(T. S. Eliot)는 문화란 "생활의 방식"이라고 정의하고 있다.

식문화는 음식의 문화를 의미하는데, 음식문화란 한 나라, 그 민족만의 오랜 세월 동안 그들의 기후·풍토에 맞춰 독특하게 형성되어 온 것이며, 그들의 자연환경 및 사회환경과도 깊은 연관이 있어 민족 고유의 문화와 맥을 같이 하고 있는 것이다.

결국 인간의 활동은 식생활과 식문화뿐만 아니라 식습관에도 영향을 미치게 된다. 식습관은 후천적으로 형성해 온 생활양식으로 신체적인 발육과 정서 그리고 심리적인 건강상태에도 관여하게 된다. 이와 같이 한 사회 또는 그 나라의 구성원들에 의해 습득·공유·전달되어 온 식생활의 패턴이나 양식을 '식생활문화'라고 하는 것이다.

일반적 개념의 문화는 학습된 경험에 의해 정착화라는 과정을 통해서 변화되고 전승되며, 또한 일상적이고 무의식적으로 이루어지면서 체계적인 가치관인 반면, 식생활문화는 한 세대 사람들에게 습득되고 정착화되어 다음 세대에 전승되면서 끊임없이 변화하고 있는 하나의 과정이며 습관으로 사회적 기능이나 문화적 요소들의 영향을 받은 가치관에 의해 변화하는 특징을 갖고 있다.

따라서 식생활과 식문화의 속성은 동질성을 수반하고 함축하는 의미이기 때문에 식생활문화라고 부를 수 있으며, 여기서 파생된 것이 식습관이라고 할 수 있는 것이다.

음식문화란 한 나라, 그 민족만의 오랜 세월을 두고 그들의 기후·풍토에 맞춰 독특하게 형성되어 온 것이며, 그들의 자연환경 및 사회환경과도 깊은 연관이 있어 민족 고유의 문화와 맥을 같이 하고 있는 것이다. 그 때문에 음식문화라 함은 어떤 지역에서 먹는 것과 관련하여 공통으로 나타날 수 있는 행동양식이라고 정의할 수 있다. 어떤 식품을 어떤 방식으로 조리 또는 가공하여 어떻게 먹는가에 관한 모든 면이 포함된다고 할 수 있다. 그래서 한 나라의 식생활 문화는 식품의 생산, 조리, 가공, 상차림 및 음식 먹는 습관과 용기, 식기 등 여러 요소가 포함되어 있고, 각각의 요소마다 그 나라의 자연적, 사회경제적 조건과 그 민족의 특성이 내재되어 있다.

음식문화는 이렇듯 여러 민족이 제각기 발달시켜온 음식종류, 조리법, 상차림법, 식사예절 등 각 민족의 문화적 역사라고 할 수 있다. 식습관이란 후천적으로 형성해 온 생활양식으로 신체적인 발육과 정서 그리고 심리적인 건강상태에도 관여하게 된다. 이와 같이 한 사회 또는 그 나라의 구성원들에 의해 습득·공유·전달되어 온 식생활의 패턴이나 양식을 식생활문화라고 한다.

인간의 식생활문화를 형성하는 요인 중 자연조건은 문화형성 여건으로서의 지형·기후·토양 등이고, 인간의 기술은 식품의 획득·조리·보존·유통 등과 같이 자연적 생산물에 힘을 가하여 먹을 수 있도록 하는 것이며, 사회의 규범은 종교·의례·풍속 등과 같이 식습관의 정착과 변화에 영향을 미치는 사회·문화적인 여건을 말한다. 즉, 자연조건, 인간의 기술, 사회의 규범이 별개로 작용하는 것이 아니고 서로 밀접하게 관련되거나 상호의존적인 형태로 식생활문화를 형성하는 것이다.

외식산업에 있어서 외식역사와 문화는 이러한 식생활문화에서 시대적·환경적 요인에 의해 불가피하게 파생되었다고 할 수 있으며, 넓은 의미의 식생활영역의 한 부분으로 자리 잡고 있기 때문에 식생활·식문화·식습관과는 별도로 생각해서는 안되며, 상호 불가분의 관계에 놓여 있다고 볼 수 있다.

한 나라의 식생활문화는 그 나라의 자연환경을 기본으로 하고 있으며, 각 시대의 경제·사회적인 여러 환경에 따라 국가별로 독특하게 변화와 발전을 해왔기 때문에 외식역사와 문화 그리고 외식산업에 대한 근원은 바로 식생활문화와 인간의 생존에서부터 찾아야 하고 이해되어야 한다.

1. 외식산업의 정의

우리나라에서는 1980년대 초까지는 외식산업이 요식업으로 불렸고 그 이후 외식업이 사회환경에 미치는 영향이 증대하면서 외식산업으로 불리게 되었다. 먼저 외식업과 요식업을 비교해 보면 외식업은 기본방침을 표준화, 신속화, 서비스화에 초점을 두었으며 점포 분위기보다는 일의 효율성을 중시하고 매뉴얼에 의한 관리와 교육을 지향하며 상권범위를 지역상권보다는 광역상권을 표방하고, 원료 대신 반가공된 식재료 등을 사용해서 균일한 품질을 유지할 수 있도록 기술이나 조리기기를 활용했다고 할 수 있다. 이에 반하여 요식업은 기본 방침을 개성화와 아이디어에 중점을 두었으며, 점포는 업무의 효율성보다는 분위기를 중시하고, 매뉴얼보다는 경험과 직관에 의한 관리와 교육을, 광역상권보다는 지역 소상권을 지향하고, 반가공된 식재료 대신에 원료를 사용하는 육감적인 외관의 기능을 중시했다.

외식이란 흔히 집 밖에서 음식을 먹는 것을 일컬어 왔는데 이제는 출장연회, 배달 서비스의 발달과, 도시락 등이 완제품형태로 되어 가정에까지 배달이 되어 가정에서도 외식의 개념이 자리를 잡게 된 지 오래되었다. 외식산업을 정의해 본다면 "사람이 음식에 대한 욕구를 요리나 음료를 통해서 직접 충족시켜 주기 위한 인적서비스가 연출되어지는 분위기에 휴식공간까지 제공되어 새로운 활력을 주는 것"이라고 할 수 있으며, 즉 영리성을 추구하는 기업성과가 정적인 개념의 인적, 물적서비스와 함께 이루어지는 것으로 그에 따른 일정한 영업장과 시설이 구비되어야 한다. 외식산업은 식재료를 이용해서 요리를 해냄으로써 제조업의 기능과 고객에게 판매를 하는 소매업의 기능을, 그리고 판매된 메뉴를 고객이 맛있고 즐겁게 먹을 수 있도록 환대서비스업의 기능도 가지는 등 복합적인 성격을 가진 산업이라고 할 수 있다.

2. 외식의 정의

오늘날 우리들은 지불능력만 있으면 시간(때)과 공간(장소)에 구애받지 않고 거의 모든 식료와 음료를 원하는 상태로 제공받을 수 있다. 즉, 우리들에게 식료와 음료를 제공하는 업종과 업태가 그만큼 다양하다는 것을 의미한다. 그 결과 외식의 의의를 명확하게 하기가 대단히 복잡하게 되어 있다.

우리나라 국어사전(이희승)에는 외식을 "자기 집이 아닌 음식점 등에 가서 사서 먹는 일 또는 그러한 식사"라고 그 뜻을 풀이하고 있으나, 이 외식이라는 용어는 우리에게 생소하기보다는 그 용어의 사용이 지금껏 보편화되지 못했던 탓으로 보는 것이 옳다고 생각된다.

직장에서 점심시간에 누군가가 "점심 먹으러 갑시다", 또는 "식사하러 갑시다" 대신 "외식하러 갑시다"라고 말한다면 상당히 의아할 것이다. 이러한 관점에서 보면 "외식하러 갑시다"와 "식사하러 갑시다" 사이에는 특별한 행사나 기념, 축하 등의 다양한 뉘앙스가 있음을 알 수 있다.

그렇다면 '자기 집이 아닌 음식점 등에 가서 사서 먹는 일 또는 그러한 식사'가 외식이라는 풀이는 잘못되었다고 말할 수 있을까? 그렇지는 않다고 본다.

외식하는 사람에게 먹고 마실 것을 제공하는 업소의 입장에서 볼 때, 외식의 사전적 풀이에는 아무런 문제가 없다. 그러나 외식을 하는 사람의 입장에서 외식의 사전적 풀이에는 다른 뉘앙스를 내포하고 있음을 알 수 있다.

이에 일본의 도이토시오(土井利雄)는 <그림 1-1>과 같이 보다 구체적인 방법으로 외식의 정의를 설명하고 있다.

즉, 식생활 중에는 가정 내의 식생활인 내식과 가정 밖의 식생활인 외식으로 구분하고 있는데, 내식의 경우 내식적인 내식과 외식적인 내식, 외식의 경우 내식적인 외식과 외식적인 외식으로 구분하면서 외식적인 내식과 내식적인 외식을 가정의 연장선에서 보고 있는 데 반해, 외식적인 외식에 대해서는 가정의 연장선이 아님을 나타내고 있다. 또한 내식적인 내식을 제외한 나머지를 현대적 외식개념의 범주로 보고 있는데, 이는 <표 1-1>과 같다.

그림 1-1 식생활 중 내식과 외식의 범주 ─────────────────

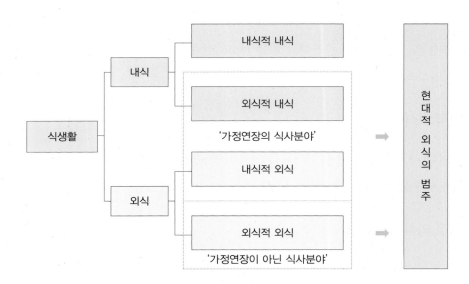

6 | 7

표 1-1 식생활 중 내식과 외식의 구분

구분		주요내용	특성
식생활	내식적 내식	가정 내의 일상적인 식사형태, 가정 내 직접 조리·가공	순수내식
	외식적 내식	완제품이나 반제품을 구입하여 가정에서 식사하는 형태	가정의 연장성 식사형태
	내식적 외식	가정 내의 조리품을 가지고 가정 밖에서 식사하는 형태	
	외식적 외식	가정 밖의 음식점에서 대금지불을 통해 식사하는 형태	순수외식

1) 내식적 내식

전통적인 의미의 내식이다. 즉, 식재료를 외부에서 구입하여 가정 내에서 완전 또는 부분적인 준비와 조리과정을 거친 음식에 대한 식사행위이다.

2) 외식적 내식

식사행위가 비록 가정 내에서 이루어지더라도 음식의 생산지가 가정이 아닌 다양한 업태의 음식점 등에서 제공되는 완전히 조리된 음식을 중심으로 이루어지는 식사행위(택배음식, 출장요리, 포장요리 등)이다.

그러나 주식의 개념에서만 외식적 내식의 개념을 적용해야지, 부식과 냉동식품까지를 이 범주에 포함하면 최근 급속하게 증가하고 있는 HMR 상품 등 가정 내에서 이루어지는 거의 모든 식사행위는 외식적 내식에 해당될 것으로 판단된다.

3) 내식적 외식

집에서 여러 가지 형태의 각종 식재료를 이용하여 준비한 음식을 밖으로 가지고 나가서 식사하는 행위(가족 나들이에 집에서 준비한 식사, 직장에 가지고 가기 위해 집에서 준비한 도시락 등)이다.

4) 외식적 외식

일반적으로 음식점이라고 불리는 식당 안에서 식사를 하는 행위이다. 따라서 외식은 다음과 같이 다양하게 정의되고 있다.

① 일반적으로 가정 외에서 조리 가공된 음식을 만들어 상품화(인적, 물적, 분위기, 편익성, 가치)하여 제공하는 식생활 전체를 총칭
② 가정 이외의 장소에서 행하는 식사행위의 총칭
③ 가정 외 식생활
④ 가정 밖의 식생활 패턴의 총칭

그러나 일상생활에서 우리에게 제공되는 식료와 음료의 형태, 그리고 유통경로는 다양하다. 구입하는 식·음료의 상태(원상태, 반가공, 가공 등), 식·음료를 구입하는 장소, 그리고 식·음료를 소비하는 장소를 기준으로 내식과 외식을 구별해 보면 그 경계는 명확하지 않고 서로 겹치는 부분이 많이 있음을 알 수 있다.

우리가 외식과 내식을 구분하여 정의하여야 하는 가장 큰 목적 중의 하나는 내식시장과 외식시장의 규모를 추정하는데 요구되는 기초적인 자료의 분류이다. 만약 내식과 외식의 범주가 명확하게 구분되지 못한다면 분류된 기초자료 또한 큰 의미가 없다.

그리고 내식과 외식을 구분하기 위해 애매모호한 내용들을 첨삭하여 혼돈을 주어서는 안된다. 예를 들어 '가정 내에서의 음식을 조리하는데 소요되는 작업과 시간을 고려하여 완전조리식품과 반조리식품을 중심으로 외식과 내식을 구분...', '일반적으로 일상적인 가정음식으로 간주되는 음식의 매식행위가 외식적 내식에 해당... 등', '식당이 아니면 먹기 어려운 고급음식 및 전문요리의 매식행위가 외식적 외식에 해당... 등'이 여기에 포함되는데, 선진외국에서는 일찍이 가정식대용(Home Meal Replacement, HMR)이라는 용어로 설명하였다. 그리고 이러한 용어는 상황과 시대에 따라 다음과 같이 다양하게 불린다.

> 중식(中食), Prepared Meal, Meal to Go, Food to Go, Ready to Eat, Ready to Heat, Ready to Cook, Packaged to Go, HMS(Home Meal Solution), MS(Meal Solution), Emergency Meals, PAM(Plan-ahead Meals)

결국 이러한 점을 고려한다면 내식과 외식은 장소적인 기준으로는 명확히 나눌 수 없고, 내식과 외식의 중간 영역이 생겨나는 것이다. 특히 소비자를 중심으로 한, 시간(time)과 돈(money)

그리고 편의(convenience)라는 삼각관계를 고려한다면, 내식과 외식의 중간 성격의 영역은 그 범위가 차츰 커질 것으로 생각된다.

3. 중식과 HMR(Home Meal Replacement)

1) 중식(中食)

생활방식의 변화와 함께 급변하는 사회적 배경 하에서 소비자들의 요구에 맞춰 불황을 탈피하려는 식품제조판매업자의 신시장 탐색이 적절히 조화를 이루면서, 중식(中食)이 새로운 외식산업시장으로 떠오르고 있다.

일본, 미국과 같은 선진국뿐만 아니라 최근 우리나라에서도 어린이, 독신자, 신세대, 젊은 부부는 물론, 시간에 쫓기는 직장인들을 중심으로 짧은 시간 내에 조리하여 간편하게 먹을 수 있는 즉석식품, 즉 1차 조리가 끝난 식품을 중심으로 하는 새로운 영역의 중식시장이 급속히 성장하고 있다.

이러한 즉석식품을 국내업계에서는 레토르트 식품으로 분류하고 있는데, 이러한 즉석식품을 중심으로 한 중식시장은 (1) 여성의 사회진출이 늘어나 요리시간이 부족하고 보다 편리한 식생활을 추구함에 따라 가정 밖에서 조리가 끝난 식품에 대한 욕구가 점차 증가하고 있고, (2) 야간에 활동하는 패턴을 가진 사람들이 늘어나고 있으며, (3) 야외에서 여가를 즐기는 성향이 증대하면서 식사의 외부화라는 필요성으로 더욱 활발해질 전망이다.

(1) 중식의 개념

중식이란 집밖에서 요리한 음식을 그 장소에서 먹는 외식과 가정에서 육류나 생선과 같은 재료를 직접 요리해서 집에서 먹는 내식의 중간적 의미로, 일본에서 만들어진 용어로서 미국에서는 HMR(Home Meal Replacement)로 불리고 있다. 즉, 집밖에서 조리가 끝난 음식을 구입한 장소가 아닌 다른 곳에서 먹는 음식이라 정의할 수 있다.

가정이나 직장·학교 등으로 가지고 돌아가 전자레인지나 뜨거운 물에 약간 데우거나 곧바로 먹을 수 있도록 조리를 끝낸 식품을 일컫는데, 구체적으로는 시판 중인 도시락이나 주먹밥, 초밥, 샌드위치 등을 들 수 있다(패스트푸드점의 포장 주문이나 택배도 포함한다). 단, 통조림이나 레토르트 식품 등과 같이 보존기간이 긴 조리 완료 식품은 포함되지 않는 것이 일반적이다.

(2) 중식의 범주

무점포 외식사업소 또는 외식사업소(일반레스토랑의 개념)에서 구매한 후 다른 곳에서 소비하는 일반적인 주식 개념의 식품(take-out food)으로 조리할 수 있는 상태로 준비된, 또는 소비할 수 있는 상태로 준비된 식품이다. 그리고 무점포 외식사업소 또는 외식사업소(일반 레스토랑의 개념)에서 주문에 의해 배달되는 주·부식 개념의 식품(택배식품)과 출장요리 식품으로 조리할 수 있는 상태로 준비된 또는 소비할 수 있는 상태로 준비된 식품이다. 외부 또는 자체적으로(현장에서) 완전 조리하여 상품화된 후 식품을 취급하는 곳(편의점, 백화점, 슈퍼마켓 등)에서 일반적으로 주식의 개념으로 판매되는 패스트푸드 개념의 식품으로 한정한다.

(3) 중식의 성장배경

여성의 사회진출이 늘어남에 따라 쇼핑이나 요리할 시간이 감소하고, 핵가족화로 인하여 가족구성원이 줄어듦에 따라 식사를 하는 사람 수가 적어 조리된 음식을 사서 먹는 편이 더 경제적이며, 생활수준이 향상됨에 따라 다양한 요리를 먹고 싶다는 욕구가 증가한 데 중식이 성장했다. 더불어 도심의 오피스빌딩에서 점심시간대에 큰 혼잡을 피하고자 간단한 식사를 희망하고 있으며, 여가시간이 확대되면서 가정 외에서 식사를 할 기회가 늘어났다.

예전에는 집에서 직접 요리하지 않은 음식은 정성이 없어 꺼렸지만, 이제는 중식을 주도하는 식품의 개발이 가속화되면서 식탁에서 주역의 자리를 차지하는 위치까지 오르게 되었다. 이 같은 현상은 음식에 관한 선입관에 많은 변화가 오고 있음을 보여 주는 것이라 할 수 있다.

점차 가정의 맛이 절대적인 평가기준이 되지 않고, 여성의 사회진출이 활발해짐에 따라 식사를 주부가 책임진다는 전통적 고정관념이 바뀌면서 주부도 식사를 준비하는 사람에서 먹는 사람으로 변화하는 의식이 싹트기 시작했다. 생활시간의 변화는 식사시간을 불규칙하게 하고 개식화(個食化)의 요인이 되어 가족구심점으로서의 식탁의 역할을 저하시켰으며, 요리기술의 저하에 따라 외부에서의 식사에 의존하는 현상이 확대되고 있다.

이러한 배경으로 중식은 이제 일반인의 합리적인 식생활로 정착하고 있는 단계이다. 또한 판매측면에서도 편의점의 등장, 영업시간의 장기화, 그리고 계속적인 상품개발로 소비자들의 구매의욕을 한껏 끌어올리게 되면서 인기를 끌고 있다. 이에 제조측도 공동배송을 위한 물류망을 정비하거나 판매점의 정보수집 등에 힘을 기울이고 있으며, 생산체제는 이전의 다품종 소량생산에서 소품종 다량생산으로 이동하고 있다.

(4) 중식의 특성

일본 경제 산업성(구 통상 산업성)의 공업통계에서는 중식산업을 식품산업 중에서 상대적으로 고성장·고부가가치·노동집약형산업으로 평가하고 있는데, 중식산업은 사업건수·종업원수·제품출하액 부문의 성장률이 식품산업 전체평균을 크게 상회하고 있으며, 여러 가지 재료를 사용하여 다양하게 조리를 하기 때문에 부가가치율도 높은 것으로 평가하고 있다.

그러나 종업원 1인당 생산성비율은 식품산업 평균을 밑돌아 다품종생산 등에 따른 노동집약형산업으로 지적하고 있다. 사실 식품산업에 비해 부가가치대비 급여율은 높지만 기계화율이 낮아 종업원 1인당 유형 고정자산액은 낮은 편이다. 따라서 현재 중식업계는 대기업 식품업체를 중심으로 효율적 생산체제의 정비를 갖추려는 노력을 보이고 있다.

또한 중식산업이 가지고 있는 특성으로 제판(製販)분리가 있다. 즉, 제조하는 장소와 판매하는 장소가 다르고, 제조와 소비의 시간이 다른 것이다. 예를 들면, 도시락은 어셈블리형 제품으로서 다수의 반찬을 결합하여 도시락이라는 상품을 만들어 생산하고 있는데, 제조시간을 특정화하기가 어려워 ① 포장하는 날짜를 제조일자로 표시해야 하는 문제가 있다. 또한 ② 반찬류와 같은 부식물제조업은 노동집약이고 사람이 직접 심야작업을 해야 하는 부담이 커다란 문제점이다. 이외에도 ③ 원재료의 가격변동이 심하여 이익의 안정성에 문제가 있고, ④ 제품의 신선도가 중요시되어 자주 배달을 해야 하는 단점도 있다.

2) HMR(Home Meal Replacement)

최근 미국에는 HMR(Home Meal Replacement)이라는 용어가 화제이다. HMR은 "집에서 만드는 식사를 대체하는 음식"이라는 의미로 처음 사용되기 시작했는데, 일본의 '중식'과 거의 같은 뜻으로 볼 수 있다. 직장여성들이 늘어나면서 요리의 편리성과 시간절약이 필수요건으로 등장하였고, 식사시간은 짧지만 보다 맛있고 품위있게 음식을 즐기려는 사람들이 HMR의 주된 소비층이다.

최근 미국의 HMR시장은 일본과 달리 슈퍼마켓의 조리식품을 중심으로 큰 성장을 보이고 있다. 이러한 신시장을 둘러싸고 식품소매업, 슈퍼마켓, 외식사업체, 편의점 등은 시장확보를 위해 치열한 경쟁을 벌이면서 다양한 전략을 전개하고 있다. 단순히 부식물 강화나 식습관의 변화에 그치지 않고 식품 전체부문을 포함함으로써 HMR은 외식행태 그 자체를 변화시킬 가능성을 내포하고 있다.

(1) HMR의 의의

1985년경부터 미국인들의 가치관은 큰 변화를 맞기 시작했다. 당시까지의 큰 이슈였던 동서냉전이나 핵의 위험 등 국가의 존망에 관련된 관심은 희박해지고, 대신에 금연, 다이어트, AIDS 등 자기 자신이나 가족의 건강과 안전이 주요 관심사가 되었다.

이러한 가치관의 변화에 발맞추어 식생활습관도 예전과는 다른 양상을 띠게 되었다. 예를 들면, 슈퍼마켓의 머천다이징은 규모와 가격 제일주의에서 고객의 건강과 메뉴의 다양성을 중시하는 방향으로 변화하였다. 소비자들도 여가와 취미생활을 유익하게 활용하기 위해 집에서 직접 요리를 하기보다는 1차 조리가 끝난 식품을 슈퍼마켓에서 간편하게 구입함으로써 요리상품의 정보화가 비약적으로 진행되었다.

최근 수년 사이에 슈퍼마켓을 선택하는 척도가 많이 달라졌는데, 그 이유는 바로 HMR 때문이었다. 도심 오피스가에 위치한 슈퍼마켓의 경우 점심시간이 되면, 델리코너와 샐러드바 앞에 긴 행렬이 늘어설 정도로 대체식품이 인기를 끌고 있고, 쇼핑몰의 벤치에는 가볍게 테이크 아웃 점심을 즐기는 사람들이 좌석을 메우고 있다.

HMR이라는 단어가 사용되기 이전부터 미국의 도시생활자들은 간단하면서 싸고 영양이 풍부한 슈퍼마켓의 델리와 샐러드를 점심이나 아침으로 많이 애용했다. 그런데 이제 이들을 타깃으로 1차 조리가 끝난 식품이 보급되면서 TV디너라고 불리는 하나의 큰 시장이 형성되기 시작하였다. 이는 소비자의 니즈와 함께 델리나 냉동식품의 가공기술이 향상되고 전자레인지의 보급 및 성능의 향상이라는 주변여건이 뒷받침되었기 때문이다.

(2) HMR의 현황

미국 슈퍼마켓 체인의 경영자들은 조리식품강화를 주요 이슈로 삼고 있다. 업계의 전문지 조사에 따르면, 최근 경영자들은 신선식품 강화에 뒤이어 조리식품 강화를 경쟁수단으로 삼고 있는 것으로 나타났다.

따라서 식품유통업계에서는 델리부문을 강화하는 것만이 앞으로 업계의 경쟁에서 살아 남을 길이라고 인식하고 있다. 또한 평균이익률이 44.2%로 높아 영업의 성패를 좌우하는 중요한 부문이라고 할 수 있다. 그러나 슈퍼마켓의 HMR은 단순히 델리부문의 강화만으로는 부족하고 소비자의 식사욕구를 만족시키는 해결책을 제시해야 한다. 즉, 조리식품을 시발점으로 베이커리나 청과·와인·맥주 등도 강화할 필요성을 느끼고 있다.

소비자는 1주에 21식을 어떻게 식사해야 최대의 만족을 얻을 것인가를 고민한다. 가정요리 중심의 내식 비율이 높았던 예전에는 1주일에 한 번 정도 냉장고를 채우는 식으로 쇼핑을 했기 때문에 점포 내에서도 고객들이 전 점포를 돌면서 물건을 구입하도록 상품을 배열했다. 그러나 시간이 부족하고 매 식사마다 메뉴를 고민하는 요즘의 소비자들에게 HMR은 매우 매력적이다. 그들은 저녁에 무엇을 먹을 것인가를 생각하면서 슈퍼마켓에서 해결책을 구하고 있다. 이런 소비자들에게 부분적인 요리상품만을 진열해서는 통하지 않기 때문에 일부 점포는 아침식사용 상품을 따로 모아 놓은 브레이크스토어 센터(breakstore center)나 스톡센터(stock center)를 운영하고 있으며, 저녁식사 코너의 경우에는 식사기준에 맞춘 상품을 점포 전면에 배치함으로써 고객들의 시선을 끌고 있다. 이처럼 HMR은 상품의 진열상태에 영향을 미침으로써 슈퍼마켓의 상품구성과 디자인을 변화시키고 있다.

4. 외식과 내식 간의 경계의 모호성

일반적으로 낮은 소득수준, 높은 출생률, 대가족제도의 유지, 낮은 교육수준, 여성의 낮은 사회참여율, 낮은 자가용 보유율 등으로 특징지어지는 후진국에서는 시간, 돈, 그리고 편의라는 등식에 대해 비교적 무딘 편이다. 그러나 교육수준이 높아지고, 핵가족화가 유지되며, 여성의 사회참여율이 높아지기 시작하면 시간의 가치를 돈으로 환산하기 시작한다.

예를 들어 집에서 식사를 준비하는 것보다 밖에서 일을 하여 돈을 벌어 식사를 해결하는 편이 보다 경제적이라는 생각을 하게 된다. 또는 한 포기에 천원짜리 배추를 사서 집에서 다듬고 간하여 먹을 수 있게 만든 것보다 이미 만들어져 시중에서 팔리고 있는 것을 사다가 먹는 것이 투자한 시간과 노력에 비해 훨씬 경제적이라는 인식을 갖기 시작한다.

그리고 소득수준이 차츰 높아지고, 핵가족화와 여성의 사회적 참여가 일반화되면 외식과 내식 경계의 붕괴는 속도는 빨라진다. 즉, 집에서 소비하는 음식을 생산하는 장소가 애매모호해진다는 것이다. 이와 같은 현상은 다음과 같은 네 가지 요인에 의해 지속적으로 변화를 겪게 된다.

첫째, 식품을 판매하는 장소와 식품을 소비하는 장소가 각각 다르다는 점이다. 식품을 판매하는 장소와 식품을 소비하는 장소의 이원화는 밖에서 만들어진 다양한 형태의 음식이 다양한 경로를 통하여 가정과 사무실 등에서 소비된다.

둘째, 조리를 준비하기 위하여 구매한 식품의 형태가 다양하다는 점이다. 가정과 사무실 등에서 소비할 목적으로 구입한 식재료의 상태는 먹을 수 있도록 준비된 상태에서부터 전혀 준비가 되지 않은 상태에 이르기까지 다양하다. 그러나 최종소비자의 측면에서 가장 간편한 방법으로 이용할 수 있도록 다양한 상태로 준비된 식재료가 차지하는 비율이 차츰 증가하고 있다.

셋째, 최종소비자에게 식품을 전달하는 유통경로가 다양해졌다. 현대인은 지불능력만 있으면 시간과 장소에 구애받지 않고 본인이 원하는 거의 모든 상태의 식품을 공급받을 수 있다. 대학의 캠퍼스에서도, 들판에서도, 사무실에서도, 가정에서도 원하는 시간에 원하는 음식을 제공받을 수 있다.

넷째, 식품의 가공기술이 나날이 발전되어 가고 있다. 저장과 포장을 포함한 식품의 가공기술이 놀랍게 발전하고 있기 때문에 소비자들에게 제공되는 식품 상태의 질, 그리고 다양성이 홈메이드와 같은 개념으로 변화해 가고 있다. 예를 들어 집에서 만든 설렁탕, 육개장, 청국장, 김치, 된장, 간장보다 위생과 질적으로 우수한 식품들이 많이 출시되고 있다.

결국, 이와 같은 연유로 가정에서 준비하여 가정에서 먹었다고 하여도 그 음식을 구성하는 식재료의 상태 등을 고려해 보면 일반적으로 말하는 내식이라고 설명하기에는 어려운 경우가 많이 생긴다.

또한 바쁜 삶을 살아가는 우리들은 식사하는 장소 또한 다양할 수밖에 없다. 달리는 차 속에서, 길을 걸으면서, 사무실에서, 일터에서와 같이 식사하는 장소와 시간 또한 규칙적이지 못하기 때문에 내식과 외식을 구분짓는 경계영역이 차츰 붕괴할 수밖에 없다고 본다. 특히 일반적으로 생각하는 정통성이 강한 내식의 진정한 의미를 구분짓기는 더욱 어려울 것이다.

1. 외식산업의 기능

외식산업의 본질적인 기능은 주거지, 근무지, 출장 및 여행지 등의 주변에 외식업소를 입지시켜 그들에게 식사의 생리적 기능은 물론, 감각적·심리적 기능과 사회적·문화적 기능을 가지고 있는 유형재인 음료를 포함한 요리와 무형재인 인적 서비스, 분위기 연출의 서비스, 식사와 관련된 각종 편익 등을 총체화하여 상품으로써 제공하는 것이다.

외식산업의 기능은 고객이 외식을 하고자 하는 목적과 동기에 따라서 조금씩 다를 수 있다. 예를 들어 학교급식이나 산업체급식 등의 단체급식을 운영하는 곳에서는 그 기능이 학교교육이나 직원의 복지향상 등 비영리목적 달성의 수단으로 제공된다. 단체급식은 일상의 식사를 특정집단에 제공하기 때문에 식사의 대상이 집단화·대량화·일상화 등 개별성보다는 공통문화부문의 비율이 높으므로 일반외식업소에 비해 오락·화합 등 개별 문화의 부가가치적 요소보다 안전성·영양·작업효율 등 식사의 기초적 기능이 중점이 된다.

2. 외식산업의 특성

1) 광의의 사업특성

(1) 입지사업

외식사업에서 "입지가 전부다"라는 말이 있듯이 점포입지는 외식업의 성공 여부에 결정적인 영향을 미친다. 사업성패를 좌우하는 입지는 임대료, 수익성, 경쟁관계 등을 확인하는 상권분석과 출점전략을 통해서 결정된다. 출점입지는 단순히 가시성 뿐만이 아니라 매출과 이익으로 직결되기 때문에 외식사업을 입지 의존 사업이라고 한다.

(2) 인재사업

외식사업은 고객과 내부고객 그리고 경영자가 삼위일체되어 고감도 연출을 이루어내야 성공하는 사업이다. 인간과 인간관계를 중심으로 세련된 연출이 필요하고 노동집약적이면서도 고도의 숙련된 기술이 필요한 사업이므로 인재사업이라고 할 수 있다.

(3) 매뉴얼사업

외식사업은 표준화(Standardization), 단순화(Simplification), 전문화(Specialization)의 3S 시스템을 추구하는 사업이다. 그렇기 때문에 체인본부나 점포의 각 부분별 시스템 구축이 필요하고, 시스템 중심의 매뉴얼사업이 곧 경제성이라는 의미가 된다. 특히 점포 주방이나 중앙집중식 주방인 센트럴 키친은 생산이나 제조기능인 것에 반해, 점포의 홀(Hall)은 판매와 소비라는 동시성을 가지고 있다. 경쟁력과 효율적 경영을 위해서는 매뉴얼을 구축하여 시스템화해야 한다.

(4) 프랜차이즈 사업

외식사업은 운영관리를 통해 축적된 경험과 노하우를 바탕으로 다점포 진출이 가능한 사업이다. 고도로 숙련된 운영기법을 가지고 동일한 업태나 관련 사업의 다양화가 가능하다.

최근 프랜차이즈 본부와 프랜차이즈 가맹점에 대한 상생차원의 법안이 국회를 통과하였는

그림 1-2 외식산업의 광의의 사업적인 특성

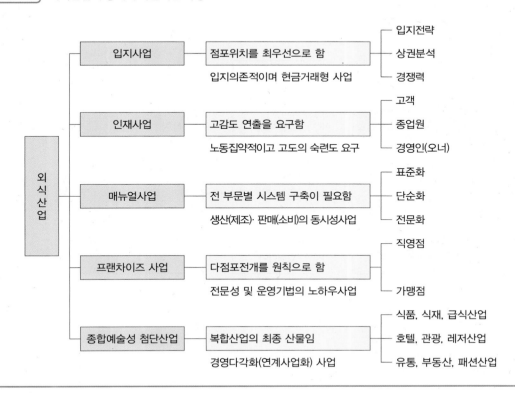

데, 프랜차이즈 본사로부터 가맹점주를 보호하기 위한 취지로 가맹점 사업자가 단체를 설립해 가맹본부와 직접 협의할 수 있도록 한 것이다. 이것으로 가맹점 사업자 단체는 가맹사업 본질을 훼손하는 부분을 제외한 운영방식에 관한 협의를 진행할 수 있게 되었다.

(5) 종합예술성 첨단사업

외식사업은 식품, 유통, 서비스, 부동산, 건축, 설비, 호텔, 쇼핑, 관광 등과 연계하여 사업할 수 있으며, 다른 산업군과 복합적으로 얽혀 있어서 사업의 다각화가 용이한 사업이다.

2) 타산업과의 관련특성

구조적인 측면에서 외식산업은 여타 산업의 시발점이자 최종산물임과 동시에, 복합산업적인 특성을 가지고 있다. 외식산업의 산업적·사업적인 근간은 레스토랑이라고 하는 점포를 통해 이루어지고 있으며, 점포는 여타 산업과의 변화적응력 속에서 진보하고 발전하고 있다.

즉, <그림 1-3>에서 보는 바와 같이 식품산업은 외식산업의 핵심 역량(core factor)이자 근

그림 1-3 외식산업과 여타 산업의 관련특성

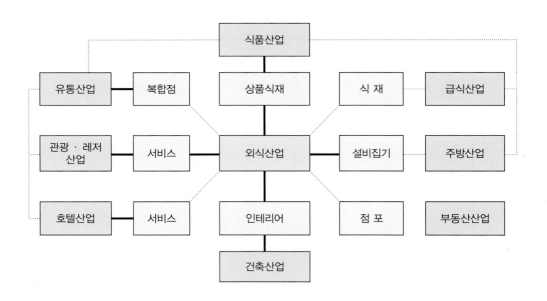

(기타 금융업, 도·소매업, 농수축산업, 통신업, 기계제조업)

간으로 식재나 상품을 공급하고 있으며, 특히 프랜차이즈 사업의 경우 가공식품의 활용도가 대단히 높다고 볼 수 있다. 또한 급식 및 식재산업은 반찬·도시락·캐터링(catering)과 연계되어 있으며, 주방산업은 설비와 집기, 부동산산업은 점포와 매입과 임대, 건축산업은 내장(interior)과 외장(exterior), 유통산업은 복합점포화, 그리고 호텔 및 관광산업은 부대시설화 등과 상호보완적인 관계로 시너지 효과(synergy effect)를 창출하고 있다.

이외에 백화점, 쇼핑몰, 편의점(CVS), 휴게소, 휴양지, 유원지, 골프장, 농장공원, 예식장, 스포츠센터, 기내식, 선반식, 열차식, 그리고 카지노 등과 공동출점하고 있으며, 기타 금융업, 도·소매업, 농수축산업, 통신업, 기계제조업과 불가분의 관계에 있다.

결과적으로 외식산업은 이러한 여타 산업과의 상호 변화적응력 속에서 변화하고 발전되는 특성을 가지고 있다. <표 1-2>는 외식산업과 식품산업의 특성을 비교한 것이다.

표 1-2 외식산업과 식품산업의 특성비교

구분	외식산업	식품산업
산업상 형태	서비스업	제조업, 도·소매업
투자규모	소규모 자본분산(다점포형)	대규모 자본집약(공장형)
생산(제조)	• 기능중시 요리업 • 노동집약적 전문성 요구(숙련성) • 점포 내 요리(일부 central kitchen) • 다품목 개체별 생산(개체화 지향)	• 기술중시 가공업 • 기계화, 자동화의 수율 및 생산력 요구 • 공장 내의 장치산업화 • 소품목 대량 생산(대량화 지향)
판매(영업)	• 점포 내로 제한(입지의존적 특성) • 생산·판매·소비의 동시성 • 순간적·일시적·지역적 소비특성	• 유통경로의 전문화·광범위(상품의존적) • 생산·판매·소비의 분리성 • 장기적·지속적 소비특성
상품(메뉴)	• 짧은 저장수명 • 모방적이며 단순한 메뉴기능 • 약한 R&D 기능	• 긴 저장수명 • 차별적이며 독창적인 상품기능 • 강한 R&D 기능
경영형태	개인 및 중소기업형	법인 및 중대기업형
업종특성	식사와 음료주체로 인적·물적·분위기·가치·편익성 중심의 고감도 서비스	상품중심의 단순한 서비스

3) 기타 외식산업의 특성

외식산업은 이외에도 서비스 지향적인 산업, 점포의 위치를 중시하는 입지산업, 노동집약적 산업, 독점적 기업이 탄생하지 않는 산업, 체인화가 용이한 산업, 소자본으로도 쉽게 접근할 수 있어 신진대사가 심한 산업, 산업화와 공업화가 어렵고 느린 산업, 소비자의 기호가 강하게 영향을 미치는 산업, 타산업에 비해 다양한 업종과 업태가 공존하는 산업, 자금회전이 빠른 산업, 모방이 쉬워 차별화가 어려운 산업, 상품의 구성이 복잡한 산업으로서의 특성을 갖는다.

위의 특성을 요약하면 다음과 같이 구체적으로 설명할 수 있다. 외식산업은 높은 인적 의존도와 노동집약적 형태로 생산·판매·소비의 동시성을 보이며 시간적 제약과 수요예측이 불확실하다. 그리고 낮은 원자재 가격과 현금수익 창출의 용이성이 있고, 상품의 부패 용이성, 높은 입지 의존성, 신규참여의 용이성과 영세성이 있으며 높은 이직률의 특성을 보인다.

표 1-3 서비스 배달방법에 의한 분류

고객과 서비스 조직과의 상호작용	서비스 지점	
	단일입지	복수입지
고객이 서비스 조직으로 감	미용실, 레스토랑	패스트푸드, 멀티플렉스 영화관
서비스 조직이 고객에게 감	잔디 관리, 택시, 방역	우편배달, 긴급차 수리
원거리에서 떨어져 거래함	신용카드, 지역 TV방송	방송네트워크, 통신사

3. 외식산업의 분류

1) 외식산업의 업종별 분류

외식산업의 업종을 분류하는 기준은 학자에 따라 조금씩 달리하고 있으나 일반적으로 음식과 음료(주류 포함)를 중심으로 구분하는데 이는 <그림 1-4>와 같다.

그림 1-4 외식산업의 업종별 분류

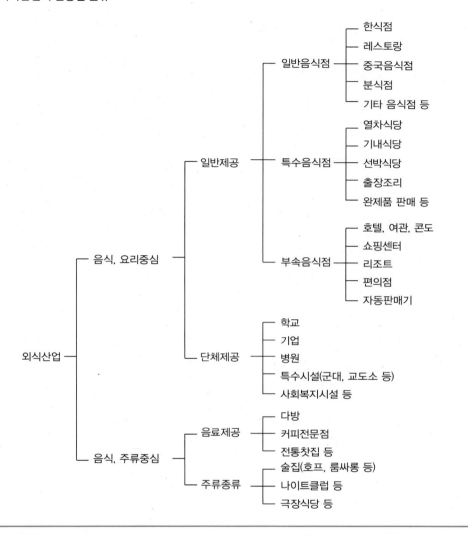

외식산업의 분류형태는 다음과 같은 기준을 토대로 변화되어 왔음을 알 수가 있다.

① 국가별 · 개인별로 그 종류가 계층별 · 내용별로 다양하게 분류되어 왔다.

② 외식산업의 종류는 시대별로 변화를 가져왔다.

③ 외식산업의 종류는 개성의 변화에 따라 상품력을 가지고 산업으로서 변화해왔다.

④ 식 · 음료별로 구분을 하고 있으나 고객을 대상으로 실제 이용 시에는 명확한 구분이 어렵다.

⑤ 업태 유형에 따라 차별화의 성격을 강하게 띠고 있다.

⑥ 고객의 욕구변화에 능동적으로 대처해 나가고 있다.

한편 우리나라의 경우를 보면 2016년도 한국표준산업분류(Korea Standard Industrial Classification)에서 음식업과 숙박업을 다음 <표 1-4>와 같이 분류하고 있다.

표 1-4 한국표준산업 분류표(Korea Standard Industrial Classification)

I	숙박 및 음식점업 (55~56)	55	숙박업	551	일반 및 생활 숙박시설 운영업	5510	일반 및 생활 숙박시설 운영업	55101	호텔업
								55102	여관업
								55103	휴양 콘도 운영업
								55104	민박업
								55109	기타 일반 및 생활 숙박시설 운영업
				559	기타 숙박업	5590	기타 숙박업	55901	기숙사 및 고시원 운영업
								55909	그 외 기타 숙박업
		56	음식점 및 주점업	561	음식점업	5611	한식 음식점업	56111	한식 일반 음식점업
								56112	한식 면 요리 전문점
								56113	한식 육류 요리 전문점
								56114	한식 해산물 요리 전문점
						5612	외국식 음식점업	56121	중국 음식점업
								56122	일식 음식점업
								56123	서양식 음식점업
								56129	기타 외국식 음식점업
						5613	기관 구내식당업	56130	기관 구내식당업
						5614	출장 및 이동 음식점업	56141	출장 음식 서비스업
								56142	이동 음식점업
						5619	기타 간이 음식점업	56191	제과점업
								56192	피자, 햄버거, 샌드위치 및 유사 음식점업
								56193	치킨 전문점
								56194	김밥 및 기타 간이 음식점업
								56199	간이 음식 포장 판매 전문점
				562	주점 및 비알코올 음료점업	5621	주점업	56211	일반 유흥 주점업
								56212	무도 유흥 주점업
								56213	생맥주 주점업
								56219	기타 주점업
						5622	비알코올 음료점업	56221	커피 전문점
								56229	기타 비알코올 음료점업

2) 외식산업의 업종 및 업태

업종(Type of business)이란 사업의 형태를 의미하는 용어이다. 국내에서 외식사업을 업종에 따라 분류하는 경우 주로 한식, 양식, 중식, 일식, 에스닉 푸드 등으로 구분한다. 업종에 따른 분류는 가장 전통적인 음식점의 분류방식이다. 업태(Type of service)란 음식점을 영업 전략에 따라 분류하는 방법이다. 구체적으로 마케팅믹스 요소를 기준으로 외식업체를 분류하는 방법이다.

표 1-5 미국 레스토랑 협회(NRA)의 음식점 분류

분류기준	분류	특징
· 음식의 특성 · 서비스 · 메뉴품목 수 · 객단가 · 알코올 판매 여부 · 복장	퀵서비스 레스토랑 (quick service restaurant)	· 패스트푸드(Fast Food), 한정된 서비스 · 특정화된 메뉴품목, 알코올 판매하지 않음 · 낮은 객단가($7)
	중간급/패밀리 레스토랑 (midscale/family restaurant)	· 완전히 패스트푸드가 아닌 음식 · 테이블 또는 카운터 서비스 · 퀵서비스보다 넓은 메뉴 품목 · 한정된 알코올 혹은 제공하지 않음 · 중간 정도의 저녁식사 객단가($10~20)
	캐주얼/중상급 레스토랑 (casual dinner/moderate upscale)	· 풀 서비스, 테이블 서비스 · 편안한 분위기와 복장 · 다양한 메뉴, 폭넓은 알코올 서비스 · 중상 정도의 저녁 식사 객단가($40 이하)
	고급 레스토랑 (fine dining/higher check)	· 일품요리 및 정찬(Full Course) · 극진한 서비스, 정장이 요구되기도 함 · 정성스런 식사, 준비, 스페셜 메뉴 · 맥주, 와인 서비스 · 높은 저녁식사 객단가($40 이상)

3) 외식사업 연대별 발전내용

(1) 1900년대~1950년대

· 음식업의 태동기(주막, 전통음식점 형태)

· 식량자원부족으로 인한 침체(1945년 166개 점포)

· 식생활 및 식습관의 가내주도형

· 이문설렁탕(1907), 용금옥(1930), 곰보추어탕(1930), 한일관(1934), 조선옥(1937), 안동장(1940), 고려당(1945), 남포옥면(1948), 하동관(1948) 등

(2) 1960년대

· 식생활의 궁핍 및 침체기
· 밀가루 위주의 식생활 유입(미국의 원조물자)
· 식생활개선문제 대두, 일부 서구 음식문화 침투(우유 등)
· 뉴욕제과(1967), 개인업소 및 노상잡상인 대량 출현

(3) 1970년대

· 음식업의 태동기(음식업의 발전기)
· 영세요식업이 우후죽순 출현
· 경제개발계획 성공에 따른 식생활 개선
· 해외브랜드 도입 및 프랜차이즈 태동
· 국내 프랜차이즈의 효시인 난다랑(1979), 서구식 외식의 효시인 롯데리아(1979)

(4) 1980년대 전반

· 외식산업의 도입 적응기(패스트푸드 중심)
· 영세체인 난립, 프랜차이즈 속출(햄버거, 국수, 치킨)
· 해외브랜드 도입 가속화, 서구식 식문화의 유입 및 확산
· 아메리카나(1980), 버거킹(1982), 웬디스(1984), KFC(1984), 피자헛(1984), 신라명과(1984), 베스
  킨라빈스(1985), 놀부(1985) 등

(5) 1980년대 후반

· 외식산업의 적응성장기
· 프랜차이즈 확대, 업체 난립, 다점포 위주, 한식체인 출현
· 식생활의 외식화, 레저화, 가공식품화 추세
· 패스트푸드 및 프랜차이즈 업소가 시장 선도
· 패밀리레스토랑, 커피숍, 호프점, 양념치킨 등의 약진
· 집단급식업체의 등장, 서울케이터링(1988), LG유통(1989)
· 맥도날드(1986), 코코스(1988), 놀부보쌈(1988), 시카고 피자(1988), 도미노 피자(1989) 등

(6) 1990년대

· 외식산업의 상장 및 전환기―IMF 이후 회복기로 돌아섬

· 중, 대기업의 신규진출 가속화 및 유명브랜드 도입

· 프랜차이즈의 급성장 및 도태, 외식업의 해외진출

· 패밀리레스토랑 및 집단급식업의 급성장

· 하디스(1990), T.G.I.F(1991), 하겐다즈(1991), 서브웨이(1992), 스즐러(1993), 미스터 피자(1993), 스타이락(1994), 파파이스(1994), 배니건스(1995), 토니로마스(1995), 마르쉐(1996), 하드락카페(1996), 우노(1997), 아웃백스테이크하우스(1997) 등

(7) 2000년대

· 외식산업의 전기 성숙기

· 외식업체 간의 경쟁 심화, 이로 인한 브랜드화

· 주5일 근무제의 확산과 여가생활 증진 및 외식의 활성화

· 다양한 소비자의 욕구 증대

· 퓨전음식, 외국 전통음식 레스토랑 출현

· 1회 용품 사용제한 등 환경문제에 대한 관심 증가

(8) 2010년대

· 외식산업 후기 성숙기

· 저성장시대, 베이비붐 세대 은퇴, 고령사회 이행

· 외식시장의 불황 지속 및 양극화 심화

· 외식업계의 해외진출 가속화 및 글로벌화(CJ, 롯데, 코오롱 外)

· 외식기업의 IPO(본코리아, 해마로푸드 등)

· 가성비, 혼밥, HMR, 가심비 등 신트렌드의 융합과 진화

4. 외식사업의 경영형태

외식사업의 경영형태는 독립경영과 체인경영, 그리고 위탁경영 등 크게 세 가지의 관리형태로 구분된다.

1) 독립경영

독립경영이란 투자에서 운영까지 모든 영업활동상의 권한과 책임이 경영자에게 부여되는 형태로 대부분의 외식업소가 독립경영의 형태를 띠고 있다.

(1) 독립경영의 장 · 단점

첫째, 수익성이 높으며 통제가 용이하다. 둘째, 시장에 대응하는 정책의 결정이 빠르다. 셋째, 자금운영의 어려움과 효율이 낮다. 넷째, 사업에 대한 위험도가 높다.

2) 체인경영

체인경영이란 프랜차이즈 경영이라고도 하는데 투자에서 영업까지 두 개 이상의 업소를 대상으로 체인화하여 운영하는 형태이다.

(1) 체인경영의 장 · 단점

① 체인본부(Franchiser)의 측면

· 신규업소의 개업 시 적은 자본으로 상표이용료 및 기술지원료 등의 수익을 창출한다.

· 단기간 내 업소의 확대와 체인의 지명도를 높일 수 있다.

· 가맹점의 증가분만큼 이익이 증가한다

· 규모의 경제로 구매상의 이점을 가진다.

· 관리의 체계화가 요구되며 가맹점 통제가 용이하지 아니하다.

· 가맹점의 과실이 전체 이미지를 손상시킨다.

· 가맹점과의 마찰과 영업상의 책임소재 해결이 불분명하다.

· 가맹점이 탈퇴한 후 유사영업을 창업하여 경쟁관계를 형성할 수 있다.

② 가맹점(Franchisee)의 측면

· 체인의 시스템을 따르므로 경험의 부족에서 오는 위험을 줄일 수 있다.

- 체인의 상호, 상표, 상품의 사용과 경영노하우를 전수받을 수 있다.
- 통합된 영업, 광고, 판촉 등의 지원으로 영업효과를 높일 수 있다.
- 재고의 부담을 덜 수 있으며 품질의 균일화를 이룰 수 있다.
- 표준화된 통일방식을 따르므로 임의로 더 나은 방안을 채택할 수 없다.
- 체인본부와의 이해가 상반되는 경우 그 해결방법이 복잡하다.
- 불평등한 계약을 요구하는 경우가 많다.
- 체인본부의 사세가 약화되는 경우 그 보상이 어렵다.

3) 위탁경영

위탁경영은 근래에 들어 각광을 받기 시작한 관리형태로 부동산이나 자본은 있으나 경영능력이 부족한 경우 외식전문 기업으로 하여금 대리경영토록 하는 방법이다. 소유주는 토지, 건물, 시설과 운영자금을 제공하고 외식기업은 경영에 필요한 모든 권한을 위임받아 경영한다. 이른바 외식사업의 소유와 경영의 분리가 일어나는 형태로 외식기업은 경영의 책임을 지지만 법적 책임의 당사자는 소유주가 된다.

(1) 위탁경영의 장·단점

첫째, 전문가에 의한 경영으로 경영이 안정된다. 둘째, 높은 수익을 기대할 수 있다(일반적으로 프랜차이징보다 수익성이 높다) 셋째, 경영노하우와 시스템, 경영방침을 적용하므로 외식기업의 이미지가 유지된다. 넷째, 소유주와 경영자의 갈등이 있을 수 있다. 다섯째, 영업부진에서 오는 손실을 소유주가 감수하여야 한다.

5. 국내 외식산업의 발전요인

우리나라 외식산업의 발전요인은 크게 네 가지로 설명할 수 있다. 즉, 경제적, 사회적, 문화적, 기술적 요인 등으로 간략하게 설명하면 다음과 같다.

표 1-6 한국 외식산업의 성장요인

요인	특징
경제적 요인	· 경제성장과 국민소득 증대 · 수입 자유화 및 글로벌화 · 대내외적 경쟁력 강화
사회적 요인	· 여성의 사회진출 증가 · 건강, 레저, 여가의 관심 증가 및 노동시간 감소 · 새로운 가치관 대두 · 핵가족화 및 도시형 생활의 확대 · 신세대 및 뉴패밀리층의 출현 · 고령화, 마이카 시대 등
문화적 요인	· 문화적인 의식 성장 · 식생활의 서구화 및 서구식 음식문화의 도입 · 신속, 간편, 단순, 자기만족적인 의식 고조 · 전통, 민속음식의 관심 고조 및 상품화
기술적 요인	· 포장기술의 발달 · 고속조리기구 및 설비의 발달 · 해외 유명브랜드와 기술제휴(신기술 학습) · 체인시스템의 보급 확산 · 과학화 및 전산화 등 자동화시스템의 도입

6. 국내 외식업의 현황

우리나라의 외식시장 규모는 지속적인 증가 추세를 이루고 있으며 가계 소비지출비용 중 외식비의 비중도 과거에 비해 크게 증가하였다. 2017년 국내 식품·외식산업 매출액은 200조 원에 육박했다. 특히 외식산업의 가파른 성장세가 눈에 띄는데, 1인 가구 증가 및 프랜차이즈의 성장에 따른 요인으로 분석된다. 아울러 식품·외식산업의 종사자도 꾸준히 늘어 제조업 23개 분야 중 다섯 번째를 차지하는 것으로 조사됐다.

외식산업의 규모는 각 기관 및 연구별로 차이가 있지만 2017년도 식품산업 주요통계에 따르면 2015년 국내 음식점(주점업 포함) 사업체 수는 2014년 대비 0.9% 증가한 66만 개였다. 국내 주민등록인구(약 5153만 명)와 비교하면 78명당 1개 꼴이다. 1인 가구가 빠르게 늘고, 프랜차이즈도 꾸준히 증가하면서 외식산업이 지속적으로 성장하고 있다.

표 1-7 식품산업 성장 추이('05~'15년)

(단위: 조 원)

구분	'05	'07	'12	'13	'14	'15	연평균증가율 ('05~'15)
□ 국내총생산(실질 GDP)	1,034.3	1,147.3	1,342.0	1,380.8	1,427.0	1,466.8	3.6%
□ 제조·외식(A+B)	89.9	107.5	152.4	156.9	163.7	192.0	7.9%
○ 음식료품제조업(A)	43.7	48.1	75.1	77.3	79.9	83.9	6.8%
○ 음식점업(B)	46.3	59.4	77.3	79.5	83.8	108.0	8.9%
□ 농림업	36.3	35.8	46.4	46.6	47.3	46.9	2.6%

출처: 농림축산식품부.

식품·외식산업 종사자수는 '15년 228만 명으로 '06년 대비 25.6% 증가했으며, 전 산업에서 차지하는 비중은 10.9%로 조사됐다. '15년 통계청 '광업제조업조사', '전국사업체조사' 결과에 따르면 음식료품 제조업체 수는 5만 7954개소이며 식품제조업 종사자는 2015년 33만 명(2014년 대비 2.8% 증가)으로, 전체 제조업 종사자의 8.2%를 차지했다.

표 1-8 음식점 및 주점업 사업체 수, 종사자, 매출액

(단위: 천개, 천명, 10억 원, 백만 원/개소, 백만 원/명, 천원/m²)

구분	'05	'07	'12	'13	'14	'15	연평균증가율 ('05~'15)
○ 사업체수(A)	532	577	625	636	651	657	2.1%
○ 종사자수(B)	1,445	1,567	1,753	1,824	1,896	1,945	3.0%
○ 매출액(C)	46,253	59,365	77,285	79,550	83,820	108,013	8.9%
※ 업체당 매출액(C/A)	86.9	102.9	123.7	125.1	128.8	164.4	6.6%
※ 1인당 매출액(C/B)	32.0	37.9	44.1	43.6	44.2	55.5	5.7%
※ 건물 연면적(m²)당 매출액	936.1	993.5	1,220.6	1,239.3	1,264.5	1,566.2	3.1%

출처: 농림축산식품부.

시장이 커지면서 사업체 수는 크게 늘었지만 규모는 대부분 영세했다. 전체 66만 개 음식점 중 종사자 5인 미만의 소규모 음식점이 56만 9,000개로 전체의 86.5%를 차지했다. 종사자 10인 이상 음식점은 전체의 2.7%에 불과했다. 업종별 매출액은 한식 음식점이 51조 1,000억 원으로 가장 많았다, 업체 1곳당 평균 매출액은 서양식 음식점이 3억 9,000만 원으로 가장 많았다. 일식 음식점(3억 2,000만 원), 한식 음식점(1억 7,000만 원), 치킨전문점(1억 2,000만 원), 분식·김밥전문점 (8000만 원)이 뒤를 이었다.

표 1-9 종사자 규모별 음식점 업체수

(단위: 천 개)

구분	'05	'07	'12	'13	'14	'15	연평균증가율 ('05~'15)
□ 음식점 업체 수	531.9	577.3	624.8	635.7	650.9	657.1	2.1%
○ 종사자규모별							
· 5인 미만	476.3	519.1	553.4	559.3	568.7	568.6	1.8%
· 5~9인	45.2	47.2	57.6	61.2	66.1	70.6	4.6%
· 10인 이상	10.4	10.9	13.8	15.2	16.1	17.9	5.6%

출처: 농림축산식품부.

식료품을 제조해 판매하는 사업체는 5만 7,954개였다. 출하액 규모는 84조 원으로 전체 제조업의 5.9% 수준이었다. 제조업 종사자의 8.2%에 해당하는 33만 명이 음식료품 제조업에 종사하는 것으로 나타났다. 음식료품(담배제조업 포함)의 부가가치는 20조 7,000억 원으로 제조업(436조 원)의 4.7%였다. 품목별로는 김치 관련 사업체가 366개로 가장 많았다. 그 뒤는 김 가공품(266개)이었다. 출하액이 가장 많은 품목은 육지동물 포장육, 소사육용 배합사료, 우유 순이었다. 건강기능식 관련 품목의 출하액도 2005년 4,000억 원에서 2015년 2조 2,000억 원 규모로 크게 늘었다.

표 1-10 국가별 식품시장 규모(2015)

(단위: 10억 달러)

순위	국가명	규모	순위	국가명	규모	순위	국가명	규모
1	중국	1,173.9	6	브라질	260.5	11	핀란드	146.1
2	미국	1,166.3	7	프랑스	234.6	12	스페인	140.9
3	일본	369.7	8	이탈리아	207.8	13	캐나다	132.1
4	독일	298.8	9	러시아	193.5	14	인도	125.5
5	영국	271.5	10	멕시코	148.6	15	한국	109.1

출처: 농림축산식품부.

시장조사 전문기관인 GlobalData에 따르면 2015년 전 세계 식품시장 규모는 6조 3,000억 달러(약 7,125조 원, 외식업 제외)였다. 2013년 이후 약 6조 8,000억 달러 규모를 유지하다 약간 줄었지만 여전히 세계 자동차 시장(1조 3,000억 달러)의 4.7배, 정보기술(IT) 시장(9,000억 달러)의 6.9배, 철강시장(7,000억 달러)의 8.4배 규모다. 지역별로는 중국 등의 경제성장에 힘입어 아시아·태평양 지역이 연평균 5.9% 성장하는 추세다. 국가별 식품시장 규모는 중국과 미국이 각각 1조 2,000억 달러로 가장 컸다. 일본(4,000억 달러), 독일(3,000억 달러)이 뒤를 이었다. 한국(1,000억 달러)은 세계 15위 수준인 것으로 나타났다. 2016년 기준으로 연 매출액이 1조 원 이상인 국내 식품제조기업은 21곳이었다. CJ제일제당·롯데칠성음료·오뚜기 순이다.

표 1-11 연도별 매출 1조 원 이상 식품기업

(단위: 백만 원, %, 개)

순위	업체명	'15년(A)	'16년(B)	증감(%)	순위	업체명	'15년(A)	'16년(B)	증감(%)
1	CJ제일제당㈜	4,539,667	4,862,290	7.1	12	오비맥주㈜	1,490,812	1,545,318	3.7
2	롯데칠성음료㈜	2,194,880	2,264,211	3.2	13	동서식품㈜	1,506,570	1,516,904	0.7
3	㈜오뚜기	1,829,762	1,959,104	7.1	14	㈜동원F&B	1,374,936	1,464,991	6.5
4	㈜농심	1,878,665	1,862,187	△0.9	15	매일유업㈜	1,254,426	1,328,083	5.9
5	대상㈜	1,648,286	1,852,714	12.4	16	남양유업㈜	1,204,320	1,216,821	1.0
6	㈜파리크라상	1,727,743	1,777,178	2.9	17	㈜농협사료	1,247,163	1,193,847	△4.3
7	롯데제과㈜	1,775,103	1,766,907	△0.5	18	대한제당㈜	1,127,440	1,144,286	1.5
8	롯데푸드㈜	1,706,247	1,762,404	3.3	19	코카콜라음료㈜	1,065,501	1,130,222	6.1
9	하이트진로㈜	1,663,246	1,637,185	△1.6	20	㈜한국인삼공사	917,785	1,107,646	20.7
10	서울우유협동조합	1,674,890	1,603,738	△4.2	21	㈜SPC삼립	985,824	1,053,614	6.9
11	㈜삼양사	1,169,694	1,583,352	35.4					

7. 외식산업의 문제점

오늘날의 외식산업은 양적 성장과 질적 성장이 함께 이루어지고 있으나, 그 성장의 방향은 양에서 질로 변화되고 있다. 즉, 운영적인 면과 외식의 가치화가 외식사업 성공의 관건이 될 것이다.

1) 경영자 의식의 문제

외식산업을 비하시키는 직업관과 의욕의 부족 그리고 제조와 판매, 서비스의 복합산업인 외식산업에 대한 전문 경영지식의 부족이 문제점으로 지적된다.

2) 인적 자원의 문제

성장기 시장에 대응할 인적 자원의 문제로 교육훈련의 미비와 자질개선 노력이 부족하다. 3D 업종기피에 따른 인력난 및 생산성 향상 방안의 부재, 그리고 우수한 인재의 양성프로그램의 미비와 조직의 구성 문제 등이 있다.

3) 품질수준의 문제

품질기준과 실제 품질 간의 차이에서 파생되는 음식의 품질, 메뉴에 적합한 적정 설비의 도입 및 레시피의 미비, 품질의 비균일성과 품질관리의 미비 등이 문제이다.

4) 원가회계의 미숙

주요 식자재 시장가격의 변화와 인건비의 상승 등 제반 원가의 증가, 그리고 수익성과 최적원가의 산정능력이 부족하다.

5) 운영자금의 부족

자금한계에 따른 우선투자 문제, 운영자금의 부족과 현금 흐름에 관한 계획의 부재가 문제이다.

6) 관리상의 문제

업소 이미지 관리의 인식 결여, 열악한 근무환경과 높은 이직율, 그리고 중간관리자의 부족과 업무조정능력이 부재하다.

7) 식품에 관한 지식의 부족

식품에 관한 지식과 조리경험의 부재, 조리사에 대한 지도·감독 능력 부족, 그리고 연구하는 자세 등이 부족하다.

8) 메뉴계획의 부재

고객의 욕구 파악, 원가와 수익성의 함수관계 해석, 인력과 숙련도의 부족, 메뉴분석 능력 부족, 고객지향적 메뉴가치 창출이 미비하다.

9) 주방설비의 문제

고품질의 상품가치를 창조하기 위한 주방설비의 성능문제, 주방설비에 대한 지식 부족 및 사용상의 부주의 등이 있다.

SECTION 04 외식산업의 구조변화 추이와 시사점

1. 외식산업의 변화 추이

최근 10년간 외식산업은 양적 측면에서 지속적으로 증가하고 있다. 외식산업의 총 사업체수는 2006년 54만 6,504개소에서 2015년 65만 7,086개소로 지난 10년간 20.2% 증가하였다. 외식

그림 1-5 │ 외식 산업의 규모 변화(2006~2015년)

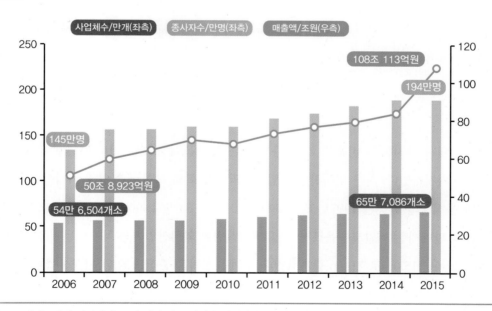

주: 1) 도소매업조사의 식품산업 중 음식점 및 주점업을 외식산업이라 정의하였으며, 이들은 「식품위생법」상 식품접객업에 해당함.
   2) 종사자수는 통계청의 전국사업체조사(종사자수 1인 이상), 매출액은 통계청의 광업제조업조사(10인 이상 사업체)를 정리함.

출처: 통계청, 「도소매업 조사」, 각 연도; 농림축산식품부, 「농림축산식품 주요통계」를 재정리함.

산업 종사자수는 2006년 145만 명에서 2015년 194만 명으로 33.8% 증가하였으며, 외식산업 매출액은 2006년 50조 8,923억 원에서 2015년 108조 133억 원으로 112.2% 증가하였다.

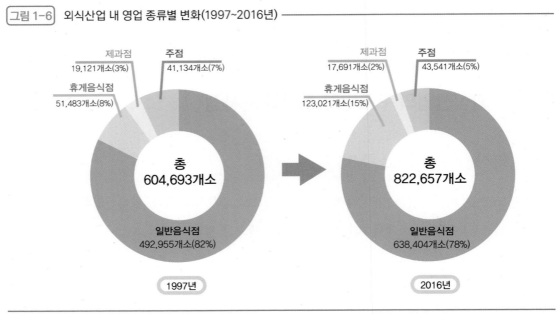

그림 1-6 외식산업 내 영업 종류별 변화(1997~2016년)

주: 1) 일반음식점업은 한식, 중식, 일식, 서양식, 기타 외국식 음식점 업체수의 합이며, 주점업은 일반유흥주점업, 무도유흥주점업, 그 외 기타 주점업체수의 합임.
　　2) 「식품 위생법 시행령」 제21조에 의한 식품접객업 중 위탁급식영업을 제외한 일반음식점, 휴게음식점, 제과점, 주점을 외식산업으로 정의하고, (　)는 전체 외식산업에서 각 영업별 사업체수가 차지하는 비율을 말함.

출처: 식품의약품안전처, 「2017 식품의약품 통계연보」, 2017, 12, p. 73을 재정리함.

　　외식산업에서 차지하는 비중이 가장 큰 영업은 일반음식점으로 2016년 현재 638,404개소로 78.0%를 차지하였다. 최근 외식산업 영업형태의 다양화와 복합화로 인해 외식산업에서 차지하는 일반 음식점의 비중은 1997년 82.0%에서 2016년 78.0%로 4.0%p 감소하였다. 반면, 커피나 주스류를 판매하는 비알코올음료점 등 휴게음식점이 외식산업에서 차지하는 비중은 1997년 8.0%에서 2016년 15.0%로 7.0%p 증가하였다. 휴게음식점을 중심으로 한 외식산업계의 영업 형태가 제공 방식 및 경로, 타 산업과의 복합형 등 다변화하고 있으나 현 「식품위생법」상 식품접객업분류는 이들 영업에 대한 차별화된 관리 요구를 적절히 반영하지 못하고 있다.

그림 1-7 외식산업의 폐업 및 가맹점 비율 변화 추이

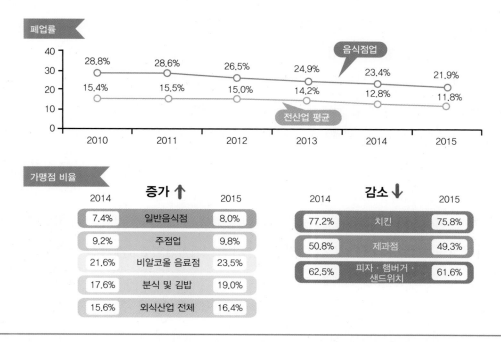

주: 폐업률은 폐업자 대비 신규사업자의 비율이며, 가맹점 비율은 영업종류별 업체수 대비 가맹점수의 비율임.

출처: 한국외식업중앙회, 「산업인력현황보고서－음식서비스산업」, 2017. 7., p. 56.; 국세청, 『국세통계연보』, 각 연도; 통계청, 「프랜차이즈(가맹점) 통계」, 2017. 7. 20., p. 4를 계산하여 정리함.

외식산업은 도소매업조사의 산업 분류 중 폐업률이 가장 높은 산업이다. 1997년 외환위기 이후 신규 사업자 진입 증가로 폐업률은 2010년 28.8%로 높았지만 2015년에는 21.9%로 감소하였다. 폐업률 감소는 산업 전반에 나타난 현상으로 경기 침체로 인한 신규 사업자 진입 감소를 주원인으로 보고 있다.

외식산업의 가맹점 비율은 2015년 16.4%로 2014년(15.6%)에 비하여 0.8%p 증가하였으나 가맹사업의 불공정거래, 과당경쟁, 식품안전 사고 등의 역기능도 적지 않은 것으로 나타났다.

최근 식품안전 사고와 가맹사업 사건으로 치킨전문점, 제과점, 피자·햄버거·샌드위치점 등의 가맹점 비율은 감소하는 추세를 보이고 있다.

2. 시사점

첫째, 1997년 외환위기 이후 외식산업은 매출액 등 규모가 양적 측면에서 계속 증가되고 있으나 영업 이익률이 낮은 영세한 산업이다. 2015년 전체 식품산업에서 차지하는 비율은 사업체수 91.9%, 종사자수 85.4%로 음식료품제조업에 비해 높지만 매출액은 56.3% 수준으로 영세하다.

둘째, 외식산업은 신규 진입 영업자 비율이 높고 자영업률이 높은 산업이나 최근 폐업률이 타 산업보다 두 배 이상 높고, 가맹점 비율이 증가하고 있는 특징을 보이고 있다. 외식산업의 영세성과 폐업률을 개선하기 위해 외식산업의 식자재 공급 등 외식산업 기반 구축을 지원하고, 가맹사업의 순기능을 살릴 수 있는 제도 개선이 요구된다.

셋째, 향후 외식산업의 내실있는 성장을 위하여 농림축산식품부는 식생활 패턴 변화와 다양한 소비자의 요구를 반영하여 「외식산업 진흥법」에 따른 '외식산업진흥계획'을 수립하고, 정책의 실효성을 높이는 전략을 마련하여야 할 것이다.

넷째, 식품의약품안전처는 외식산업 구조변화에 유연하게 대응할 수 있도록 새로운 영업 형태의 특성을 반영한 위생·안전관리 규제를 정비할 필요가 있다. 소비자의 다양성과 외식산업 구조 변화를 반영할 수 있도록 현재 이원화되어 있는 「식품 위생법」의 식품접객업과 한국표준산업분류의 음식점 및 주점업 등 관련 용어를 통일할 필요가 있다. 또한 외식산업계에서 규모가 증가하고 있는 가맹점형 영업, 이동음식점형 영업(출장, 배달, 푸드트럭, 통신판매 등), 타업종과의 복합영업(키즈 까페, 동물 까페) 등에 대한 영업을 「식품위생법」 영업에 포함시켜 적절한 관리를 할 필요가 있다. 식품제조가공업 중심의 식품위생관리체계에서 외식산업의 확대와 구조 변화를 반영한 외식산업의 식품위생관리방안을 보완하여야 할 것이다.

SECTION
05 미래 외식시장

1. 외식시장의 위기

외식업 경기는 지난 2014년 상반기부터 햇수로 4년째 내리막길을 걷고 있다. 더욱이 시간이

지날수록 반등의 기미는커녕 내리막 경사가 가팔라지는 데다 각종 악재가 거듭 쌓이는 추세다. 경기침체가 지속되면서 신규 자영업 진출은 꾸준히 증가하고 있어 과당경쟁도 심화되고 있다. 이미 외식업계는 사상 초유의 위기를 맞았다며 아우성이다. 최근 업계의 위기는 경기침체에 따른 소비심리 위축뿐만 아니라 인구통계학적 요인과 푸드테크와 신사업영역 출현 등 복합적인 원인에서 비롯되고 있다. 이와 같은 구조적 원인을 찾아 분석하고, 가장 효율적인 해결 방안을 찾아야 한다.

1) 인구통계학적 사회변화와 외식시장

외식업계 불황의 가장 큰 원인으로 지속적인 경기침체가 꼽힌다. 대표적인 내수 밀집업종인 외식업은 경기가 나쁠수록 곧바로 소비부진으로 이어진다. 통계청 관계자는 서비스업 생산 감소 이유로 "경기가 좋지 않은 영향이 크다"며 "음식점업 생산의 경우 외식보다 집에서 밥 해먹는 문화가 발달하면서 감소하는 탓도 있다"고 설명했다.

하지만 최근 외식업의 매출 하락은 보다 복합적인 요인이 작용한 것이란 분석도 나오고 있다. 가장 두드러진 요인으로 인구통계학적 사회변화를 꼽을 수 있다. 1~2인 가구 급증과 노령화 등이 진행되면서 외식소비 형태가 빠르게 변화하고 있다.

과거 4~5인 가구 위주의 사회에서는 가족단위 외식이 활성화되면서 관련업계 경기도 살아

그림 1-8 **출생아 수 추이**

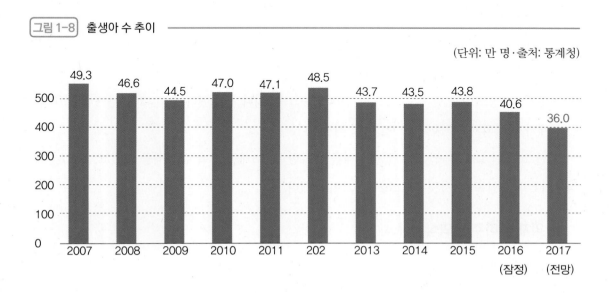

(단위: 만 명·출처: 통계청)

낮으나 1인 가구가 지속적으로 늘면서 이른바 혼밥족이 등장했다. 통계청에 따르면 1인 가구는 올해 556만여 명으로 전체 인구의 28.5%를 차지하고 있다. 오는 2045년에는 809만 명으로 전체 인구에서 36.3%의 비중으로 증가할 것이란 전망이다.

2) 낭떠러지로 향하는 외식 소비패턴

1인 가구 증가에 따라 외식업계는 이른바 '혼밥', '혼술'이라는 새로운 트렌드가 만들어졌다. 과거 3~4명이 어울려 식사를 하고 술도 마시며 외식업계의 매출을 올렸던 소비자들이 저녁시간에도 1인용 메뉴로 간단히 식사를 마치거나 아예 편의점 도시락, HMR 등으로 끼니를 해결한다.

직장 회식도 점심식사나 연극·영화관람 등으로 대신하는 풍조가 활성화되고 있다. 과거와 달리 조직보다 개인을 존중하는 직장문화가 만들어지고 있기 때문이다. 이같은 추세는 전통적인 가족해체가 가속화되면서 더 심화될 전망이다.

인구변화와 경기침체가 맞물리면서 외식 소비패턴도 빠르게 변화하고 있다. 대표적인 변화가 '가성비' 메뉴의 등장이다. 외식업계는 소비자의 지갑을 열기 위해 일제히 가격 대비 만족도 높은 메뉴 개발에 나서고 있다. 하지만 결과적으로는 업계 전체 매출과 영업이익 하락으로 이어질 수밖에 없다.

서울의 한 중견 외식업체 관계자는 "최근 트렌드에 맞추기 위해서는 원가부담을 높이더라도 팔리는 메뉴를 만들 수밖에 없다"며 "결국 채산성이 떨어질 수밖에 없고 전체 매출실적도 개선하기 어려워진다"고 털어놓았다.

1인 가구 증가뿐만 아니라 지속적인 인구감소도 외식업계를 낭떠러지로 내몰고 있다. 인구감소는 곧 외식 소비자 감소를 뜻한다. 2017년도 통계청이 발표한 '5월 인구동향'에 따르면 출생아 수는 3만 300명으로 전년 같은 달보다 4100명(-11.9%)이나 감소했다. 이는 2017년 5월 기준 관련 통계가 작성되기 시작한 2000년 이래 최저치다.

지난 2015년 12월 출생아 수가 감소세를 기록한 뒤 18개월 연속 감소세를 보였고, 2016년 12월부터 6개월 연속 두 자릿수 감소세를 보이고 있다.

3) 악재를 마주한 외식시장

맥쿼리 증권은 2016년 초 발표한 보고서에서 한국경제의 큰 도전과제로 낮은 출산율과 인구 고령화를 꼽았다. 보고서에 따르면 1995년 전체 인구의 69.4%였던 40세 이하의 젊은 인구가 2015년 48.1%로 급격히 줄었고 2050년에는 32.0%로 하락할 것으로 내다보았다.

반면 65세 이상 인구 비율이 2060년이 되면 일본을 능가해 최고령 국가가 될 것으로 전망했다. 소비 주도층인 40세 이하 인구 감소와 낮은 출산율, 고령화 등은 급격한 소비감소를 불러온다.

세계적인 경제 예측 전문가 해리 덴트는 '2018 인구절벽이 온다'에서 한국은 2010년부터 2018년 사이에 소비지출의 정점을 찍게 되지만 이후 왕성한 소비력을 가진 45~49세 연령대가 급격히 줄어들면서 저성장 시대로 접어들 가능성이 높다고 예측했다.

이는 최근 곤두박질 친 외식업 경기가 바닥을 친 게 아니라 앞으로 더 나빠질 수밖에 없다는 경고다. 해리 덴트의 주장이 빗나갈 가능성도 있지만 최근 외식업을 둘러싼 환경은 결코 녹록치 않다. 여러 악재가 인구절벽에 부딪히면서 최악의 국면으로 이어질 가능성이 높기 때문이다.

국내 외식업계는 2018년부터 최저임금 7530원과 법정 근로시간 주당 52시간으로 단축 등을 시행해야 한다. 또 최근 공정거래위원회의 프랜차이즈산업 정책은 외식업계에 칼끝을 겨누고 있다. 외식 프랜차이즈는 국내 외식업체의 30% 내외이지만 외식업 연매출의 70% 정도를 차지하고 있다.

외식업계 관계자는 "국내 외식업계의 불황은 경기침체뿐만 아니라 수많은 악재가 겹치면서 빚어지고 있는 구조적 불황"이라며 "이같은 구조적 문제를 풀어나가기 위해서는 전체적인 사회 문제를 객관적으로 조망하고 대대적인 혁신방안을 찾아 시행해야 할 것"이라고 말했다.

2. 외식업을 둘러싼 산업구조의 변화

최근 외식업계는 최저임금 상승에 따른 인건비 부담 가중으로 묘책 마련에 골머리를 앓고 있다. 장기불황과 맞물려 타개책이 시급한 가운데 그간 소수 외식매장에만 적용됐던 키오스크가 큰 관심을 받고 있다.

또 모바일을 이용한 배달 대행 서비스, HMR에 대응할 수 있는 가성비 메뉴 구현과 테이크아웃 서비스 등 생존에 맞닿은 도전이 이어지고 있다. 다수의 전문가들은 이제 경쟁력을 가진 외식업소만 살아남을 수 있는 극한의 시대가 찾아왔다고 진단한다. 빠른 정보 수집과 판단력, 그리고 나만이 가지고 있는 무기 등 스마트한 소비자를 잡을 수 있는 스마트한 경영 전략이 나와야 지속 성장이 가능하다.

서울의 대표적 오피스타운 중에 하나인 여의도에서 10년 넘게 식당을 운영하고 있는 김모(47) 씨는 최근 폐업을 심각히 고민 중이다. 날로 치솟는 식재료비와 인건비 부담은 차치하더라도 점심 손님이 눈에 띄게 줄었기 때문이다.

고육지책으로 7천 원이던 점심 메뉴값을 6천 원으로 내렸지만 손님들은 돌아올 기미가 보이지 않았다. 김 씨는 그 이유를 분석한 결과 인근 편의점이 손님을 대거 흡수했다는 결론을 내렸다. 편의점에는 20~30대 젊은 층을 중심으로 점심을 간단히 해결하고 있었다. 수많은 이들이 도시락과 라면 등을 구입하는 모습에 마땅한 해결책이 떠오르지 않는다는 하소연이다.

김 씨의 사례처럼 최근 편의점 도시락은 가성비를 내세워 기존 외식 소비자들의 발걸음을 붙잡고 있다. 5천 원을 넘지 않는 저렴한 가격에 품질도 크게 떨어지지 않고 각 편의점마다 각종 신상품을 주기적으로 선보여 선택의 폭이 넓어지고 있다.

HMR(가정간편식) 역시 외식 소비자의 이탈을 부추기고 있다. 대형 식품사와 유통사마다 새로운 HMR 상품을 개발하고 있다. 외식과 견줘 크게 차이가 없는 품질을 구현하고자 머리를 싸매

그림 1-9 외식업소 경영주 설문조사

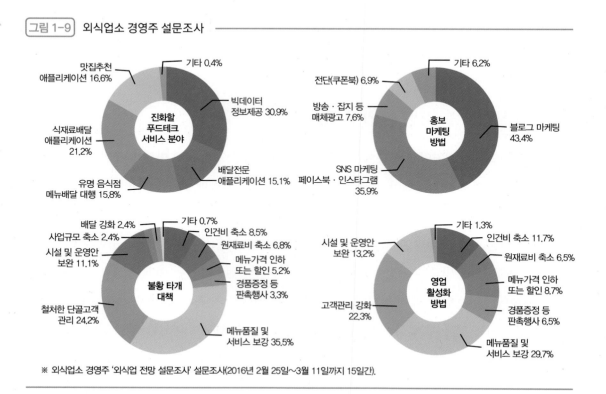

※ 외식업소 경영주 '외식업 전망 설문조사' 설문조사(2016년 2월 25일~3월 11일까지 15일간).

는 실정이다. 점진적인 품질 개선에, 대량생산을 통한 가격 경쟁력을 앞세우고 있어 외식 소비자들의 손길이 자연스레 HMR로 가고 있다. 더욱이 장기불황에 기인한 소비 심리 위축은 HMR 성장에 매우 유리한 환경 조건이다.

1) 업그레이드하는 모바일 플랫폼

한때 배달전문 애플리케이션 수수료가 영세 외식자영업자들을 더욱 힘들게 한다며 논쟁이 있었지만 모바일과 외식의 동행은 이제 거역할 수 없는 흐름이 되었다. 세계 최대 스타트업(신생 벤처기업)으로 지목되는 우버의 음식 배달 서비스 '우버이츠(UberEATS)'가 2017년 8월 한국에 상륙해 모바일 배달 서비스가 또 다른 변화를 맞이할 전망이다.

우버코리아는 최근 배달원 모집부터 서울 강남 및 이태원 등의 유명 식당을 대상으로 영업을 강화하는 등 새로운 서비스 준비에 만전을 기하고 있다. 우버이츠의 대표 서비스는 배달을 하지 않는 유명 레스토랑과 숨은 맛집의 음식을 집에서 먹을 수 있게 해준다는 점이다.

과거 미국을 호령했던 배달 전문업체인 '그럽허브' 등을 제치고 단숨에 관련 업계를 제패했다. 2015년 4월 캐나다 토론토에서 첫 서비스를 시작했고 2017년 8월 100개 도시로 서비스 지역을 넓혀나가는 등 27개국 6만여 개 레스토랑을 확보해 음식을 배달하고 있다.

토종 업체의 맏형인 우아한형제들도 우버이츠 상륙에 맞대응하겠단 각오다. 우아한형제들의 배민라이더스는 '랍스타부터 카나페까지 밖에서 먹던 음식을 집 앞까지 배달해드립니다'라는 슬로건을 내세워 2017년까지 서울 전 지역에 배달 서비스가 가능하게 만들겠다는 계획이다.

우아한형제들은 2016년 '배민키친'도 선보였다. 유명 맛집에 조리 공간을 제공하고 조리가 완료되면 배민라이더스를 통해 배달하는 방식이다. 서울 역삼동에 매장을 열어 이태원 등 서울 각 지역 맛집 본점의 주방장과 직원을 투입했다. 강남에 분점을 내지 않아도 배민키친에 셰프를 파견해 고객과의 접점을 늘릴 수 있는 것이다.

페이스북과 같은 글로벌 IT기업도 배달 음식 사업에 관심을 보이는 중이다. 페이스북은 SNS를 통해 음식 배달 기능을 추가하는 방안에 역량을 모으고 있다. 음식 주문 버튼을 클릭하면 음식 주문 업체 서비스와 곧장 연동되게 하는 방식이다. 페이스북 사용자 위치를 파악해 주문 가능한 레스토랑의 위치와 메뉴, 가격, 소비자 평점 등을 모두 검색할 수 있게 했다. 주문하면 예상 소요 시간이 포함된 확인 이메일이 도착하고 주문과 결제 모두 페이스북에서 이뤄진다.

2) 키오스크 도입 매장 확산

플랫폼 확장은 비단 온라인에만 그치지 않는다. 최근 최저임금 인상에 따른 인건비 상승에 대응하고자 소비자가 직접 메뉴 검색부터 주문과 결제를 할 수 있는 키오스크(KIOSK)가 빠르게 확산되고 있다. 키오스크는 터치스크린 방식의 무인단말기를 말한다. 키오스크 도입으로 주문을 받는 종업원을 고용하지 않아도 되면서 인건비 절감을 기대할 수 있다.

▲ 백화점 「아이스 팩토리」 매장

▲ 롯데월드몰 「아이스 팩토리 터치」(아이스크림 무인 키오스크 매장)

맥도날드의 경우 미국 전체 매장 56%에 달하는 2500여 개 매장에 키오스크를 설치할 계획이다. 2015년부터 키오스크 주문 시스템을 도입한 한국 맥도날드도 2017년 안에 전국 440곳 매장 중 250곳 (57%)을 키오스크 매장으로 바꿀 예정이다. 패스트 푸드점 롯데리아도 2014년부터 키오스크를 들여놨고 한솥도시락은 2017년부터 주문용 키오스크를 일부 매장에 가동 중이다.

키오스크 대신 모바일 앱을 활용해 주문과 결제를 소화하는 외식업체들도 늘어나고 있다. 스타벅스는 모바일 앱을 통해 매장 반경 2㎞ 내 거리에서 주문과 결제를 할 수 있는 '사이렌오더'를 2014년에 도입했다. 쉐이크쉑은 올 초 '쉑 앱'으로 주문을 받기 시작했다.

모바일 전자식권의 성장도 빼놓을 수 없다. 스마트폰을 터치해 회사 주변 식당에서 간편하게 식사값을 지불할 수 있는 시스템이다. 기업과 음식점도 종이식권 발행, 장부 정산 및 관리 등에 필요한 운영비 절감 효과가 크다는 분석이다. 음식점은 전자식권 앱에 음식점을 홍보하고 고정 매출을 확보할 수 있다.

식신이 운영하는 '식신e식권'은 하루 평균 2만여 건의 이용수를 자랑한다. 식신e식권을 사용하는 1200여 개 식당이 매월 15억 원 이상의 매출을 올리는 것으로 알려졌다.

▲ 미국 HMR 시장의 스타트업 기업 '블루 에이프런(Blue Apron)'은 소비자가 온라인으로 주문하면 집 앞까지 배달해준다. 레시피와 함께 손질된 식재료를 배달해주는 HMR로 요리의 즐거움을 선사하는 새로운 컨셉을 내세우고 있다. (출처: 블루 에이프런 홈페이지)

3) 소비자 니즈 꿰뚫은 '블루 에이프런'

국내와 마찬가지로 외식 선진국 역시 급속한 시장 환경 변화를 감지할 수 있다. 미국 시장조사 전문업체 NPD에 따르면 지난해 점심시간 레스토랑을 방문한 미국인 수는 40년 만에 최저치를 기록했다. 방문 숫자는 전년 대비 2%(4억 3,300만 회) 줄어들어 이로 인한 외식 산업 손실은 지난해 32억 달러(3조 5,840억 원)인 것으로 추산됐다.

레스토랑을 방문하지 않는 이들은 식사를 도시락과 배달음식으로 대체했다. 이들이 레스토랑을 찾지 않는 것은 급격한 외식비용 증가가 주된 원인이라는 분석이다. 미국 레스토랑들은 지난 수년간 인건비 부담을 이유로 메뉴 가격을 크게 인상했다. 미국 노동통계국에 따르면 지난해 식당 점심의 평균가격은 2008년 금융위기 당시보다 19.5% 상승한 것으로 조사됐다. 이에 반해 식재료값은 낮아지면서 소비자들은 직접 조리와 도시락 소비 등으로 소비 패턴을 바꾸고 있다.

▲ 현대백화점 밀키트 서비스 "Prep" (출처: 현대백화점 홈페이지)

미국 HMR 시장의 스타트업 기업인 '블루 에이프런(Blue Apron)'의 급격한 성장 역시 이러한 변화를 체감하게 한다. 블루 에이프런은 소비자가 온라인으로 식료품을 주문하면 집 앞까지 배달해준다. 대부분 데우기만 하면 곧장 취식할 수 있는 우리나라 HMR과 달리 레시피(조리법)를 포장해 제공하는 '레디 투 쿡(Ready to Cook)' 상품으로 차별화를 꾀했다. 배달된 박스 안에는 레시피가 적힌 종이와 요리에 사용될 식재료가 잘 손질돼 있다. 식재료는 레시피에 맞춘 정확한 양을 계량해 요리에 익숙하지 않은 사람도 쉽게 조리할 수 있게 했다.

국내에서는 현대백화점이 집에서도 셰프의 맛 그대로를 요리할 수 있도록 신선한 재료와 쉬운 레시피를 준비하여 배달해 주는 서비스 "Prep"을 선보여서 좋은 반응을 얻고 있다.

이처럼 밀키트(Meal Kit) 시장은 점점 고급화, 전문화 되면서 O2O 트렌드와 함께 증가하고 있다. 밀키트 배달 서비스는 2007년 스웨덴에서 처음 시작하여 현재 미국과 유럽을 중심으로 시장이 확장되고 있는데, 전 세계 밀키트 시장은 2014년 약 3억 달러에서 2016년 약 15억 달러 규모로 311% 성장하였으며, 2020년 최대 50억 달러로 2016년보다 233% 증가할 것으로 분석되고 있다.

미국은 2012년 처음 밀키트 배달 서비스를 실시했으며, 이후 시장 성장에 따라 대형 식품업체가 시장에 진입하여 경쟁이 심화되고 있다. 미국의 대표적인 밀키트 서비스 기업은 헬로프레시, 그린셰프, 플레이디드, 블루 에이프런 등이 있는데 블루 에이프런은 2012년 미국에 처음 밀키트 배달서비스를 도입한 최대의 밀키트 서비스 업체로 배달규모는 2015년 한달 평균 300만건에서 2016년 한달 평균 800만건으로 1년 사이 167% 증가하였다. 시장의 성장에 따라 허쉬, 타이슨, 캠벨, 홀푸드, 아마존, 뉴욕타임즈 등 대형 식품업체와 유통업체, 언론사까지 밀키트 시장에 진출하여 경쟁이 심화되고 있다.

표 1-12 미국의 대표적인 밀키트 서비스 업체

구분	헬로프레시	그린셰프	플레이디드	블루 에이프런
가격(1인 기준)	11.50달러	11.99달러	12.00달러	9.99달러
레시피 종류	6가지 (패밀리, 채식주의자 메뉴 등)	6가지 (글루텐프리, 채식주의자 메뉴 등)	7가지 (디저트 메뉴 등)	6가지 (패밀리용, 1인용 등)
특징	열량, 지방, 나트륨 함량이 낮음, 레시피 카드에 모든 영양정보 표기	높은 섬유질, 낮은 지방, 모든 재료 유기농 인증, GMO 식품, 호르몬 사용 안함	호르몬 없는 닭고기, 돼지고기, 소고기 사용	레시피 카드에 칼로리 정보 제공, 유기농 재료 사용
준비 용이성 1=매우 어려움, 7=매우 쉬움)	6.5	6	6	5.8
주문 사이트	hellofresh.com	greenchef.com	plated.com	blueapron.com

전문가들은 국내 외식산업이 인건비와 식자재비, 임대료 등의 부담이 줄지 않고 있는 데다 이를 둘러싼 환경이 급박하게 변화하고 있어 결국은 경쟁력 키우기가 생존 포인트가 될 것이라 입을 모으고 있다. 업계 관계자는 "나만의 경쟁력과 차별화에 성공하지 못한다면 영세 외식자영업자는 물론이고 프랜차이즈도 생존을 보장할 수 없는 시대"라며 "즉, 경쟁력을 갖춘 외식업체만 살아남을 수 있는 구조로 바뀌고 있다"고 말했다.

그러면서 "시시각각 바뀌는 환경과 정보에 민감히 반응하고 업소에 적용해 시너지를 얻을 수 있는 부분이 있다면 과감히 도입하는 적극적 자세가 필요하다"며 "결국 양질의 정보 획득과 실행력이 관건이 될 것"이라고 주장했다.

3. 소비자 의식과 외식문화의 지각 변동

1) 21세기 사회경제구조 급변… 혼밥족 증가

미국의 인류학자 마빈 해리스는 <문화의 수수께끼>에서 힌두교도와 이슬람교도는 왜 각각 소고기와 돼지고기를 먹지 않는지에 대한 질문을 통해 문화의 유형을 규명하고자 했다. 마빈 해리스에 따르면 힌두교도는 인도의 쌀농사를 위한 도구로서 소를 보호하기 위해 소고기를 종교적 금기로 정했다. 이슬람교도는 아랍의 척박한 환경에서 돼지 먹이를 구할 수 없기 때문에 아예 식용을 금지했다는 추론이다.

음식문화는 이와 같이 사회경제적 배경에 따라 결정될 수 있다. 중세 유럽에서는 영주와 기사 계급이 부를 독차지하면서 과시성 소비가 발달했고 비싼 향신료와 진귀한 재료로 차린 음식문화를 만들어 냈다. 최근 전 세계는 급속한 인구·사회·경제구조 변화에 따라 음식문화, 외식문화가 새로운 국면으로 접어들고 있다. 외식문화의 변화에 따라 소비자들은 지금까지 유지돼온 외식산업의 틀에서 벗어나고 있다. 소비자들은 외식을 줄이는 게 아니라 다른 형태의 외식으로 빠르게 이동하고 있다.

직장인 김모씨는 점심시간마다 같은 부서원끼리 식사하는 게 답답하다. 하루에 단 한 시간만 주어지는 점심시간만큼은 혼자 편하게 식사하고 싶지만 조직문화라는 이유로 벗어나지 못하기 때문이다. 그는 직속상관이 포함된 부서원들과의 식사를 업무의 연장선으로 받아들이고 있다. 대기업 홍보실에 근무하던 최모씨는 최근 부장에게 다른 부서로 전환 배치해 달라고 부탁했다. 수첩에 빼곡히 적혀있는 언론사나 광고 대행사 관계자와의 식사 약속이 부담스럽다. 그는 홍보실에서 벗어나지 못할 경우 직장을 그만둘 각오까지 하고 있다.

서울 노량진 학원에서 공무원 시험을 준비하는 '공시생' 윤모씨는 한 달 전부터 점심·저녁 식사를 모두 혼자하고 있다. 중소기업에 다니다 정년이 보장된 공무원이 되기 위해 30대 초반 늦은 나이에 노량진 생활을 시작했다. 시험 정보를 얻기 위해 같이 식사도 하고 어울렸지만 시간이 아까워 혼자 먹기로 했다. 처음 며칠은 어색했지만 금세 익숙해졌다. 노량진 학원가 주변은 혼밥족이 많은데다 메뉴나 식당 구조 등이 혼자 먹기에 불편함이 없다. 혼밥을 하면 틈틈이 공부도 할 수 있고 무엇보다 돈을 아낄 수 있어서 좋다.

2) 혼자가 당당한 사회가 만든 '혼밥' 트렌드

몇 년 전부터 '혼밥', '혼술'이 외식시장의 새로운 트렌드로 떠올랐다. 과거에는 혼자 식사하는 일은 궁상스러운 모습으로 비쳤고 아예 끼니를 건너뛰는 사람도 적지 않았다. 하지만 최근 혼밥은 오히려 온전한 여유와 편안함을 찾기 위한 수단으로도 인식되고 있다.

또 과거 소속감을 중시하는 단체·기업문화가 옅어지는 반면 개인주의가 정착돼 가는 현상도 나타나고 있다. 혼자하는 활동에 대한 거부감도 빠르게 사라지고 있다. 예스24가 조선일보 의뢰로 회원 5864명을 대상으로 설문조사한 결과 응답자의 53%가 혼밥·혼술에 대해 '아무렇지도 않다'고 대답했다.

1인 활동을 즐기는 이유에 대해서는 과반을 훨씬 넘는 59%가 '전혀 불편하지 않아서'라고 답했다. 20~30대 52.5%가 스스로를 '나홀로족'이라고 생각하는 것으로 나타나기도 했다.

혼밥 확산이 경제적 문제뿐 아니라 개인주의 문화의 확산과 관련 있다는 분석도 있다. 정동청 교수(서울대병원 정신건강의학과)는 과거 권위주의 시대에서 파생된 집단주의 문화가 쇠퇴하고, 대신에 개인을 존중하고 우선에 두는 개인주의 문화가 정착돼 가고 있다고 분석했다. 한국인 특

그림 1-10 혼밥·혼술 설문조사 결과

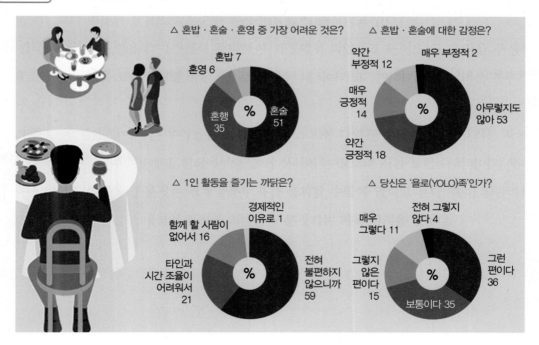

출처: 조선일보(2016).

유의 타인 눈치보기 문화가 점차 사라져가고 있다는 진단이다.

정 교수는 "가족이나 친구, 직장 동료와 같은 집단의 구속에서 벗어나 내 개성을 존중받고 내 삶을 즐기고 싶다는 내밀한 욕구가 적극적으로 표현되기 시작했다"라며 "상대적으로 더 많은 개성을 추구하며 살아온 젊은 세대가 집단을 우선시하는 기성 세대의 문화에 반기를 드는 것일 수도 있다"고 말했다.

인문학자 박홍순의 <일인분 인문학>에서는 원해서 혼밥족이 되는 경우도 많다고 분석했다. 작가는 "혼족이 된 이유를 주변 조건이나 어쩔 수 없는 상황 때문이라 생각하지 않는다"며 "복수응답이기는 하지만 '원하는 방식대로 할 수 있어서'가 75.9%로 압도적 우위를 차지한다"고 설명했다.

3) 상징적인 패밀리레스토랑의 쇠퇴

혼밥족 증가와 개인주의 문화의 확산은 외식업계 매출을 끌어내리는 요인이 되고 있다. 특히 미혼가구 증가와 저출산 등의 영향으로 기존 '4인 가족' 단위의 고객이 빠르게 감소하고 있다.

지난 1990년대 중반부터 2000년대 후반까지 큰 인기를 누렸던 패밀리레스토랑의 쇠퇴는 상징적이다. 패밀리레스토랑은 가족 단위에서 서구식 메뉴를 즐기기 좋도록 최적화되었었다. 패밀리레스토랑에서의 회식은 여유로운 가정의 상징과도 같았다.

하지만 인구구조가 빠르게 바뀌면서 패밀리레스토랑은 쇠퇴의 길을 걷게 된 지 오래다. 패밀리레스토랑 베니건스는 새 주인을 찾았지만 결국 2016년 사업을 종료했고 애슐리는 2017년 매장이 전년보다 10개나 감소하는 등 고전하고 있다. 아웃백스테이크하우스 매장은 2014년 109개에 달했지만 2017년에는 80곳만 운영할 정도로 줄어들었다.

고급 한정식·일식 매장도 큰 타격을 받았다. 특히 2016년 9월에 시행된 '청탁금지법'은 결정타였다. 회사 임원진 간의 비즈니스 미팅이나 고위 관료들의 모임 장소로 주로 이용되던 고급 한정식·일식집을 찾는 발길이 끊긴 것이다.

외식업계는 '김영란 메뉴' 등 청탁금지법에 걸리지 않는 메뉴를 마련하는 등 자구책을 폈으나 얼어붙은 소비 심리는 회복되지 않고 있다. 고급 한정식과 일식집 경영주들은 폐업이나 전업을 한 경우도 많다.

4) '회식이 사라졌다' 울상인 주점 업계

불과 10년 전만 해도 직장의 회식 문화는 고깃집이나 횟집에서 시작해 맥주전문점, 노래방, 포장마차 순례 등 새벽까지 이어지는 경우가 많았다. 직장 상사의 지시에 따라 피곤한 몸을 이끌고 억지로 참가하는 경우도 적지 않았다. 회식은 또 다른 업무로 직장인에게 스트레스를 주기도 했다.

이같은 직장 회식 문화가 빠르게 변하고 있다. 2010년대 초 정부는 '119'라는 건전 회식 문화 캠페인을 전개했다. 술은 1종류로 1차만 하고 오후 9시면 귀가하자는 내용이었다. 여기에 글로벌 금융위기, 회식자리에서의 성추문 등이 종종 문제가 되면서 회식 문화는 간소화 됐다. 특히 가족·개인주의 문화가 큰 영향을 끼쳤다. 기존 금요일에 하던 회식을 목요일이나 월요일에 진행하는가 하면 점심에 간단한 식사로 대체하거나 단체 연극 관람 등 문화 행사로 대체하는 경우도 많다.

직장인 회식 문화 변화는 주점의 매출 하락에도 영향을 끼쳤다. 지난해 주요 프랜차이즈 주점 업체의 실적은 일제히 내리막을 걸었다. 매장 수도 줄었다. 그나마 가성비 높은 브랜드나 혼술이 가능한 매장이 선방하는 정도로 만족해야 했다. 양주가 주로 소비되는 유흥 주점도 갈수록 어려움을 겪고 있다. 위스키 소비량은 2012년 1,196kℓ에서 2013년 940kℓ로 줄더니 2015년 439kℓ로 급감했다.

5) 날로 진화하는 편의점, '혼밥' 최적의 환경 제공

혼밥족의 증가로 어려움을 겪는 외식업계와 달리 편의점 업계는 혼밥족을 끌어들이며 최대 호황기를 누리고 있다. 각 업체들은 유명 스타를 내세운 도시락과 HMR을 출시하며 공격적인 마케팅에 나서고 있다.

편의점 씨유(CU)의 연도별 도시락 매출신장률은 지난 2014년 10.2%, 2015년 65.8%, 지난해 168.3%로 가파른 증가세를 보였다. 또 세븐일레븐은 도시락의 세대교체를 강조하며 2017년에는 밥과 반찬 등 각종 단품메뉴를 골라먹을 수 있는 '내맘대로 도시락'을 선보이기도 했다.

편의점 형태도 진화하고 있다. 신세계가 운영하는 이마트24(옛 위드미) '스타필드 코엑스 리저브 2호점'은 혼밥족을 위한 최적의 환경을 제공하고 있다. 널찍한 매장에 다양한 즉석·HMR은 물론 조각 과일, 커피 등을 제공한다.

출입구 양옆으로 긴 형태의 바테이블과 의자를 마련해 취식에 불편함도 없게 했다. 특히 분식 브랜드 '바르다김선생'을 숍인숍 컨셉로 유치해 편의점 안에서 충분한 끼니를 해결할 수 있게 만들었다.

외식업계 관계자는 "이마트24 스타필드 코엑스점이 일반적인 형태라고 보기는 어렵다"면서도 "웬만한 식사와 커피까지 시원한 공간에서 즐길 수 있게 진화한 형태로, 외식업계로서는 큰 고민이 될 것"이라고 밝혔다.

6) 1인 고객 잡기에 나선 외식업계

혼밥족이 크게 늘면서 외식업계도 메뉴와 구조 변화를 통해 고객 잡기에 나섰다. 기존 단체 손님들이 주로 찾았던 고깃집에서도 1인 고객을 위한 테이블과 메뉴를 마련해 놓고 있다. 1인용 훠궈 전문점도 속속 등장하고 있다. 서울 홍대에는 혼자서도 훠궈를 즐길 수 있게 구성한 매장이 높은 인기를 끌고 있다.

홍대 부근에 혼밥을 하기 좋은 식당은 네티즌을 통해 입소문을 타고 있다. 서울 낙성대 부근에는 '혼밥 전문 식당'을 표방한 업소가 고객을 줄 세우며 인기몰이를 하고 있다. 이 식당은 키오스크를 이용해 효율성을 높이고 있다. 중국에서도 혼밥 인구가 늘자 맞은편 자리에 인형을 놓아 외로움을 덜어주는 곳도 있다.

외식업 경영주에게 혼밥족은 낮은 객단가가 문제로 꼽힌다. 혼밥족을 위해 인테리어를 변경하고 신메뉴 등을 개발, 홍보에 나서지만 수익성이 낮아 비효율적일 수도 있다는 지적이다. 그럼에도 혼밥족을 끌어안는 방안을 마련해야 한다는 조언이다. 이미 외식문화가 바뀌고 있기 때문이다.

7) 지속적인 혼밥족 증가

혼밥족과 집단주의 반대편으로 이동하는 개인주의는 앞으로도 계속 늘어날 전망이다. 경제는 저성장 구조에 접어들었고 청년층의 취업난, 고용 불안, 경쟁 심화, 노후 불안 등으로 소비심리 회복이 더디다.

정동청 교수는 "혼밥·혼술을 즐기는 사람은 점점 늘어날 것이고 어쩌면 혼밥이나 혼술이란 단어를 굳이 쓰는 것이 어색해질 정도로 자연스러운 삶의 한 부분이 될 수도 있을 것"이라고 예상했다. 외식경영 전문가들은 혼밥족은 세계적인 추세로 해외 사례 등을 벤치마킹해 철저히 대비해야 한다고 조언한다. 채규진 한국외식경영학회장(청운대 호텔조리식당경영학과 교수)은 "국내 사회문화적 환경 변화에 따라 혼밥족은 계속 늘어날 전망인 만큼 외식업계는 미리 대비해야 한다"며 "편의점처럼 혼자 찾아도 먹기 불편함이 없게 메뉴나 인테리어 등에 변화를 줘야 한다"고 말했다. 이어 "이미 혼밥이 일상화된 일본의 사례를 벤치마킹하고 4차 산업혁명에 따른 새로운 시스템 도입으로 효율성을 높이는 방안도 고려할 수 있을 것"이라고 덧붙였다.

4. 외식업 위기탈출 해법

앞서 본 바와 같이 외식산업이 흔들리고 있다. 단순히 외식 창업자 10명 중 7명이 3년 안에 문을 닫고 기존 업소 매출도 크게 떨어지고 있는 현상을 말하는 게 아니다. 그리 길지 않은 외식산업의 역사를 돌이켜볼 때 최근 변화는 지금까지 경험하지 못했던 차원의 '전환'을 뜻한다. 외식 사업자가 조리된 먹을거리를 팔고 소비자가 대가를 지불하고 먹는 행위는 달라지지 않았다.

하지만 먹을거리를 언제, 어디서, 어떻게 팔고 사는지의 문제가 새롭게 떠오르고 있다. 이같은 변화는 기존 외식사업자들에게 큰 위기로 다가온다. 경기 불황만 탓하는 착시현상에 갇혀있을 경우 빠르게 변화하는 외식산업구조에 발 빠르게 대처하지 못한다. 외식산업구조 변화에 따라 외식업계가 어떻게 대응해야 할지 알아보자.

지난 2010년 전후만 해도 우리나라 외식업계는 일본이나 미국의 외식시장을 벤치마킹해 왔다. 우리나라가 저성장 궤도에 접어들면서 '잃어버린 20년'을 관통해 온 일본의 외식기업 샤이제리아 등은 훌륭한 반면교사가 됐다. 미국의 프랜차이즈 시스템과 메뉴 전략 등도 활용할 수 있었다. 해외 선진국의 구체적인 외식산업 정보를 얼마나 가졌느냐에 따라 국내 외식업계에서 목소리를 높일 수도 있었다.

하지만 최근 전 세계 외식산업은 동시에 큰 격랑에 휘말리고 있다. 동시다발적으로 터져 나오는 '예견하지 못했던' 변화에 전 세계 외식업계가 갈팡질팡하고 있다. 우리가 따라 배우려고 해도 당장 일본이나 미국, 유럽에도 땅이 갈라지는 것 같은 변화가 동시에 닥치고 있다. 벤치마킹 대상이 소멸된 것이다.

1) 작은 것이 아름답다, IT 산업과의 동반관계

외식시장이 아무리 크게 변화해도 수십년의 전통을 가진 유명 맛집의 위세는 쉽게 꺾이지 않는다. 차별화된 이미지와 컨셉, 메뉴 경쟁력이 있기 때문이다.

하지만 신생 업소나 외식 프랜차이즈 브랜드 등은 앞을 볼 수 없는 격랑의 바다에 나서야만 한다. 여기서 필요한 것은 유연성이다. 하루가 다르게 발전하는 IT산업과 새로운 문화 콘텐츠도 외식업에 영향을 끼친다. IT기술과 여러 문화 콘텐츠는 소비자들의 움직임을 좌우하면서 외식업종 선택에 개입하기 때문이다.

따라서 외식산업 관계자들은 4차 산업혁명 등 신기술 영역은 물론, 보다 폭넓은 인문학적 소양을 갖춰야 한다. 앞으로 다가올 사회와 문화의 변화를 미리 내다보고 대처하면 경쟁에서 한

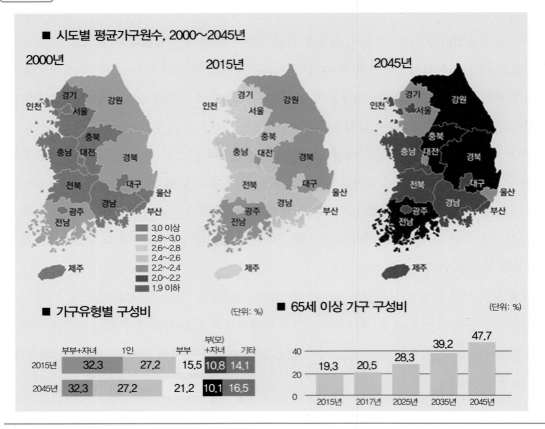

그림 1-11 시도별 평균가구원수(2000~2045년)

출처: 통계청.

걸음 앞서 나갈 수 있다.

앞으로 10년 이내에 우리나라 외식업계는 식당의 규모나 운영방식이 크게 달라질 전망이다. 특히 오피스가에 자리 잡은 직장인 대상 중소형 외식업소 등은 공간구성부터 메뉴, 서비스 방식이 크게 바뀔 수밖에 없다.

먼저 매장이 작아질 것으로 보인다. 외식소비 형태가 다양화되면서 고객 감소가 예상되기 때문에 임대료 부담을 최소화해야 한다. 또 인건비 부담을 덜기 위해 종사자를 줄이게 된다. 대신 키오스크 등을 활용한 주문결제 시스템을 도입하게 된다.

메뉴도 일부 달라질 가능성이 높다. 직장인 점심식사나 저녁식사 고객이 찾는 기존 뒷골목 식당들도 기존 한식 일변도에서 캐주얼한 양식이나 일식, 또는 동남아 음식 비중이 늘 것이다. 외식 소비자들의 입맛이 다양해졌고 특히 조리시간을 줄일 수 있기 때문이다.

조리가 복잡해 보이는 기타 외국식 메뉴는 소스 몇 가지를 이용하면 한식 반찬 몇 가지 만드는 것보다 훨씬 간편하게 조리할 수 있다. 여기다 주방 솔루션 산업의 발달로 숙련된 조리사가 아니더라도 손쉽게 다양한 요리의 제 맛을 낼 수도 있다. 이는 주방 면적을 획기적으로 줄일 수 있는 요인이 된다.

2) 홀 직원 1명만 일하는 고효율 점포

종업원도 현재의 1/3 수준으로 줄이는 업소가 많아졌다. 주문과 결제를 고객이 직접 하는 키오스크(KIOSK) 등장으로 홀 담당 직원은 1명만 있으면 된다. 현재 맥도날드, 롯데리아 등에서는 일찌감치 키오스크를 운용하고 있다. 이미 미국이나 일본에서는 이같은 형태의 점포가 크게 늘고 있다.

미국 샌프란시스코의 레스토랑 잇사(Eatsa)는 이용 방법을 알려주는 안내원 한 명만 있을 뿐 홀과 계산 담당 직원이 없다. 고객들은 키오스크의 터치스크린을 이용해 자신이 먹고 싶은 음식을 주문하고 몇 분 후 정해진 창구로 나오는 음식을 가져다 먹는다.

월스트리트저널은 "키오스크를 통해 주문받는 인력을 줄이는 대신, 주방 인력을 늘려 더 빠르고 우수한 음식 서비스 제공이 가능하다"고 전했다. 이에 따라 외식업소의 매출도 늘어난다고 분석했다.

단순한 비용절감 외의 효과도 있다. 미국의 한 주류 전문점은 키오스크를 도입한 뒤 매출이

8.4% 증가한 것으로 알려졌다. 발음이 어려워 직접 주문하기 어려웠던 외국어로 표기된 주류 상품을 소비자들이 키오스크를 통해 구입했기 때문이라는 분석이다. 우리나라도 키오스크를 통해 일부 양념이나 부재료 추가 등에 비용을 붙여 고객의 취향에 맞추면서 매출증대 효과를 얻고 있다.

3) 과거의 추억이 되고 있는 가족단위 저녁 외식

'아침식사 하실 수 있습니다.' 요즘 이같은 현수막 등을 내건 외식업소가 일부 눈에 띈다. 앞으로 조식 제공 업소는 도심을 중심으로 빠르게 늘어날 것으로 보인다. 줄어든 점심, 저녁 고객을 대체하는 수익 확보를 위해서다.

출근시간을 조금 앞당겨 사무실 근처 식당에서 간단한 아침식사를 하는 수요는 충분히 증가하고 있다. 중장기적으로 볼 때 우리나라도 베트남 등 동남아 각국과 같이 집에서 거의 요리하지 않고 매식으로 세 끼를 때우는 게 일반화될 수 있다.

통계청이 2017년 발표한 '장래가구추계 시도편: 2015~2045년'을 보면 2045년까지 전국 17개 시·도 모두에서 1인 가구가 가장 주된 가구 형태가 될 것으로 예상한다.

2015년 기준 전국적으로 가장 주된 가구유형은 '부부+자녀 가구'(32.3%, 613만 2천 가구)였다. 하지만 30년 뒤인 2045년 17개 모든 시도에서 가장 주된 가구유형은 1인 가구(36.3%, 809만 8천 가구)가 될 전망이다.

전국적으로 봤을 때 1인 가구의 비율이 1위가 되는 시기는 이보다 빠른 2019년(29.1%)으로 전망했다. 또 전체 2인 가구 비중은 26.1%에서 35.0%로 증가하고 3인 가구는 21.5%에서 19.8%로, 4인 가구는 18.8%에서 7.4%로 줄어들 것으로 통계청은 내다봤다.

이러한 가구 형태 변화는 외식시장의 변화를 몰고 올 것이다. 저녁 외식시장의 주요 고객이었던 가족 단위 외식이 크게 줄어든다. 1~2인가구가 맞벌이일 경우 '집밥'보다 외식에 의존하게 되지만 대부분 배달음식이나 테이크 아웃, HMR 등으로 분산될 가능성이 높다.

결국 저녁 외식시장은 줄어드는 반면, 아침 외식은 증가한다. 문제는 아침 외식시장은 매출 규모가 크지 않다는 점이다. 인건비나 식자재비 등은 점심식사를 제공할 때와 차이가 없지만 아침 식단가는 거의 절반 수준으로 낮춰야 한다. 하지만 이는 유동성 확보 차원에서 유리하기 때문에 오피스가 식당의 아침 제공은 꾸준히 증가할 전망이다.

4) 테이크아웃 전용 창구 마련은 필수

배달은 이미 대세가 됐다. 여기에 테이크아웃도 활성화되는 추세다. 배달음식과 테이크아웃이 활성화되는 요인으로 간편성과 비용 문제를 꼽을 수 있다. 국내 직장인들은 점심 값에 큰 부담을 느낀다. 이에 따라 가급적 비용을 줄이는 게 대세다.

최근 취업포털 잡코리아가 남녀 직장인 899명을 대상으로 점심 값을 조사한 결과 평균 점심 식사 비용은 6,100원으로 2016년에는 6,370원보다 4.6% 줄었다. 불황으로 점심 값까지 줄이는 직장인이 늘어난 것이다.

먼저 테이크아웃으로는 우리나라에서 편의점 도시락이 대세를 이루고 있다. 앞으로 이에 대응하는 외식업체가 늘어나면서 질과 양 측면에서 더 뛰어난 테이크아웃 전문 매장이 늘어날 전망이다. 미국에서는 이미 사무실에서 간단하게 한 끼를 때우는 '데스크톱 다이닝'(desktop dining)이란 신조어를 쓰고 있다.

우리나라는 이에 비해 테이크아웃이 활성화되지 않고 있다. 찌개나 국, 밥 등이 들어가야 하는 한식의 특성상 테이크아웃용 포장도 적절치 않기 때문이다. 하지만 일식이나 양식, 기타 외국식을 즐기는 소비자가 늘면서 한식의 한계를 뛰어넘을 가능성이 높다. 결국 테이크아웃을 위한 외식업종 다변화가 불가피할 전망이다.

음식배달은 기존 배달전문 외식업체뿐만 아니라 유명 맛집 배달 서비스로 영역을 넓히고 있다. 배달 애플리케이션 업체를 중심으로 배달만 맡는 사업체가 늘어나면서 유명 맛집들도 이에 동참하고 있다.

미국에서는 최근 소셜네트워크서비스(SNS)의 페이스북이 음식 배달 기능을 테스트하는 것으로 알려졌다. 기존 페이스북 메뉴 아래 색과 파란색의 햄버거 모양 아이콘을 누르면 실행되는 방식이다. 음식 주문(Order Food) 버튼을 누르면 음식 주문 업체 서비스와 연동된다.

위치기반 서비스로 페이스북 사용자의 위치를 파악해 인근 외식업체의 메뉴 사진과 가격, 평점, 배달 여부를 확인한다. 이 중 하나를 선택해 주문하면 예상 소요 시간이 포함된 확인 이메일이 오고 결제까지 페이스북 내에서 할 수 있다.

페이스북은 2016년 기준 가입자 수가 15억여 명에 달한다. 국내 가입자는 2017년 기준 약 1800만 명으로 추정된다. 페이스북이 음식배달 서비스에 뛰어들 경우 관련 외식시장도 폭발적으로 커질 수 있다. 결국 거의 모든 외식업체가 테이크아웃이나 배달 서비스를 위한 전용 창구

마련에 나서야 한다.

5) 외식업 성패를 좌우할 타깃 고객을 맞춘 컨셉

외식시장이 크게 바뀌면서 컨셉의 중요성이 더 커질 전망이다. 어떤 컨셉로 어떤 고객을 공략하느냐에 따라 성패가 갈릴 수 있다. 일본 교토에 본점을 둔 '교토가츠규'는 메인 메뉴인 규카츠의 상품력에만 집중한다. 메뉴는 총 네 가지뿐이고, 메뉴판에는 여섯 가지 소스에 찍어 다양한 맛을 즐길 수 있다는 팁 정도만 제시한다.

그러나 교토가츠규의 전략을 면밀히 들여다보면 세밀한 전략들이 숨어있다. 규카츠를 미디엄레어 상태로 균일하게 제공하기 위해 원육 두께와 튀기는 시간을 매뉴얼로 완성했다. 주방 내 튀김기기마다 타이머를 두고 주문 즉시 60초만 튀겨 테이블에 낸다. 단순하면서 신선하고 깊이 있는 메뉴 컨셉을 마련한 사례다.

'잭아저씨족발 & 보쌈'은 종합선물세트를 연상하게 하는 포장 패키지와 감사 메시지를 직접 손 글씨로 적은 미니 카드로 배달 매출만 40%가 늘었다. 해당 배달 앱 페이지에는 '선물 받는 기분이 드는 포장 박스와 예상치 못한 손 편지에 감동했다'는 리뷰가 하루 30건 이상 업데이트되고 있다. 이는 배달에 집중하면서 '선물'이라는 컨셉을 내세워 성공한 케이스다. 앞으로 더욱 치열해지는 무한경쟁 시장에서 각각의 컨셉이 없는 외식업체는 견뎌내지 못할 것이다.

5. 식품 산업 향후 10년이 '골든 타임'

정부는 그동안 조직과 법률을 정비해 식품산업 진흥정책 기반을 마련했다. 식품산업진흥법('07), 전통주 등 산업진흥에 관한 법률('09), 식생활교육지원법('09), 김치산업진흥법('11), 외식산업진흥법('11) 등을 제정했다.

그리고 산업 진흥을 목표로 한 중장기 대책을 수립해왔다. 식품산업종합대책('08.11)에 의거해 한식 세계화, 식품 R&D 투자확대, 농식품 수출 확대 등을 시행했다. 식품산업의 인프라 확충과 글로벌 경쟁력 강화를 주요 내용으로 하는 법정계획인 식품산업진흥 기본계획('11.9)을 추진했으며, 기존 계획의 미비점을 보완한 '新식품정책'도 수립('14.3)해 국민건강, 식생활, 영양 등 식품 전 영역에 걸쳐 균형 잡힌 정책을 추진할 수 있도록 환경을 조성했다.

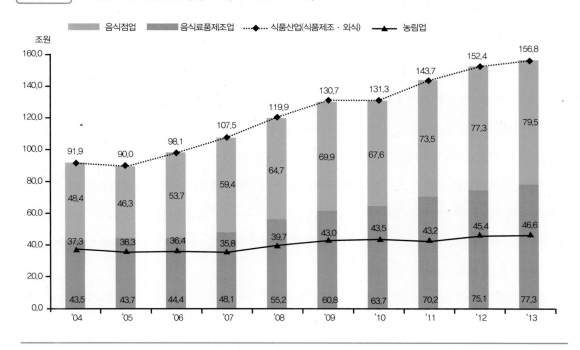

그림 1-12 10년간 국내 식품산업 성장추이(2004년~2013년)

조원

음식점업   음식료품제조업   ···◆··· 식품산업(식품제조·외식)   ──▲── 농림업

그동안 국내 식품산업은 양적 성장을 지속해왔다. 제조업은 '14년 80조 원 규모로 '11년(70조 원) 대비 14.2% 성장했으며, 1인 이상 기업체의 종사자수는 '11년 29만 2,000명에서 '14년도 32만 3,000명으로 10.6% 늘었다.

외식산업도 '14년도 84조 원 매출을 기록하며 '11년(73조 5000억 원) 대비 14.3%, 종사자 수는 '14년도 189만 6,000명으로 '11년보다 12.6%가 각각 증가했다.

한식 및 외식산업 글로벌화에 힘입어 국산 식재료 수출도 '14년 247억 원에서 '15년 327억 원으로 32.4% 늘었고, 농식품 수출도 '12년 56억 5,000만 달러에서 '16년 64억 7,000만 달러로 꾸준하게 증가세를 유지하고 있다.

이와 함께 건강기능성식품, 전통주 관련 규제개선과 중소식품기업 지원 확대로 산업 경쟁력을 높여가고 있다. 국가식품클러스터도 최근 기업지원센터를 개소하고 적극적인 국내외 기업 투자 유치 활동 등을 통해 본격적인 운영을 위한 준비를 차질 없이 추진하고 있다.

그럼에도 식품제조업체의 경쟁력은 취약한 실정이다. 2015년 기준 식품제조업체 중 종업원

10인 이하 사업체수는 전체 83%를 차지하고, 연 매출액 1조 원 이상 식품기업은 19개사에 불과하다. 중소·전통식품기업의 위생, 품질 표준화는 낮고, 외식산업도 소규모 자영업 중심의 산업구조로 외부경기 변화에 취약하다. 영세성과 낮은 수익성으로 경영 불안정성이 지속돼 폐업율은 '13년 기준 24.9%에 이르렀다.

더불어 정부 역시 한식세계화 정책의 일관성 부재, 추진체계 효과성에 대한 지적은 물론 외식 전문인력 육성을 위한 종합 교육프로그램이 부족하다는 지적도 있다. 특히 식품정책에 대한 농식품부의 컨트롤 타워 기능 부족 문제가 대두되고 있다.

그렇다면 이제 초심으로 돌아가서 '어디서부터 시작해야 할까? 어디로 가야 할까? 왜 정부가 식품산업을 육성해야 할까?'라는 물음에서부터 시작하는 것이 중요하다. 시장을 보정하기 위한 정부의 과도한 개입이 실패로 이어지지 않도록 유념해야 하며 일자리 창출, 농산물 수요확대, 국민의 삶의 질 향상을 목표로 해야 한다.

식품산업은 국내 농산물 및 식품 고부가가치화를 통해 농가소득 제고, 일자리 창출, 수출 증대 등 경제발전에 기여할 여지가 높다. 더 나아가 안전한 식품을 공급해 국민 건강과 삶의 질 향상이라는 가치를 창출한다.

국내 식품산업은 타 제조업에 비해 고용, 취업 유발효과에서 우위에 있다. 2013년 기준 식품 제조업 고용유발계수는 6.8, 취업은 18.3이다. 외식업은 고용 12.6, 취업 26.1로 전체산업 평균 8.8, 13.1보다 높다.

이러한 산업의 경쟁력을 높이고, 규모를 늘리면 일자리를 창출할 수 있다. 식품산업은 농업을 견인하는 성장산업이다. 쌀 등 국내산 농산물 수요를 안정적으로 확충하고 농가소득 제고에 기여한다.

반면 축산물을 제외하고 전통적으로 소비돼 온 농산물 소비량은 감소하고 있다. 5대 채소인 배추, 무, 마늘, 고추, 양파의 1인당 연간소비량은 '95년 131.3kg에서 '14년 123.5kg으로 줄었다. 국내 농산물 신수요 창출을 위해 식품산업과 농업 간 연계 강화 노력이 중요한 대목이다.

이를 위해서는 첫째, 식품산업의 경쟁력 강화가 필요하다. 농식품부는 고부가가치 식품산업 육성을 위한 정책기반을 구축할 방침이다. 식품 R&D 추진체계를 성과중심으로 개편해 기업참여를 확대하고, 대·중소기업 간 협업 과제는 물론 민간 식품 R&D를 활성화를 위해 식품분야 고부가 기술관련 조세감면 대상도 식품가공설비까지 늘린다.

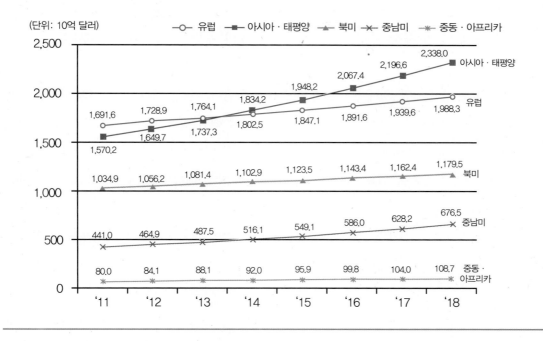

그림 1-13 전세계 식품시장 규모(대륙별) 추이

(단위: 10억 달러)

○ 유럽 ■ 아시아·태평양 ▲ 북미 ✕ 중남미 ✶ 중동·아프리카

아시아·태평양: 1,570.2, 1,649.7, 1,737.3, 1,834.2, 1,948.2, 2,067.4, 2,196.6, 2,338.0

유럽: 1,691.6, 1,728.9, 1,764.1, 1,802.5, 1,847.1, 1,891.6, 1,939.6, 1,988.3

북미: 1,034.9, 1,056.2, 1,081.4, 1,102.9, 1,123.5, 1,143.4, 1,162.4, 1,179.5

중남미: 441.0, 464.9, 487.5, 516.1, 549.1, 586.0, 628.2, 676.5

중동·아프리카: 80.0, 84.1, 88.1, 92.0, 95.9, 99.8, 104.0, 108.7

'11 '12 '13 '14 '15 '16 '17 '18

현장 중심 맞춤형 인력양성을 위해 농식품미래기획단(YAFF)을 대상으로 국내외 인턴십 기회를 제공하고, 청년 취·창업 지원을 위해 공개 참여형(TED) 교육을 실시한다. 신규해외시장조사, 제품 발굴을 위해 청년인턴도 해외 파견할 계획이다.

수요자 중심의 객관적인 식품정보·통계 제공을 통해 마케팅 전략 수립도 지원한다. 유망분야 소비특성, 시장동향 등 국내외 식품시장 분석 정보를 업계에 제공하며, 정보 활용도를 높이기 위해 식품외식산업 전망대회, 대학생 우수논문 공모전 등을 추진한다.

식품산업 성장엔진의 한 축인 국가식품클러스터 성공 정착을 위해 투자유치에 박차를 가할 것이다. 개별 기업의 분양·입주, 공장 설립에서부터 기술, 수출·판로 분야까지 전 주기에 걸친 종합 지원 체계를 구축해 패키지 지원을 제공한다. 특히 국가식품클러스터 중장기 발전 추진전략을 마련해 본격적으로 운영될 수 있도록 하고 있다.

둘째, 농업과 연계강화를 통해 우리 농산물 사용 확대로 농가소득 제고 및 지역경제 활성화를 이룰 전망이다. 농업과 기업 간 상생협력 활성화를 통해 실질적 성과가 이뤄질 수 있도록 협력 모델을 넘어 비즈니스 모델을 만들어 나갈 예정이다.

이를 위해 전국 우수외식업지구 중심으로 국산 식재료 공동구매 조직화를 확대하고, 해외한식당의 국산 식재료 공동구매 소요비용을 지원한다. 또 한식과 전통주 등 전통식품 활성화를 위해 '(가칭)한식진흥법' 제정, '주류산업 경쟁력 강화 방안' 수립 등 제도 정비와 대내외 홍보강화도 함께 모색한다.

셋째, 취약한 중소기업·영세 외식업자 지원을 확대한다. 기업 성장단계별 정책 지원을 위한 중소식품기업 육성대책을 수립해 정책 대상(수혜)기업의 핵심 성과지표를 추적·관리하고, 대한민국식품대전(Korea Food Show)을 중소기업의 판로지원을 위한 수단으로 활용할 계획이다. 아울러 외식산업 경영안정화를 위해 외식창업 인큐베이팅, 창업 매뉴얼을 제공하고 외식경영 진단 프로그램도 운영한다.

넷째, 미래전략품목 선제적 육성이다. 식품·외식산업의 주요 트렌드인 1인 가구 확대, 고령화, 건강·웰빙 관심 증대, 가성비 중시 등 시장 환경에 맞춰 식품·외식산업을 고부가가치 산업화한다.

1인·맞벌이 가구 증가에 따른 가정 간편식, 건강 중시 트렌드를 반영한 기능성 식품, 고령화에 대응한 고령친화 식품 등 유망상품을 중점·육성한다. 국내외 시장 실태조사, 빅데이터 분석정보 제공, 고부가 R&D 관련 조세감면 확대, 원료구매자금 융자 지원, 산지 직거래 연계 지원 등을 통해 경쟁력을 높일 전망이다. 또한 4차 산업혁명에 대응해 국내외 동향을 모니터링하고 유망분야를 선정, 빅데이터 분석정보 제공 및 푸드테크 스타트업 지원으로 식품·외식분야 신부가가치를 창출한다.

다섯째, 한식과 외식산업 진흥이다. 한식을 국가 이미지 제고의 핵심 콘텐츠로 개발하고 외식기업의 해외진출도 지원한다. 게다가 한식전문인력 양성 및 지역특산물과 주변 관광을 연계한 음식관광 활성화에도 박차를 가한다. 특히 내년 평창동계올림픽을 계기로 한식홍보·체험·식문화관을 포함한 K-Food Plaza를 운영하고, 식품·외식기업 CEO Summit 개최를 통해 해외언론, 외국인 관광객을 대상으로 우리 식문화 우수성을 전파한다.

여섯째, 농식품 수출 확대다. 우리 농식품이 제한된 국내시장을 뛰어 넘어 해외로 진출할 수 있도록 동남아, 아세안 등 신흥시장으로 수출시장을 다변화하고, 현지 바이어·유통업체를 활용해 수요자 중심 마케팅을 강화한다. 게다가 검역, 통관 등 국가별 비관세 장벽 해소를 위해 역량을 집중하고 농기자재, 브랜드 등 농식품 연관산업으로 수출을 늘려 수출 100억 달러 시대를 열

전망이다.

더 나아가 미래지향적이고 종합적인 식품정책을 마련한다. 국가푸드시스템을 구축·운영해 식품 전 생산단계를 일괄 관리하고, 사전 예방적 농식품 안전관리를 통해 고품질 농식품을 국민에게 제공하는 것은 물론 식생활과 영양관리로 국민 후생도 높인다.

앞으로 10년은 식품산업 르네상스를 맞기 위한 중요한 시기다. 정부는 미래지향적 식품정책을 통해 국가경제에 기여하고 국가 미래성장산업화, 글로벌 식품기업 육성, 농가소득제고, 국민 삶의 질 제고의 가치를 실현하기 위한 골든타임이 되도록 노력해야 한다.

Part 2

외식사업 컨셉기획

Part 2

외식사업 컨셉기획

01 외식사업의 컨셉

1. 외식사업의 컨셉이란?

컨셉이란 용어를 사전에서 찾아보면 '개념, 파악, 이해'라고 설명이 되어 있는 것을 볼 수 있다. 이와 유사한 용어로는 영어표기로 Idea(생각)가 있다. 따라서 이러한 컨셉이란 용어는 외식산업에서 뿐만 아니라 일반제조기업의 유형적인 제품(tangible product)에도 적용되고 있으며, 특히 의류분야에서는 일상적인 용어로 사용되고 있다.

컨셉이란 "생산자가 자사의 제품의 다른 제품과 구별된 이미지를 고객에게 인식시키기 위하여 의도적으로 만들어 내는 창작물"로서 컨셉의 가장 근접한 우리말 표현은 '특성'이라고 할 수 있다.

일반적으로 외식업 컨셉을 한마디로 하면 '점포의 방침'이다. 즉, 점포의 목표이고 기본틀이다. 이것만으로 끝나는 것이 아니고 메뉴구성 등 점포를 만들기 위한 모든 작업과 연결되어야 한다.

외식사업계획의 목적은 사업운영 시 소유주 또는 경영주에게 만족감과 이익을 제공할 수 있는 아이디어들을 이론상으로 체계화시키는 데 있다. 따라서 이러한 아이디어들을 결합시켜 도식화한 것을 컨셉(concept)이라고 부르며, 일반고객에게 이미지로서 인식되어지는 것들을 구성하는 아이디어들의 모체라 할 수 있다.

일반적으로 컨셉은 시장으로 불리는 불특정한 집단들에게 흥미를 느낄 수 있도록 고안되어진 것에 반해 마케팅은 고객들을 유도하기 위해 행하여지는 일련의 과정을 포괄하는 것이며, 컨셉에 대해 어떤 고객집단들이 가장 우호적으로 반응할 것인가를 결정하는 것도 포함하고 있다.

컨셉은 이후 논의할 입지선정 및 마케팅과 상호의존적이다. 컨셉의 정립과 개발은 포장마차에서부터 고급 레스토랑에 이르기까지 모든 외식업체의 운영에 적용되며, 외식업체의 성공적 운영에 매우 중요한 요소이기도 하다.

최근의 극심한 경쟁적 상황을 고려한다면, 분위기·메뉴·입지·이미지·마케팅 경쟁에 있어서 보다 나은 컨셉 추구의 필요성이 절실히 요구되어진다. 만약 컨셉의 정립과 개발에 소홀하면, 경쟁관계에 있는 다른 외식업체에게 고객을 빼앗기는 결과를 초래할 수 있으므로 시장에 부응하는 컨셉을 끊임없이 고안하여 정립하는 것이 중요한 과제이다.

아이들·연인·가족과 함께 식사를 즐기는 사람, 격식을 차리는 사람, 격식을 차리지 않는 사람 등의 특정시장을 사전에 조사하여 파악한 후에 표적시장을 선택하여 가장 잘 부합하는 이미지를 계획하는 것이 외식업체 컨셉 정립에 중요하다. 또한 컨셉은 입지·메뉴, 그리고 실내외 장식에 부합하도록 정립되어야 한다. 컨셉이 표적시장에 대한 호소력을 상실했을 경우, 수정을 하거나 교체가 이루어져야 한다.

결국 외식업체의 컨셉을 요약·정의하면, 고객들의 외식업체에 대한 인식에 영향요소가 될 수 있는 모든 것들을 포함하는 것이라 할 수 있다.

2. 외식사업 컨셉의 구성요소

외식업의 컨셉을 이루는 구성요소는 다음의 7개 요소 이외에도 무수히 많을 수 있으나 이들 요소가 대표적인 요소이다. 사례는 저자가 MD 구성에 참여했던 L Shopping Mall의 구체적인 예시이다.

구성요소는 많으나 이들 요소들은 서로 독립적인 것이 아니고 서로 밀접한 관계를 이루고 있는 것이다. 가령 표적시장이 여대생이면 여대생이 즐겨 먹는 메뉴를 선택해야 하고, 그들이 많이 다니는 곳에 입지를 정해야 하며, 그들이 지불할 수 있는 가격대로 설정해야 하고, 그리고 그들이 선호하는 분위기로 꾸며야 할 것이다.

1) 메뉴

(1) 일식

① 회전초밥

초밥, 회, 구이류 등의 메뉴로 최근 '갓덴스시' 같은 경우에는 본사직영 운영으로 높은 효율성을 보이고 있다.

② 일본라면

라면, 츠케면, 튀김류 등의 메뉴로 '미츠야도제면'의 경우 자가면과 소스를 사용하고 있어 매니아 층을 확보하고 있으며 해외에는 수십개의 매장이 있으나 국내에는 최초로 도입된 MD이다.

③ 경양식

돈까스, 함박스테이크 등의 메뉴로 'Pub Grill'의 경우 1925년 서울역에 처음 문을 연 국내 최초의 경양식당인 서울역그릴이 'PUB & GRILL'이라는 이름으로 롯데월드몰에 오픈했다.

(2) 동양식

① 인도

커리, 탄두리, 난 등의 메뉴로 '강가'의 경우 Zagat Survey[1] 선정 맛집이다.

② 베트남

쌀국수, 볶음밥, 누들 등의 메뉴로 '리틀 사이공'의 경우 Zagat Survey 선정 맛집이다.

(3) 서양식

① 이태리

플랏브레드, 칠리쌈 등의 메뉴로 'Testing Room'은 강남의 유명한 맛집이다.

② 영국식

스테이크, 파스타 등의 메뉴 'Queen's Park'는 유기농 레스토랑으로 유명하다.

---

1 Zagat Survey는 프랑스 <미슐랭 가이드(Michelin Guide)>와 함께 권위를 인정받는 대표적인 레스토랑 안내서이다.

③ 미국식

스테이크, 버거 등의 메뉴로 'Hard Rock Café'는 락공연과 함께 외국 서버들이 서비스를 한다.

④ 스페인

빠에야, 타파스 등의 메뉴로 'Spain Club'에서는 플라멩코 공연이 볼거리이다.

⑤ 멕시칸

타코, 브리또 등의 메뉴로 'On the Border'는 해외 200개, 국내 8개 점포를 운영한다.

⑥ 브런치 카페

리코타 팬케이크 등의 메뉴로 'Bills'는 호주, 일본, 영국에서 운영 중이다.

⑦ 초콜렛 카페

초콜렛 드링크 등 메뉴로 'Guylian'은 시드니 등에서 운영 중이다.

2) 가격대

컨셉과 타깃고객, 메뉴에 따라 가격대가 달라진다. <표 2-1>은 롯데월드몰의 주요 F&B Tenants Zone의 가격대와 타깃고객이다.

표 2-1 Lotte World Mall 레스토랑 Zone별 가격대

	Zone	푸드캐피탈 왕궁	홍 그라운드	Seoul Seoul 3080	29 Street	Avenuel 식당가	롯데월드타워
	위치	B1F	3F	5~6F	5~6F	6F	–
	실면적	520평	133평	1,025평	1,531평	465평	807평
	테넌트수	1	7	21	18	5	10
객단가	10만 원 이상						■
	4만 원			■	■	■	■
	2만 원	■	■	■	■	■	
	1만 원	■	■				
주고객	오피스 거주자	●	●	●			
	영·커플		●		●		
	비즈니스			●	●	●	●
	관광객	●	●	●	●		●

3) 분위기

벽면 색상, 조명, 가구, 테이블 설정, 음악 및 장식은 모두 식당의 전반적인 영향에서 중요한 역할을 한다. 따라서 메뉴와 음식 자체가 본질이 되어야 하는 것은 분명하지만, 기획 과정 초기에 인테리어에 대한 기본적인 결정을 내리는 것이 중요하다. 재미있고 캐주얼 한 분위기로 인테리어를 구성할지 커플을 위한 낭만적인 장소로 꾸밀지 방향성을 정해야 한다. 타깃고객의 요구사항을 고려하여 장식 및 테마를 결정한다.

출처: 롯데월드몰 F&B.

4) 서비스

서비스의 종류를 파인다이닝의 풀서비스로 할지, 운영의 효율성을 극대화한 테이크 아웃매장으로 할지에 따라 서비스의 양과 질이 달라진다. 서비스 스타일은 컨셉과 관련이 없는 것처럼 보일 수 있지만, 제공하는 서비스 유형은 식당의 전반적인 경험에 영향을 미친다는 의미에서 식당 컨셉과 직접 관련이 있다. 개념에 영향을 줄 수 있는 서비스 유형 목록은 다음과 같다.

Service Styles

Fine Dining, Bistro, Mid-Scale Dining, Family Style, Coffee Shop, Bar, Pop-Up, Ghost Restaurant, Fast Casual, Buffet, Food Truck, Fast Food

출처: www.webstaurantstore.com

표 2-2 서비스 방법에 따른 업종구성

		업종	실(평)	업종	실(평)	업종	실(평)
Full Service	한식	논현삼계탕	91	수하동	53	신정	85
		오정삼미	147	사리원	121	봉추찜닭	43
		원할머니보쌈&칼국수	51	두란 W	52	오뎅식당	51
		한국집	49	Lamen's	48	명동할머니국수	14
		서래냉면	54				
	중식	PF Chang's	198				
	일식	갓덴스시	69	코코로벤또	13	아비꼬	26
		미츠야도제멘	15	홍대돈부리	21	카모메	14
		펍그릴	44	부탄츄	22	후쿠오카 함바그	18
	동양식	강가	48	리틀사이공	48		
	서양식	테이스팅룸(복)	104	라이스앤파스타	46	온더보더	103
		HRc(복)	344	코코스트레일러&핫	25	스페인클럽	38
		CPK	127				
		FSR 소계					
Take Out	Fast Food	롯데리아(B1F)	79	롯데리아2	43		
	카페 베이커리 델리	빌즈	79	AIU(B1F)	38	KKD	64.8
		길리안초콜릿카페(복)	60	AIU(1F)	52	나뚜루(B1F)	18.0
		카페빙빙빙	18	보헤미안	22	나뚜루(1F)	21.5
		마이뮤슬리	12	오설록	43	소프트리	15.8
		르빵	13	오가다	24	아이스팩토리	9.9
		AID카페(복)	63	공차	13	빨라쪼	12.5
		포숑	59	퀴클리	10	스페로스페라	10.4
		이성당카페	86	폴바셋	36	웻즐스프레즐	18.0
		리나스	37	스무디킹	25	가레팝콘	17.2
		7브로이펍	20	비스켓	22	미스앤미스터	6.7
		마이뮤슬리	12	로이즈	18	뉴욕핫도그앤커피	12.8
		소계					
	주전부리	황남빵	23	호떡	2	강남붕어빵	2
		미미네 떡볶이	25	달고구마별밤	3	꿀타래	0
		소계					

5) 입지

"입지가 모든 것이다"라는 고전적인 부동산업의 주장은 새로운 레스토랑을 위한 사이트 선택에도 적용된다. 위치는 충분한 초기 고객 관심을 끌기에서부터 방문하기에 이르기까지 다양한 방식으로 레스토랑의 성공 여부에 영향을 미친다. 그러나 레스토랑의 위치는 다른 요소와 상호 관련이 있으며, 일부는 변경 가능하고 다른 일부는 변경 불가능하다. 훌륭한 식당 위치는 임대료가 저렴해야 하며, 사이트의 도보 트래픽 양은 중요하지 않다는 주장이 있기는 하지만, 고객 인지도가 담보된 유명 맛집의 경우를 제외하고는 그렇지 아니하다.

불행히도 많은 레스토랑은 3년 이내에 실패하는데, 때로는 성공할 가능성이 있는 레스토랑은 잠재 고객이 접근할 수 없거나 알려지지 않았기 때문에 비즈니스가 중단될 수 있다. 가시성과 접근성은 충성도가 높은 고객을 중심으로 아직 상권이 확립되지 않은 신규 레스토랑에 절대적인 영향을 미친다.

그림 2-1 롯데월드몰 지하1층 도면

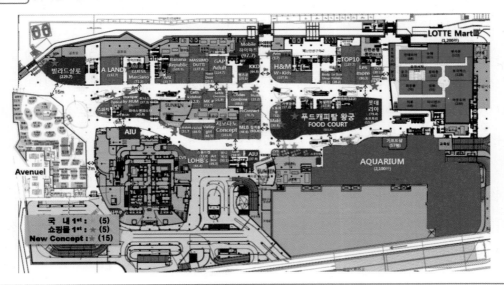

6) 표적시장(Target Market)

외식업체가 성공적인 마케팅을 위해서 비전을 수립하고 환경조사를 마쳤다면, 그 다음은 STP 전략을 수립하는 단계이다. 외식업체의 마케팅을 위한 STP(segmentation, targeting, positioning) 전략은 '외식시장을 조사하고 분석하여 목표고객을 선정한 후, 목표고객의 인식에 외식업체의 브랜드를 각인시키는 과정'을 의미한다. 외식업체가 수익성이 높은 고객을 유인하기 위해서는 판매하는 상품과 서비스에 관심을 가져 줄만한 고객(목표시장)을 찾아야 한다. STP 전략은 변화하는 시장의 추세를 파악하여 고객의 필요와 욕구를 파악함으로써 그에 맞는 메뉴와 서비스를 생산하게 만들어 준다. 또한 외식시장 상황을 알 수 있게 도와주며 외식업체의 강점과 약점을 파악하게 도와준다.

(1) 외식시장을 가능한 작게 나누어라

시장을 작게 나누는 것을 시장세분화(Segmentation)라고 한다. 시장세분화란 전체 시장을 적당한 기준에 맞추어 동질적인 몇 개의 작은 시장으로 나누는 행위를 뜻한다. 시장세분화는 마케팅 STP전략의 첫 단계이며, 마케팅 전략의 출발점이다. 이는 마케팅의 효율성을 높이는데 가장 유용한 방법으로 전략 수립의 핵심 부분이기도 하다. 외식업체는 이러한 시장세분화를 통하여 자신에게 적합할 것으로 생각되는 모든 잠재적 시장을 확인한다. 예를 들면 김창업 씨의 경우 창업예정 상권인 강남역과 한티역을 기준으로 반경 500미터에 위치하는 커피전문점을 이용하는 소비자를 나이 기준으로 세분화를 해 보았다.

<그림 2-2>에서 보는 바와 같이 강남역 상권과 한티역 상권을 성별과 나이로 시장을 세분화한 결과에 따르면 강남역 상권은 20대가 54.5%로 주를 이루는 상권이고, 한티역 상권은 30대가 31.9%로 가장 많은 비중을 차지하는 상권으로 나타났다. 성별을 기준으로 하면 두 상권 모두 여성이 약 60%를 차지하고 있음을 알 수 있다.

① 시장을 세분화 하는 방법

위의 사례에서 본 것처럼 단순히 성별이나 나이만으로 시장을 간단하게 세분화할 수도 있지만 실전에서는 좀 더 복잡한 과정을 거쳐서 시장을 세분화하게 된다. 그 순서를 차례로 살펴보면 <그림 2-3>과 같다.

그림 2-2　강남역 상권과 한티역 상권의 소비자 세분화

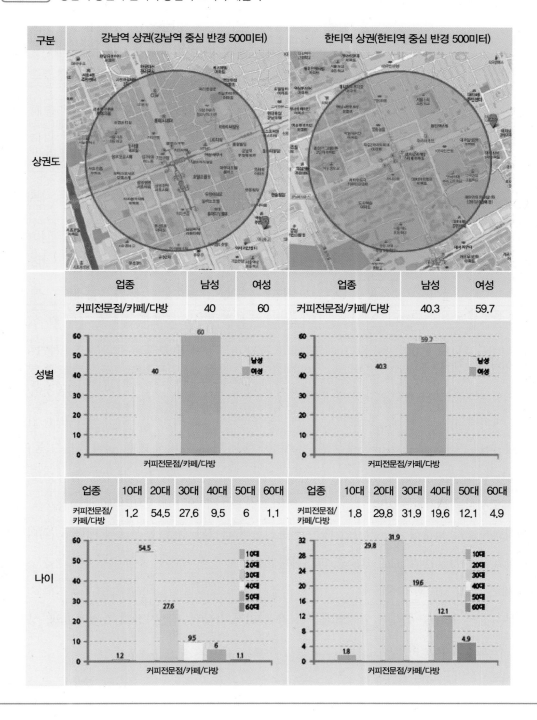

구분	강남역 상권(강남역 중심 반경 500미터)	한티역 상권(한티역 중심 반경 500미터)

상권도

업종	남성	여성
커피전문점/카페/다방	40	60

업종	남성	여성
커피전문점/카페/다방	40.3	59.7

성별

업종	10대	20대	30대	40대	50대	60대
커피전문점/카페/다방	1.2	54.5	27.6	9.5	6	1.1

업종	10대	20대	30대	40대	50대	60대
커피전문점/카페/다방	1.8	29.8	31.9	19.6	12.1	4.9

나이

그림 2-3 시장을 세분화하는 순서

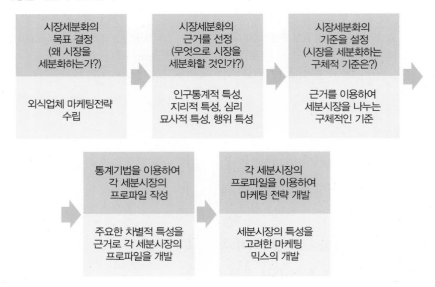

② 시장세분화의 근거

시장을 세분화하는 순서에서 두 번째 단계가 시장을 세분화하기 위한 근거를 찾는 것이었다. 시장을 세분화하기 위해서는 객관적인 근거에 기초하여 시장을 나누어야 하기 때문이다. 이러한 시장세분화의 기준으로는 인구통계적 변수, 소비자 행동 변수, 지리적 변수, 심리적 변수 등이 있다(<표 2-3> 참조).

③ 세분시장을 평가하는 방법

외식업체들이 세분시장을 평가할 때는 세분시장의 크기와 성장률, 구조적 매력도, 외식기업의 목적과 자원이라는 세 가지 요소를 고려한다.

• 세분시장의 규모와 성장률

세분시장의 평가를 위해서 외식업체들은 가장 먼저 각각의 세분시장의 추정매출액, 성장률 그리고 기대 수익률을 조사해야 한다.

• 세분시장의 구조적 매력성

적절한 규모와 성장률을 지닌 세분시장을 선택하였다고 해서 반드시 기대하는 수익을 올릴 수 있는 것은 아니다. 세분시장의 매력성을 결정하는 가장 핵심적인 요인 중의 하나가 경쟁요인이다. 예를 들면, 특정 세분시장 내에 강력하고 공격적인 경쟁자가 다수 포진하고 있다면 그 세분시장의 매력성은 크게 떨어질 것이다.

- 외식업체의 목표와 자원

특정 세분시장이 적절한 규모와 성장률을 지니고 있으며 구조적으로 매력적인 시장이라고 할지라도 외식업체의 목표와 자원에 적합하지 않다면 외식업체는 그 세분시장을 선택하지 않을 것이다. 외식업체가 특정 세분시장에서 경쟁하는데 필요한 강점을 지니고 있지 못하면 그 세분시장에 진입해서는 안 된다.

표 2-3 시장세분화 근거

구분	내용
인구 통계적 변수	대표적인 인구통계적 변수로는 인구수, 나이, 성별, 소득수준, 직업 등이 있으며, 이러한 기준은 소비자의 외식 행동과 깊은 연관이 있다. 예를 들어 맞벌이 부부가 많은 상권에서는 저녁 식사를 위한 테이크아웃 서비스를 고려해 볼 만 하다. 퇴직자가 많은 곳에서는 새벽식사 시장이 크다는 것을 알 수 있다. 베이비부머 세대는 외식을 많이 한다.
소비자 행동 변수	소비자 행동 변수를 이용한 세분화는 소비자들이 음식점을 어떻게, 왜 이용하는지에 따라 시장을 나누는 것이다. 예를 들어 피자헛은 좌석을 가진 전국적인 레스토랑 체인을 개발함으로써 미국에서 최고의 피자레스토랑 체인이 되었다. 그러나 도미노 피자는 집에서 피자를 먹는 것을 선호하는 소비자 시장이 있음을 알았다.
지리적 변수	전체시장을 기후, 지역, 자연 자원, 도시와 지방, 도시 규모 등과 같이 상이한 지역 단위로 세분화하는 것으로 객관적인 경계를 확인하기가 쉽다. 또한 각 시장들에 대한 인구 통계적, 사회 경제적 자료도 얻기 쉬워 가장 편리하게 이용할 수 있고, 가장 많이 사용되는 것은 세분화 변수이다. 미국의 MAXWELL HOUSE 커피의 경우 제품을 전국적으로 판매하고 있으나 맛은 지역적으로 다르게 하고 있다. 즉, 강한 커피를 좋아하는 서부지역에는 진한 커피를 팔고, 동부 지역에는 그보다 약한 커피를 판매한다.
심리적 변수	심리적 세분화란 라이프스타일에 따라 시장을 세분화 하는 것이다. 예를 들어 자신이 엘리트 라이프 스타일임을 보이기 위하여 값비싼 레스토랑을 이용하는 사람들이 있다. 또한 어떤 이들은 공통적인 관심사를 가진 사람들과 어울리기 위하여 이웃에 있는 스포츠 바를 자주 이용한다. 심리적 변수는 인구 통계적 변수보다 마케팅 행동에 대한 더 많은 시각을 제공해 주지만 측정이 매우 어렵다는 단점이 있다. 대부분의 사람들은 그들의 개인적인 성향을 타인에게 알리기를 원치 않는다. 따라서 전문조사기관들이 소비자에 대한 구체적인 정보를 제공한다. 예를 들면 소비자들이 어떤 음식을 좋아하는지, 아이들이 있는지, 아파트에 사는지, 미혼인지 등에 대한 정보를 제공한다.

3. 컨셉은 왜 외식사업에서 중요한가?

최근에는 상당히 많은 외식업체들이 하루가 다르게 엄청난 숫자로 늘어나고 있다. 물론 이러한 현상은 국내에서만 발생하는 것이 아니고 전 세계적인 추세라고 볼 수 있다. 그렇다면 이 많은 외식업체들이 나름대로 명확한 컨셉을 지니고 있는지에 대한 의문이 생긴다.

미국의 레스토랑 조사기관에서 발표한 바와 같이, 대다수 레스토랑이 처음 개업 후 6개월도 못 채우고 문을 닫는 경우가 30~40%가 된다는 통계수치를 통해 알 수 있듯이 이들 레스토랑업체들이 확실한 컨셉이 없기 때문에 이러한 현상이 발생되는 것은 아닌가 하는 의심을 갖지 않을 수 없다.

전문가의 의견을 종합해서 볼 때 이러한 현상은 한 마디로 고객이 레스토랑을 방문하였을 때 완벽하다고 감지할 수 있는 레스토랑을 구성하는 심벌(상징), 가구, 인테리어, 서비스 등에 전혀 컨셉이 없다는 말과도 일맥상통한다.

레스토랑을 대표할 수 있는 로고(logo: 간판), 종업 유니폼, 메뉴구성, 장식 등이 정교하고 세련되면서 고객이 멀리서 보아도 한 번에 이끌릴 수 있는 이미지가 부재하기 때문이다. 좀 더 쉬운 말로 설명을 하면 각각의 레스토랑업체들이 그들 나름대로 생각하고 연구한 컨셉 자체가 고객이 감지할 수 있을 정도로 느낌을 주지 못했다고 볼 수 있다.

컨셉이라고 하는 것은 외식사업에서 가장 중요한 중심축이다. 외식사업에서는 바로 컨셉 자체를 내·외부환경에 적절한 이미지로 부각시키지 못하면 절대 성공할 수 없기 때문에 컨셉이 중요한 것이다.

SECTION
02 컨셉 개발의 순서

1. 컨셉에서 개업까지의 과정

입지가 결정되고, 설계·설비와 디자인 등이 확정되며, 자금이 조달되고, 대지를 구매하거나 임대가 이루어지며, 건축허가가 날 수 있어야 하고, 건축업자가 정해지며, 공사기간이 결정될 때까지 컨셉의 정립이 이루어진다.

이러한 일련의 과정은 다음과 같은 사항을 포함한다.

> 설계와 설비계획, 타당성 분석: 예상수입과 지출, 면허와 허가 추구, 초기 건축설계, 재무계획, 작업청사진 개발 계약, 건축업자 선정, 건축 또는 개·보수, 가구와 장비 주문, 주요간부 채용, 종업원 선발과 훈련, 레스토랑 개업

현존하는 레스토랑을 인수하거나 현존하는 건물을 변경할 때 시간은 단축될 수 있다. 미리 계획되어진 레스토랑 컨셉을 가진 레스토랑 체인은 사업 준비 기간을 단축할 수 있다.

2. 레스토랑 설계 디자인 계획

레스토랑을 건축하려는 사람은 레스토랑 디자인에 대해 경험이 있는 건축가를 고용해야만 한다. 그리고 건축가는 주방배치와 설비구매의 권고를 위해 평판이 좋은 레스토랑 컨설턴트를 고용해야 할 것이다.

컨설턴트는 용역비나 비용의 일부분을 받는다. 관계자들도 또한 보수를 청구하지만, 설비들이 관계자들로부터 구입된다면 그들에 대한 보수를 줄일 수 있다. 계획자나 컨설턴트의 최상의 선택은 경험과 명성에 있다. 주방이 몇 가지 다른 방법으로 배치되어질 수 있고, 배치에 의해 기능이 잘 수행되어질 수 있다는 것을 기억해야만 할 것이다.

컨설턴트나 계획자는 계약서에 합의된 금액과 함께 서명된 '디자인 동의서(design agreement) 를 요구한다. 계약서는 디자이너에 의해 어떤 서비스가 수행되는지 설명하고 있으며, 다음과 같은 항목을 포함하고 있다.

> 기본바닥재 계획, 장비의 종류, 장비의 전기적 용량과 배선, 배관공사, 장비의 입면도, 냉각장치, 배기장치, 환기장치, 장비의 세부명세서, 좌석배열, 장비의 선택과 세부설계도

3. 레스토랑에서 제공되는 서비스의 등급 결정 시 고려 사항

레스토랑 서비스는 서비스가 전혀 없는 레스토랑에서부터 높은 질의 서비스를 제공하는 고급 레스토랑에 이르기까지 다양하다. 메뉴가격이 높아질수록 서비스 수준도 높아진다. 자동판매기는 인적 의존성이 없다. 즉, 서비스가 전혀 없다는 것이다. 한 명의 캡틴과 웨이터가 하나의 테이블에 서비스하는 고급 레스토랑의 서비스는 최상이다. 고객은 음식의 가격만이 아니고 분위기와 종업원의 인적 서비스에 대한 대가도 지불한다.

커피숍 또는 대중적인 컨셉의 레스토랑과 고급 레스토랑의 생산성·수익성을 비교해 보면 흥미로운 점이 많다. 커피숍은 빠른 훈련으로 종업원을 대체할 수 있고, 비교적 낮은 임금을 지불한다. 프랑스식 레스토랑은 다년간의 경험과 품위있는 숙련에 의존하고 있으며, 분위기·개성·고객들의 구전·홍보에 의해 제한된 단골고객을 유도하고 있다. 고급 레스토랑은 커피숍에 비해 인적 서비스의 대체성에서 비효율적이라고 볼 수 있다.

레스토랑 서비스는 자동판매기, 패스트푸드, 카페테리아, 커피숍, 패밀리 레스토랑, 디너 하우스, 고급 레스토랑과 같이 일곱 가지로 분류할 수 있고, 제공되는 서비스의 수준은 메뉴가격 및 즐거움과 밀접한 관계가 있다. 적어도 그것은 저녁식사에 대한 기대에서 느끼는 감정이다. 다시 말해 많은 예외가 존재한다. 고객의 기대가 순전히 심리적인 작용에 의한 것이기 때문에 많은 요소들은 상관관계를 도출할 수 있을 뿐이지 객관적인 기준을 제시하지는 못한다.

1) 식사시간과 좌석회전율

식사시간은 종종 매우 빠른 시간 내에 이루어진다. 반면에 저녁시간에 1인당 8~10만 원을 지불하는 고급 레스토랑은 전체 2시간의 식사시간 중 매순간을 감상하며, 또한 식사경험을 즐거움으로 삼고 기다리는 동시에, 추억할 수 있는 기쁨을 가지게 될 것이다. 식사를 하면서 친구와 이야기하는 것은 식사가 가격만큼의 가치가 있으며, 대화는 식사의 기쁨을 더해 준다.

좌석회전율과 식사시간은 레스토랑의 분류와 밀접한 상관관계가 있으나 절대적인 관계가 있는 것은 아니다. 일부 레스토랑의 경우에 있어 패밀리 스타일은 빠른 회전율과 빠른 서비스를 제공하며, 고객들에게 유쾌한 분위기를 제공할 수 있다. 따라서 좌석회전율은 운영의 효율성과 밀접한 관계가 있다. 즉, 같은 유형의 레스토랑일지라도 배치와 관리의 차이에 따라 회전율은 크게 차이가 난다.

2) 고객의 식사공간

레스토랑의 유형에 따라 고객에게 필요한 공간이 다르다. 레스토랑 고객은 식사를 하기 위해 장소를 빌린다고 볼 수 있다. 특히 패스트푸드 레스토랑은 제대로 식사공간을 제공하지 못하고 있다. 규모가 더 작은 업소는 고객이 카운터로 직접 걸어가서 서비스를 받는다. 커피숍은 카운터, 칸막이 좌석, 작은 크기의 주방을 가지고 있으며, 반면에 고급 레스토랑은 고급의자, 고객당 1.35~1.8m²의 공간, 그리고 메뉴를 만들 수 있는 대규모의 주방설비를 가지고 있다.

3) 메뉴 가격

메뉴의 가격결정은 제공되는 서비스의 수준, 식사 시간, 인건비, 고객에게 제공되는 공간의 규모, 레스토랑의 일반관리비와 매우 밀접한 관련이 있다.

4) 한 좌석당 비용

레스토랑의 좌석당 비용은 앞에서 언급한 요인들에 의해 직접적으로 영향을 받는다고 할 수 있다. 정도에 따라 차이는 있지만 다양한 변수들이 존재한다. 좌석당 비용면에서 패스트푸드 레스토랑은 패밀리 레스토랑보다 훨씬 많이 든다. 좌석당 비용요인은 제시된 레스토랑 분류와 밀접한 관련이 있다고 할 수 있다.

5) 광고, 판촉 지출 비용

자동판매기 운영자는 광고에 전혀 비용을 지출하지 않지만, 패스트푸드 레스토랑은 일반 커피숍, 카페테리아, 패밀리 레스토랑, 디너 하우스의 광고비용의 두 배인 전체 매출액의 4~5%를 광고비용으로 사용하고 있다. 종업원의 1인당 생산성은 자동판매기 운영에서 가장 높으며, 고급 레스토랑에서 매우 낮게 나타나고 있다. 그러나 경영기법, 레스토랑의 배치, 메뉴의 종류에 따라 생산성은 다르게 나타날 수 있다.

6) 매출비용에 따른 인건비

인건비는 생산성과 반비례의 관계를 갖고 있다. 생산성이 가장 높은 자동판매기 운영에서 인건비는 가장 낮게 나타나며, 생산성이 가장 낮은 고급 레스토랑에서 인건비는 가장 높게 나타나고 있다. 패스트푸드 레스토랑들은 비교적 낮은 인건비에 의해 운영되어 진다.

4. 컨셉 개발과 관련된 의사결정계획

1) 목표 시장

어린이, 10대 소년(소녀), 젊은이, 기혼자, 가족, 사업가, 은퇴자, 저소득층, 고소득층, 모험가, 세련된 자 등 식욕을 느끼는 모든 사람이 목표시장이 될 수 있다. 경영자는 레스토랑이 접근하려고 하는 목표 시장을 잘 알고 있어야 한다.

2) 업장의 건축과 프랜차이즈

업장의 건축은 일반적으로 가장 많은 시간이 소요되며, 새로운 컨셉을 창출하는데 2년 이상의 시간이 필요하다. 자금조달, 건축가의 고용, 토지구입, 필요한 허가획득, 예상하지 못한 상황발생에 따른 해결책 마련 등에는 많은 시간이 소요된다. 프랜차이징에 있어서도 문제는 발생한다. 적당한 운영업체를 선택해야 하며, 모든 중요한 의사결정들은 이미 행해져 있고, 앞으로도 중요한 의사결정은 타인에 의해서 이루어져야 한다는 것을 인식해야 한다.

3) 신선한 재료 또는 1차 가공재료로부터의 음식준비

얼마나 많은 음식을 식당에 준비해놓아야 하는가? 조리를 위해서 얼마나 많은 재료를 구입해야 하는가? 얼마나 많은 메뉴품목들을 준비해놓아야 하는가? 가능하면 신선한 재료를 준비하는 레스토랑들도 있지만, 요리준비시간을 최소한으로 단축시키기 위해 이미 준비된 1차 가공재료로 준비하는 레스토랑들도 있다.

대부분의 레스토랑은 직접 메뉴개발을 하기도 하지만, 모방하기도 한다. 체인 운영업체는 음식을 만들어 각 체인 레스토랑으로 최종 준비된 음식을 배달한다. 즉, 부분적으로 구워진 냉동음식이 체인 레스토랑 식당에서 마무리되어 고객들에게 제공된다는 것이다. 대규모의 프랑스 레스토랑들은 일반적으로 대부분의 과자류를 구입한다.

4) 제한된 메뉴 또는 다양한 메뉴

컨셉은 메뉴를 제한하는가? 또는 컨셉은 다양한 메뉴를 요구하는가?

5) 서비스의 제한과 충만

경영자는 넓은 서비스의 범위에서 컨셉과 시장에 적합한 서비스를 선택해야 한다.

6) 경험 없는 시간제 종업원, 또는 노련하고 전문적인 종업원

오늘날 외식사업에서는 대부분 10대와 20대 초반, 그리고 최소 또는 최소를 약간 상회하는 급료를 받는 사람들을 종업원으로 고용하고 있다. 다양한 연령대의 종업원을 고용하며, 또한 시간제 근무자보다는 전문적인 종업원을 고용하는 레스토랑도 있지만, 대부분의 레스토랑들은 약간의 시간제 종업원을 고용하고 있다.

7) 비용이 지출되는 광고, 또는 구전에 의한 광고

비용이 지출되는 광고·홍보·판촉, 또는 구전 중에서 어떠한 방법을 이용해 목표시장에 접근할 것인가? 매우 성공한 많은 레스토랑들은 비용이 지출되는 광고를 하지 않는다는 분명한 정책을 가지고 있으나, 광고에 크게 의존하고 있는 레스토랑들도 있다. 그러나 대부분의 레스토랑은 판촉, 또는 판촉과 광고의 중간형태 특히 쿠폰과 같은 방법에 의존하고 있다.

8) 화려한 개업, 또는 조용한 개업

폭죽과 팡파레로 화려한 개업을 할 것인가, 아니면 월요일 아침에 조용하게 개업을 할 것인가?

9) 전기 또는 가스

전기시설 또는 가스시설을 선택하는 것은 쉬운 일이 아니다. 이러한 의사결정은 설치비용이 전체비용 중 한 부분이기 때문에 매우 중요한 사안이라고 할 수 있다. 가스 또는 전기시설물의 운영비는 어떠할 것이며, 각각의 시설물의 장점은 무엇인지를 파악해야 한다. 지역에 따라 이러한 시설비용은 유동적으로 나타난다.

5. 수익성

수익성은 매우 중요한 요인이다. 의심할 바 없이 가장 수익성 있는 레스토랑은 패스트푸드 유형의 식당이라고 할 수 있다.

패스트푸드업계에서 가장 큰 '맥도날드'와 'KFC'는 수많은 외식사업 성공자들을 배출시켰다. 수많은 프랜차이즈들이 한 지역 내에서 밀집화를 이루면서 큰 규모로 발전하였다. 최소급료의 종업원, 높은 판매량, 시스템의 이용, 뛰어난 마케팅으로 인해 최고의 수익률을 기록하고 있다.

6. 업무지침서

레스토랑 소유주에 의해서 작성되는 업무지침서는 소유주의 사업목표를 요약하고 있다. 이러한 지침서는 메사추세츠의 찰스톤에 위치하고 있는 케이터링 기업인 'Creative Gourmets'의 업무지침서인 'Excellence Through Catering'과 같이 요약할 수 있다.

"우리는 사람·품질·이윤의 조화로운 접근으로 최고의 성장기업이 되는 것을 목표로 삼는다. 또한 고객에게 양질의 식사경험을 제공하고, 고객의 소리에 귀기울이며, 관심을 가짐으로써 단골고객을 확보하며, 윤리성·우수성·혁신·성실을 높은 수준으로 끌어올리고, 나아가 최고의 종업원을 확보·개발·유지하며, 종업원들과 그들의 환경에 관심을 기울이고, 책임있는 자세를 가지며, 장기적으로 주주의 부를 확보한다."

업무지침서는 목표시장·음식유형, 그리고 업장의 분위기에 대해서 분명하게 명시할 수 있다. 지켜야 할 윤리규범이 업무지침서에 언급되어야 하며, 또한 이것은 개별적인 행동규범에 기록되어야 한다.

시애틀에 있는 디너 하우스 체인은 업무지침서에 회사의 윤리적 특성, 즉 고객과 종업원들을 보는 방법을 명시하고 있다.

"우리의 목표는 판매와 이익을 증가시킴으로써 발전성이 있으며, 재정적으로 성공한 기업을 만드는 것이다. 다음의 가치들에 의해서 목표는 달성된다.

① 우리는 고객에게 먼저 행동한다.
② 우리는 적정한 가격으로 양질의 음식을 신속히 제공한다.
③ 우리는 훌륭한 서비스를 제공하고 고객에게 종사한다.
④ 우리는 고객에게 최선을 다한다.
⑤ 우리는 청결해야 한다.

업무지침서를 주의하여 읽고 뜻을 파악할 시간을 갖는다면 몇 가지 이익이 발생한다.

이러한 실행은 소유주로 하여금 깊이 생각하게 만들며, 또한 레스토랑이란 무엇인가에 대해서 명확한 지침을 갖게 한다. 또한 관리자와 종업원들의 에너지를 집중시키며, 고객·종업원·공급업자·일반대중과의 관계에 있어 기업의 책임성을 확립시킬 수 있게 한다.

업무지침서는 종업원들이 제안해 토론을 거쳐 작성한다. 이러한 업무지침서의 작성과정에서 레스토랑의 목적과 존재이유에 대한 종업원들의 생각을 반영하게 된다. 이때 청결과 고객서비스 및 고객만족의 목표뿐만이 아니라 이익과 동기부여에 대해서도 언급을 해야 한다.

윤리규범은 소유주와 관리자가 윤리규범이 지시하는 대로 행동하도록 책임을 부여하며, 그들이 윤리규범을 솔선수범하여 행동에 옮길 수 있도록 상기시킨다. 또한 종업원의 청결·음식보호·서비스 및 종업원 관계에 있어서 높은 윤리수준을 따르겠다는 서약을 제시한다.

나아가 투자가에게 적당한 가치와 이윤을 제공하기 위해서 음식 가격에 대해 노력해야 한다는 사항이 포함되어야 한다. 그리고 레스토랑은 종업원과 공급업자가 정직해야 하는 것을 기대하며, 그와 같이 행동하는 것을 보증한다는 사항을 윤리규범에 포함시켜도 무방하다.

몇몇 비즈니스 작가들은 업무지침서는 네 가지의 중요 요소, 즉 기업의 목표, 사업 전략, 지켜야 할 행동기준, 그리고 경영자와 종업원의 가치가 제일 중요하다는 것을 포함해야 한다고 언급하고 있다. 업무지침서는 중소기업청, 은행, 그리고 다른 대부기관에서 대부 신청을 후원해 줄 때 필요한 매우 유용한 업무계획 중의 하나라고 할 수 있다.

SECTION

03 업종 · 업태의 결정

우선 '업종'과 '업태'를 나눠서 생각해야 한다. '업종'은 기본적으로 '무엇을 판매하는 점포인가'이며, '업태'는 '어떻게 파는가' 하는 것이다. 예를 들면 라면점, 스테이크점 등 점포의 종류는 '업종'별로 나눈 것이며 패스트푸드점, 배달업 등이 '업태'별로 분류한 것이다. 즉, '어떤 업종 점포를 어떤 업태로 영업하면 번성할까'를 연구하는 것이 점포 컨셉의 설계이다.

일반적으로 업태·업종의 선정에는 계획적 선정과 실천적 선정의 두 가지 방법이 있다. 계획적 선정은 예를 들면 유명체인점에 가입하여 가맹점으로 출점하는 경우, 또는 우수한 외국상표를 기술도입하여 체인점조직을 운영하려고 하는 경우, 단순히 한식점을 운영하고 싶다는 생각으로 입지선정 전에 미리 업종을 선정하는 경우 등이다.

반면에 실천적 선정은 입지가 결정되면 그 입지의 시장여건이나 구매패턴과 식생활 양태에 따라 적절한 업태 및 업종을 선정하는 경우가 이에 해당된다.

그러나 식당경험이 많은 사람이든 또는 경험이 적은 사람이든 간에 업태·업종의 선정은 쉽게 결정하거나 단순하게 결정할 수 있는 내용이 아니다. 그것은 그 시대의 식생활 여건 및 경제사정에 따라 선택한 업태·업종이라도 성공하거나 실패하는 두 가지 경우가 있기 때문이다.

더구나 초심자의 경우 대부분이 '인기 있는 메뉴'나 '성업 중인 점포'를 찾아다닌 경험을 기초로 그 점포와 유사한 업종이나 메뉴를 선택하려는 경향을 많이 보이고 있다.

이러한 결정이 적절하냐의 여부는 별개의 문제다. 식당업은 잘되는 업종이나 업태가 따로 있을 수 없고 단지 잘되는 점포나 영업을 잘 운영하는 경영자가 있을 뿐이다, 우수한 경영자가 운영하는 점포는 비록 대부분의 점포가 사양화하는 업종이라도 영업실적이 우수한 점포는 얼마든지 있기 때문이다. 그러나 일반적인 사업의 경향을 무시할 수는 없다. 평균적인 경영능력을 가진 경영주에게는 산업의 경향이 성공과 실패의 중요한 요소가 될 수 있기 때문이다.

여기에서 업종·업태 선정에 대한 참고사항을 살펴보기로 한다.

1) 모든 업태·업종은 반드시 쇠퇴기가 있다

어떤 업종이 영원토록 나의 생계를 보장해 줄 것으로 생각하는 오류를 범하지 말아야 한다. 외식업 메뉴나 업태·업종도 일반생산제품과 마찬가지로 Life cycle이 있다.

어떤 음식업종이나 어떤 메뉴에도 쇠퇴기는 오기 때문에 꼭 성업 중인 업종만을 생각할 필요는 없다. 특히 음식업이 쇠퇴기에 들어서도 이익이 발생하는 예가 허다하기 때문에 이익이 발생하는 데만 집착하다보면 엉뚱한 업종을 선정하기 쉬운 것이다.

앞에서도 설명했지만 음식점은 숙명적으로 쇠퇴기가 있다. 그것이 3년 또는 5년이냐 혹은 10년이냐 하는 것은 별개의 문제이지만, 반드시 쇠퇴기는 오게 마련이다.

매상고의 추이는 '도입기 → 성장기 → 성숙기 → 정체기'로 연결되며 매상이익고의 추이는 '도입기 → 성장기 → 성숙기 → 정체기 → 쇠퇴기'로 이어진다.

업종·업태 선정에 있어 쇠퇴기가 있다는 것을 인식한 후에 해결책으로는 첫째, 법률적 토대가 미비한 업종은 피한다. 둘째, 대중적인 시장이 형성된 업종을 택한다. 셋째, 재래업종을 다시 재단장하는 것을 택한다. 넷째, 나만이 할 수 있는 틈새사업, 이색사업에 도전한다 등이 있다.

2) 될 수 있는 한 경영주가 스스로 좋아하는 업종·업태를 택하자

3) 독립점포로 개점할 것인가, 체인점의 일원으로 개점할 것인가

4) 직접 조달 가능한 자금의 범위 내에서 점포를 구상하자

5) 유능한 외식전문 컨설턴트의 자문을 구하자

자기가 생각하는 방향만을 말하거나 주장하지 말고 주로 듣는 자세를 취한다. 컨설턴트의 실력을 의심하거나 실력이 없다고 생각되면 당연히 컨설팅 집행계약을 체결하지 말아야 하겠지만, 일단 컨설팅 계약을 했으면 이러쿵 저러쿵 다른 이야기를 하지 않아야 하고, 또 제멋대로 자신의 의견만을 말하는 타인의 이야기에 귀를 기울이지 말 것을 권하고 싶다. 그리고 확실한 계약에 의해 컨설팅을 의뢰하며 컨설턴트가 제시하는 컨설팅 실적보고서를 무조건 믿지 말고 반드시 해당 점포를 찾아가서 사실 여부를 확인해야 한다. 컨설턴트의 사무실에 비치하고 있는 각종 자료나 실적보고서를 확인해 보는 것이 좋다.

6) 초심자의 경우라면 대규모 투자를 피하자

초심자가 업종선정 시 고려해야 할 사항은 다음과 같다.

① 가능한 메뉴수를 적게 하는 단품 또는 전문점을 택해 본다. ② 외식점포를 경영하는 이상 그 업종, 업태의 적정규모에 가까운 점포를 확보하여 영업하여야 한다. ③ 우선 중저가 메뉴를 채택할 수 있는 업종을 선정한다. ④ 여성고객이 핵심이 되는 메뉴쪽이 유리하다. ⑤ 자금이 아주 소규모일 때에는 T/O(Take Out) 점포나 택배점포를 구상해 본다. ⑥ 적정규모 이하 점포는 경영자 스스로 조리할 수 있는 업종(메뉴)을 선택한다. ⑦ 자금의 여유가 있고 관리능력이 우수한 경영자는 우수한 컨설턴트의 자문을 받아 특수한 점포를 개설하여 승부수를 띄우는 용기도 필요하다. ⑧ 자금이 적기 때문에 소규모라도 영업할 수밖에 없다는 생각으로 창업하는 것은 좀더 신중히 생각한 후 결론을 내린다. ⑨ 유명점포, 유명식당의 메뉴나 경쟁을 너무 의식하지 말

고 자기 점포의 특성을 살리는 쪽으로 분위기나 메뉴를 구상해 본다. ⑩ 일단 결정된 업종, 업태를 중간에 변경해 우왕좌왕하는 모습을 보여서는 안된다. ⑪ 일단 창업 후 3개월 실적, 6개월 실적을 분석한 후 업종의 전면수정, 일부수정, 계속 그 상태로 영업을 계속하여야 할지를 결정해야 하며 조급히 업종, 업태를 바꾸는 우를 범해서는 안된다. ⑫ 요리에 전문지식이 있는 경영자는 그 전문요리가 받아들일 수 있는 위치에 점포를 개설해야 하며, 자기 요리는 어떤 시장에서도 통할 수 있다고 생각하는 자만심을 버리는 자세가 필요하다.

1. 잠재고객 평가

1) 주거자의 인구형태는?

① 10~20대 ② 21~30대 ③ 31~40대 ④ 41~50대

2) 주거지의 성별은?

① 남자 ② 여자

3) 유동인구의 형태는?

① 10~20대 ② 21~30대 ③ 31~40대 ④ 41~50대

4) 유동인구의 성별은?

① 남자 ② 여자

5) 오피스 근로자의 형태는?

① 10~20대 ② 21~30대 ③ 31~40대 ④ 41~50대

6) 오피스 근로자의 성별은?

① 남자 ② 여자

2. 후보물건의 평수는?

① 5평 이하 ② 10평 이하 ③ 20평 이하 ④ 30평 이하 ⑤ 50평 이하

⑥ 60평 이하 ⑦ 70평 이하 ⑧ 100평 이하 ⑨ 150평 이하 ⑩ 150평 이상

3. 주차가능 대수는?

① 없다 ② 5대 이하 ③ 10대 이하 ④ 20대 이하 ⑤ 30대 이하 ⑥ 30대 이상 ⑦ 기타 (   )

4. 점포의 편리성은?

① 도보   ② 승용차   ③ 도보+차량   ④ 대중교통   ⑤ 기타 (   )

5. 물건의 가시성 또는 홍보성은?

① 대로변   ② 이면도로   ③ 골목길   ④ 도보로는 보이지 않음   ⑤ 기타 (   )

6. 입지의 형태는?

① 터미널형   ② 오피스형   ③ 근린형   ④ 드라이브형   ⑤ 강변형

⑥ 다운타운형   ⑦ 극장가형   ⑧ 학교 & 학원가형   ⑨ 쇼핑가형   ⑩ 기타 (   )

7. 입지의 주간 기능은?

① 학원   ② 오피스   ③ 통행인구   ④ 쇼핑가통   ⑤ 관공서   ⑥ 기타 (   )

8. 입지의 야간 기능은 ?

① 음식점가   ② 지하철   ③ 유흥가   ④ 학원가   ⑤ 숙박형   ⑥ 오락&놀이   ⑦ 기타 (   )

9. 상권 내 상점가의 업종형태는 ?

① 옷가게   ② 주점   ③ 학원&학교   ④ 관공서   ⑤ 음식점   ⑥ 병원

⑦ 극장가   ⑧ 사무실   ⑨ 빌딩가   ⑩ 기타 (   )

10. 상권 내 음식점의 영업형태는?

① 없다   ② 패스트푸드   ③ 패밀리레스토랑   ④ 파스타(스타게티, 피자)

⑤ 탕집   ⑥ 분식점   ⑦ 백반집   ⑧ 돼지고기집   ⑨ 카페   ⑩ 기타 (   )

11. 주변 식당의 점심메뉴 가격대는?

① 4,000원대   ② 5,000원대   ③ 6,000원대   ④ 7,000원대   ⑤ 8,000원대

⑥ 10,000원대   ⑦ 15,000원대   ⑧ 기타 (   )

12. 주변 식당의 저녁메뉴 가격대는?

① 7,000원 이하   ② 7,000~10,000원   ③ 10,000~15,000원   ④ 15,000~20,000원

⑤ 10,000원 전후   ⑥ 15,000원 이상   ⑦ 기타 (   )

13. 주변상권 내(반경 700m) 주거형태는?

① 단독주택지   ② 연립주택지   ③ 아파트단지   ④ 오피스+주거혼합

⑤ 오피스텔   ⑥ 사무소   ⑦ 기타 (   )

14. 주변 교통시설은?

① 지하철로 5분 이내   ② 버스정류장   ③ 공용주차장   ④ 보행전용도로   ⑤ 기타 (   )

15. 예상 투자금액은?

① 5,000만 원 이하   ② 5,000~1억 원   ③ 1억~1억 5천만 원   ④ 2억   ⑤ 3억

⑥ 4억   ⑦ 5억   ⑧ 5억 원 이상   ⑨ 기타 (   )

16. 예비 창업자가 생각하는 업종은?

① 한식   ② 일식   ③ 양식   ④ 중식   ⑤ 분식   ⑥ 퓨전   ⑦ 건강식   ⑧ 기타 (   )

17. 대형 접객 시설은?

① 관공서   ② 백화점   ③ 대형마트   ④ 할인점   ⑤ 구시장   ⑥ 은행가   ⑦ 대형건물

⑧ 놀이공원   ⑨ 식당가   ⑩ 교통의 요충   ⑪ 유흥시설   ⑫ 기타 (   )

18. 상권의 변화전망은?

① 음식상권   ② 쇼핑상권   ③ 오피스상권   ④ 공장단지   ⑤ 학원단지   ⑥ 병원단지

⑦ 유흥단지   ⑧ 교통의 요충지   ⑨ 기타 (   )

19. 외식창업을 고려하고 있는 물건의 위치는?

20. 기타 물건의 정보를 간략하게 적어주세요.

자기 창업 분야에 대한 지식과 경험이 많을수록 그만큼 성공 가능성이 크다는 것은 상식에 속한다. 하지만 예비창업자들 중에는 사업 아이템을 정하기 위한 준비와 연구를 게을리 하는 경우가 의외로 많다. 유망 아이템은 어느 날 불쑥 나타나지 않는다. 주변의 사소한 힌트까지 놓치지 않겠다는 집념, 면밀한 시장조사, 사례 분석 등이 수반되어야 한다. 따라서 외식창업의 컨셉을 결정하기 위한 트렌드의 변화에 대하여 알아보고자 한다.

1. 2017 외식업계 분석

2017년 외식 업계는 경기 침체와 가성비 소비 증가, HMR 성장에 따라 불황이 이어졌다. 특히 프랜차이즈 산업에 불어닥친 '갑질논란'과 오너리스크는 치킨, 피자 업계에 큰 타격을 입혔다. 혼술 트렌드로 주점 업계는 내림세를 벗어나지 못했고 포화 상태인 커피 업종은 양극화 현상이 심화됐다.

1) 최저시급 1만 원 인상 및 근로시간 주당 52시간

정부의 핵심 공약 중 하나인 '최저시급 1만 원'을 둘러싸고 외식업계는 물론 중소기업들까지 후폭풍에 대한 찬반논의로 뜨거웠다. 최저시급을 1만 원 올려 기본 소득을 보장하겠다는 당초 취지와 달리 인건비 증가로 한계기업부터 심각한 경영난에 처할 수 있다는 위기감 때문이었다. 공약대로 2020년까지 시급 1만 원 수준을 맞추기 위해 당장 2018년부터 최저시급이 6,470원에서 7,530원으로 16.4%가 급등한다.

2) 프랜차이즈 기업, 오너리스크로 성장에 제동

2017년은 프랜차이즈 기업의 오너들의 불미스런 행동으로 그동안 공들여 쌓아온 기업 이미지 및 사업에 제동이 걸린 업체들이 많았다. 미스터피자를 운영하는 MPK그룹의 정우현 전 회장이 프랜차이즈 갑질 논란에 이어 150억 원대의 횡령 및 배임 혐의로 구속됐다. 검찰 조사에서는 가맹점에 치즈를 공급할 때 친동생 명의로 세운 중간 유통 업체를 끼워 넣어 57억 원 정도의 부당한 유통 마진을 몰아주고, 유통 과정을 늘려 가맹점에 정상 가격보다 비싼 값에 치즈를 공급하며 '치즈 통행세'를 챙긴 것으로 밝혀져 논란이 일었다.

3) 파리바게뜨 제빵기사 불법 파견 논란

최근 프랜차이즈 업계에서 가장 뜨거운 감자는 SPC그룹이 운영하는 파리바게뜨의 '제빵 기사 불법 파견' 논란이다. 고용노동부는 SPC그룹의 파리바게뜨 본사가 가맹점에서 근무하는 제빵기사를 불법 파견으로 근무하게 했다며 전국 3396개 가맹점에서 일하는 5378명의 제빵기사를 파리바게뜨 본사 SPC그룹이 직접 고용하도록 지시했다. 아울러 SPC그룹이 제빵기사에게 지급하지 않은 연장근로수당 등으로 총 110억 1700만 원을 지급할 것도 함께 지시했다.

4) IPO·M&A 시장 침체, 대기업 투자 기피

국내 자본시장 참여자들의 주목을 받았던 국내 F&B 시장에 빨간불이 켜졌다. 오너 갑질 논란과 불공정 행위, 햄버거병 이슈 등 악재가 잇따르고 최저임금 인상과 근로시간 단축, 공정거래위원회의 강도 높은 규제 등 경영환경의 불확실성이 증대되면서 IPO 뿐만 아니라 M&A 시장에서 모두 외면을 받고 있다. 실제 국내 외식기업에 새로운 자본의 참여는 고사하고 IMM PE와 모건스탠리PE는 각각 할리스와 놀부 매각에 어려움을 겪고 있다. 프랜차이즈 경영의 어려움을 지켜본 투자자들이 섣불리 나설 기미가 보이지 않고 있기 때문이다. 작년 버거킹을 사들인 어피니티 에쿼티파트너스(AEP)는 햄버거병 사태로 고전을 면치 못하는 가운데 최근 일본 버거킹까지 인수하는 고육지책을 강행하며 돌파구를 모색하고 있다.

5) 프랜차이즈 갑질 근절 대안 '징벌적 손해배상제' 수면 위

징벌적 손해배상제가 프랜차이즈 업계의 최대 이슈로 떠올랐다. 지난 9월 가맹사업법 개정안이 국회 본회의를 통과함에 따라 10월 19일 프랜차이즈 업계에 징벌적 손해배상제가 도입됐다. 징벌적 손해배상제란 가맹본부의 허위과장 정보제공, 부당한 거래거절(갱신거절, 계약해지 등) 등으로 가맹점 사업자가 손해를 입은 경우 가맹본부가 그 손해의 3배까지 배상 책임을 지는 제도다. 보상적 손해배상만으로는 예방효과가 충분하지 않아 고액의 징벌적 배상을 하게 함으로써 추후 부당행위를 예방하는 것이 주목적이다. 본사의 불법행위를 신고한 가맹점에 보복을 할 경우에도 피해액의 최대 3배까지 배상해야 한다.

6) 외식업계 크라우드펀딩에 눈을 뜨다

외식업계에 크라우드펀딩 바람이 불고 있다. 대중을 뜻하는 크라우드(Crowd)와 자금 조달을 뜻하는 펀딩(Funding)을 결합한 용어로, 온라인 플랫폼을 이용해 다수의 대중으로부터 자금을 조달하는 방식을 말한다. 초기에는 트위터, 페이스북 같은 소셜네트워크서비스(SNS)를 적극 활용해 '소셜 펀딩'이라고 불리기도 했다. 외식업계에서 크라우드펀딩에 관심을 갖게 된 것은 2015년 막걸리전문점 '월향'이 P2P업체인 (주)빌리와의 크라우드펀딩으로 152명의 투자자를 모집하면서 주목을 끌었다. P2P는 대출형 크라우드펀딩 서비스로 불특정 다수가 투자금을 모아 P2P업체를 통해 대출을 원하는 사람에게 투자를 하는 방식이다.

7) 사드배치 보복으로 유커 방한 급감, 외식상권 침체

한국 사드(THAAD·고고도미사일방어체계) 배치에 대한 보복으로 중국이 한국관광 금지령을 내리면서 유커(중국인 단체관광객)의 발길이 뚝 끊겼다. 이로 인해 명동, 제주도 등 외식 상권은 물론 면세점, 호텔 등 숙박업체, 단체 관광객 전문 식당 등에 매출이 최고 80%까지 떨어지는 등 한파가 몰아닥쳤다. 작년까지만 해도 유커는 한국 관광업계에서 없어서는 안 될 통 큰 손님으로 지난해 한국을 찾은 외국인 방문객은 모두 1720만 명이었는데, 이 가운데 거의 절반인 46.8%가 중국인(806만 명)이었다. 중국인 관광객들은 씀씀이도 커 2015년 중국인 관광객 1인당 한국 내 지출경비가 무려 2391달러(274만 원)에 이르렀다.

8) 편의점·HMR 등 무한경쟁시대에 놓인 외식업계

2017년 1인 가구 수가 무려 520만으로 전체 가구의 4분의 1이 나홀로 가구에 해당하면서 외식문화도 급격하게 바뀌고 있다. 과거 혼자서 술을 마시는 것은 있을 수 없는 일이고, 만약 어쩔 수 없이 혼밥을 하게 될 경우 차라리 밥을 굶는 편을 선택하기도 했다. 그러나 최근 혼밥은 물론 혼술이 아주 자연스러운 일상으로 자리 잡고 있다. 매 끼니마다 혼밥을 하는 것은 아니지만 혼밥을 한 번도 해보지 않은 직장인이 없고, 대학생들은 식사시간을 절약하기 위해 또는 혼자 여유롭게 식사를 즐기고 싶어서 등 다양한 이유로 혼밥이 트렌드로 자리매김하는 시대에 살고 있다.

9) 생면쌀국수, 고기국수 등 베트남·태국 누들 전성시대

생면쌀국수 전문점 '에머이', 태국식 고기국수를 선보인 '툭툭누들타이', 대만식 국수와 요리를 선보이는 '우육미엔'은 모두 '2018 미쉐린 가이드' 발표에서 빕구르망 리스트에 올라간 곳이다. 최근 고기 육수를 베이스로 해 쌀국수를 말아내는 동남아 스타일의 누들요리가 주목을 받고 있다. 농림축산식품부가 발표한 3분기(7~9월) '외식산업 경기전망지수(KRBI)'에 따르면 중식·일식·서양식을 제외한 기타 외국식 음식점(에스닉 푸드)의 3분기 경기지수는 전분기(83.22)보다 13.17포인트 오른 96.39로 외식업을 통틀어 가장 높았다. 3분기 외식업 전체 경기전망지수가 68.91로 지난해 4분기(65.04) 이후 회복세가 더딘 것을 고려하면 에스닉 푸드의 선전은 더욱 두드러진다. 에스닉 푸드(Ethnic food)는 이국적인 느낌이 나는 제3세계의 고유한 전통음식을 이르는 말로, 주로 동남아 음식을 지칭한다.

2. 2018년 외식트렌드 전망

2017년 12월 20일 농림축산식품부와 한국농수산유통공사는 2018년 외식 트렌드를 이끌어 갈 키워드로, '가심비', '빅블러', '반(半)외식의 확산', '한식 단품의 진화'를 선정하고, 2018 외식산업·소비트렌드를 다음과 같이 발표하였다.

1) 가심비

'가심비'는 가격 대비 마음의 만족을 따지는 소비패턴을 의미한다. 소비를 통해 스트레스나 우울함을 해소하고자 하는 소비성향이다. 외식업계에선 음식의 비주얼이나, 플레이팅 기법, 점포의 인테리어 등을 통해 차별화된 매력을 가진 식당 또는 상품이 인기를 끌 것으로 전망된다. 소비자의 향수를 자극하는 골목상권의 인기도 같은 맥락으로 해석된다.

2) 빅블러(Big Blur)

'빅블러(Big Blur)'는 외식업계에서도 무인화·자동화 경향의 확산으로 업종 간의 경계가 모호해 질 것을 의미한다. 배달앱, 키오스크, 전자결제 수단의 발달로 온·오프의 서비스가 융합되며 외식서비스의 변화를 더욱 가속화 할 것으로 예상된다.

3) 반(半)외식의 확산

 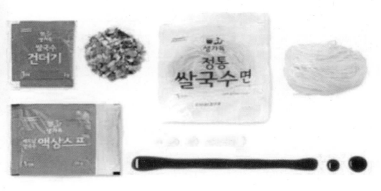

'반(半)외식의 확산'은 혼밥과 간편식의 발달로 외식과 내식의 구분이 불분명해지고, 식사공간이 '식당'에만 한정되지 않는 현상이 더욱 두드러질 것을 의미한다. 특히, 2018년에는 간편식의 다양화라는 기존의 변화를 넘어 세트메뉴, 반찬과 요리상품의 포장·배달 등 고급화가 빠르게 진행될 것으로 예측된다.

4) 한식 단품의 진화

'한식 단품의 진화'는 한 가지 메뉴를 전문적으로 하는 한식당의 인기가 증가하는 것을 의미한다. 돼지국밥, 평양냉면, 콩나물 국밥 등 지방의 음식전문점이 수도권에서 인기를 끄는 현상으로 나타나고 있다. 기존의 메뉴에서 반찬수를 줄이는 등 단순화, 소형화, 전문화하는 과정을 통해 음식점의 서비스가 단품메뉴에 최적화되는 추세가 내년에도 이어질 것이라는 전망이다.

3. 일본의 외식산업 동향

1) 외식 트렌드

일본 외식업계도 우리나라와 마찬가지로 새로운 트렌드의 등장과 소멸이 반복되며 끊임없이 변화하고 있다. 치열한 경쟁 속에서 살아남기 위해서는 부가가치와 서비스 수준을 높이는 것만이 정답이다. 최근 일본 외식업계에서는 조리법 차별화와 SNS 동영상, 지역명물요리, 건강지향 트렌드가 떠오르고 있다.

조리법 차별화

기존 조리법에 약간의 변형을 가해 신선함과 차별화를 어필하는 메뉴들이 눈길을 끈다. 대표적인 것이 그릴에 나뭇가지를 넣어 그을리면서 고기를 굽는 우드 프랑크 그릴. 미국에서 화제인 조리법으로 일본에서는 작년 11월부터 도쿄 힐튼 호텔의 메트로폴리탄에서 선보이고 있다.

SNS동영상

인스타그램의 유행이 사진에서 동영상으로 확대되고 있다. 이른바 무비제닉푸드로 허브의 산성 성질에 반응해 색이 변하는 음료가 대표적이다. 색감이 화려한 컬러풀 디저트와 베이커리 메뉴들도 인스타상에서 여전히 인기를 누리고 있다.

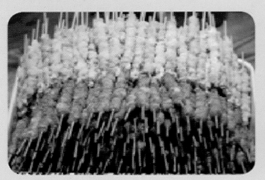

지역명물요리

'지역회귀', 즉 스토리가 있는 지역음식이 인기를 얻고 있다. 대표적인 것이 하카타 지방의 소울푸드로 불리는 하카타 닭껍질꼬치구이다. 인기에 힘입어 프랜차이즈 브랜드들이 수도권뿐 아니라 전국 각지로 점포를 확장하고 있다.

건강지향

건강지향 외식 트렌드도 빼놓을 수 없다. 소주에 차 음료를 희석해 마시는 차와리(사진), 목초를 먹여 키운 소고기, 카카오닙 등이 인기를 끌고 있다.

(1) 키워드로 본 주목할 만한 메뉴

① 리트머스 드링크

색깔이 변하는 리트머스 드링크가 차세대 인스타 메뉴로 주목받고 있다. 최근 일본의 젊은층 사이에서 색과 모양이 변하는 메뉴를 동영상으로 찍어 SNS에 올리는 것이 인기를 누리고 있다.

▲ 도쿄 힐튼호텔의 메트로폴리탄 그릴에서는 2017년 11월부터 벚꽃 우드 프랑크 그릴을 사용한 모든 메뉴를 추가요금 없이 즐길 수 있다.

◀ 리트머스 드링크(위)와 레인보우 푸드(아래)인 뉴 뉴욕 클럽 베이글: 대표적인 리트머스 드링크는 모스버거가 지난 3월 기간한정으로 출시했던 라벤더 레몬에이드. 허니레몬시럽을 섞으면 보라색에서 핑크색으로 변한다. 화려한 색깔을 자랑하는 레인보우 푸드로는 뉴 뉴욕 클럽 베이글.

지난 2017년 치즈닭갈비가 인스타 붐을 주도했다면 올해는 색이 변하는 허브티 등 음료가 주목받는 추세다.

② 레인보우 푸드

인스타에 최적화된 무지개 색깔의 베이커리와 디저트의 인기가 치솟고 있다. 화려한 색깔의 메뉴가 업종을 불문하고 확산, 울금과 시금치, 오징어먹물 등으로 색을 낸 컬러풀한 교자까지 등장했다.

③ 우드 프랑크 그릴

고기 붐이 계속되는 가운데 조리법의 차별화를 꾀하려는 흐름이 가속화하고 있다. 특히 주목받고 있는 것이 우드 프랑크 그릴이다. 점포에 따라 방법은 다르지만 물에 적신 벚나무 줄기 등을 그릴에 얹어 그 위에 스테이크 등을 그을려가며 굽는 방법이 일반적이다.

▲ 도쿄 시내를 중심으로 12개 점포를 운영 중인 하카타 닭껍질꼬치 전문점 하카타 카와야. 카와야끼(닭껍질구이) 10개 세트가 1700엔이다.

▲ 1인 나베

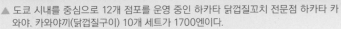

④ 차와리

지난해 유행했던 레몬사와의 뒤를 이어 주목받고 있는 것이 차와리(茶割り)다. 차와리란 소주에 녹차나 현미차 등을 섞은 알콜 음료로 취향에 따라 알콜 도수를 조절할 수 있다. 건강 지향 음주족을 위한 당분 제로 칵테일이다.

⑤ 하카타 닭껍질꼬치

야키토리 장르에서는 '지역명물'이 히트의 키워드로 떠올랐다. 닭껍질꼬치는 후쿠오카의 소울 푸드 중 하나이다. 간장소스를 발라 구운 뒤 숙성하는 작업을 수일간 반복해 기름기가 빠지고 겉은 바삭바삭하며 속은 부드러운 식감이 특징이다.

⑥ 1인 나베

육수에서 소스, 건더기 재료까지 일행의 취향에 맞출 필요 없이 좋아하는 것을 골라 먹는 나베요리가 인기다. 2016년 11월 도쿄 메구로에 오픈한 '샤브샤브 레터스'가 대표적으로 '1인 1냄비'를 제공해 취향껏 샤브샤브를 주문할 수 있도록 했다.

⑦ 그로서란트

일본에서는 최근 슈퍼마켓과 레스토랑을 결합한 새로운 업종으로 그로서란트가 주목받고 있다. 슈퍼마켓에서 구입한 신선 식재료를 사용해 그 자리에서 요리를 해준다.

식재료를 구입해 집에서 요리를 하는 번거로움이 없고 양질의 식재를 사용한 요리를 보다 저렴한 가격으로 즐길 수 있어 인기이다. 외식과 내식의 경계가 무너지고 있는 세계적인 트렌드를 보여주는 예다.

⑧ 회원제·정액제 서비스

회원제, 정액제 등 단골고객에 특화된 브랜드가 업종을 불문하고 확대되고 있다. 크라우드펀딩과 SNS의 확산에 따라 '팬 만들기'가 용이해지면서 나타난 현상이다. 고객에게는 특별함과 가성비를, 외식업소에는 브레이크 타임과 식재 로스를 줄일 수 있는 이점이 있다.

2) 전국 200체인 소비자만족도 랭킹

일본 소비자들에게 높은 지지를 받고 있는 외식 프랜차이즈는 무엇일까? 일본 전국 소비자 5천 명을 대상으로 앙케이트를 실시해 만족도 순위를 매겼다.

(1) 여성·가족 대상 인기 브랜드 3

① 가성비 높은 돈카츠로 인기있는 '돈카츠 하마카츠'

▲ 가성비 높은 돈카츠로 인기 있는 돈카츠 하마카츠.

링거헛 그룹의 돈카츠 전문점이다. 큐슈를 거점으로 중부와 관동지역에도 출점해 전국적으로 100점포 이상을 전개하고 있다. 돈육 가공에서 소스와 드레싱까지 자체공장에서 제조하는 방식으로 품질 경쟁력을 어필하고 있다. 런치메뉴는 700엔 정도로 가격도 합리적이다.

표 2-4 소스류 및 드레싱류 생산실적

순위	브랜드명	운영기업	장르	만족도(%)
1	돈가츠하마카츠(とんかつ濱かつ)	하마카츠	덮밥, 정식, 카츠	79.1
2	우메노하나(梅の花)	우메노하나	일본식 레스토랑	78.1
3	서브웨이	일본 서브웨이	버거, 샌드위치	76.8
4	죠죠엔(叙々苑)	죠죠엔	야끼니꾸	75.5
5	야끼니꾸킹(焼肉きんぐ)	모노가타리코퍼레이션	야끼니꾸	76.2
6	스시쵸시마루	쵸시마루	회전초밥	75
7	버거킹	비케이재팬홀딩스	버거, 샌드위치	74.1
8	수프스톡도쿄	수프스톡도쿄	기타 전문점	74
9	모스버거	모스푸드서비스	버거, 샌드위치	73.8
10	샤브요(しゃぶ葉)	니락스	일본식 레스토랑	73.6

② 두부요리를 중심으로 하는 가이세키 전문점 '우메노하나'

1986년 후쿠오카 1호점을 시작으로 현재 전국적으로 74개 점포를 전개하고 있는 일본식 레스토랑 체인이다. 지난해 도쿄에만 4개 점포를 신규로 오픈할 정도로 공격적이다. 유바와 두부를 사용한 가이세키 요리를 즐길 수 있을 뿐 아니라 갓 식사를 시작한 유아식도 제공해 가족단위 방문객에게 인기가 높다.

③ 무한리필 야끼니꾸 뷔페 '야끼니꾸킹'

전국적으로 200개 이상의 점포를 전개하며 급성장 중인 야끼니꾸 뷔페다. 뷔페이지만 주문은 테이블에서 하는 것이 특징이다. 두툼한 스테이크와 특수부위 등 가성비 높은 고기를 내는 것이 인기 비결이다. 사이드 메뉴도 충실하게 갖추고 있어 가족단위 고객에게 인기다.

(2) 가성비 만족도 3

① 가성비 높은 무제한 샤브샤브 '샤브요'

2007년부터 출점을 본격화한 스카이락 그룹의 샤브샤브 뷔페 브랜드다. 삼원돈(三元豚) 삼겹살을 사용한 뷔페가 점심에는 1199엔부터, 저녁에는 1599엔부터로 저렴하다. 저녁에는 초밥도 무제한으로 즐길 수 있다. 가족뿐 아니라 젊은층에게도 인기가 좋다.

② 마츠야에서 운영하는 돈카츠 전문점 '마츠노야'

▲ 돈카츠 전문점 마츠노야가 가성비 만족도 2위를 차지했다.

규동 프랜차이즈 마츠야 등을 전개하는 마츠야 푸즈의 돈카츠 전문점으로 일본 내 150여 개 점포를 운영하고 있다. 간판 메뉴인 로스카츠 정식은 530엔으로 프로모션 시에는 500엔에도 판매한다. 포장용 도시락도 인기이다.

③ 298엔 균일가 야키토리 '토리키조쿠'

식사와 술을 298엔 균일가로 즐길 수 있는 야키토리 이자카야로 오사카에서 시작해 현재 전국 600개 이상의 점포를 전개하고 있다. 국내산 닭고기를 매장에서 직접 꼬치에 끼워 만드는 선도 높은 야키토리 메뉴가 최고의 강점이다. 간판메뉴인 키조쿠야끼(귀족구이)는 저렴하면서도 볼륨감 넘친다.

표 2-5 외식 프랜차이즈 가성비 만족도 순위

순위	브랜드명	운영기업	장르	만족도(%)
1	샤브요(しゃぶ葉)	니락스	일본식 레스토랑	72.1
2	마츠노야·마츠야(松のや·松乃家)	마츠야푸즈	덮밥, 정식, 카츠	69.2
3	토리키조쿠(鳥貴族)	토리키조쿠	이자카야	67.7
4	사이제리야(サイゼリヤ)	사이제리야	양식 레스토랑	67.6
5	마루가메세이멘(丸亀製麵)	토리돌홀딩스	우동, 소바	65.2
6	우오베이(魚べい)	겡끼스시	회전초밥	64
7	무텐쿠라스시(無添くら寿司)	쿠라코퍼레이션	회전초밥	64
8	스시로(スシロー)	아킨도스시로	회전초밥	63.5
9	나다이후지소바(名代富士そば)	다이탄그룹	우동, 소바	62
10	텐동텐야(天丼てんや)	텐코퍼레이션	덮밥, 정식, 카츠	61.9

3) 외식업계별 동향

일본푸드서비스협회에 따르면 지난해 일본 외식업계에서는 스테이크와 야끼니꾸 등 육류 메뉴를 중심으로 하는 업종이 가장 큰 인기를 끌었다. 맥도날드의 부활에 따라 햄버거 패스트푸드 프랜차이즈의 경쟁이 심화되는 양상도 눈에 띄었다. 이자카야 체인도 2017년에 이어 연속 상승세를 보였다.

(1) 스테이크 업계

'싸고 맛있는 스테이크'가 업계를 석권했다. 후속 브랜드 등장으로 '이키나리 포위망'이 형성 중이다. 전년대비 105.8% 성장을 목표로 하는 등 호조를 보이는 육류업계이다. 주역은 페퍼푸드서비스의 이키나리 스테이크로 후발 브랜드도 지속적으로 점포를 확장해가고 있다. 브랜드별로 샐러드바, 엔터테인먼트 요소 등 차별화 전략을 도모하는 움직임도 눈에 띈다.

① 어린이 대상 스테이크 만들기 체험 등 가족고객 공략

• 스테이크 아사쿠마

매출액은 80억 엔이고, 점포수는 64개이다. 운영업체는 아사쿠마로, 아이치현에서 시작해 현재 전국 64개 점포를 운영하고 있다. 1g당 11엔 정도의 중간 가격대이지만, 어린이가 점원과 함께 스테이크를 굽는 그릴 체험 등 엔터테인먼트 프로그램으로 가족고객을 공략하고 있다.

② 코라쿠엔과 콜라보, 200개점 출점 목표

• 이키나리 스테이크

매출액은 270억 엔이고, 점포수는 241개이다. 운영업체는 페퍼푸드서비스로, 1g당 7엔 정도의 저가격 전략이 인기 비결로 전년대비 162% 매출증가를 기록하는 등 호조를 이어가고 있다. 최근 라멘 프랜차이즈 코라쿠엔과 제휴를 발표했다.

③ 샐러드바 등 고기 외 메뉴에도 주력

• 브롱코빌리

매출액은 197억 엔이고, 점포수는 125개이다. 운영업체는 브롱코빌리로, 아이치현 나고야시에서 시작한 브랜드로 가격은 1g당 11.6엔이다. 상시 14종류의 채소를 제공하는 샐러드바가 인기다. 전년대비 109% 매출액이 증가하며 호조세다.

(2) 햄버거 업계

볼륨감 있는 신메뉴가 출시되고 출점경쟁이 가속화되고 있다. 더불어 햄버거의 '거대화'가 멈추지 않고 있다. 패티 2장은 기본, 다양한 방식으로 볼륨감을 키운 버거들이 인기를 얻고 있다.

① '증량 버거' 전성기

주요 업체가 내놓는 신메뉴 버거의 공통점은 포만감이다. 패티 2장에 치즈 2장, 해시브라운 등을 조합한 중량급 버거, 번을 패티 사이에 끼운 '탄수화물 off' 버거도 등장했다.

② 버거 외의 메뉴 강화

메인메뉴인 햄버거 이외의 상품 라인업이 확대되고 있다. 후레쉬니스버거는 베이커리 입점 매장을 확대했다. 오사카 지역에는 가볍게 한잔 하길 원하는 고객 니즈에 맞춰 주류와 간단한 안주를 제공하는 매장도 늘어나고 있다.

(3) 회전초밥업계

① 100엔 스시의 패밀리레스토랑화

• 도쿄엔 지역명물 브랜드 집결

스시로, 쿠라스시, 하마스시, 갓빠스시의 매출액이 회전초밥시장의 70% 이상을 차지하고 있다. 이 4강 브랜드와 업계 5위인 우오베이(116개점)는 메뉴 대부분이 '100엔 스시'다. 4사 이외에는 지방으로부터 도쿄로 상경한 소규모 업체들이 활발하게 영업 중이다.

② 100엔 점포, 고급스시에 도전

스시로, 하마스시, 갓빠스시는 일본 각지의 생선업체와 연계해 자연산 생선을 제공하고 있다. 일부 메뉴는 접시당 100엔을 넘는다. 쿠라스시는 모든 접시 100엔 전략을 지속하면서 부분적으로 자연산 생선으로 만든 초밥을 제공하고 있다.

③ 카페풍 매장으로 평일 오후 여성 공략

쿠라스시가 지난 2013년부터 커피를 제공하기 시작한 데 이어 스시로와 하마스시도 카페풍 전략에 가세했다. 스시로와 하마스시는 평일 2시에서 5시 사이 방문하는 중고생과 주부를 타깃으로 케이크와 디저트 메뉴를 강화했다. 오후 시간대 패밀리레스토랑을 이용하는 여성들을 공략하기 위함이다.

(4) 패밀리레스토랑 업계

① '초이노미', '저탄수화물 메뉴' 대세

일본 패밀리레스토랑 업계는 최근 전반적으로 호조세를 보이고 있다. 일부 브랜드는 패스트푸드보다도 저렴한 메뉴를 출시하는 등 가성비 전략도 여전하다. 조이풀과 사이제리야는 500엔 런치메뉴를 출시했다.

② 다양한 주류 갖춘 '음주공간'으로

2014년 무렵부터 패밀리레스토랑 업계에 '초이노미(가볍게 한잔하는 문화)'와 모임에 대한 수요가 증가하고 있다. 이에 업체별로 주류를 비롯해 안주용 사이드 메뉴를 충실하게 구비하는가 하면 이자카야를 방불케 하는 메뉴를 선보이는 곳도 생겨났다.

③ 1000엔 넘는 메뉴의 증가

한동안 패밀리레스토랑은 로얄호스트를 제외하고 1000엔 이하의 요리가 주류를 이뤘다. 하지만 3년 전부터 데니스와 죠나단 등 중가격대의 브랜드에서 1000엔 이상의 메뉴를 늘리고 있는 추세다.

(5) 미투 브랜드 속출하며 '초저가 스테이크' 각지에 침투

저렴하고 두꺼운 스테이크를 부담 없는 가격으로 즐길 수 있는 스테이크 전문점이 각지에 생겨나고 있다. 도쿄의 '얏빠리 아사쿠마'는 대기업을 모기업으로 둔 프랜차이즈다. 관계자에 따르면 매출 호조에 힘입어 연내 20점포, 3년 내 100점포 달성을 목표로 하고 있다.

도쿄 센다이 얏빠리 아사쿠마(やっぱりあさくま), 와카야마 야미쯔키 스테이크(やみつきステ?キ), 오이타 앗빠레 스테이크(あっぱれステ?キ), 오키나와 얏빠리 스테이크(やっぱりステ?キ) 등 미투 브랜드가 속출하고 있다.

4. 미래 푸드 & 외식 트렌드

1) 미래 푸드

(1) 식품소비의 다양성이 증가한다: 그 증거와 새로운 징후

커피와 라면, 맥주 등 기호식품으로부터 소비자들의 까다로운 소비 성향이 시작됐다. 실제로 커피의 경우 다양한 원두에 대한 소비자의 수요가 증가하고 있고, 라면의 경우 1위 브랜드 신라면의 점유율 축소와 함께 다양한 라면이 등장했다. 맥주는 다양한 수입 맥주 및 수제 맥주에 대한 선호가 형성되고 있다. 까다로운 소비감성은 다양한 농식품 분야로도 확대되고 있다. 일부 신선식품과 가공식품에서의 변화가 대표적이다. 섭취 방법 및 섭취 상황이 다변화되면서 다양성이 발현되고 있으며, 특히 타 문화권의 식문화가 유입되면서 다양한 레시피와 식재료가 늘어나고 있다.

(2) 간편식 최신 트렌드: 길고 번거로운 것부터 바꾼다

노동과 출퇴근 시간이 늘면서 조리시간이 긴 음식의 조리를 꺼리고 간편식을 선호한다. 우선적으로 조리시간이 긴 사골과 곰탕, 삼계탕 등이 간편식으로 채택됐다. 간편식품 개발 시에는 손님 초대, 명절, 제사 등 조리시간이 긴 상황의 공략이 필요하다. 가구 구성원의 수가 줄면서 냉장고에 재료가 남는 것을 꺼리게 됐다. 앞으로는 직접 요리를 하더라도 짧은 시간 내에 식사를 끝낼 수 있는 한그릇 중심의 식탁문화가 형성될 것이다. 즉석밥과 즉석소스 등 추가적인 구매가 필요한 제품보다는 모든 것이 완성된 형태의 간편식이 성장할 것으로 예상된다.

(3) 간편식 그 끝으로: 간편식에서 대용식으로

요리하는 시간을 줄이기 위한 간편식에서 먹는 시간까지도 줄여주는 대용식이 등장했다. 현재 가루형 제품의 선호가 높지만 물에 섞는 행위도 생략하기 위해 액상형 제품을 개발 중이다. 대용식 시장은 바쁜 직장인과 다이어트를 하는 사람으로 구분되고, 원하는 제품의 특성이 다르다. 향후 완벽한 한끼를 대체하는 제품과 다이어트 제품으로 나뉠 것이다. 대용식의 경우 탄수화물 영양구성에 있어 곡물이 상당 부분을 차지한다. 대용식 시장이 커짐에 따라 다양한 곡물들과 식품소재가 이용될 것으로 보여 동반성장을 위한 시스템을 고민해야 한다.

(4) 新홈쿠킹족을 찾아서: 누가 욜로해?

홈셰프족, 홈쿠킹족, 셀프쿠킹족 등으로 불리는 새로운 특성을 가진 소비자가 등장했다. 이로 인해 마트 및 시장에서 선호되는 농식품이 재편되고 있다. 실제로 외식으로 주로 먹던 스테이크와 파스타 등의 소매점 판매액 증가가 지속되고 있다. 이들은 외부환경에 의해서 요리하는 것이 아니라 즐거움을 느끼며 요리하는 경향을 보인다. 아보카도와 올리브, 로즈마리 등 생소한 식재료 경험이 더 많아지고 있다. 레시피를 적극적으로 검색하고, 영상 형태의 레시피에도 거부감이 없다. SNS를 적극 활용하고, 음식사진을 올리는 경향 등을 보이는데, 이를 식품업계가 고려해야 한다.

(5) 폭풍 속의 온라인 농식품시장: 모바일 vs PC, 그리고 대형체인 vs 오픈마켓

2014년 모바일 쇼핑의 활성화 이후 농식품 전자상거래 규모가 급격히 성장하고 있고, 잦은 구매, 충동구매, 야간구매 등의 형태를 보이는 헤비 모바일 유저들이 온라인 시장을 주도하고 있다. 농식품 전자상거래에서 대형유통체인과 오픈마켓은 다른 구매양상을 보인다. 대형유통체인에서는 축산물, 채소, 유제품과 같이 신선도가 중요한 품목들의 데일리 구매가 이뤄지는 반면, 개별농가 및 오픈마켓의 경우 곡류, 지역특산물 및 설·추석 선물용인 과일의 구매 비중이 높다. 곡류를 제외한 모든 부분에서 온라인 구매가 증가하고 있고, 별도의 시장으로 성장하고 있다.

(6) 편의점 도시락의 미래: 도시락 속의 동물성 단백질

편의점 도시락 시장이 매우 빠르게 성장하고 있다. 실제로 업계 추정에 따르면 국내 편의점 도시락 시장규모는 2016년 5000억 원에 달한다. 도시락 메뉴 중 소비자 선호는 육류에 집중되고 있다. 주요 편의점 도시락 조사결과, 도시락 1개당 평균적으로 육류반찬 2.8종을 포함하고 있다. 편의점 도시락 고기는 대체적으로 굽기, 튀기기, 볶는 형태의 조리법을 채택하고 있다. 다양한 육류와 새로운 조리법이 적용된 동물성 단백질이 미래 편의점 도시락의 다양성을 더하며 편의점 도시락의 성장을 주도하게 될 것이다.

(7) 지속가능한 농식품이 다가온다: 사회 운동을 넘어 새로운 비즈니스 기회로

농식품의 전통적인 가치인 맛과 향, 식감보다는 '지속가능성'에 더 큰 가치를 두는 소비자층이 부상하고 있다. 소비자의 우려가 '어떤 첨가물을 썼느냐'에서 '어떻게 길렀느냐'로 이동하고 있다. 최근 발생한 살충제 계란 파동은 많은 소비자들이 농식품 생산방식에도 신경을 쓰는 계기가 됐다. 동물성 단백질을 어떻게 대체할 것인가에 대한 관심도 높다. 현재 미국 실리콘밸리에서 가장 뜨는 분야가 '대체육' 분야다. 기술혁신과 규모의 경제를 통해 일반 육류 대비 가격 경쟁력을 갖추기 시작했다. 환경과 소비를 고려한 지속가능한 농식품이 전 세계적으로 개발되고 있다.

2) 외식 트렌드

(1) 인건비 증가로 비대면매장 활성화

새로운 최저임금제가 시행되는 2018년에는 종업원 인건비 절감을 위한 많은 묘안들이 등장할 것이라는 판단이다. 지금 현재에도 이미 사용되고 있기는 하나, 카운터가 없어지고 그 카운터를 대체할 식권판매기(키오스크) 활용 매장이 확산될 것으로 생각된다. 종업원 1명 정도의 인건비 절감은 외식업계에서는 상당한 것이기 때문이다.

(2) 외식공간의 재편

불경기로 인해 각 상권마다 매물로 나와 있는 상가의 공실물건들이 늘어나는 것을 볼 때 이제는 대규모 복합 상권을 제외하고는 지하매장이나 2, 3층 매장은 외식업장으로의 기능을 상실하게 될 것이며 아마도 2018년부터는 사무공간이나 주거공간으로 대체될 것으로 생각된다.

(3) 주방의 변화

외식시장은 지금껏 임대료의 지속적인 상승으로 임차 공간이 작아져 왔기에 상대적으로 계속 작아져 왔던 주방의 크기가 조금씩 커지는 쪽으로의 변화가 예상된다. 공간의 효율적 사용과 주방장비, 설비의 효율적 배치에만 집중되었던 시선이, 좀 더 좋은 음식, 고객에게 만족도 높은 음식을 만들기 위한 노력의 일환으로 합리적인 조리에 필요한 공간 확보와 동선의 구상이 중요한 요소로 작용하며 주방의 중요성이 내년을 기점으로 확대될 것으로 생각된다.

(4) 혼밥족을 위한 인테리어

계속해서 증가하고 있는 1인 가구의 영향으로 1인석 배치의 확대와 그들의 편의를 강조한 부가적인 설비들의 확충이 뒤따를 것으로 예상된다. 이제는 혼자 먹는 것이 보편화되고 눈치 보지 않고 즐기려는 고객들이 증가하고 있어 그들을 배려한 다양한 노력들이 눈에 띄게 늘어날 것으로 생각된다.

(5) O2O 마케팅활성화

포장판매와 배달만을 전문으로 하는 업종이나 매장들이 확연하게 늘어 날 것으로 본다. 이는 우리가 지금껏 보아왔던 배달야식 문화의 대대적인 변화까지도 짐작하게 한다. 보다 깨끗하고, 영향학적 요소도 가미되고, 위생적인 환경에서 조리되어 안전 먹거리 문화로 변화하게 될 것으로 보인다. 여태껏 우리가 알던 '야식'의 개념은 치킨을 선두로 족발, 보쌈, 피자 등이 전부였으나 내년부터는 음식의 종류와 무관하게 확산될 것이라고 생각된다. 앞에서도 언급했듯이 1인 가구의 증가는 이렇듯 여러 분야에 다양한 모습으로 많은 변화를 가져오게 될 것이 분명하다.

(6) 여성고객 우선시

여성 위주의 창업 아이템이 활발하게 개발될 것이고, 이는 곧 여성타깃을 노리는 브랜드의 확산으로도 연결될 것이라는 판단이다. 언제부턴가 연령대를 불문하고 외식메뉴를 결정하는 것도 여성이었고, 외식 장소를 결정하는 것 또한 여성이 되어버린 것이 사실이다. 이렇듯 여성의 의견은 브랜드 기획시점부터 이미 중요해진 것이다.

(7) 음식과 인스타그램

개인매장이나 프랜차이즈 브랜드 여부를 떠나 외식업을 기획함에 있어 식자재의 원가가 더 낮아지며 비쥬얼적인 요소가 강조되는 방향으로 변화할 것으로 본다. 인건비 상승에 따른 운영자의 방어적 본능이 작동하게 될 것으로 보기 때문이다. 경기가 활황이 아닌 상태에서 동일한 식자재 원가를 유지하면서 음식의 판매가격을 올리는 방업이 동원될 수도 있으나, 그렇게 결정할 수 있는 자영업주는 많지 않아 보인다.

5. 외식과 이산업 간의 융복합화

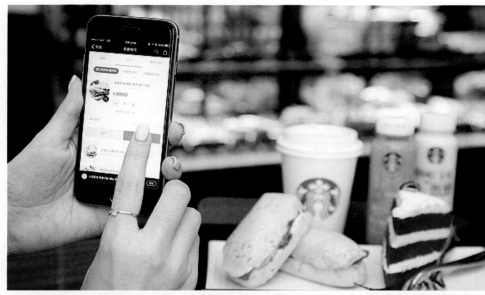

◀ 외식과 IT의 융합
  ex) 사이렌오더, 롯데
    리아 키오스크, 삼
    겹살 밴딩머신, 아
    이스크림 자판기

◀ 외식과 유통과 금융의
  복합
  ex) 이마트 자율주행
    카트 일라이

6. 실버 비즈니스(Silver business)

노인인구 비율이 10%에 달하는 2005년부터 실버산업의 덩치가 빠른 속도로 커질 것으로 보고 있다. 따라서 '미래의 황금어장'으로 급부상 중인 실버세대를 잡기 위한 기업들의 움직임이 점점 뜨거워지고 있다. 남보다 한 발 앞서 뛰어든 신종 실버 비즈니스의 세계로 들어가 본다.

국내 실버산업이 전환점을 맞고 있다. 우리나라 인구의 고령화가 초고속으로 진행되고 있기

그림 2-4 국내 65세 이상 인구증가 추세

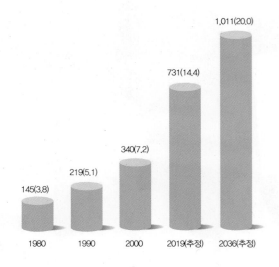

(단위: 만 명, %)

1,011(20.0)
731(14.4)
340(7.2)
219(5.1)
145(3.8)

1980 1990 2000 2019(추정) 2036(추정)

때문이다. 지난 2000년 전체인구에서 65세 이상 노인이 차지하는 비율이 7.2%이고 이미 유엔이 규정한 '고령화사회' 기준인 7%를 넘어선 상황이다. 삼성경제연구소는 이대로 가면 2019년에 '고령사회'(14% 이상), 2026년에 '초고령사회'(20% 이상)에 진입할 것으로 내다봤다.

그러나 상대적으로 국내 실버산업은 아직 초기단계에 머물러 있다. '실버산업의 꽃'으로 불리는 유료 실버타운은 20여 개에 불과하다. 실버세대를 위한 시설이나, 용품, 서비스 등도 태부족인 상황이다.

휠체어 등 노인용품 판매업체들은 60% 가량이 종업원수가 30명 미만일 정도로 영세하다. 노인전문병원은 2001년 말 기준으로 8개뿐이다. 전문가들은 최소한 50개 이상이 필요하다고 지적한다. 또한 고령자 진료소 및 의료정보서비스, 고령자 음식점, 고령자 위험방지 주택 등 전문 서비스 시장도 이제 겨우 싹텄다. 싹이 트면 언젠가는 잎이 피는 법. 실버산업이 지금 초기단계라면 그만큼 향후 성장성이 무궁무진한 셈이다.

고정민 삼성경제연구소 수석연구원은 "실버산업이 2000년 17조 원에서 2005년 27조 원, 오는 2010년에는 약 41조 원으로 늘어날 것"이라고 내다봤다.

이 거대한 시장을 장악하기 위해 신종 아이템으로 실버 비즈니스에 뛰어든 기업들이 적지 않다. 이들은 늘어나는 노인들의 다양한 욕구에서 틈새를 발견, 황무지를 개간하듯 사업을 영위하고 있다.

'베이비시터'를 연상시키는 실버시터 파견업이 있다. 맞벌이 부부가 급속히 늘어나면서 부모를 직접 모시지 못하는 자식들의 짐을 덜어주기 위해서 등장한 사업이다. 주로 이야기 상대 되어주기, 병원동행 등의 서비스를 제공한다.

실버전문여행사는 아직은 걸음마단계에 불과하지만 오는 2005년께는 전체 여행 시장의 20~30% 가량 차지할 것으로 업계는 기대하고 있다. 실버여행상품은 해외여행의 경우 의료진을 동반하는 등 노인들이 안심하고 편안하게 여행할 수 있는 여건을 마련하는 데 주력한다.

실버용품 전문 인터넷 사이트는 아직은 젊은 세대가 주로 이용하는 실정이지만 차츰 노인 사용인구가 늘어나고 있다. 실버세대를 위한 인터넷 사이트의 가장 큰 관심거리는 단연 건강이고, 앞으로 건강정보, 레포츠 등으로 점점 다양해질 것으로 보인다.

실버 관련 금융상품도 쏟아지고 있어 노인들을 겨냥한 금융권의 경쟁은 더욱 치열해질 것으로 예상된다. 만 55세 이상의 고객을 대상으로 하는 이 상품들은 대개 건강상담을 받을 수 있거나 실버전용 여행상품을 할인해주는 등의 혜택이 따른다. 이와 함께 노후 대비를 목적으로 한 신탁상품들도 쏟아져 나오고 있다.

노인중매사업도 관심거리다. 고령화 사회일수록 성장성이 높은 뉴비즈니스로 인정받고 있기 때문이다. 주로 재혼전문업체들이 실버세대를 대상으로 중매업무를 하고 있는데, 보통 전체회원 중 60대 이상이 15% 정도라고 한다. 업계에서는 "아직은 실버세대 커플이 이혼하기까지 과정이 아무래도 젊은 세대보다는 어렵다"고 하지만 향후 시장성은 밝게 보는 편이다.

최근에는 이색 아이디어 상품도 곧잘 선보이고 있다. 예를 들어 보행기와 수레를 겸한 접이식 실버카트는 물건을 담을 수 있는 바구니, 우산꽂이, 의자를 장착할 수 있어 산책이나 쇼핑할 때 유용하다. 또한 노인성 질환으로 거동이 불편한 노인을 위해 개발된 이동식 간이변기는 노인을 변기에 앉히는 것이 아니라 엉덩이 밑에 변기를 넣고 공기를 채우는 방식으로 인기를 얻었다.

신종 실버 비즈니스는 지금은 '신종'이지만 5~10년 후에는 '주류'가 될 가능성이 높다.

Part 3

외식경영의 기초

Part 3

외식경영의 기초

조직과 경영

1. 조직의 시작

조직이란 사람들이 공동의 목적을 달성하기 위해서 인적·물적 자원을 체계적이고 유기적으로 결합시켜놓은 사회집단의 집합체라고 할 수 있다. 인류는 아주 오래 전부터 수렵, 어로, 채집이라는 생산활동 속에서 최소의 노동으로 최대의 효과를 이루고자 하였는데, 그 결과가 도구의 사용과 분업의 발견이었다. 현대의 생산활동은 먹고 입는 것에 국한되지 않고 쇼핑, 외식, 관광, 문화활동의 생산에서부터 교육, 국방, 금융, 의료에 이르기까지 다양해 졌으며 생산도구도 돌도끼와 화살촉을 넘어 스마트폰과 같은 IT기기와 우주비행선에까지 이르렀다.

경제학의 비교우위(Comparative Advantage) 개념을 배우지 않았을 원시인들도 이미 혼자서 개별적으로 노동하지 않고 여러명이 서로의 역할과 책임을 부여하며 자연스럽게 분업(Division of Labor) 구조를 이루게 되었고, 오늘날 작은 편의점이나 외식기업, 대기업, 군대, 병원, 학교, 국가에 이르기까지 모든 곳에서 분업이 진행되고 있다. 이처럼 분업은 생산과정을 여러 개의 부문과 과정으로 나누어 서로 다른 사람들이 구분된 특정 부문에서 전문적으로 일하는 노동형태를 말한다.

그림 3-1 조직개념의 변화

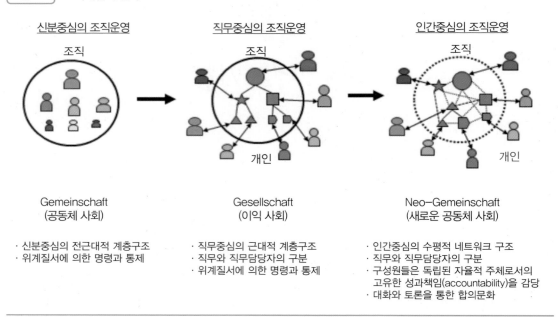

신분중심의 조직운영	직무중심의 조직운영	인간중심의 조직운영
Gemeinschaft (공동체 사회)	Gesellschaft (이익 사회)	Neo-Gemeinschaft (새로운 공동체 사회)
· 신분중심의 전근대적 계층구조 · 위계질서에 의한 명령과 통제	· 직무중심의 근대적 계층구조 · 직무와 직무담당자의 구분 · 위계질서에 의한 명령과 통제	· 인간중심의 수평적 네트워크 구조 · 직무와 직무담당자의 구분 · 구성원들은 독립된 자율적 주체로서의 고유한 성과책임(accountability)을 감당 · 대화와 토론을 통한 합의문화

인간의 분업은 언제부터 시작되었을까? 학자들의 의견을 종합하면 선사시대 이후 부락을 이루어 살기 시작하면서부터 분업이 시작됐다. 선사시대는 문자로 역사를 기록하기 이전의 시대, 이때는 농업이 시작되기 전으로 남성들은 사냥을 했고, 여성들은 주로 집에서 집안일을 하고 아이를 돌보는 일을 맡았다. 또 여성들은 가까운 숲과 들에서 과일을 따고, 채소를 캐는 등 채집활동을 했다. 수렵과 자연물의 채집으로 살아가던 사람들은 점차 짐승을 잡아다 키우면서 필요할 때 먹거리를 조달할 수 있는 방법을 배웠다. 목축업이 등장했고, 마을의 힘없는 노인이나 어린이들이 이 일을 맡았다. 그리고 농업이 등장했다. 지난해 채집해서 먹은 밀알의 싹이 집주변에 나는 것을 보고 '동물 키우기'에서 '식물 키우기'를 알게 됐다. 드디어 농업이 탄생했다. 사람들이 하는 일이 더 많아졌고, 점차 전문화되기 시작했다. 특히 청동기와 철기시대를 거치면서 무기를 이용한 정복 전쟁이 벌어지면서 노예가 등장했다. 또 도구를 이용해 농업 생산성이 높아지면서 남은 생산물로 교환을 하고, 강한 자가 이를 소유하면서 빈부의 차이가 등장하게 됐다. 원시시대의 분업은 생존을 위한 노력에서 자연스럽게 터득하게 됐다고 할 수 있다.

분업은 개개인이 세분화된 여러 직종에 전문적으로 종사하는 사회적 분업과 여러 노동자가

그림 3-2 대부분 미국 가정에서의 가사분담

단일 사업장 내에서 여러 생산공정을 서로 나누어 담당하는 기술적 분업이 있다. 사회적 분업의 예로는 원료의 생산지나 상품시장 부근에서 일정한 생산이 집중적으로 행하여지는 지역적 분업, 남녀가 각자 자신에 적합한 생산을 담당하는 성적(性的) 분업 등이 있다. 기술적 분업의 예로는 하나의 생산공정을 여러 개의 과정으로 나누어 각 과정을 서로 나누어 담당하는 경우를 들 수 있다. 분업은 전문화를 통해 각자의 기능을 최고로 발휘할 수 있게 하고 개인의 특성을 살려 생산능률을 향상시키는 장점이 있는 반면, 작업의 단순화로 인해 노동의 강도가 증대되고 나아가 개인의 창의성이나 개성을 발휘하기 어렵다는 단점도 있다.

이러한 효율성 때문에 태초부터 지금까지 인간은 생산활동을 하되 분업을 통하여 해왔으며 오늘날에는 한 회사 안에도 수십 수백 가지의 분업을 통해서 한 가지 제품이나 서비스가 생산된다. 이와 같이 생산활동을 위해 각자가 일을 나누어 맡고 이 맡은 일들이 다시 연결된 상태를 조직이라고 할 수 있다. 그러므로 조직 안에는 항상 분업이 있기 마련인데, 모든 분업체가 조직이며 모든 조직은 공동의 목표를 효율적으로 달성하기 위해 분업을 한다.

2. 경영이란?

조직은 조직의 목표를 달성하기 위해 계획을 세우고 실행을 하며 그 결과를 평가한다. 이러한 활동을 경영이라 할 수 있다. 즉, '경영' 또는 '관리'는 조직의 목표달성에 필요한 제반 활동, 과정 또는 수단이다.

기업은 대표적인 조직체이다. 기업의 목표는 이윤창출이며 이를 위해 여러 부서가 역할과 책임을 가지고 서로 간의 약속 안에서 유기적으로 행동한다. 경제학의 비용대비 편익과 유사하게, 조직의 투입물보다 산출물이 더 많은 부가가치를 낼 때 경영을 잘 하였다고 하고, 이러한 투입과 산출의 과정을 이윤창출이라는 목적에 부합하도록 관리하는 것을 경영(Management)이라고 한다.

1) 비용과 편익 산출의 관리

회사 조직을 예로 들면, 기업조직에는 수많은 자원이 투입(input)된다. 인력, 기술, 자본, 설비, 기계, 정보와 지식 등이 기업에 투입되고 이와 같이 투입된 자원들은 경영활동에 사용되면서 고객에게 제공할 상품이나 서비스로 바뀌게 된다. 이때 이들 자원들을 어떻게 효과적으로 연결시킬 것인지를 전체적으로 계획하고(Plan), 계획을 실행할 조직을 만든 다음(Organize), 실행할 구성원들의 행동을 조정하며(Coordinate), 지시하고(Direct), 결과물에 대한 평가(Evaluate)와 통제(Control)하는 것이 경영활동이다. 이러한 내용들을 순서대로 간략하게 줄이게 되면 Plan(계획) - Do(실행) - Check(성과확인) - Action(수정안 실행)의 과정이며, 이것이 경영이라고 할 수 있다. 그리고 이러한 일에 참여하는 사람은 모두 경영자(Manager)라고 할 수 있다.

이것을 조금 더 자세히 살펴보면, 기업이 원래의 목표를 달성하기 위해 비용을 지불하여 원료를 사서 제품과 서비스를 생산하여 판매하고, 그 활동에 참여할 구성원들을 채용해서 급여를 주고, 관리하는 재무, 인사, 생산, 마케팅의 기능이 제대로 이뤄져야 하는데, 경영이란 이들 각 기능들이 제대로 이뤄지도록 계획, 조직, 지휘, 조정, 통제하는 것을 말한다. 결국 경영이란 기업이건 병원이건 동네 슈퍼건 각 조직들이 인적·물적 자원을 효율적으로 활용하여 가장 부가가치가 큰

그림 3-3 경영/관리

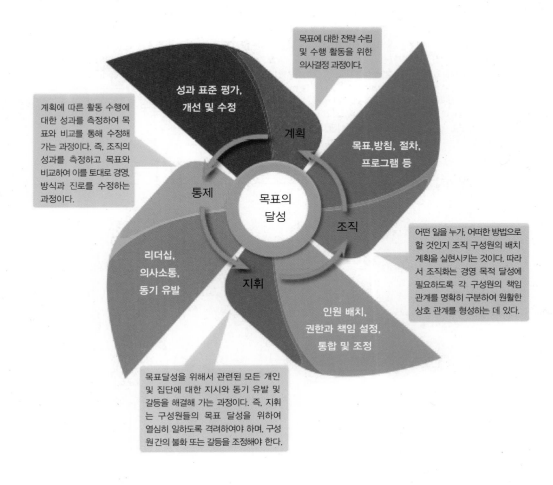

목표에 대한 전략 수립 및 수행 활동을 위한 의사결정 과정이다.

계획에 따른 활동 수행에 대한 성과를 측정하여 목표와 비교를 통해 수정해 가는 과정이다. 즉, 조직의 성과를 측정하고 목표와 비교하여 이를 토대로 경영 방식과 진로를 수정하는 과정이다.

목표,방침, 절차, 프로그램 등

성과 표준 평가, 개선 및 수정

계획

통제

목표의 달성

조직

지휘

어떤 일을 누가, 어떠한 방법으로 할 것인지 조직 구성원의 배치 계획을 실현시키는 것이다. 따라서 조직화는 경영 목적 달성에 필요하도록 각 구성원의 책임 관계를 명확히 구분하여 원활한 상호 관계를 형성하는 데 있다.

리더십, 의사소통, 동기 유발

인원 배치, 권한과 책임 설정, 통합 및 조정

목표달성을 위해서 관련된 모든 개인 및 집단에 대한 지시와 동기 유발 및 갈등을 해결해 가는 과정이다. 즉, 지휘는 구성원들의 목표 달성을 위하여 열심히 일하도록 격려하여야 하며, 구성원 간의 불화 또는 갈등을 조정해야 한다.

산출물이 생산되도록 계획하고, 계획에 가장 적절한 조직을 구성하며, 구성원들을 지휘, 조정, 통제하면서 결과를 검토 평가하고 피드백 해 나가는 일련의 활동이다. 그러므로 경영은 국가행정, 도시행정, 병원운영, 학교운영, 기업운영이라고 할 때 행정과 운영을 의미하기도 하며 일반기업의 영리조직인 회사뿐만 아니라 비영리조직의 운영도 포함한다. 영리조직이건 비영리조직이건 좋은 제품과 서비스의 제공으로 이윤창출이라는 조직의 공동목표가 있고, 그것을 이용하는 소비자가 있으면 그들에게 최고의 제품과 서비스를 공급하기 위해서 경영관리가 필요한 것이다.

3. 경영관리의 대상

경영이란 조직의 목표달성을 위해 계획하고 조직하며, 지휘, 조정, 통제하는 과정이다. 그러면 이와 같은 과정을 통해서 관리해야 하는 대상은 무엇일까? 조직 내에서 무엇을 경영해야 하는가? 회사를 경영해야 하는 것 아닌가?라고 할 수 있으나, 관리의 대상은 회사 자체가 아니라 회사 내의 자원이다. 따라서 경영자가 관리해야 할 대상은 인적, 물적 자원과 정보까지 회사의 운영을 위해 투입되는 모든 요소라고 보아야 한다.

그림 3-4 경영의 세 가지 측면

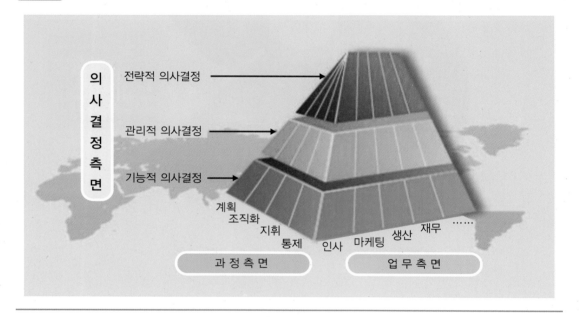

1) 인적 자원(Human Resources)

우선 기업은 목표를 달성할 자원이 필요하다. 첫 번째 투입자원으로 노동력을 제공하는 사람, 즉 인적 자원(Human Resources)이 있다. 현대 경영에 있어서 인적 자원의 중요성은 갈수록 강조되고 있다. 노동력에 주로 의존하는 기업은 물론이고 초현대화된 자동화 제조설비를 갖춘 기업이라 하더라도 그 시설을 운영, 관리하는 것은 사람의 몫이다. 기업의 미래 경쟁력의 원천이 되는 연구개발의 성과도 연구개발 인력에 의해서 좌우된다. 그러므로 기업은 우수한 인재를 채용하기 위해 다양한 노력을 하고 있으며, 채용 후에도 인적자원개발(Human Resource Development)

을 위해 지속적으로 교육과 투자를 아끼지 않고 있다.

2) 물적 자원(Capital)

경영을 하기 위해서는 우선, 자본(Capital)이 필요하다. "사업을 하고 싶어도 자본이 없어서 못한다"라는 식의 말이 우리가 일상생활에서 흔히 사용하는 말이다. 토지와 건물을 사거나 빌리는 것, 기업활동에 필요한 자산을 구입하는 것, 사람을 채용해서 임금을 지불하는 것 등 모든 기업의 활동은 자본이 있어야 가능하다.

경영활동을 하기 위해서 자본을 조달하는 방법에는 자기자본으로 조달하는 방법과 타인에게 빌리는 방법이 있다. 자본 조달에서 중요한 것은 보다 적은 비용을 들여 장기간 이용할 수 있는 조달방법이다.

협의의 자본은 화폐, 즉 돈을 의미하지만 자본 중에는 실물 자본도 있다. 새로이 사업을 시작할 때 돈을 제공하는 사람도 있고 직접 물건을 제공하는 사람도 있다. 물건으로 제공된 물적 자원은 그에 상응하는 화폐가치로 환산하여 회계처리해야 한다.

3) 정보 자원(Information)

기업이 전략적 의사결정을 하기 위해서는 정보가 필요한데, 여기서 정보(Information)는 의사결정에 도움을 주는 자료를 말한다. 정확하고 충분한 정보 없이는 정확한 의사결정을 내릴 수 없다. 경쟁력을 갖춘 기업은 정보전쟁에서 앞서 나가는 경우가 많다. 그래서 기업들은 정보 확보에 총력을 기울이고 있으며 정보 전담부서를 두는 경우도 많다.

4. 경영활동의 과정

경영은 조직의 목적을 달성하기 위해 계획하고 조직하며, 실행하고 평가와 피드백을 하는 순서로 이루어진다(Plan – Do – Check – Action).

이러한 과정의 연속을 관리의 순환과정 또는 경영의 순환과정(Business Management Cycle)이라고 하며, 각 단계의 머리글자를 조합해서 PDCA Cycle이라고도 한다. 경영활동 일회성으로 끝나는 것이 아니라 지속적인 활동이기 때문에 순환과정이라고 한다. 여기서 순환과정은 단순한 순환의 반복이 아니라 최초 계획했던 계획의 실행 결과를 새로운 계획에 지속적으로 피드백 하면서 조직의 목표를 달성하기 위한 방향으로 순환된다. 관리의 순환과정은 경영관리의 순환과정 등의 명칭으로도 불린다.

그림 3-5　PDCA Cycle

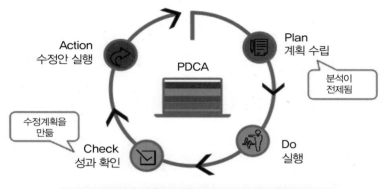

1) 계획수립(Plan)

계획수립은 조직이 달성하려는 미래의 목표를 정하고, 이 목표를 달성하기 위해 조직구성원이 어떤 일을, 어떻게 해야 하는지를 정하는 경영 활동이다. 계획은 미래에 관한 것이지만 과거의 자료를 참고로 계획을 세운다. 그러므로 기업은 연속되는 기업활동에서 기업의 데이터 축적관리에도 신경을 써야 한다.

계획을 수립할 때는 수립 기간에 따라 단기(1~2년), 중기(3~5년), 장기(5년 이상)계획 등으로 나눌 수 있는데, 장단기 기간의 기준은 기업마다 약간씩 다를 수 있다.

계획의 중요성은 미래 경영활동에 대한 계획이라는 점 외에도 실행된 경영활동을 평가할 때 평가의 기준이 된다는 의미가 있다. 즉, 평가를 위해서는 특정한 기준이 있어야 하는데, 당초 계획했던 것에 대한 목표달성 여부를 판단하는 것이므로 계획 자체가 평가의 기준이 되는 것이다. 그러므로 계획을 수립할 때는 계획의 실행 후 목표 달성에 대한 평가의 상황도 고려할 필요가 있다.

2) 실행(Do)

계획이 수립되면 이를 실행해야 하는데, 실행 단계는 계획수립 단계에서 계획된 그대로 실천하면 된다. 계획에 나타난 바에 의하여 조직화 하고 리더의 지휘와 조정에 따라 과업을 수행한다.

3) 성과확인(Check)과 수정안 실행(Action)

경영활동의 순환과정에서 마지막에 위치하는 성과확인(Check)은 경영활동의 실행결과가 당초 수립되었던 계획과 얼마나 일치하는지를 판단하는 활동이다. 확인 결과는 다음 계획수립 시에 수정안이 실행(Action)되어 반영된다.

계획과 결과를 비교하는 성과확인은 크게 두 가지가 있을 수 있다. 하나는 계획보다 성과가 나은 경우이고, 다른 하나는 성과가 계획에 미치지 못하는 경우이다. 전자의 경우에는 양호한 성과에 대한 보상과 칭찬이 주어져야 할 것이고, 후자의 경우에는 무엇보다 그 원인분석이 선행되어야 한다. 불황기 때의 기업활동은 목표달성의 부진 원인 및 대책수립에 많은 시간을 보낸다.

SECTION 02 경영학이란?

1. 경영학의 정의

경영학(Business Administration)은 사회과학 중에서도 그 역사가 짧은 학문 중의 하나이며 기업의 양적 확대, 질적 복잡화 및 경영기술의 고도화를 배경으로 독일, 미국에서 시작되었다. 특히 자본주의의 발달과 더불어 기업이 발전하면서 경영학은 비약적으로 성장하였다. 경영학은 종전에는 상학, 상업학, 개별경제학, 경영경제학, 상업경영학, 기업경영학, 산업경영학, 기업학이라고 부르는 학자도 있었으나 일반적으로 간단히 경영학으로 널리 사용되고 있다. 독일에서는 Betriebswirtschaftslehre(경영경제학)으로 통일되어 불리고 있으나 미국에서는 Business Administration 또는 Management 등으로 통용되고 있다.

경영학이란 무엇인가에 대해 학자들에 따라 견해를 달리함에 따라서 그 대답은 다양하다. 여러 학자들의 정의를 살펴보면, 바하(G. L. Bach)는 "경영학이란 기업을 효율적으로 운영하는 방법

그림 3-6 경영학의 기본구조

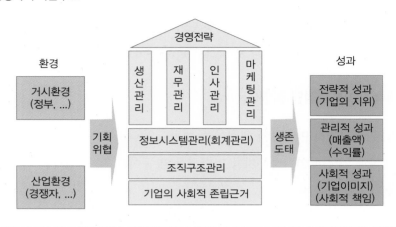

을 연구하는 학문이다"라고 했으며, 드러커(P. Druker)는 "경영학은 조직의 방향성을 제시하고 리더십을 통하여 조직의 자원을 어떻게 활용할 것인가를 정하는 것"이라고 하였다.

2. 경영학을 왜 배우는가?

현대 사회를 살아가는 우리는 다양한 사회활동을 수행한다. 개인적으로는 자신의 하루 일정을 관리하는 것에서부터 용돈관리, 교우관계관리, 이성관리 등 그 활동범위는 다양하다. 사회는 여러 사람이 함께 하는 공동체 집단이므로 우리는 다른 사람들과 어울려 여러 가지 사회활동에 참여한다. 집에서는 가족으로서의 활동, 학교에서는 교내 동아리 활동, 아르바이트 활동, 취업활동 등이 있다. 좀 더 나아가 가정생활, 학교생활, 사회생활 등 모든 것들이 사람들 간 집단활동에 속하게 된다. 현대사회는 여러 가지 집단활동으로 구성되어 있으며 집단활동을 통해 사회의 성장과 발전을 도모하게 된다.

이와 같이 우리는 현대를 살아가면서 의도적이든 의도하지 않든 여러 조직에 참여하며 생활하고 있다. 어떠한 조직이든 해당 조직을 효율적이고 효과적으로 실행 운영하기 위해 또는 조직이 바람직한 방향으로 적절하게 기능하게 하기 위해 구성원들은 최선을 다해야 한다.

우리가 경영학을 배우는 목적은 여기에 있다. 현대를 살아가면서 조직에 소속되게 되어 있고, 조직이 목적하는 바를 이루기 위해 그리고 바람직한 방향으로 되게 하기 위해 경영학은 분명히 도움이 될 것이다. 나아가 경영자들이 경영을 제대로 하지 못해 기업이 위험에 처하게 된다면, 많은 투자자들에게 막대한 손해를 입히게 되며, 기업의 위험으로 인해 수많은 고용 노동자들이 실직의 위험에 직면하게 될 수도 있다. 경영학을 공부하는 궁극적인 목적은 학교를 졸업한 후에 크고 작은 조직에서 성공적인 경영활동으로 인해 조직과 사회에 기여하고 자신의 행복을 찾는 데에 있다.

3. 경영학의 역사

경영 혹은 관리라는 개념은 언제부터 시작된 것일까? 이 질문에 명쾌한 대답을 할 수 있는 사람은 없지만, 인류가 출현했을 때부터 이미 실행되었으리라 우리는 짐작할 수 있다. 경영의 역사를 연구한 학자 중 렌(Daniel Wren) 교수는 기원전 5000년경 고대 수메르인(Sumerian)들이 그들의 정보 조직과 상업 활동에 대한 '관리'를 한 기록이 있다고 주장하기도 했다.

또한 많은 학자들이 이집트의 피라미드나 중국의 만리장성 축조가 수많은 인적 및 물적 자원의 투입을 필요로 했기 때문에 당시에는 비록 '경영'이라고 부르지는 않았겠지만 경영의 개념 없이는 그렇게 대규모의 토목공사가 불가능 했을 것으로 본다. 14세기에 크게 만개했던 이탈리아 베니스의 무역거래도 경영관리활동이 이루어졌던 사례로 인용된다.

이와 같이 다양한 사례에서 보듯이, '경영' 또는 '관리'라는 활동은 수천 년 동안 인간의 활동과 함께해 왔다. 그러나 20세기가 되기 전에 경영학의 발전사에 큰 획을 긋는 두 개의 사건이 발생하게 되는데, 그 중 하나는 스미스가 주창한 '분업'이라는 개념이고 다른 하나는 '산업혁명'이다.

1776년 애덤 스미스(Adam Smith)는 그의 저서 '국부론(The Wealth of Nations)에서 분업(division of labor)의 장점을 설파했다. 그에 의하면 핀을 만들 때 혼자서 처음부터 끝까지 일을 다 하면 하루에 인당 10개 정도의 핀을 만드는 데 비하여, 10여 명이 핀 작업을 분화하고 전문화 하여 작업하면 하루에 무려 48,000개 정도의 핀을 만들 수 있었다고 한다.

또 하나의 중요한 사건은 18세기에 영국에서 시작된 산업혁명(industrial revolution)이다. 산업혁명은 인력에 의해 이루어지던 재화 생산을 기계로 대체하게 했고, 가내수공업 형태의 생산방식을 공장에서의 대량생산방식으로 바꾸는 계기가 되었다. 본격적으로 체계적이고 구체적인 이론에 근거한 경영 혹은 관리의 필요성을 요구하게 된 것이다.

그러나 19세기가 다 가도록 이렇다 할 경영학 이론은 나타나지 않다가, 마침내 근대 경영학 이론이 사실상 최초로 등장하게 된다. 다음에서는 경영학의 이론이 어떻게 전개되어 왔는지에 대하여 구체적으로 살펴본다.

1) 고대

이집트의 기자라는 마을에 있는 체옵(Cheops) 왕의 피라미드는 아주 오랜 옛날(BC 2551~2528)에 세워졌지만 그 규모는 어마어마하다. 사방 230m 정사각형 넓이에 146m의 높이로 무게가 2~5t의 돌을 약 250~300만 개를 쌓아 만들었다. 더욱 놀라운 것은 그 돌들이 모두 사흘 길이나 되는 돌산에서 약 8,800명의 채석단에 의해 깨어져서 운반되었다는 사실이다. 현대의 과학자들은 이러한 규모의 피라미드 한 개를 건설하는 데 연 인원 10만 명의 인부가 20년 동안 노동을 해야 한다고 했다. 크기는 이보다 작지만 지금까지 약 90개의 피라미드가 나일강변에서 발견되었다. 프랑스의 서부 꺄르낙 마을의 초원을 달리다 보면 까닭모를 거대한 돌기둥들이 열을 지어 늘어서 있는 것이 보인다. 어떤 것은 높이가 무려 23m, 무게가 320t이나 된다. 무려 2,730개의 돌기둥이 39줄로 정렬되어 있다. 언제, 누가, 왜 세웠는지 정확히는 알 수 없지만 분명한 것은 돌기둥 한 개를 세우는 데 연인원 300명, 말 수십 마리가 필요하다는 것이다.

우리는 어떤 일을 완수하기 위해 계획하고 조직하고 지휘하고 통제하는 활동을 경영이라고 했다. 누가 그 수많은 인부들에게 작업지시를 내리고 돌의 규모를 정했으며 작업일정을 짰을까? 경영자란 말은 없었더라도 누군가가 그 일을 계획하고 완수하도록 인력과 물자를 조직화 하고 인부들을 지휘하며 계획대로 진행되도록 어느 정도 통제를 해야 했을 것이다. 즉, 경영이란 말은 존재하지 않았어도 경영활동은 존재했던 것이 분명하다. 그러므로 오늘날까지 수천 년 전의 거석 문화가 우리에게 그 정교함을 보여주고 있으며 그 돌기둥이 거만한 자태로 우뚝 서 있는 것이다.

물론 옛사람들도 그런 일을 효율적으로 하기 위해 현대 경영학에 나오는 많은 이론들을 이미 사용하고 있었다. 피라미드 건설용 돌을 깨러가던 채석단 8,800여 명은 설계팀, 측량팀, 채석팀, 운반팀 이외에도 제사팀, 취사팀, 피리를 불어 흥을 돋우는 모티베이션팀까지 오늘날 건설회사 이상으로 기능과 부서가 세분화 되어 있었다. 또는 메소포타미아 문명 발생 시기의 이스라엘 백성의 출애굽 역사를 기록한 구약성서를 보면 모세의 장인은 모세에게 계층조직과 권한 위임의 법칙을 알려주고 있다.

2) 로마시대

BC 500년에서 AD 500년에 이르는 천년간 서양 역사의 중심은 지중해변에 머물러 있었는데 특히 로마 양대 국가에 존재했던 통치제도와 사상들은 현대 경영이론에서 지적하는 것들과 많이 상통한다. BC 400년경 그리스 철학자 코세노폰은 신발장수에게 이미 분업을 통한 신발제도를 강조하고 있으며, 탄핵제도인 오스트라시즘을 통한 민주적 국가경영방식이나 정치제도는 오늘날의 귀감이 되고 있다. 구체적으로는 아테네 도시의 빵굽는 집에서 여인네들이 밀가루 반죽을 할 때 피리를 불어 장단을 맞추고 사기를 북돋아 주는 방식도 있었는데 이는 종업원 사기진작이론이 이미 고대 그리스에도 있었다는 증거이다.

한편 로마 군대의 계층조직, 그리고 피점령군을 아군으로 만드는 열린 경영방식 등은 현대의 초우량기업들이 따라 하는 방법이다. 로마의 황제들은 자신의 권력기반을 강화하고자 민중의 관심사를 축제와 스포츠에 쏠리도록 유도했으며 기독교인을 희생양으로 삼기도 했다. 이러한 우민화 전략은 오늘날 독재자의 국가경영전략이기도 하다. 뿐만 아니라 식민국가에 파견된 총독은 정기적으로 본국에 불려갔고 한곳에 오랫동안 주둔하는 일은 별로 없었다. 이는 중앙의 권력이 약해지는 것을 미리 방지하려는 시도로서 현대 기업들이 각 부서장이나 해외파견 지사장을 순환발령내면서 관리하는 방식과 흡사하다.

3) 중세

이 시기는 주로 고대와 마찬가지로 지방의 소도시에 재래식 시장이 열리면서 농축산물의 교환이 고작이었다. 물론, 농·목축업뿐만 아니라 시장에서는 농기구 제조업자, 목공 가죽제품 수공업자들, 그리고 심지어는 은행가, 법률가, 의사들도 자신들의 생산품과 서비스를 팔았다. 그러나 국가적으로 공산품보다는 농업생산에 전력을 기울였고 다른 분야의 경제활동은 농·축산물 생산의 성패에 의존하고 있었으며 도시상공업자의 공장 운영과 지역 간 교역도 몇몇 귀족이나 은행가들의 투자와 자금공급에 의존해 있었다고 볼 수 있다.

한편 중세 유럽의 장원이 평화로운 집단생활을 유지할 수 있었던 까닭은 오늘날 산업화 초기 국가의 기업이나 중소기업에서 볼 수 있는 가부장제 관리 덕분이었다. 성주(성주)는 농만들이 대가족의 부모처럼 보호해주고 농민들은 성주에게 충성을 다하며 삼포제로 전원 경작을 하고 모두 한 가족처럼 주일날 공동으로 예배드리는 종교적 경영집단이라고 할 수 있는 근대적 농업경영조직도 많았다.

십자군 전쟁 이후 상업도 성행하여 이탈리아 상인들이 고안한 복식부기 회계방식이나 단시간에 목조군함을 조립하는 베네치아 공화국의 분업적 생산라인 방식은 현대 경영의 굳건한 토대가 되었다고 볼 수 있다. 십자군 전쟁의 실패는 유럽인들의 신본주의를 인본주의, 과학주의로 만들어 신기계를 많이 발명하게 하였고 수차례의 예루살렘 원정으로 중동의 물질 문명이 암흑 세계에 살던 유럽인들의 물질 수요를 창조하였으며 전쟁에 편승한 무역업자들의 활동으로 동서 교류가 확대되었다. 지방 영주들은 자본가를 자청하였고 농업기계혁명으로 농촌을 떠나 도시로 온 농민들이 도시의 공장에 풍부한 노동력을 제공한 덕분에 짧은 기간 동안 많은 공장이 생겨나고 수많은 임금 노동자가 탄생하는 산업혁명이 꽃을 피운 것이다. 그리고 17세기 초에 서유럽 국가들이 앞다투어 설립한 동인도 회사는 오늘날 대부분의 기업형태인 주식회사의 원조다.

4. 현대적 경영의 발전

1900년대 이후 10여 년간 발전되어온 경영 관련 모든 이론들을 어떤 하나의 기준에 의해서 분류하는 작업은 그리 쉬운 일이 아니며 아직 학자들 간에 통일된 분류방법도 없다. 대개 지금까지 나온 분류기준을 보면 시간적으로 단순히 나열하거나, 크게 유행하였던 이론을 중심으로 분류하거나 혹은 학파를 중심으로 나누는 방식이 있다. 그 중 어느 것을 따르더라도 어느 한 시점으로 보면 여러 이론들이 겹쳐 있음은 물론이요, 그들 간의 경계선도 매우 애매하다. 우리는 여기서 크게 강조되었던 경영사상도 고려하고 시대성도 고려하여 능률과 합리성을 강조한 경영, 기업구성원의 인간성을 강조한 경영, 기업조직의 외부환경적응을 강조한 경영으로 크게 분류하여 설명하려 한다. 그리고 경영을 하되 가장 큰 관심을 어디에 두고 경영을 해 왔는지를 살펴보면 역시 시대적으로 구분이 가능하다. 물론 이 모두는 기업을 어떻게 하면 가장 효율적으로 운영할 수 있는가 하는 문제에 초점을 둔 연구와 주장들이다.

경영학의 발전단계를 이해하기 위해서는 크게 다섯 가지 관점에서 이해해야 한다. 고전적 경영이론 이전의 경영학, 고전적 경영이론, 행동적 경영이론, 계량적 경영이론, 통합적 경영이론이 그것이다.

▲ 산업혁명 당시의 모습

1) 고전적 경영이론 이전의 경영학

(1) 시행착오에 의한 경영관리 형태

오늘날 경영학의 학문적 체계가 잡힌 것은 얼마 되지 않은 근래의 일이지만, 경영이라는 개념이나 기법은 인류의 역사만큼이나 오래 전부터 인간의 생활과 밀접하게 관련되어 존재하였던 것으로 추측된다. 역사적으로 보면 산업혁명 이전까지는 주로 도로나 성곽, 궁전, 교회 등을 건설하거나 조세 징수, 군대를 관리하기 위해 정부, 군대, 교회 등의 기관에서 경영 개념의 실천이 이루어졌다. 이는 이론적인 근거나 실제 활동이 상호 간의 의견 교환 없이 개인적인 시행착오에 의해 실행되는 경영관리였다.

(2) 산업혁명을 거치며 획기적인 발전

18세기 산업혁명 이후에는 경영에 대해 과학적인 접근방법이 시도되고 기업조직에 경영이론이 본격적으로 적용되기 시작했다. 산업혁명은 인류의 생활방식에 커다란 변혁을 가져왔다. 소수의 장인들이 농기구나 의류를 소규모의 가내수공업 수준으로 생산하던 종래의 생활방식에서 기계를 기반으로 대규모 공장이 존재하는 산업사회로 급격히 전환시켰다.

당시에 근대 경제학의 창시자인 애덤 스미스(Adam Smith)는 1776년에 출간된 자신의 저서 『국부론(The Wealth of Nations)』에서 조직과 사회가 분업을 통해 경제적 이익을 얻을 수 있다는 주장을 하였다. 또한 산업혁명기에 경영에 직접 관여하며 현대적 경영이론의 선구자 역할을 한 사람들로 로버트 오언(Robert Owen)과 찰스 배비지(Charles Babbage)가 대표적이다.

2) 고전적 경영이론

고전적 경영이론은 크게 두 가지 흐름으로 분류할 수 있다. 하나는 프레더릭 윈슬로 테일러 (Frederick Winslow Taylor)를 중심으로 미국에서 발전한 것으로 생산 현장에서의 작업 효율 제고 가 주된 연구 대상인 과학적 관리이론(scientific management theory)이며, 다른 하나는 프랑스의 앙리 파욜(Henri Fayol)과 독일의 막스 베버(Max Weber)를 중심으로 조직의 효율적 관리에 중점을 두고 연구된 고전적 조직 이론(classical organization theory)이다.

과학적 관리 이론은 종업원의 생산성을 증진시키는 작업 방식에 대한 과학적 연구를 강조하 는 경영이론으로, 시간연구(time study)와 동작연구(motion study)로 대표되는 경영이론이다.

앙리 파욜(Henri Fayol)과 막스 베버(Max Weber)를 중심으로 한 고전적 조직 이론은 전체적인 차원에서 조직 관리에 중점을 둔 이론이다. 현대 조직 이론의 기초를 제공하고 있는 고전적 조직 이론의 대표적 이론으로는 앙리 파욜(Henri Fayol)의 관리과정론과 막스 베버(Max Weber)의 관료 제론을 들 수 있다.

프레더릭 윈슬로 테일러(Frederick Winslow Taylor)가 공장 수준에서 생산실적의 향상을 위한 작업자의 과업을 과학적으로 분석하거나 감독하는 문제를 다룬 반면, 앙리 파욜(Henri Fayol) 은 일반적인 경영자의 과업에 관점을 두고 사람과 조직을 관찰하였다. 이에 따라 프레더릭 윈슬 로 테일러(Frederick Winslow Taylor)는 과학적 관리 이론의 아버지로 불리는 데 비해, 앙리 파욜 (Henri Fayol)은 경영관리론의 아버지로 불리고 있다.

사회학자인 막스 베버(Max Weber)는 산업혁명의 여파로 독일 사회에도 많은 변화가 이루어지 는 가운데 조직들이 비능률적으로 운영되고 있다고 판단하였고, 특정한 원칙하에 조직들이 관리 된다면 보다 능률적으로 사회에 공헌할 수 있다고 생각하였다. 이를 위해서 그는 이상적인 조직의 형태를 고안해냈고, 이를 관료제(bureaucracy)라고 하였다. 그가 제시한 관료제는 분업, 엄격한 권

▲ 프레더릭 윈슬로 테일러
(Frederick Winslow Taylor,
1856-1915)

▲ 앙리 파욜
(Henri Fayol, 1841-1925)

▲ 막스 베버
(Max Weber, 1864-1920)

한 계층, 구체적으로 명시된 규율과 절차, 비개인적인 관계 등을 특징으로 하고 있다.

프레더릭 윈슬로 테일러는 노동자들의 태업·파업을 목격하고 과학적인 작업관리의 필요성을 통감한 나머지, 과학적 관리법(테일러시스템)을 창안하여 공장 개혁과 경영합리화에 큰 공적을 남겼다.

3) 행동적 경영이론

1920년대 들어 미국에서는 경제성장과 더불어 생활의 질을 개선하고자 하는 경향이 사회 전반에 확산되기 시작하였다. 특히 이 시기에 여성의 참정권, 노동조합의 결성, 최저임금제의 실시 등 고전적 경영이론에서 주장하는 관리의 원칙과는 다른 모습들이 형성되기 시작하였다.

이에 따라 개인과 집단의 행동을 수정함으로써 조직의 효과를 향상시키고자 하는 연구가 사회학자, 심리학자, 문화 인류학자 등과 같은 일단의 학자들에 의해 이루어졌는데 이를 '행동적 경영이론'이라고 한다. 행동적 경영이론이 등장하게 된 주요 계기는 고전적 경영이론에서는 조직을 하나의 기계로 보고, 인간은 기계를 구성하는 부속품으로 간주함으로써 인간의 행동적 측면을 경시하였다는 데 근거한다.

즉, 행동적 경영이론은 직무 자체에 초점을 둔 고전적 경영이론과는 달리 인간의 행동을 보다 철저히 이해함으로써 경영 문제를 규명하고자 하는 데 초점을 두고 있다. 행동적 경영이론의 주요 공헌자로는 1920년대 인간 관계론의 선구자인 조지 엘튼 메이오(George Elton Mayo)와 제2차 세계대전 이후 행동과학(行動科學, behavioral science) 이론의 대표적 인물인 더글러스 맥그리거(Douglas McGregor), 에이브러햄 해럴드 매슬로(Abraham Harold Maslow) 등을 들 수 있다.

4) 계량적 경영이론

계량적 경영이론은 경영상의 문제 해결과 의사결정에 계량적 기법을 이용하는 접근방법이다. 이 이론은 제2차 세계대전을 계기로 처음으로 도입되었다. 제2차 세계대전 당시 영국은 전선에 군수 물자를 효율적으로 보급하기 위한 방법을 모색하기 위해 영국의 수학자와 물리학자 및 관계 전문가들로 이루어진 OR(Operations Research) 팀을 조직하였다. 이때 군사 목적으로 개발된 OR 기법은 그 이후 일반 기업체까지 확대, 적용되었다. 특히 컴퓨터의 출현으로 산업 분야에서의 OR 기법은 급속도로 발전하였다. OR 기법의 발전은 이후 경영과학(經營科學, management science)이라는 새로운 학문으로 탄생하였다.

오늘날 계량적 경영이론은 합리적인 의사결정을 위한 여러 가지 고도화된 도구를 제공하고 있다. 기업의 예산관리나 자금 관리, 생산계획, 공정관리, 재고관리 등 계획 수립과 통제 활동에 유용하게 이용되고 있으며, 그 적용 범위가 마케팅(marketing)이나 그 밖의 거시적인 문제로까지 점차 확대되고 있다.

5) 통합적 경영이론

일찍이 해롤드 쿤쯔(Harold Koontz)가 지적한 바와 같이 다양한 경영이론들의 등장은 경영이론의 밀림화(the management theory jungle)를 초래하여 실무자들에게 혼란만 가중시키는 결과를 가져왔다. 그리하여 1960년대 이후 이러한 경영이론들을 통합하고자 하는 노력들이 나타났는데 시스템 이론(system theory)과 상황 적응 이론(contingency theory)이 대표적이다.

(1) 시스템 이론

1960년대 들어 조직을 하나의 유기체로 보고 연구하려는 학자들이 나타났다. 이들은 개인과 기업을 포함한 모든 조직을 하나의 시스템으로 보고 조직의 효율성을 제고시킬 방법을 모색하는 이론을 제시하였는데, 이를 '시스템 이론'이라고 한다. 시스템 이론에서는 전체로서 작용하는 각 구성요소의 상호 관계로 조직을 보는 데 초점을 두었다. 즉, 조직의 구성요소를 따로 분리해서 보지 않고 이들 요소를 하나의 전체로 봄으로써 어느 한 부분의 활동이 다른 모든 요소에 영향을 주고 있음을 전제로 하고 있다.

(2) 상황 적응 이론

전통적인 경영이론들은 모든 조직에 보편적으로 적용 가능한 일반 원칙을 도출하는 데 초점을 맞추고 있다. 그러나 상황 적응론자들은 경영활동이란 이와 같은 일반 원칙에 의해 이루어지는 것이 아니라 조직의 내적 요인이나 환경이 각기 다르기 때문에 조직의 경영은 각 조직이 처한 상황에 따라 달라져야 한다고 주장하였다. 시스템 이론을 바탕으로 특정 환경에서 최선의 경영방법을 모색하는 데 초점을 둔 상황 적응 이론은 경영활동이나 조직의 성과에 영향을 미치는 내적 요인 및 환경이 구체적으로 무엇인가를 밝히고자 하였다.

상황 적응 이론을 최초로 적용한 학자는 톰 번스(Tom Burns)와 조지 맥퍼슨 스탈커(George McPherson Stalker)로, 이들은 환경이 기업의 조직과 경영시스템에 어떻게 영향을 미치는가를 연구했다.

5. 접근방법 및 주요 연구영역

1) 접근방법

경영학의 학문적 특성은 크게 '이론과학인가, 실천과학인가'와 '과학(科學, science)인가, 기술인가'로 논할 수 있다.

(1) 이론과학적 접근과 실천과학적 접근

우선 경영학은 경영 현상에 대해 이론적 연구 방법을 통하여 사실적으로 분석하여 원리를 논리적으로 세워나가면서 하나의 원칙으로 완성시키는 이론과학적인 특성을 갖고 있다. 또한 경영학은 목적을 달성하기 위해 여러 가지 방법이나 수단들 중에서 어떤 것을 선택하는 게 가장 좋을지, 이상적일지 그리고 최소한은 어떻게 하는 게 좋을지에, 실천원리에 대한 연구를 하는 실천과학이기도 하다. 일반적으로 경영학은 이론과학과 실천과학의 양면성을 모두 갖추고 있으며 이론과학과 실천과학은 서로 상호보완적인 관계에 있다. 따라서 경영학을 연구하기 위해서는 이론적, 계량적, 행동과학적 방법 등 다양한 접근법으로 접근해야 한다.

(2) 과학적 측면과 기술적 측면의 동시 접근

경영학이 과학인지 기술인지 논쟁하기 이전에 경영학을 과학으로 분류하려면, 경험을 통해 특정 대상에 관해 얻은 법칙이나 원리를 객관화하고 보편화할 수 있어야 한다. 즉, 이론성(내지 합리성과 실증성)을 갖춘 지식의 체계성을 갖추고 아울러 분명한 원칙들을 이론으로 기술할 수 있는지를 증명해야 하며, 당시에 있던 과학과 기술을 구분해야 한다.

경영학 자체의 고유한 특성으로 인해 경영학자들 사이에서도 경영학이 과학인가 기술인가에 대한 논쟁이 오랜 기간 동안 있어왔다. 실제로도 경영학은 기술적인 측면이 부각되기도 하였지만, 제2차 세계대전 이후 경영학은 학문적으로 과학성이 필요하다는 주장이 제기됨에 따라 과학적인 측면과 기술적 측면이 동시에 주목받게 되었다. 따라서 경영학은 경영활동을 연구 대상으로 하여 이론, 실천, 과학과 기술 네 가지 측면을 모두 지니는 종합학문이라고 정리할 수 있다.

2) 경영학의 연구영역

경영학의 주요 연구 분야는 생산, 재무, 영업, 판매, 마케팅, 광고, 홍보, 인사, 조직, 리더십 등으로 다양하다. 또한 경영학은 조직의 효율적인 운용, 조직, 지휘를 위해 체계적으로 연구하는 학문이기 때문에 경제나 기업 활동에 국한된 학문이 아닌 모든 조직에 접목될 수 있는 분야에 대해 연구한다. 특히 최근에는 기업 간의 경쟁이 더욱 치열해지면서 소비자의 구매행동과 광고, 홍보, 판촉, 영업 등을 주요 연구 대상으로 하는, 경영학의 한 분야인 마케팅에 대한 관심이 더욱 높아지고 있다.

경영학의 주요 연구영역은 크게 다섯 가지로 구분할 수 있다. 마케팅 관리, 인적자원관리, 생산 및 생산관리, 재무 및 재무관리, 조직관리가 그것이다.

(1) 마케팅 관리

마케팅(marketing)은 학자에 따라 다양하게 정의되고 있으나 오늘날 가장 일반적으로 인정되고 있는 것은 미국 마케팅학회(AMA: American Marketing Association)의 정의이다. 미국 마케팅학회는 1948년에 마케팅의 정의를 다음과 같이 내렸다.

> "마케팅은 생산자로부터 소비자 또는 사용자에게로 제품 및 서비스가 흐르도록 관리하는 제반 기업 활동의 수행이다."

그 후 1985년에는 다음과 같이 새로운 정의를 내렸다.

"마케팅은 개인이나 조직의 목표를 충족시켜 주는 교환을 창조하기 위해서 아이디어, 제품,

서비스의 창안, 가격 결정, 촉진, 유통을 계획하고 실행하는 과정이다."

이후 2004년에는 고객의 욕구가 끊임없이 변화하고 무한 경쟁시대가 전개되는 환경 변화에 맞추어 고객의 가치 창출을 강조하는 정의를 다음과 같이 제시하였다.

"마케팅은 조직과 이해관계자들에게 이익이 되도록 고객 가치를 창출하고 의사소통을 전달

하며, 고객 관계를 관리하는 조직 기능이자 프로세스의 집합이다."

이와 같은 마케팅은 기업의 입장에서 보면 경영자의 관리 이념 혹은 철학이 기저에 존재하게 되는데, 이러한 관점에서 현대적 마케팅의 관리 이념을 정의하면 소비자 지향성, 기업 목적 지향성, 전사적 마케팅 지향성, 그리고 사회적 책임 지향성으로 집약될 수 있다.

(2) 인적자원관리

인적자원관리(HRM: Human Resource Management)는 인사관리(personnel management)와 상호 교환적으로 사용되는 용어로서, 조직의 인적 자원을 관리하는 경영의 한 과정이다. 적절한 직장 환경 속에서 구성원들이 각자 지닌 능력과 잠재력을 최대한 활용하게 하여 기업이 목적을 달성 하는 데 최대한 기여하도록 하는 동시에 종업원들이 직무에 만족하고 개인적으로도 만족을 얻을 수 있도록 지도하고 지원하는 기능 또는 활동이라고 규정할 수 있다.

1970년대 이전까지 인적자원관리는 인사관리로 불렸으며, 양자의 개념적 차이도 거의 없는 것이 사실이었다. 다만 인적 자원 개념이 인사관리 개념에 비하여 인적 자원의 중요성과 특히 인적 자원의 개발을 더 강조하고 있다는 점에서 약간의 차이가 있다. 그런 의미에서 인적자원관리 는 현재적인 인사관리라고 할 수 있다.

인적자원관리의 목표는 조직의 목표를 달성하기 위하여 필요한 지식과 기술을 가진 인적 자 원을 확보하고 유지하는 데 있으며, 이를 위해서 인적 자원 계획, 모집 및 선발, 오리엔테이션, 훈 련 및 개발, 업적평가, 보상관리, 종업원 및 노사관계 관리, 전직 및 이직 관리 등의 활동을 수행 한다.

(3) 생산 및 생산관리

생산(production)은 고객의 욕구를 충족시키기 위해 자재, 노동력, 기계, 에너지, 정보 등을 투입하고 일련의 변환 과정을 통해 제품 및 서비스를 창출하는 과정이다. 산출된 제품 및 서비스를 평가하여 설정된 성과와 편차가 발생하면 피드백 과정을 통해 편차가 발생하게 된 원인을 규명한 후 변환 과정을 조정하여 다시 생산 활동을 수행한다.

생산관리는 조직에 의해서 제공되는 제품 및 서비스의 창출을 위해 요구되는 자원들의 관리라고 정의할 수 있다. 이러한 생산관리의 목표를 달성하기 위해 수행하는 생산 활동에 대한 평가 및 통제에 관한 주된 요소는 다음과 같다.

① 원가: 제품 생산에 소요되는 원재료비, 노무비 및 경비를 말한다.

② 품질: 제품 용도에 대한 적합성 또는 요구 사항에 대한 일치 정도를 의미한다.

③ 납기: 제품이 고객에게 인도되는 시기를 말한다.

④ 유연성: 외부환경의 변화에 적응할 수 있는 능력으로서 생산되는 제품의 품목 수 및 제품 수량에 대한 다양성을 의미한다.

⑤ 신뢰성: 적합한 품질의 제품을 적기에 적절한 가격으로 고객에게 제공하는 것을 의미한다.

생산관리의 주요 의사결정 영역은 시간적, 내용적 측면에 따라 전략적 의사결정과 운영적 의사결정으로 구분된다.

전략적 의사결정의 영역은 다음과 같다.

① 제품설계: 고객이 요구하는 제품을 시장에 공급하기 위해 개발하는 프로세스이다.

② 공정 및 작업 설계: 설계된 제품이 생산시스템 내에서 산출되기 위해서는 자재의 변환 과정이 필요하며, 이러한 변환 과정을 설계하는 것을 의미한다.

③ 입지 선정 및 설비 배치: 생산 활동이 이루어지는 장소를 결정하는 것이 입지 선정이며, 설비 배치는 선정된 입지 내에서 생산 활동이 효율적으로 이루어지도록 하기 위한 기계설비 및 장비의 공간 배치를 의미한다.

④ 생산능력 계획: 생산시스템이 정상적인 조업상태에서 일정 기간 동안에 달성할 수 있는 최대 능력의 투입 단위나 산출 단위로 측정되며, 생산시스템을 확장하거나 신설할 때 가장 중요한 계획이다.

생산관리에 있어 글로벌화의 심화, 다품종 소량 생산 등의 환경 변화에 따라 제기되는 새로운 이슈는 다음과 같다.

① 컴퓨터 통합 생산: 설계, 제조, 관리기능 및 시스템을 컴퓨터 네트워크를 통해 통합시킨 유연한 전략적 생산시스템으로 CIM(Computer Integrated Manufacturing)이라고도 한다.

② 동시공학: 제품설계와 함께 제조, 지원 등의 관련 공정을 동시에 설계하는 것으로 컨커런트 엔지니어링(concurrent engineering)이라고도 한다.

③ 품질보증: 고객이 요구하는 품질 요구를 충족시킬 것이라는 신뢰감을 주는 데 필요한 모든 계획적이고 체계화된 활동을 말한다.

④ 전사적 자원관리: 기업 내의 생산, 물류, 재무, 회계, 영업 및 구매, 재고 등 기간 업무 프로세스를 통합적으로 연계·관리해주고 새로운 정보를 생성하고 공유하며 신속한 의사결정을 가능하도록 해주는 전사적 통합 정보시스템으로 ERP(Enterprise Resource Planning)라고도 한다.

⑤ 공급체인 관리: 공급업체로부터 고객까지 공급체인의 각 요소(공급업체, 공장, 창고, 유통업체, 물류업체, 고객 등)들을 하나의 통합된 네트워크로 조직화하여 관리하는 경영전략으로 SCM(Supply Chain Management)이라고도 한다.

(4) 재무 및 재무관리

재무(finance)란 기업이라는 조직의 목표를 달성하기 위해서 필요한 자금을 효과적으로 조달하고 운영하는 것을 말한다. 재무관리는 기업 재무(corporate finance) 또는 경영 재무(business finance)라고도 하며, 기업의 자금 흐름과 관련된 활동을 어떻게 효율적으로 수행하여 기업의 목표를 달성할 것인가에 관한 의사결정을 수행하는 경영관리 기능이라 할 수 있다. 재무관리의 기능은 다음과 같다.

① 투자 의사결정 기능: 조달된 자본을 어떻게 배분하여 어떤 자산에 얼마만큼 투자할 것인가를 결정하는 기능으로 투자의사결정에 의하여 자산의 규모와 구성 상태가 결정된다.

② 자본조달 의사결정 기능: 투자에 소요되는 자금을 어떻게 효율적으로 조달할 것인가와 관련되는 기능으로 자본조달 의사결정에 따라 자본의 규모와 자본구조가 결정된다.

③ 배당 의사결정 기능: 기업의 경영활동 결과로 창출된 순이익 중에서 주주들에게 얼마를 배당하고 기업 내부에 얼마를 보유할 것인가를 결정하는 기능이다.

기본적으로 재무관리는 이윤 극대화, 기업가치 극대화, 자기자본가치의 극대화라는 목표를 달성하기 위해 운영된다.

(5) 조직관리

경영조직이란 기업의 목표를 달성하기 위하여 직무를 할당하는 구조나 과정을 의미한다. 따라서 조직관리란 조직의 목표를 달성하기 위해 자원을 수집하고 이를 할당하여, 과업을 구조화하는 기능이라고 할 수 있다. 그러므로 경영자는 어떤 과업을 해야 하며, 누가 그 일을 맡을 것이고, 누가 그 과업에 대한 의사결정을 할 것인지를 결정해야만 한다.

기업의 조직은 효율적인 운영을 위해 권한과 책임관계가 명확하게 확립되어야 하고, 그 구성원들 간에 원활한 커뮤니케이션이 구축되어야 한다. 또한 기업은 변화하는 환경에 효과적으로 대처할 수 있도록 조직해야 한다.

SECTION
03 기업이란?

회사(會社) 또는 기업(企業)은 이윤 추구를 목적으로 하는 단체를 말한다. 회사의 존재이유에 대한 최초의 연구는 1991년 노벨경제학 수상자인 로널드 코즈(Ronald H. Coase)에 의해 탄생하였다. 코스는 1937년에 발표한 논문, 기업의 본질(The Nature of the Firm)을 통해 경제주체들 간의 시장에서의 거래는 상당한 거래비용(transaction cost)을 발생시키기 때문에 위계조직과 보상체계를 갖춘 회사라는 조직이 시장보다 효율적인 거래 장소인 경우가 있고 그 때문에 회사가 발생하게 되었음을 지적하였다.

기업형태의 의의

- 기업형태는 창업과정에서는 물론, 향후 기업의 성장과 발전에도 중요함.

- 소요자금, 업종, 규모, 채무부담의 한계, 소유권의 양도성, 세금문제 등을 고려하여 최적의 기업형태를 결정

1. 기업의 유형

기업의 유형은 '출자자'에 따라, '소유 및 지배 구조'에 따라, '법률상의 규정'에 따라, '크기'에 따라 다음과 같이 분류할 수 있다. 출자자에 따른 분류로는 공기업, 사기업, 공사공동기업이 있고, 소유 및 지배 구조에 따른 분류로는 개인기업(사기업) 인적공동기업, 자본적 공동기업이 있다. 법률상 규정에 따른 분류로는 합명회사, 합자회사, 유한책임회사, 유한회사, 주식회사, 그리고 기업의 크기에 따른 분류로는 대기업, 중소기업, 중기업, 소기업이 있다.

개인기업은 한 명의 개인이 소유하고 운영까지 하는 기업을 말한다. 이 개인은 개인기업의 소유주 및 경영인이 되며 회사의 운영에 대한 무한책임을 지게 된다. 법인기업에는 크게 합명회사, 합자회사, 유한회사, 주식회사로 나뉜다.

1) 출자자에 따른 분류

(1) 공기업

공기업은 정부가 직접 혹은 간접적으로 투자하고 있는 기업으로 정부가 소유권을 갖거나 통제권을 가지고 재화와 서비스를 제공하는 기업을 말한다. 공공기업(公共企業)·공사(公社)·행정기업·국영기업·정부기업·정부투자기관 등으로 불리기도 한다. 일반 사기업과 구별되는 점은 경영주체가 국가나 지방자치단체인 것, 공익이나 국민 전체의 이익이 기업의 목적인 것 등이고, 일반 행정부처와 구별되는 점은 재화와 서비스를 직접 생산하여 공급하는 기업체라는 것이다. 반면 공공의 소유와 지배라는 공익성의 측면에서는 행정부처와 수익성, 자율성의 보장이라는 측면에서는 기업체와 동일하다는 양면성을 가진다.

2007년 4월부터 시행된 「공공기관의 운영에 관한 법률」에 따라 공공기관은 공기업, 준정부기관, 기타공공기관으로 분류되었다. 공기업은 직원 정원이 50인 이상이고, 자체수입액이 총수입액의 2분의 1 이상인 공공기관 중에서 기획재정부장관이 지정한 기관으로 시장형(자산규모가 2조원 이상이고, 총 수입액 중 자체수입액이 85% 이상인 공기업–한국석유공사, 한국가스공사, 한국수력원자력, 인천항만공사 등)과 준시장형(시장형 공기업이 아닌 공기업–한국관광공사, 한국방송광고진흥공사, 한국조폐공사, 한국도로공사, 한국철도공사, 한국감정원 등)으로 나뉜다.

(2) 사기업

공기업(公企業)과 대립되는 개념으로, 자본주의사회에서 가장 전형적인 기업형태이다. 출자자가 단일한 경우를 단독기업, 복수인 경우를 집단기업이라고 한다. 단독기업은 개인기업이라고도 하는데, 이는 자연인이 자본의 형성과 운영을 담당하고 있으므로 기업의 성쇠(盛衰)가 출자자 개인의 역량에 의해 좌우된다. 집단기업은 다시 조합기업(組合企業)과 회사기업으로 나누어지는데, 대표적인 조합기업으로는 익명조합(匿名組合)을 들 수 있다. 이것은 사기업의 유능한 경영자와 자본가가 합작하여 경영하는 기업형태이지만 법률적으로는 영업자의 개인기업으로 나타난다. 회사기업은 영리사업을 목적으로 설립된 사단으로, 노동과 자본이 결합된 가장 합리적이고 강화된 조직체이다. 회사기업에는 합자회사·합명회사·유한회사·주식회사 등이 있다.

2) 소유 및 지배 구조에 따른 분류

(1) 개인기업(사기업)

소요자본의 전부 또는 대부분을 한 개인이 출자하고, 그 자본운영에 관한 책임을 그 출자자가 전적으로 지는 기업이다. 이 때 생기는 이윤이나 손실은 출자자인 동시에 경영책임자이기도 한 개인이 받아들이고 부담한다. 개인기업은 지휘하는 데 있어서 통일성·신축성·비밀유지 등의 좋은 일면을 지니고 있으나 자본규모가 결과적으로 개인자본가의 축재에 묶이고, 다른 기업과의 경쟁에 필요한 자본금 지출이 불충분하다는 근본적인 약점이 있다. 여기에서 주목할 점은 개인기업의 기업성(企業性)이다. 개인기업 가운데에는 자본과 임금노동의 분화(分化)가 명확하지 않은 전자본주의적(前資本主義的) 기업이 포함되어 있기 때문이다. 개인자본가가 직접 노동과정의 중요부문을 담당한다든지, 임금을 지불하지 않아도 좋은 가족노동자가 노동자의 대부분을 차지할 경우에는 엄밀한 의미에서의 기업은 성립될 수 없다고 보아야 한다. 그렇다고 해서 역사적

과도기나 현대 자본주의하에서 존재하는 가내공업이나 영세공업의 중요성을 부정하는 것은 아니다.

(2) 공동기업

개인기업에 대응하는 말이다. 공동기업은 그 구성요소인 인적 요소와 자본적 요소 가운데서 그 어느 것에 더 중점을 두는가에 따라 인적 공동기업·혼합적 공동기업·자본적 공동기업의 세 가지로 분류된다.

① 인적 공동기업

소수인이 협동하여 금액을 출자하고 동시에 협동하여 경영하는 것이며, 그 법률적 형태는 대개가 합명회사이다. 대체로 개인기업과 같은 장단점을 가지나 개인기업에 비하여 보다 다액의 자본을 모을 수 있고, 경영 기능을 분담할 수 있는 장점이 있는 반면에, 여러 사람이 경영하는 까닭에 상호간에 제약을 받게 되어 협동이 곤란해지는 단점이 있다.

② 혼합적 공동기업

보통 합자회사·익명회사·유한회사 등의 법률적 형태를 채용하는 것으로 대체로 인적 공동기업과 같이 중소기업에 적당한 기업형태이다.

③ 자본적 공동기업

주식회사를 그 법률적 형태로 채용한다. 오늘날의 가장 중요하고 지배적인 기업형태가 이것이다. 그 장점으로는, ㉠ 자본의 증권제도 및 유한책임제도이며, 다액의 자본을 규합할 수 있는 점, ㉡ 출자와 경영의 분리로서, 중역제도(重役制度)에 의하여 통일적·능률적 경영을 할 수 있는 점, ㉢ 경영의 항구성 등을 들 수 있다.

3) 법률상 규정에 따른 분류

(1) 합명회사

합명회사(合名會社)는 친척이나 친구와 같이 극히 친밀한 사람들이 공동으로 사업을 하기에 적합한 회사로서 경영을 기동적으로 할 수 있는 장점을 가지고 있으나 사원의 책임이 대단히 무겁다는 단점을 가지고 있는 회사이다. 영미법의 "general partnership"은 "일반조합"(一般組合)으로 직역될 수 있으나, 이것은 대륙법의 조합이 아니라 바로 이 합명회사를 뜻한다. 다만, 영미법상 일반조합에는 법인격이 인정되지 않는다.

법률적으로 말하면 합명회사는 무한책임사원만으로써 구성되는 회사가 되는데 각 사원이 회사에 대하여 출자 책임이 있음은 물론이며 회사채무에 대하여 만일 회사 재산을 가지고도 완제(完濟)할 수 없는 경우에는 사원이 연대하여 무한의 책임을 지며(212조), 정관에 다른 정함이 없는 경우에는 각 사원이 회사의 업무를 집행하고, 회사를 대표할 권한을 가지는 회사이다(200조, 207조). 합명회사에서는 사원의 인적 신용이 중시되므로 회사 재산은 비교적 중시되지 않으며 설립단계에서 출자를 이향할 필요는 없다(178조-180조). 뿐만 아니라 출자에 있어서도 재산 출자에 한하지 않고 노무를 출자한다거나, 회사를 위하여 보증을 하거나, 물적 담보를 제공하는 따위의 신용의 출자도 인정된다(222조). 또 합명회사는 사원 간의 신뢰관계를 중시하고 이것을 유지하기 위하여 입사나 사원의 지위(持分)의 양도에 관하여는 다른 사원의 동의를 요하며(197조), 그와 동시에 법정사유(法定事由)가 있는 경우에 환의 청구에 의하여 법원의 판결로써 제명하는 제도가 인정되고 있다(220조). 상법에서는 합명회사를 사단법인으로 보고 있으나(169조, 171조), 실질적으로는 조합적(組合的)인 것이다(195조). 자본주의 경제가 초기적인 시대에 개인기업에서 공동기업으로 바뀔 때에 이 회사형태가 이용되었으나 자본주의 경제가 고도화되고 경쟁이 심해져 경영에 많은 위험이 따르게 된 이래부터는 지나치게 사원의 책임이 무거운 이 회사형태를 기업가들이 회피하는 바가 되었다.

(2) 합자회사

합자회사(合資會社)는 무한책임사원과 유한책임사원으로 이루어지는 회사로서 무한책임사원이 경영하고 있는 사업에 유한책임사원이 자본을 제공하고 사업으로부터 생기는 이익의 분배에 참여하는 회사이다. 합명회사와 마찬가지로 친한 사람들이 공동으로 사업을 하는 데에 적합한 회사형태이다.

유한책임사원은 출자액을 한도로 하여 회사의 채무를 변제하는 직접·연대책임을 진다(279조). 이 유한책임사원의 존재를 제외하고는 합자회사는 원칙적으로 합명회사와 같이 취급할 수 있다. 따라서 상법은 다른 규정이 없는 한, 합자회사의 규정을 준용하고 있다(269조). 그리고 별도의 규정으로는 유한책임사원은 회사의 업무집행 및 대표의 권한이 없고 감시권만을 가지고 있으며 경업피지의무도 없다(278조, 277조, 275조). 또한 사원의 지위양도는 무한책임사원의 동의가 필요하지만 다른 유한책임사원의 동의는 필요하지 않다. 출자는 재산출자에 한한다는 것 등이다. 합자회사도 합명회사 같이 상법상에서는 사단법인으로 되어 있으나 실질에 있어서는 조합적인 것이다. 회사형태의 발전에 대하여는 합명회사 다음으로 인정되고 있다. 기업이 점차 큰 자본을 필요로 하게 됨에 따라서 기능자본가(무한책임사원)를 중심으로 무기능자본가(유한책임사원)가 참가하고 이윤의 분배에 참여하는 회사형태가 고안되었다. 그러나 이 회사도 사원의 책임이 과중하여 현재의 경제사회에서는 그렇게 이용할 만한 회사형태라고는 할 수 없다.

(3) 유한책임회사

유한책임회사(有限責任會社, limited liability company, LLC)는 2012년 개정된 상법에 도입된 회사의 형태이다. 유한책임회사의 내부관계에 관하여는 정관이나 상법에 다른 규정이 없으면 합명회사에 관한 규정을 준용한다. 주식회사의 경직된 지배구조보다 신속하고 유연하며 탄력적인 지배구조를 가지고 있고, 출자자가 직접 경영에 참여할 수 있으며 각 사원이 출자금액만을 한도로 책임을 지므로, 고도의 기술을 보유하고 있으며 초기 상용화에 어려움을 겪는 청년 벤처 창업에 적합하다.

(4) 유한회사

유한회사(有限會社)는 합명회사의 장점(회사의 자치를 넓게 인정하는 것)과 주식회사의 특색(사원의 책임이 유한인 것)을 유기적으로 결합한 회사제도이다. 중소기업에 적합하지만 실질적으로는 주식회사에 가까운 회사이다.

유한회사란 상행위와 기타 영리행위를 하는 것을 영업으로 하는 목적으로 설립한 사단법인이다. 유한회사는 구 상법하에서는 특별법인 유한회사법에 규정되어 있었으나 신 상법하에서는 이를 상법전 속에 규정하였다.

유한회사는 원칙으로 주식회사와 같이 회사에 대하여 그 출자금액을 한도로 하는 간접의 유한책임을 지는 사원(회사채무에 관하여 회사채권자에 대해 직접으로는 책임을 지지 않고, 단순히 회사에 대하여 출자의무를 지는 데 불과한 사원)만으로 조직하는 회사이다(553조). 유한회사는 물적 회사에 인적 회사의 요소를 가미한 중간형태의 회사이다. 다시 말하면 사원 전원의 책임이 간접·유한인 점, 분화된 기관을 가지고 있는 점 등 많은 점에서 주식회사와 비슷하나 그 복잡·엄격한 규정이 완화되고 지분(持分)의 양도가 자유롭지 못한 점 등 인적 회사와 비슷한 폐쇄적·비공개적 성격을 가지고 있는 점에서는 이와 상이하다. 그래서 유한회사를 '폐쇄적 간이(簡易) 주식회사'라고도 할 수 있다.

유한회사가 주식회사와 다른 점을 들어보면 다음과 같다. 즉, ① 설립절차가 간단하고 발기 설립에 해당하는 방법만이 인정된다는 것, ② 자본의 최저액이 법정되어 있는 것(상법개정으로 삭제됨 12.04.15시행), ③ 사원의 총수가 제한되어 있는 것(상법개정으로 삭제됨 12.04.15시행), ④ 설립 또는 자본증자시에 사원의 공모를 인정하지 아니하는 것, ⑤ 출자에 대한 사원의 연대책임을 인정하고 있다는 것, ⑥ 지분의 양도가 자유롭지 못하고 또한 지분의 유가증권화가 인정되지 않는 것, ⑦ 기관의 구성이 간이화된 것, ⑧ 사원총회의 권한이 크며 그 절차 및 결의방법이 간이화되어 있는 것, ⑨ 계산서류의 비공개성 등 공시주의가 완화되어 있는 것, ⑩ 건설이자배당의 제도가 없는 것, ⑪ 사채(社債) 발행을 인정하지 않는 것 등이다.

(5) 주식회사

주식회사(株式會社, Corporation)는 사원, 즉 주주의 권리·의무에 관해서 세분화된 비율적 단위라고도 할 주식을 발행해서 각 주주는 그가 갖는 주식의 인수가액(引受價額)을 한도로 출자의무를 지는 회사이다. 주식회사는 사단성(社團性)과 법인성(法人性)이 뚜렷한 회사로서 주식으로 세분화된 일정한 자본을 가진 회사이다. 각 주주는 회사의 채무에 대해서 직접 책임은 없으므로 주주의 개성은 문제가 아니며 회사의 신용의 대상은 회사의 자본뿐이다. 이러한 이유에서 주식회사는 물적 회사라고 불린다.

주식회사는 ① 자본단체이며, ② 자본은 주식발행에 의해서 모아지며, ③ 사원은 유한책임(有限責任)이라는 것을 그 특색으로 한다. 주식회사를 표기할 때는 특수문자 ㈜로 표기하도록 하고 있다.

유럽 각국, 미국, 일본의 회사법을 비교연구한 크락만(Kraakman)은 주식회사의 특징은 (1) 법인격, (2) 출자자(주주)의 유한책임, (3) 지분의 자유양도성, (4) 이사회로의 경영권 위임(소유와 경영의 분리), (5) 출자자(주주)에 의한 소유, 이렇게 다섯 가지 사항에 있다고 하면서, 이 다섯 가지 특징을 겸비한 것이 주식회사의 기본형태라고 하였다. 그리고 시장경제를 채택한 국가에서는, 거의 모든 대규모기업들이 이러한 다섯 가지 특징을 갖추고 있다고 지적하고 있다. 일본의 주식회사 가운데 소위 공개회사, 한국의 주식회사, 독일의 주식회사(AG), 프랑스의 주식회사(SA), 미국의 코퍼레이션(Corporation) 중 공개회사(public corporation), 영국의 주식유한책임회사(company limited by shares) 중에서 주식유한책임공개회사(public company limited by shares)가 이에 해당된다.

사원인 주주의 출자로 구성되는 자본은, 다시 주주에게 주식으로 분할되고, 주주는 그 주식의 인수가액을 한도로 하는 출자의무를 부담한다. 따라서 회사 채무에는 개인적으로 책임지지 않고, 회사재산만으로 책임지게 된다. 주식회사는 사원인 주주가 오로지 자본으로만 결합되는 자본단체이고, 주식을 매개로 하며 사원의 개성을 거의 상실하고, 유한의 책임을 진다는 것을 특징으로 한다. 회사라는 제도가 생겨난 지 수백 년을 경과하면서 주식회사 형태의 이용이 압도적으로 많았던 까닭은 자본이 주식을 단위로 하여 구성된다는 독특한 자본구성방식을 가지고 있어 자본집중이 용이하며, 주주가 유한책임을 지므로 사업손실의 위험을 제한할 수 있는 등 공동기업의 목적을 가장 충실히 달성할 수 있기 때문이었다. 그러므로 주식회사의 법률적 특질로서는 자본, 주식 및 주주의 유한책임의 세 가지를 들 수 있다. 또한 소유와 경영의 분리를 통해 경영을 합리화하게 된다.

합자회사가 사람들의 결합이면서 동시에 자본의 결합인 것에 비해, 회사의 형태 중에서 마지막으로 등장한 주식회사는 단지 자본의 결합일 뿐이다. 회사의 자본은 회사 자체에 융합된 것처럼 하나의 단일체를 이루고 있다. 사원들 내지 파트너들은 이 자본의 일부를 소유하고 있다. 그것은 지분(parts)이라고도 하고 주식(actions)이라고도 한다. 영국에서는 이 회사를 조인트 스톡 컴퍼니(Joint Stock Company)라고 부르는데 이때 스톡이란 자본 또는 자금이라는 뜻을 가지고 있다.

4) 기업의 크기에 따른 분류

(1) 대기업

대기업이란 일정 규모 이상의 자산 및 종업원을 갖추고 큰 매출을 올리는 기업을 뜻한다. 그 기준은 일상 용어에서는 명확하지 않으나, 대한민국 내에서의 법적인 정의로는 중소기업기본법 제2조와 중견기업 성장촉진 및 경쟁력 강화에 관한 특별법 시행령에 의거한 중소기업 및 중견기업의 요건에 해당하지 않는 기업들을 의미한다. 이 법령에 따르면 다음의 요건이 되면 대기업으로 볼 수 있다.

1. 중소기업기본법에 포함되지 않는 기업

2. 중견기업 성장촉진 및 경쟁력 강화에 관한 특별법 시행령에 의거한 중견기업에 포함되지 않는 기업

3. 자산 10조 원 이상으로 공정거래 위원회에서 지정한 상호출자제한기업집단

4. 금융 및 보험, 보험 서비스 업을 하며 중소기업기본법에 소속되지 않는 기업

국가별로 법률에는 차이가 있으므로, 대기업에 대해 전 세계 공통으로 통용되는 명확한 정의는 없다. 전경련이 통계청의 '2013년 기업생멸행정통계'를 활용해 작성한 '우리나라 기업생태계 분석'에 따르면, 대한민국에는 4,375개(0.1%)의 대기업과 537만 3천개(99.9%)의 중소기업이 있다.

재벌그룹은 거대 자본을 가진 동족(同族)으로 이루어진 혈연적 기업체로 요약할 수 있다. 한국의 경우 범 삼성그룹(삼성그룹, CJ그룹, 신세계그룹)이나 범 현대그룹(현대그룹, 현대자동차그룹, 현대중공업그룹) 같은 기업들을 뜻한다. S-OIL 등은 대기업이지만 재벌그룹은 아니다.

(2) 중견기업

중견기업은 중소기업은 아니지만 공정거래법상 상호출자제한기업집단(계열사 자산을 다 합쳐서 10조 원이 넘는 기업집단)에 속하지도 않는 대한민국의 기업을 의미하는 법적 용어이다. 흔히 대기업으로 알려져 있는 네이버, 넥슨 등도 엄밀히 말하면 중견기업에 해당한다.

(3) 중소기업

중소기업(中小企業)은 대한민국의 중소기업기본법상 요건을 충족한 기업을 말한다. 동법 시행령에 따라, 업종별로 중소기업의 기준 요건이 다르며 어떤 경우에도 상시 근로자 수가 1천명 이상인 기업이거나, 자산총액이 5천억 원 이상인 기업이거나, 자기자본이 1천억 원 이상인 기업이거나, 직전 3개 사업연도의 평균 매출액이 1천 5백억 원 이상인 기업은 중소기업에 해당하지 아니한다(시행령 제3조 제1항). 2010년 기준 대한민국의 중소기업의 숫자는 약 280만개로 추정된다. 한국에서는 중소기업 사용자들이 권익보호를 위해 조합을 구성하여 활동하고 있다.

(4) 소기업

소기업은 상시 근로자 50인 미만인 기업을 말한다. 하지만 2015년 말 정부는 중소기업 판단 기준을 매출액 기준으로 변경하면서 소기업 판단기준도 매출액 기준으로 변경했다. 이에 따르면 2016년부터는 3년간 평균 매출액이 10억~120억 원 이하인 기업은 소기업으로 분류된다.

SECTION 04 기업환경

1. 기업환경

1) 외부환경의 분석의 틀

기업환경(business environment, 企業環境) 전체는 각종 하위 시스템으로 이루어진 하나의 시스템이라고 할 수 있다. 이것은 3개의 시스템으로 분류할 수가 있다.

그림 3-7 기업의 환경

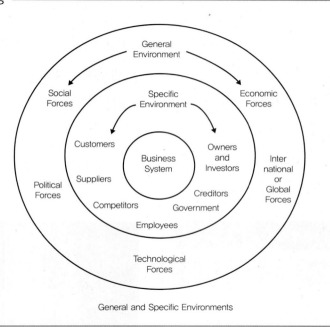

General and Specific Environments

(1) 1차적 환경

출자자·종업원·소비자·협력기업 등을 말한다.

(2) 2차적 환경

경제환경과 기술환경 등으로서 경제환경이란 국제수지·경제성장률·1인당 GNP·소비구조의 변화·업계의 성장률·노동력 수급·인건비 등을 말하고, 기술환경이란 제조공정·원재료·제품·물적 유통·기술정보 등을 말한다.

(3) 3차적 환경

사회환경과 자연환경 등으로서, 사회환경이란 출생률·사망률·고령자의 증가, 가족구성의 변화, 도시의 과밀화, 교통의 변화, 가치관 등을 말하고, 자연환경이란 대기·일광·하천·바다·녹지 등을 말한다.

기업은 신제품 개발이나 새 공장의 건설을 기획할 경우 경제환경이나 기술환경에만 주의를 집중하기 쉬우나 이에 못지않게 사회환경이나 자연환경에 대한 배려도 기업의 사회적 책임의 하나로서 요청되며 이 방면에 있어서의 환경평가가 중요시되고 있다.

2. 기업환경분석

외부환경분석은 기업 밖에 산재하는 산업과 연관된 요소들을 분석하는 작업을 말하는데, 그 중 거시환경분석은 정치·경제·사회·기술적 관점 등 외부 환경의 전반적인 동태에 대한 분석을 의미한다. 환경분석은 크게 내·외부 환경 분석으로 나눠지며, 내부 강·약점(SW) 분석 및 외부 기회·위기(OT) 분석을 통하여 시사점 및 구체적인 전략을 도출하는 과정이다.

그림 3-8   환경분석 Flow

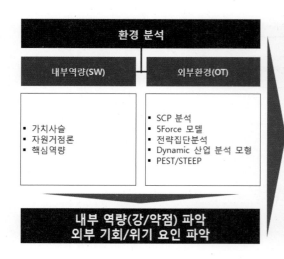

1) 기업의 내부환경

기업 내부에서 보유하고 있는 다양한 인적, 물적 역량을 경쟁사와 객관적으로 비교·평가하고 자사의 강점 및 약점을 파악하는 경영활동이다.

기업 내부의 핵심역량을 파악하여 강점을 활용하고 약점을 보완하여 시장에서 경쟁우위를 선점할 수 있도록 경영전략 수립에 활용하는 분석을 기업 내부환경분석이라 한다. 기업의 강점은 주요 소비자의 니즈(needs)를 만족시켜줌으로써 결과적으로 기업에 이익을 가져다 주는 내부요인을 말하며, 약점은 새로운 전략을 기업에 적용하거나 발전시키려고 할 때 따라오는 내부적인 한계점을 말한다. 내부환경분석 시 고려 요인으로는 기업 보유자원(재화나 서비스 포트폴리오, 보유기술, 내부 직원, 자산 등)과 내부역량(미션과 비전, 브랜드 로열티 등) 등이 있다.

내부환경분석에 활용되는 대표적인 분석 도구로는 마이클 포터의 가치사슬분석이 있으며, 대응되는 개념으로 외부환경분석이 있다.

(1) 유형자원

기업이 갖고 있는 유형자원은 눈에 보이며 우리가 가장 쉽게 파악할 수 있고 또한 평가할수 있다. 기업의 대차대조표에 나타나는 공장·기계, 건물 등의 물적자산과 금융자산은 기업이 보유한 주요한 경영자원이다.

(2) 무형자원

기업이 갖고 있는 좋은 이미지나 명성은 경쟁기업이 쉽게 모방할 수 없는 중요한 경영자원이 된다. 기업이 보유한 브랜드의 이미지 역시 높은 가격 프리미엄을 가져다 줄 수 있는 경영자원이다.

(3) 인적 자원

인적 자원은 일종의 유형자원처럼 보인다 기업에서 일하고 있는 사람들을 볼 수 있고 이 사람들이 누구인지 쉽게 확인할 수 있기 때문이다. 그러나 흔히 인재(人材)라고 하는 인적 자원이 기업에게 제공하는 서비스는 사람들에게 체득된 노하우, 기술, 의사결정 능력과 같이 눈에 보이지 않는 무형의 것이다. 경제학에서도 인간이 갖고 있는 생산적인 능력을 무형자산이나 유형자산에 대비하여 인적 자원(human capiral)이라는 말로 나타내고 있다.

내부역량분석은 기업 내부의 강/약점을 파악하는 작업으로, 가치사슬 분석, 자원거점적 이론 등을 적용하여 기업의 핵심 역량을 규정하는 작업이다.

그림 3-9 내부환경분석 Flow

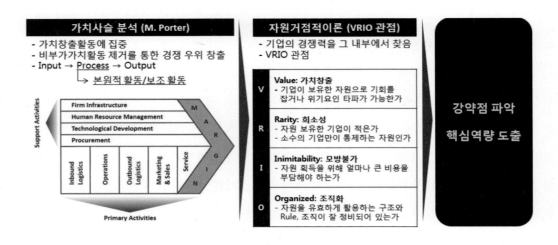

내부역량을 분석하는 가장 대표적인 방법은 마이클 포터가 제시한 가치사슬 이론을 활용하는 것이다. 가치사슬 이론은 기업의 궁극적인 목적인 '이윤 창출'을 해내기 위한 일련의 과정을 보조적 활동(Support Activities)과 본원적 활동(Primary Activities)으로 분리하여 설명한 이론이다.

가치사슬 중 보조적 활동은 다음과 같다.

- 기업 하부구조(Firm Infrastructure, 회계/재무/법무/전략 등)

- 인사관리(HRM, 채용/교육/평가/보상 등)

- 기술개발(R&D)

- 구매(Procurement, 부자재/소모품 등의 구입)

본원적 활동은 다음과 같다.

- 조달물류(Inbound Logistics, 원자재 구입/검수/보관/출하 등)

- 생산(Operation, 가공/조립/설비유지보수/재공품 관리 등)

- 외부물류(Outbound Logistics, 출하/재고관리 등)

- 마케팅 및 영업(Marketing & Sales, 광고/판촉활동/유통망 관리/마켓 리서치/영업 등)

- 사후관리(After Service, 제품 수리/클레임 대응 등)로 나뉜다.

기업의 이윤 창출을 위한 단계별 활동이 모두 들어가 있다고 가정하는 이론이니만큼, 각 활동을 분석하여 우리의 강/약점이 무엇인지 평가할 수 있다.

그렇다면 가치사슬 각 활동별로 우리가 '강하다', 혹은 '약하다'라는 것을 평가하는 기준은 무엇이 있을까? 경쟁사 대비 자사 현재 수준 등을 활용하면 가장 좋지만, 경쟁사 데이터를 확보하는 게 사실 생각보다 쉽지 않다. 상장사면 그래도 공시되는 자료를 활용할 수 있지만 경쟁사가 비상장사라면 데이터 확보가 더더욱 요원하다. 그래서 확보할 수 있는 최대한 경쟁사 데이터를 모아 비교지표로 사용하는 동시에, 자원 거점적 이론을 가치사슬 활동 각 영역에 적용하여 활용한다. 자원 거점적 이론은 기업 경쟁우위의 원천을 기업 내부에 있다는 이론으로, 그 자원이 [V: value] 가치를 창출하며, [R: rare] 희소하며, [I: inimitability] 모방이 불가능하며, [O: organized] 활용 가능한 인프라가 구축되어 있으면 기업의 경쟁우위로 활용할 수 있는 자원이라고 평가한다. 각 기업이 가진, 경쟁우위의 원천이 되는 자원은 이질적이며, 모방이 어렵다는 가정이 깔려있는 이론인데, 사실 대부분의 회사들의 KSF(Key Success Factor)가 실제로 다 다르기도 하고, KSF의 벤치마킹이 말처럼 쉽지 않은 것이 현실이기 때문에 동 가정사항에 큰 무리가 없다고 보이고, 이에 자원거점이론을 기준으로 각 가치사슬 활동의 수준을 평가하여도 큰 무리가 없다. VRIO를 모두 충족하는 내부의 자원, 내부의 활동은 기업에게 경쟁 우위를 제공하는 중요한 자원/활동이면서 함부로 모방이 쉽지 않다는 점에서 그 기업의 '핵심역량'이라고 이야기할 수 있다. 핵심역량이란 '기업의 경쟁우위를 만들어 주는, 그 기업만의 고유한 역량'이라고 한다. 가치를 만들고, 희소하고, 모방이 안되고, 그 누구보다 잘 활용할 수 있는 인프라가 갖춰진 역량인 것이다.

가치사슬과 자원거점이론을 활용하여 내부역량분석을 진행할 수 있음을 알아보았다. 이러한 일련의 과정을 통해 내부의 강/약점, 즉 SWOT 분석의 SW 부분과 우리만의 고유한 핵심역량을 파악할 수 있다.

2) 기업의 외부환경

산업구조 분석은 경쟁자, 잠재적 진입자, 대체제, 공급자 및 구매자 교섭력 등 산업 내 Factor를 분석하는 작업이다.

그림 3-10 산업환경분석

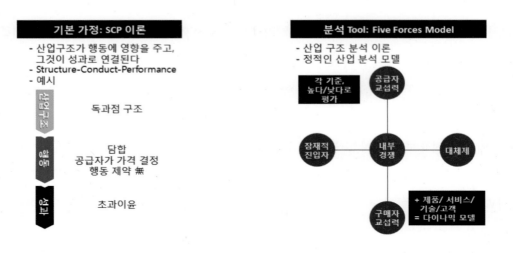

산업구조 분석을 진행하는 이유는 '산업의 구조가 기업의 행동, 즉 경영의 방향성에 영향을 끼치고, 이것이 성과로 연결된다'고 보기 때문이다. 산업의 구조가 기업의 퍼포먼스를 결정짓는다는 가정 하에 산업구조 분석을 진행하는 것이다. 실제로, 산업이 독과점 구조를 보이고 있으면 기업들은 담합을 통해 기업에 최대 이윤을 가져다주는 가격을 설정하여 초과이윤을 가져간다. 산업의 구조가 기업의 성과를 결정짓는다. 이것이 바로 SCP 이론[Structure(산업구조)—Conduct(행동)—Performance(성과)]이다. 그렇다면 산업구조가 기업의 행동과 성과에 영향을 끼친다는데, 산업구조는 어떤 것을 기준으로 판단하면 될까? 이 때 사용하는 Tool이 마이클 포터가 제안한 Five Forces Model이다.

산업은 내부의 경쟁, 공급자의 교섭력과 구매자의 교섭력, 잠재적 진입자와 대체재의 위협을 기준으로 평가하면 된다는 이론인데, 내부 경쟁 수준이 낮고, 공급자와 구매자의 교섭력이 약하고, 잠재적 진입자와 대체재의 위협이 적다면 현재의 산업구조는 그 산업군에 속한 기업에 유리한 상황이라고 판단된다.

하지만 포터의 5 forces model에는 치명적인 맹점이 있다. 사실 SCP 이론 자체가 커다란 맹점을 갖고 있다. 일례로, 노키아는 2G폰 시장의 Global Top tier 업체였는데, 5 Forces Model에 따르면 이들에게 휴대폰 시장은 경쟁에서 질 수가 없는 시장이라는 것이다. 최첨단산업인 핸드폰 시장은 기술력이라는 거대한 진입장벽이 세워져 있었던 만큼 잠재적 경쟁자의 진입을 크게 걱정할 필요가 없었다. 전 세계 시장의 수요를 감당하는 대량생산설비 역시 기술력만큼이나 높은 진입장벽이었다. 산업구조로만 보면 노키아는 100년 기업이었다. 산업구조 분석 시에는 간과되었던, '파괴적 혁신품'인 스마트폰이 핸드폰 시장을 완전히 바꿔버렸기 때문이다. 제품, 기술, 서비스, 고객 등 산업의 구조를 바꿀만한 요소들이 굉장히 많다. 이러한 것들이 모두 고려된 다이내믹 모델을 설계하는 것이 바람직하다.

(1) PEST 모델

그런 차원에서 거시환경의 여러 항목들을 정리 해놓은 모델들이 있다. 그 중에서 가장 많이 쓰이는 모델은 PEST 모델이다.

PEST는 Political(정치), Economic(경제), Sociocultural(사회문화), Technological(기술), 이 네 가지 카테고리 앞의 영어 글자를 따서 정리한 것이다. 보편적으로는 이렇게 쓰지만 요즘 민감한 카테고리들인 Environment(환경), Legal(법)도 포함하여 PESTEL로 표현되기도 한다. PESTEL 또는 PEST 모델의 특징은 거시환경 분석에서 중요한 카테고리를 전체적으로 나열하여 거시환경에 대한 고민을 할 때 하나도 빼먹지 말고 모두 체크할 수 있도록 배려하는 모델이다.

정치적 환경의 경우에는 '정치적 환경이 안정적이냐 불안정하냐'에서부터 시작된다. 물론 우리나라의 경우는 정치적 안정의 길을 찾았지만 해외로 진출했을 경우엔, 특정 국가에 따라서는 정권이 빨리 바뀐다거나 정치세력의 극한 대립 때문에 정치가 불안정한 경우도 있다.

경제적 환경은 전체적인 경제성장률이나 경제의 전망 등이 중요하다. 사회문화적인 환경은 '고객들의 라이프사이클에 영향을 미치고 있는 여러 가지 문화적인 요인들 또는 사회구성이 어떻게 변화하고 있느냐'에서 시작된다. 기술환경의 변화는 중요하다.

마지막으로는 법적 환경이 있다. 지적재산권이나 다양한 규제들이 법안되어 나오기 때문에 이런 법적 환경의 변화도 기업에서 신경을 써야 된다. 차트에는 없지만 PESTEL 모델로 봤을 때 환경문제, 환경규제에 관한 환경적 이슈를 별도로 뽑은 후, 거시환경분석에서 좀 더 면밀하게 분석하는 경우도 있다. 이런 여섯 가지 혹은 좁게는 네 가지 요인들을 놓고 빠지지 않고 분석할 수 있는 틀이 바로 PEST 모델이다.

(2) CAGE 모델

또 하나 추가적으로 알아둬야 할 것이 있다. 해외시장에 진출하게 되면 해외시장은 우리가 익숙한 국내시장, 내수시장과는 환경적인 차이가 크다. 그래서 해외시장의 특성을 분석할 때 그 해외시장의 특성을 또 몇가지 카테고리로 나눠서 분석하는 경우가 있다. 분석하는 항목을 보면 앞에서 본 PEST 모델과 큰 차이는 없지만 해외시장에 대한 특징이기 때문에 내수시장을 분석하는 것과는 조금 다른 변수들이 있다. 그래서 이와 관련된 다양한 모델이 있는데 그 중에서 CAGE 모델이 있다. 이 모델 역시 앞글자를 따서 CAGE라고 한다.

CAGE모델은 크게 네 가지 요인으로 구성되어 있다. 첫번째는 문화적인 차이이다. 국내시장의 환경이 변화할 때도 사회문화적인 요인도 물론 당연히 봐야 하지만 특히 해외시장에 진출하는 경우, 이질적인 문화는 굉장히 중요하다. '문화적인 차이가 없느냐'는 중요하다. 그것이 언어, 종교, 인종, 민족 혹은 가치관에 차이가 있을 수 있다. 그래서 해외시장의 거시적인 환경을 분석할 때에는 문화적인 차이를 중시한다. 두번째는 정책적인 차이가 있을 수 있다. 국가가 다르기 때문에 정부정책에 차이가 있을 수 있다. 그래서 통화의 차이, 정책시스템의 차이, 또 제도적인 차이 등이 정책적 차이로 분석된다. 세번째는 지리적 차이이다. 우리나라의 경우에는 국내시장이 상대적으로 크지 않기 때문에 전략을 분석하기 위한 환경분석이라서 크게 고려하지 않지만 해외시장의 경우는 좀 다르다. 시간대 자체가 다를 수 있고, 물리적 거리 자체가 멀 수 있고, 날씨, 기후, 국토의 크기라는 것이 결정적인 차이가 나서 전략에 영향을 미칠 수가 있다. 따라서 이런 지리적 차이도 분석을 해야 된다.

그리고 마지막으로는 내수시장 분석과 큰 차이는 없지만 경제적인 차이를 들 수 있다. '경제규모나 1인당 국민소득 혹은 경제발전단계에서 국가가 어느 정도 단계에 와 있는가' 이런 것들을 다 포괄해서 경제적 차이라고 표현한다.

이렇게 크게 네 가지 문화적, 국가정책적, 지리적, 그리고 경제적 차이를 잘 분석해야 특정 국가에 진출할 때 필요한 전략을 수립할 수 있다. 이렇게 해서 CAGE 모델 등이 많이 활용된다.

(3) 월마트 사례

한 가지 케이지 모델과 관련해서 흥미로운 사례가 있다. 우리나라에서도 널리 알려져 있는 미국의 월마트라는 회사가 있다. 월마트는 미국뿐만 아니라 전 세계적으로 글로벌 전략을 보이고 있다. 그림에서 보면 월마트가 진출한 여러 나라들이 있다.

이 그림에서 그림 가운데 점선 위쪽에 있는 국가들은 월마트가 상당하게 수익성을 내는 국가이다. 가운데 점선 아래에 있는 국가들은 수익을 잘 못 내는 나라이다. 물론 한국도 표시가 되어

그림 3-11 Distance from Bentonville (miles)

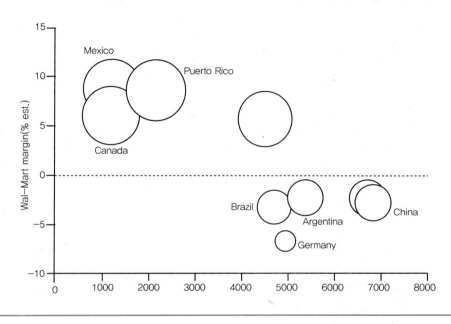

Wal-Mart International's operating margin by country, 2004(estimated)

있었지만 지금은 한국에서 철수했기 때문에 그림상에 한국은 없다.

그런데 한 가지 재미있는 것은 X축을 보면, X축은 월마트 본사에서 그 국가가 얼마나 떨어져 있는가이다. 이 그림을 보면 본사에서 멀리 떨어진 국가일수록 수익성이 낮다. 다만, 영국은 예외이다. 영국은 지리적으로 미국에서 좀 떨어져 있지만 대신 미국과 문화적인 동질감이 많은 국가이다. 그래서 영국은 그나마 수익성이 높지만 나머지 한국, 중국 또 남미 중에서도 멕시코 같은 중미가 아닌 먼 남쪽에 있는 브라질이나 아르헨티나 같은 국가는 월마트의 수익이 별로 좋지 않은 것으로 나와 있다. 이 뜻은 물론 단순히 지리적 거리가 멀다고 수익성이 안좋다는 뜻은 아니다. 그만큼 국가 간의 이질성, 앞서 언급한 CAGE 모델에 따른 이질성이 큰 나라일수록 이런 유통업에서의 수익을 올리기 어렵다는 부분을 잘 나타내주는 사례라고 볼 수 있다. CAGE 모델을 통해서 어떤 해외시장에 대한 분석, 또 앞서 언급한 PEST 모델을 통해서 거시환경에 대한 분석을 빠트리지 않는 것이 1단계 거시환경 분석모델에서 중요한 요인이다.

3. 다이아몬드 모델 1

1) 성공적인 산업들

거시환경분석에서 다양한 환경변화 요인들을 우리가 잘 이해하고 거기에 맞춰서 대응하는 것은 중요한 전략의 분석 요인이지만 환경분석을 어떻게 체계적으로 이해할 것이냐는 어려운 난제 중에 하나이다.

글로벌화 시대에 거시환경의 변화를 조금 더 체계적으로 이해할 수 있는 모델 중에 다이아몬드 모델이라고 표현되고 있는 거시환경분석의 새로운 틀에 대해 알아보자.

우선 이 다이아몬드 모델이라는 것이 만들어진 배경을 간단하게 알아보자.

그림 3-12 성공적인 산업들

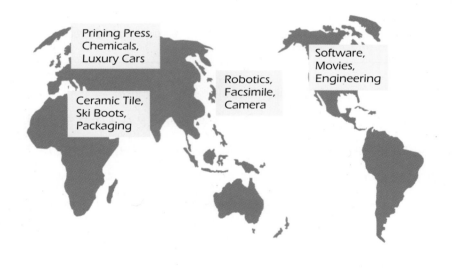

그림을 보면 전 세계 지도가 간단하게 나와 있고, 거기에 몇 개 산업들이 표현되고 있다. 여기서 재미있는 특징은 전 세계를 놓고 봤을 때, '나라마다 경쟁력이 높은 산업이 다르다'라는 것이다. 미국 지도에 위치한 산업을 보면 소프트웨어 혹은 엔지니어링산업, 영화산업이 보인다. 미국의 할리우드는 경쟁력을 갖고 있다. 또 많은 소프트웨어 업체들이 미국에서 새로운 소프트웨어들을 개발하고 있고, 엔지니어링 쪽도 상대적으로 많이 발달되어 있다. 지도를 바꿔서 일본을 보

면 로보트산업, 카메라 산업, 또는 팩시밀리 같은 비즈니스가 성장하고 있다. 유럽쪽은 독일에 위치한 지역의 그림을 보면 화학, 최고급 자동차 등이 보인다. 남부 유럽쪽과 이탈리아쪽은 스키 부츠 혹은 세라믹 타일들이 있다. 이것들이 시사하는 바는 여러산업들이 있지만 그 산업들이 글로벌 기준으로 봤을 때 가장 높은 경쟁력을 가지고 있는 지역이 다르다는 것이다. 즉, 모든 나라의 모든 산업이 발전하는 것이 아니라 그 나라마다 특정 산업의 발전이 다르다.

만약 우리가 새로운 산업을 시작하려 할 때 문제의식을 갖게 되고, 그 산업의 경쟁력을 우리가 판단하려면 현재 그 산업들이 위치하고 있는 지역에 산업이 발전하는데 도움이 되는 뭔가가 있지 않겠느냐는 추론이 가능하다. 이것이 바로 다이아몬드 모델이라는 것이 연구된 사고의 출발이다. 그렇다면 이 모델이 구체적으로 어떻게 만들어졌을까?

2) 국가 경쟁력의 원천

1980년대의 미국은 경제가 매우 좋지 않았다. 어떻게 하면 미국의 경쟁력을 높일 수 있을지에 대한 연구의 필요성이 대두될 때 1986년 레이건 정부 시절에 하버드 경영대학원의 마이클포터 교수가 중심이 되어 10개국을 대상으로 국가 경쟁력 연구가 시작되었다.

포터 교수는 앞서 언급한 사고에 착안을 하게 된다. 미국의 경쟁력을 이해하려면 미국만 연구해서는 안 되고, 다른 나라들과 비교를 해야 된다고 판단하여 미국 이외에 9개 국가를 선정하게 된다.

9개의 국가에는 독일, 영국, 이탈리아, 덴마크, 스웨덴, 스위스 같은 유럽 혹은 선진국에 해당되는 국가들과 아시아쪽에서는 선진국에 해당되는 일본이나, 도시는 작지만 혁신적으로 산업을 발전시키고 있는 싱가포르, 그리고 선진국은 아니지만 당시 국가 경쟁력이 무섭게 치고 올라갔던 우리나라가 포함되었다.

이렇게 총 10개 국가를 선정하고 각 국가마다 가장 경쟁력이 높은 10개 산업을 추출해서 왜 그 산업이 그 나라에서 크게 성장했을까? 그것은 그 나라에 있는 어떤 요인이 그 산업에 좋은 영향을 미치지 않았겠느냐 하는 요인들을 뽑아, 공통점을 만들어 보면 특정 산업에 영향을 주고, 특정 산업이 경쟁력을 가질 수 있도록 영향을 미치는 국가나 한 국가 내에서 지역에 아주 좋은 요인들을 도출할 수 있지 않을까? 그래서 그 요인을 도출하고 그것을 우리가 잘 활용하면 그 나라에 좋은 산업들을 많이 성장시킬 수 있고, 그 결과 그 나라에 경쟁력이 올라가지 않을까 하는 생각을 하게 된 것이다. 그래서 10개 국가에서 추출한 글로벌 경쟁력이 높은 10개 산업, 총 100개 산업을 분석하여 공통점을 묶어보니 크게 4가지 요인으로 구성되어 있었다.

3) 다이아몬드 모델

그림 3-13 다이아몬드 모델

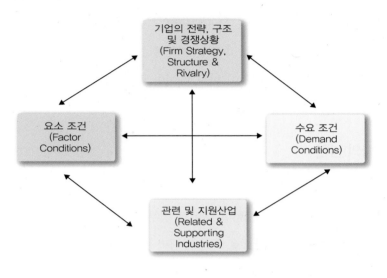

다이아몬드 모델은 네 가지 요인으로 구성되어 있다. 네 가지 요인을 서로 조화시키다 보니, 모양이 흡사 다이아몬드와 유사하게 생겨서 이름이 다이아몬드 모델이 되었다. 좌, 우를 보면 요소조건과 수요조건이 표현되어 있다. 요소라는 것은 경제학적인 용어인데, 생산 활동을 할 때 들어가는 생산요소 자원을 생각하면 된다. 인력, 경제력, 천연자원, 때로는 인프라 같은 것들이 요소인데 그런 요소조건은 중요한 역할을 한다. 또한 수요조건이 있다. 즉, 어떤 나라에서 막 발달한 산업은 그 나라의 좋은 수요조건이다. 내수 시장의 크기일 수도 있고, 아니면 내수시장의 시장 특징들 등이 수요조건이라고 표현된다. 위아래를 보면 또 두 가지 요인이 더 추가가 되어 있다. 우선 아래를 먼저 보면 관련 및 지원산업이 있다. 즉, 그 산업이 왜 발달했는지 보니 그 산업에 경쟁력을 주는 관련산업이 같이 발달되어 있었다.

제일 마지막 요인은 기업의 전략, 구조 그 다음에 경쟁상황 이렇게 되어 있는데 사실 크게 두 가지 요인이다.

하나는 기업의 전략과 구조라고 표현되어 있는데, 이를 다른 말로 하면 기업이 활동하는 여러 여건들을 설명하고 있고, 두번째가 경쟁상황이다. 기업이 활동하는 여건 그리고 경쟁상황도 그 산업이 글로벌 경쟁력을 갖는 데 도움을 준다.

다이아몬드 모델은 특정 국가의 경제상황들, 거시적인 경제환경들을 조금 더 다른 차원에서 보는 틀이다. 지금부터 이 네 가지 요인에 대해 하나하나 조금 더 자세하게 예시와 함께 살펴보도록 하자.

4) 요소조건

첫번째는, 요소조건이다. 요소조건은 그 나라에 존재하는 여러 가지 부존요소를 생각하면 된다. 앞서 언급한 인적 자원, 여러 가지 금전적인 재무적인 자원, 연구기관이나 교육기관에서 생산하는 여러 가지 다양한 지식자원 혹은 항만이나 도로나 전기 같은 사회기반시설을 모두 부존요소라고 한다. 부존요소가 풍부하면 그 산업의 환경이 좋아지고, 특정산업이 발달하는 데 도움이 된다. 그래서 부존요소는 예전부터 중요한 조건으로 꼽혀왔다.

그런데 이 다이아몬드 모델에서 포터 교수가 강조하는 것은 다른 요소이다. 산업의 경쟁력을 높이는데 영향을 주는 거시요인의 요소조건 중에서 부존요소 이외의 요소는 창출요소라 한다. '요소를 창출했다'를 다른 말로 하면 'Advanced, 고급요소'라고 볼 수 있는데, 포터교수는 이 창출요소를 강조했다.

창출요소는 정부나 민간 연구소가 연구해서 나온 고부가 가치의 기술들, 공교육이나 사교육을 통해서 양성되는 경쟁력 혹은 특징적인 것이다. 예를 들면 독일의 경우에는 도제 제도가 있다. 어떤 특정기술을 가진 사람에게 가서 교육을 받고, 거기서 전문가로 크는 도제프로그램 같은 것들을 우리는 창출요소라고 한다. 왜 창출요소를 강조하냐면 천연자원이 부족한 나라들 중에서도 산업을 성장시킨 나라들이 많기 때문이다.

사실 한국도 대표적으로 부존자원이 부족한 국가이고, 앞서 분석했던 덴마크도 가지고 있는 자원이 부족하다. 그러나 이런 나라들의 특징은 창출요소들, 즉 연구기관이나 교육 등을 통해서 부족한 천연자원이나 부족한 부존자원을 극복했다.

그래서 오히려 요소조건에서의 특징은 부존요소 외에 창출요소가 얼마나 잘 발달되어 있는지를 판단하는 것이 중요하다.

5) 사우디아라비아 경제

좋은 예로 우리가 석유라고 하는 원유를 많이 가지고 있고, 항상 소득이 높은 사우디아라비아 같은 중동국가를 예로 들 수 있다.

 사우디아라비아 경제

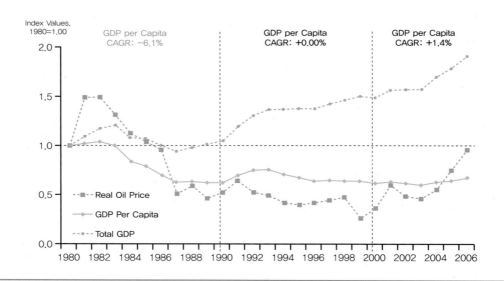

이 그림은 사우디아라비아에 경제성장 정도를 세 가지로 나눠놓은 것인데, 사우디아라비아의 좋은 점과 나쁜 점을 한눈에 볼 수가 있다.

왼쪽은 경제선이 높았다가 조금 주춤했다가 약간 정체되었다가 올라가는 추세이다. 왜 사우디아라비아에 경제가 바뀔까? 물론 여러 요인이 있겠지만 가장 결정적인 요인은 그림에서 보이는 것처럼 석유가격 유가의 변화이다. 석유의 소비량이 높아 유가가 높을 때에는 사우디아라비아에 소득도 높아지고, 경제도 활성화 된다. 그러나 유가가 낮아지면 경제가 어려워진다.

이것은 바로 사우디아라비아라는 국가가 너무 자기 나라의 부존요소, 즉 석유에 매달려 있다는 것을 뜻한다.

그러다 보니 창출요소에 대한 투자를 하지 않으면 부존자원이 점점 고갈될수록 경제가 어려워지고, 부존자원의 의존도 높아져서 부존자원의 가격변화에 따라 국가경제가 흔들릴 수 있다. 따라서 창출요소가 부존요소 못지 않게 중요하다.

6) 수요조건

두번째는 수요조건이다. 수요조건은 우선 내수시장의 규모, 즉 쉽게 말하면 사업을 하는 분들이 중요시 하는 것이다. 내수시장이 크면 일단 기본적인 사업활동을 할 수 있고 충분히 자금을 확보할 수 있다. 우리나라 기업들이 남북통일을 바라는 여러 요인이 있겠지만 순전히 경제적인 차원으로 보더라도 남북이 통일되면 일단 내수시장이 커진다.

인구수만 하더라도 현재는 분단되어 있다 보니 남한의 인구수는 제한되어 있고, 이웃나라인 일본이나 우리보다 훨씬 인구가 많은 중국, 미국을 비교해 봤을 때 내수시장의 크기가 작은 것은 불리한 요건이 된다.

그런데 여기서 또 하나 중요한 것은 내수시장이 크기와 같은 양적요인뿐만 아니라 이 내수시장의 질적 특성도 중요하다는 것이다. 두 가지 이유가 있는데, 하나는 내수시장에서 얼마나 빨리 수요가 생겼는가 하는 Early Home Demand라고 표현된다.

'그 수요가 세계시장에 계속해서 생기는데 우리나라에서 얼마나 빨리 생겼나' 하는 특징과 '그 수요가 얼마나 까다로우냐'는 것이 특징이다. 수요가 다른 나라보다 빨리 생겨서 산업발전에 큰 도움을 준 예로는 온라인 게임산업을 들 수 있다. 우리는 전 지역에 PC방이 있고 온 나라에 초고속 인터넷망이 깔려있다. 그러다 보니 당연히 온라인 게임이 다른 나라보다 더 빨리 발전할수밖에 없다. 이렇게 특정 국가의 특정 수요가 빨리 나타나는 것도 산업발전에 도움을 준다는 특징이 있다.

또 하나는 그 수요를 구성하고 있는 소비자들과 구매자들의 욕구가 얼마나 까다로우냐 하는 것도 중요하다. 내수시장의 소비자들이 까다로우면 거기에서 주로 사업을 하는 기업들이 우선 그 욕구를 맞추게 된다. 그러다 보니 당연히 내공이 올라가게 된다. 그래서 휴대폰 산업은 우리나라 소비량이 까다롭고, 또 해외에 있는 주요 휴대폰 업체들도 우리나라에 와서 한국 소비자를 대상으로 테스팅을 많이 한다. 그것은 우리나라 소비자들이 그만큼 휴대폰에 대해 민감하고 까다롭기 때문에, 그 요건에 맞춰서 사업을 하다 보면 자연스럽게 남들보다 더 빠른 글로벌 경쟁력을 갖추게 되는 것이다.

따라서 수요 조건에서도 내수의 크기와 같은 양적요인뿐만 아니라 Early Home Demand와 같은 조기 수요나 아니면 까다로운 수요와 같은 질적 측면도 반드시 고려해야 된다.

4. 다이아몬드 모델 2

1) 관련 및 지원산업

세번째 요인은 관련 및 지원산업이다. 특정 산업의 발달원인을 조사하다 보니 그 나라에서 특정 산업에 도움이 되는 관련 사업이나 지원사업도 같이 발달해 있었다.

그림 3-15 | 관련 및 지원산업 ─────────────────────────────

Nation	Industry	Related Industry
Italy	Furniture	Design
Japan	Copiers	Cameras
Korea	VCRs	Videotape
Germany	Printing ink	Chemicals
Denmark	Dairy Product	Industrial enzymes
U.S.A	Patient monitoring equipment	Electronic test and measuring equipment

<그림 3-15>를 보면 국가마다 관련 산업이 어떻게 발전했는지 볼 수 있다.

이탈리아 같은 경우 가구 사업 대행이 유명하다. 그러다 보니 당연히 가구 산업에 도움되는 디자인 산업이 같이 발달되어 있다. 일본은 복사기로 전 세계를 제패하고 있는데, 마찬가지로 카메라 산업이 전 세계를 제패하고 있다.

독일은 프린트용 잉크산업이 발달했는데 그 저변에는 제약사의 발달도 있다. 덴마크의 경우는 다양한 유제품이 세계적 경쟁력을 갖고 있는데, 그러한 이유는 바로 산업용 효소 산업이 많이 발달되어 있기 때문이다. 유제품은 주로 효소를 통해 발효를 시켜야 하는데 이는 관련 산업으로 발달되었다. 미국 같은 경우는 의료기계 산업이 세계적인 경쟁력이 있는데, 그 이유는 마찬가지로 의료산업기기의 기반이 되는 전기로 테스팅, 측정하는 전기계측 분야에 경쟁력이 있기 때문이다.

그래서 경쟁력 있는 산업이 발달하려면 그 산업 단독이 아니고 지원이거나 관련된 산업이 같이 되어 있다는 요인을 발견했는데 이 내용을 더 확장시켜 보면 최근에 많이 강조되고 있는 Cluster라는 개념이 여기서 등장하게 되었다.

2) 지역클러스터

Cluster는 다른 말로 산업 Cluster 혹은 지역 Cluster라는 표현을 많이 쓴다. Cluster라는 말이 키워드이고, 앞에 산업이나 지역이라는 말을 혼용해서 쓰고 있다. 여기서 포인트는 예전에 우리가 표현했던 산업단지 공단 등을 의미한다는 것이다.

그런데 산업단지나 공단 등의 표현을 쓰지 않고 군이 Cluster란 표현을 쓰는 이유는 예전에 우리가 썼던 산업단지나 공단보다는 더 다양한 연관된 주체들이 모여 있다는 뜻을 가지고 있기 때문이다. 통상적으로 산업단지라 하는 것은 비슷한 역할을 하는 경쟁기업들을 모아 놓은 것을 뜻한다. 예를 들어 자동차단지라고 하면 자동차를 조립하는 업체가 모여 있다 정도인 것이다.

하지만 이 Cluster의 개념은 더 확장된 개념이다. 그런 유사한 업종뿐만 아니라 도움이 되는 관련 지원산업이 근처에 몰려 있다. 예를 들어 미국 같은 경우 영화산업은 전부 다 할리우드에 있다. 그러면 할리우드에서 영화를 만드는 사람만 그곳에 있는 게 아니라 소품을 준비해 주는 사람, 배우를 캐스팅 해주는 사람 등의 영화를 제작하는 데 도움이 되는 여러 사람들이 몰려있다. 그렇기 때문에 전통적인 산업단지라는 표현보다는 Cluster라는 단어로 표현을 하게 된 것이다.

현재 '미국의 금융 산업은 뉴욕의 월가에 다 모여있다'라던가 '미국의 디트로이트에 가면 자동차 업체들 혹은 자동차 부품업체들이 다 모여있다', 혹은 '너무나 유명한 첨단 산업은 미국 서부의 Silicon Valley 지역에 있다'와 같이 이런 것들이 대표적인 Cluster의 예로 들 수 있다.

미국뿐만 아니라 스웨덴의 시스타나 핀란드의 울루 같은 지역은 스웨덴의 대표적인 IT기업이고, 에릭슨, 핀란드는 노키아 같은 업체들이 정부와 힘을 합쳐서 만든 IT관련 Cluster이다. 또 인도의 방갈로는 인도에 경쟁력 있는 소프트웨어 산업들이 집약되어 있는 Cluster가 된다.

따라서 이런 Cluster가 어디에나 형성되어 있고, 그 Cluster에 활용하는 방안 등이 전부 다 관련 및 지원산업에서 중요한 내용이다.

3) 기업전략, 구조 및 경쟁

마지막 요인은 요인의 이름이 우리에게 혼돈을 줄 수가 있다. 원래 원어로 보면 기업의 전략, 구조 그리고 경제 이렇게 되어 있는데 사실은 단어가 세 가지로 나눠져 있지만 핵심내용은 두 가지이다.

첫번째는 기업의 전략, 구조요인이다. 이것을 좀 다르게 설명하면 기업이 활동하는 여건, Context라는 말을 쓰고 있다. Context라는 단어는 직역을 하면 '배경'이 되지만 여기서 쓰이는 뜻은 기업들이 활동을 하고 있는 기본적인 기반을 의미한다고 볼 수 있다.

두번째는 국내의 경쟁요인이다. 기업활동의 여건은 여러 가지가 있지만 기업이 창업, 운영되고, 때에 따라서는 퇴출하기도 하는, 그런 제반 인프라를 의미한다. 자본주의에서 기업이 만들어지고, 운영되고, 또 기업이 사멸하는 것은 자연스러운 현상이다.

기업의 창업이 어렵다면 이 경우는 여건이 안좋은 것이다. 기업 경영을 해서 성공한 사람들을 부정적으로 보는 마인드가 그 나라에 퍼져 있다면 자본주의를 배격하는 문화가 있는 비자본주의적 환경은 기업활동 여건에 좋지 않다.

독일의 경우에는 기술자를 우대하는 국민성과 문화를 가지고 있다. 그러다 보니 모두 대학에 진학하지 않고, 중학교 때 자기성격, 취미에 따라 대학으로 공부를 하러 가거나, 아니면 직업학교에 가서 기술자가 되는 경우가 있다. 따라서 그런 경우에는 독일이 가지고 있는 기술자와 엔지니어를 중시하는 문화와 여건들이 독일의 각종 엔지니어 중심의 산업을 발전시키는 여건이 된다.

우리나라 같은 경우는 상대적으로 자본주의가 늦게 시작됐다. 그래서 여전히 자본주의에 대한 마인드가 상대적으로 부족하다. 하지만 기업을 운영하는데 관여하는 여러 가지 제도, 문화적인 인프라들을 묶어서 기업활동 여건이라고 한다. 예를 들어 기업활동의 규제 등이 심하면 기업들은 활동하기가 어렵기 때문에 국내를 벗어나려고 한다. 해외 기업들이 국내에 들어오려고 하지 않는다. 이런 부분들도 기업활동 여건이다.

그 다음에 중요한 것은 치열한 국내경쟁이다. 국내기업과의 경쟁이 치열하다 보면 그 치열한 경쟁이 오히려 시장에 있는 기업들을 탄탄하게 만들어서 장기적으로는 경쟁력에 도움이 된다.

4) 다이아몬드 모델의 시사점

다이아몬드 모델을 활용할 때 우리가 주의해야 될 점과 시사할 점들을 한번 요약해보자.

우선 특정국가라는 것은 바로 기업들이 해외로 나가는 플랫폼 역할을 한다는 것이다. 따라서 기업의 핵심사업이 위치하고 있는 지역을 어디에 선정하느냐가 중요하다. 우리는 부지불식간에 자신이 태어난 나라를 자기 기업의 홈베이스, 자기 기업이 위치하고 있는 중요한 지역이라고 대충 얘기하지만 앞으로는 다를 수 있다. 기업은 꼭 자기가 태어난 나라에 근거지를 둘 필요가 없다. 왜냐하면 그 지역의 다이아몬드 모델 네 가지 요건이 좋다면 상관없지만, 그렇지 않다면 홈베이스를 옮길 수도 있기 때문이다. 요소조건이나 수요조건, Context나 기업활동 여건이 좋은 지역으로 옮길 수도 있다. 따라서 기업이 위치하고 있는 자신의 본거지는 기업전략 과제에 중요하다는 것을 명심해야 한다.

기업은 일련의 전략을 통해서 다이아몬드라고 표현된 여건을 더 좋게 만들 수도 있다. 예를 들어 일본 같은 경우 야마하가 대표적이다. 이 기업은 음악기구, 악기쪽에 경쟁력이 높다. 그 이유 중 하나가 바로 이 야마하와 가와이 같은 대표적인 악기제조 회사들이 음악학교를 만들었기 때문이다. 자신의 나라에 다이아몬드 모델 여건을 좋게 만들기 위해 투자를 한 것이다. 따라서 필요에 따라서는 그 기업활동 여건을 주어진 조건이 아닌 기업의 전략을 통해서 더 좋은 방향으로 만들 수도 있다.

이렇듯 기업에서 가장 중요한 것은 홈베이스이다. 기업경영 혁신이 나타날 수 있는 배경이기 때문에 혁신을 할 수 있도록 건전한 압력을 만드는 것이 중요하다.

다이아몬드 모델은 그 산업이 경쟁력을 갖는 거시적인 환경요인들로도 의미가 있지만 이것을 잘 활용하는 것이 글로벌 경쟁력을 갖는 데 많은 역할을 한다는 점을 꼭 명심해야 한다.

5) 비시장전략

최근에 기업을 둘러싸고 있는 환경이 바뀌면서 전통적으로 우리가 고려했던 거시환경에서 고려했던 요인 외에 다른 이해관계들이 많은 영향을 미치고 있다.

그림 3-16 이해관계자(Stakeholder) 모델

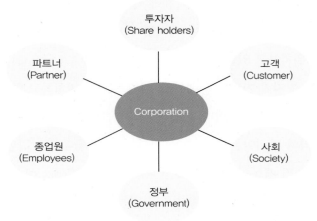

<그림 3-16>을 보면 기업에 다양한 이해관계자는 주주, 투자자 뿐만이 아닌 파트너, 종업원, 정부, 사회, 고객, NGO, 지역주민, 또는 여러 가지 지역사회 이해관계 등으로 굉장히 다양해지고 있다.

앞서 언급한 거시환경의 주요 내용들은 대부분 시장요인과 관련된 것이 많다. 전통적으로 경영에서 고려해야 되는 요인들이다.

그러나 최근에는 비시장 요인들, NGO의 제약, 정부의 요구, 사회적인 어떤 여건의 변화 같은 시장이나 경제적 요인과 전혀 관련없는 비시장 요인들도 기업에 영향을 미친다. 그래서 비시장 요인에 대한 고민을 많이 해야 된다. 요즘에는 비시장요인을 더 적극적으로 고민해야 된다고 해서, 비시장 전략이라고 하는 표현도 쓴다.

기존에 있는 전략들은 통상적으로 시장요인을 기반으로 합리적이고 좋은 전략을 짰지만 그것이 사회적으로 바람직하지 않거나 반발이 있다면 그 전략은 쓸 수가 없다. 그래서 정부의 규제, 사회의 요구 등 합리적인 기업경영에 변수로 등장하는 많은 비시장 요인들에 대한 것도 같이 고려해야 낭패를 피할 수 있다.

5. 기업사례

1) 분유산업사례

거시환경을 분석하는 목적은 바로 거시환경에 변화가 있을때, 기업이 어떻게 대응하느냐이다.

거시환경에 대응하는 방법은 그 환경에 단순히 적응하는 것도 있지만 새로운 요인을 발견해서 자신한테 유리하도록 거시환경을 창조하는 것이 중요하다.

아주 대표적인 예로 우리나라에 분유산업을 살펴보자. 분유산업은 출산율 저하라는 거대한 변화 때문에 직격탄을 맞고 있다. 분유를 먹어야 되는 아이 숫자가 줄어들다 보니 산업이 약화되고 있는 것이다. 그런데 그러한 거시환경 변화에 대해 분유업체들이 어떻게 대응하고 있는가 보면 아직까지 뾰족한 수를 내지 못하고 있는 것 같다.

즉, 그동안 분유사업을 해왔던 분말 형태, 파우더 형태의 분유를 그냥 팔고 있고, 분유를 사용하는 어머니들이 고민하는 영향을 강조하는 점도 거기서 크게 못 벗어나고 있다.

그러나 전 세계 분유사업을 살펴보면 무언가 도움을 얻을만한 요인들이 보인다. 일찍이 서구에서는 액상분유라는 것이 나왔다. 물론 액상분유와 분말로 된 분유 중 어떤 것이 더 좋은가 하는 문제는 전문가들이 결정하는 것이지만 중요한 것은 우리가 기존에 갖고 있는 고정관념을 털어버리고 환경변화에 더 적극적으로 대응해야 한다는 것이다. 그렇지 않으면 분유산업과 같이 산업의 크기가 줄어드는 본질적인 거시환경 변화에는 대응할 만한 뚜렷한 방법이 없다는 것이다.

액상분유보다 더 충격적인 예는 네슬레에서 개발한 커피 캡슐이다. 이것을 분유에 응용해보자. 분유 캡슐을 만들어서 장착을 시키고, 장착을 하면 우유병에 분유가 적당한 온도로 타진다. 이것은 어떤 의미가 있는가 하면, 일단 물이 오염된 지역이라 물온도를 맞추는 것과 살균을 동시에 하는 것과 같은 편의성의 장점이 있다.

액상 분유 혹은 커피 캡슐처럼 분유 캡슐을 쓰는 모델을 예를 든 이유는 거시적 환경변화에 따라 산업에 결정적 영향을 주는 변화가 있을 때에는 단순히 그것을 수동적으로 대응하는 노력만 가지고는 그 산업의 변화를 역전 시킬 수가 없기 때문이다. 따라서 완전히 새로운 방안, 액상 또는 분유 캡슐과 같은 것들을 고려해서 적극적으로 해야만 거시환경 분석에 결과를 가지고 좋은 전략을 만들 수 있다. 이런 점들이 우리가 분유산업의 사례를 통해서 배울 수 있는 점이 아닌가 싶다.

1. 산업구조 기초개념

1) 경쟁을 어떻게 이해할 것인가

기업이 제대로 전략을 수립하기 위해서는 경쟁(competition)에 대한 이해가 필수적이다. 왜냐하면 전략은 자기 혼자하는 게임이 아니라 언제나 상대편이 존재하는 상황에서 벌이는 상대적인 측면의 게임이기 때문이다. 결국 경쟁을 어떻게 파악하고 분석할 것인가 하는 것이 문제이다.

산업구조를 분석하는 데 있어 가장 중요한 것은 경쟁에 대해 어떻게 체계적으로 이해할 것인가이다. 사실 전략에서는 경쟁이라는 것이 가장 중요한 개념이 될 수 있다. 전략이라는 것 자체가 나와 경쟁자 간의 상대적인 게임을 의미하기 때문에 전략을 이해할 때 경쟁을 반드시 체계적으로 이해하는 것이 선행되어야 한다.

한편으로 경영자들은 경쟁을 우연히 시장에서 발생하는 일반적인 현상으로 이해해 "이러한 경쟁을 분석하는 것이 과연 가능하겠는가"라고 생각할 수 있다. 또한 경쟁자들도 그들의 목표나 의도에 따라 그들의 전략을 실행하기 때문에 우리가 점쟁이처럼 그들의 전략을 파악하는 것은 불가능하다 생각하는 경우가 있다.

하지만 우리는 경쟁의 양상이 단순히 경쟁자의 의도에 의해 결정되는 것이 아니라 그 경쟁자와 자사가 포함되어 있는 산업의 구조적 특성 때문에 벌어지는 양상도 있다는 점을 알아야 한다. 때문에 해당 산업의 특성을 잘 이해하는 것이 산업 내에 벌어지는 경쟁을 보다 체계적으로 이해하는 좋은 방법이 될 수 있다.

따라서 이런 이유 때문에 경영전략 분야에서는 경쟁에 대한 체계적인 이해를 어떻게 할 것인가가 오랫동안 관심이 되어 왔다. 다양한 산업에서 고전적인 경쟁의 사례들이 발굴되고 있고, 이러한 경영의 사례연구를 통해서 경쟁이 벌어지는 산업의 구조적 특징에 대한 지식들이 많이 축적되고 있는 것이다. 그리고 이러한 연구의 결과가 우리가 산업구조 분석을 통해서 경쟁에 대한 체계적인 이해를 할 수 있는 기반이 된다고 할 수 있다.

2) 산업구조와 경쟁

그렇다면 과연 산업의 구조적인 특징이 경쟁에 어떻게 영향을 미치는지 아래와 같은 산업분류 기본 틀을 가지고 살펴보도록 하자.

그림 3-17 산업구조와 경쟁

독점산업의 경우 경쟁자가 없기 때문에 대부분 기업이 유리한 입장에서 사업을 진행할 수 있다. 때문에 독점산업의 수익성은 매우 높다. 이와는 반대로 완전경쟁산업의 경우는 경쟁자가 무한히 많기 때문에 특정기업이 자신의 의도대로 가격을 마음대로 올릴 수 없어 산업의 수익성은 매우 낮을 수밖에 없다. 본인 산업의 특성이 이러한 산업분류의 기본 틀 중에서 독점 산업에 가까운지 완전경쟁산업에 가까운지에 따라 경쟁의 양상이 다르게 나타날 수 있다. 즉, 기업간 경쟁 양상과 강도는 근본적으로 경쟁관계에 있는 기업들이 형성하고 있는 '산업의 구조적인 요인'에 의해 영향을 받는다는 점을 확인할 수가 있는 것이다.

3) 산업 내 경쟁에 대한 근본적인 탐색

이런 산업구조의 특성을 어떻게 체계적으로 분석하는 모델로 연결할 수 있느냐에 대한 해답을 제시한 사람이 마이클 포터 교수이다. 포터 교수는 산업구조 분석의 기본적인 개념을 만들기 위해서 산업 조직론에서 연구되어온 내용들을 경쟁과 연계시켜 새로운 산업구조 분석의 모델을 만들었다.

포터 교수는 미국산업의 수익성분석을 통해서 각 산업들 간에 수익성 차이가 크게 존재한다는 사실을 발견하였다. 그리고 이 수익성은 우연히 발생하는 것이 아니라 체계적인 이유 때문에 발생했다고 주장한다.

그림 3-18 산업 내 경쟁에 대한 근본적인 탐색

Michael E. Porter

(Harvard Business School)

"The job of the strategist is to
understand and cope with competiton."

(전략가의 임무는 경쟁을 이해하고 이에

대응하는 것이다.)

- The Five Competitive Forces That Shape
Strategy, *Harvard Business Review*, 2008.

Profitability of Selected U.S. Industries
Average ROIC, 1992-2006

Industry	ROIC
Security Brokers and Dealers	40.9%
Soft Drinks	37.6%
Prepackaged Software	37.6%
Pharmaceuticals	31.7%
Perfume, Cosmetics, Toiletries	28.6%
Advertising Agencies	27.3%
Distilled Spirits	26.4%
Semiconductors	21.3%
Medical Instruments	21.0%
Men's and Boys' Clothing	19.5%
Tires	19.5%
Household Appliances	19.2%
Malt Beverages	19.0%
Child Day Care Services	17.6%
Household Furniture	17.0%
Drug Stores	16.5%
Grocery Stores	16.0%
Iron and Steel Foundries	15.6%
Cookies and Crackers	15.4%
Mobile Homes	15.0%
Wine and Brandy	13.9%
Bakery Products	13.8%
Engines and Turbines	13.7%
Book Publishing	13.4%
Laboratory Equipment	13.4%
Oil and Gas Machinery	12.6%
Soft Drink Bottling	11.7%
Knitting Mills	10.5%
Hotels	10.4%
Catalog, Mail-Order Houses	5.9%
Airlines	5.9%

Average industry ROIC in the U.S. **14.9%**

<그림 3-18>에 따르면, 미국의 각 산업별로 수익성(투자수익률)의 차이가 있다는 것을 알 수 있다. 1992년부터 2006년까지 자료를 살펴보면, 예컨대 항공산업은 같은 기간 동안 5.9%의 투자수익률을 보인 반면 제약산업은 무려 31.7%의 투자수익률을 보이고 있다.

과연 그 원인은 무엇일까? 여러 원인이 있을 수 있지만 가장 근본적인 이유는 산업 내 경쟁의 강도가 다르기 때문이다. 독점 산업에 가까울수록 경쟁이 적고 수익성이 높고, 완전 경쟁산업에 가까울수록 경쟁이 많고, 수익성이 악화된다는 것이다. 즉, 수익성에 여러 원인이 있을 수 있지만 경쟁요인이 가장 큰 영향을 미친다고 보는 것이다.

만약 우리가 이처럼 산업 간 수익성의 차이가 나는 이유를 체계적인 분석을 통해 알 수만 있다면 전략을 수립하는 데 여러모로 도움이 될 수 있을 것이다. 신규산업으로의 진출을 검토할 때 산업을 분석해서 가급적이면 수익성이 높다고 판단되는 산업에 진출하는 것이 훨씬 유리할 것이다. 또한 이미 특정산업에 진출한 기업의 경우는 자신이 속한 산업의 수익성을 결정하는 요인을 파악해서 이에 능동적으로 대응할 수 있을 것이다. 이를 바탕으로 만들어진 것이 산업구조분석인 것이다.

2. 산업구조 분석모델

1) 산업구조 분석: 5 Forces Model

그렇다면 이런 기본개념을 기반으로 해서 산업구조 분석의 구체적인 모델을 함께 살펴보도록 하자. 산업구조 분석은 경쟁의 요인을 분석하는 것이다. 그렇다면 몇가지 정도의 요인이 산업의 경쟁요인을 설명할 수 있을까? 포터 교수는 총 다섯 가지의 요인을 우리에게 제시하고 있다. 산업구조 분석모델은 다섯 가지 경쟁요인으로 구성된다고 하여 5 Forces model이라고 표현하기도 한다.

그림 3-19 | 5 Forces model

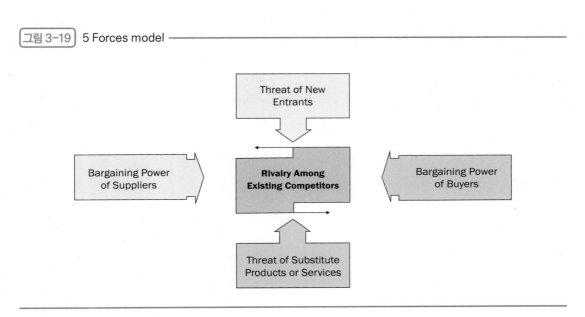

① 기존 기업 간의 경쟁: 산업의 성장률이 낮고, 고정비의 비중이 높고, 철수 장벽이 높을 때 그 산업의 경쟁은 치열해질 것이다.

② 공급자의 교섭력: 구매자의 매출액에서 차지하는 비중이 크고, 공급하는 부품이 차별화되어 있으며, 공급선을 교체할 때 비용이 발생하는 경우는 공급자가 교섭력을 가질 수 있다.

③ 구매자의 교섭력: 구매 비중이 크고, 구매하는 제품이 차별화 되어 있지 않으며 구매자가 공급업체에 대한 정보를 많이 가질수록 구매자가 교섭력을 가질 수 있다.

④ 신규 진출기업의 위협: 소요자본이 많이 들고, 유통 경로에 접근하는 것이 어려우며 정부정

책으로 진입이 자유롭지 못할 때 그 산업의 경쟁 강도는 낮아진다.

⑤ 대체품의 위협: 대체품의 가격과 효능이 얼마나 좋은지, 대체품으로 교체할 경우 발생하는 비용이 있는지 여부에 따라 대체품의 위협 정도를 파악할 수 있다.

2) 다섯 가지 경쟁요인

우리가 흔히 산업의 경쟁을 생각하면 '기존 기업 간의 경쟁'만을 경쟁요인으로 생각하는 경향이 있다. 하지만 경쟁을 제대로 이해하려면 이 외의 상하좌우에 있는 네 가지 요인까지 함께 이해하는 것이 필요하다. 즉, 산업구조 분석을 이용하면 전반적인 산업의 경쟁강도를 파악할 수 있으며 특히 산업 내 어느 부분에서 경쟁이 일어나는지 파악할 수 있는 것이다.

다음은 기존 경쟁자와의 경쟁 외에 어떤 경쟁요인이 새로 발생할 수 있는지에 대한 사례들이다.

① 미국의 이동통신회사: 버라이즌 vs. AT&T → 버라이즌 vs. 버진모바일 → 신규 진출 기업의 위협
② 일본의 필름회사: 코닥 vs. 후지 → 코닥 vs. 캐논 → 대체품의 위협
③ PC 산업: HP vs. Dell → HP vs. 인텔 → 공급자의 교섭력
④ 우유산업: 서울우유 vs. 남양유업 → 서울우유 vs. 이마트 → 구매자의 교섭력

3) 진입장벽에 대한 이해

지금까지 산업구조 분석의 핵심적인 내용을 설명했는데, 끝으로 잠재적 경쟁자 혹은 신규 진입자(newentrants)의 위협이라는 개념에 대해 살펴보자. 잠재적 경쟁자의 위협이란 현재 직접적으로 자사의 수익에 영향을 미치는 경쟁자는 아니지만 멀지 않은 장래에 경쟁자로 등장해서 자사를 위협할 가능성을 의미한다. 다만 문제는 이처럼 눈에 보이지 않는 잠재적 경쟁자의 위협을 어떻게 사전적으로 분석할 것인가 하는 것이다. 잠재적 경쟁자 혹은 신규진입자의 위협을 분석하기 위해서는 진입장벽(entrybarrier)이라는 개념을 활용하면 된다. 진입장벽을 분석해 볼 수 있는 항목은 다음과 같다.

그림 3-20　진입장벽 분석항목

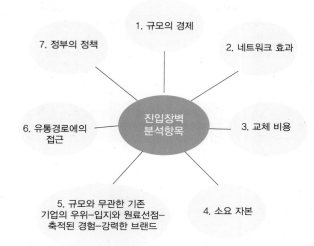

진입장벽이 어떤 것이 있고, 높아지고 있는지 혹은 낮아지고 있는지에 따라 신규진출 기업의 위협 가능성을 판단해 볼 수 있다.

3. 산업구조 분석모델의 적용 1

1) 미국 제약산업의 경쟁분석

그렇다면 학습한 산업구조 분석을 실제 사례에 적용해서 어떤 시사점을 얻을 수 있는지 알아보자.

먼저 미국의 다양한 산업 중에 수익성이 좋은 제약산업의 사례와 수익성이 좋지 않은 항공산업을 산업구조 분석에 적용해 보도록 하겠다.

그림 3-21 | 미국 제약산업의 경쟁분석

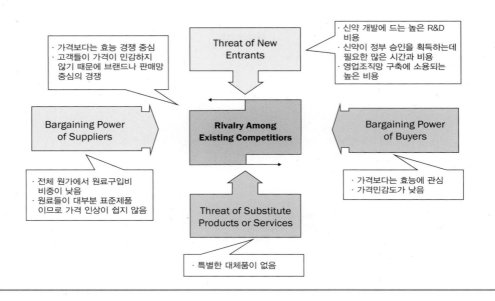

2) 미국 항공산업의 경쟁분석

그림 3-22 | 미국 항공산업의 경쟁분석

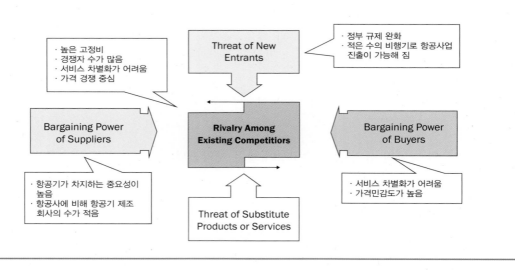

　이에 반해 미국 항공산업의 경쟁구조를 분석해 보면 다섯 가지 요인 중 대체품의 위협을 제외하면 모두 경쟁이 치열하다는 것을 알 수 있다. 산업구조 분석을 활용하는 첫 번째 단계는, 분

석을 원하는 산업을 정하고, 그 산업에 다섯 가지 요인을 투입해서 각각의 요인별로 어떠한 일이 벌어지는 것을 파악하는 것이다. 여기서 더 나아가 2단계로, 다섯 가지의 요인이 따로 발생하는 것이 아니라 서로 관계를 맺어서 영향을 미친다는 바를 생각하여 왜 우리 산업의 수익이 낮아질 수밖에 없고 어떤 요인이 우리 산업의 가장 치열한 경쟁요인인가를 도출하는 것이 필요하다.

3) 경쟁의 두 가지 유형

산업구조 분석의 활용과 관련해 기존 기업 간의 경쟁에서 한가지 더 유념해야 할 것이 있다. 사실 독점산업이 아닌 이상 경쟁자는 대부분의 산업에 항상 있기 마련이다.

그렇기 때문에 우리는 경쟁자의 수와 같은 경쟁의 양적 측면 외에 질적 측면을 생각해야 한다. 즉, 경쟁의 내용이 어떻게 돌아가냐는 것이다. 경쟁은 Zero sum 경쟁과 Positive sum 경쟁으로 나누어진다. 그리고 제로섬 경쟁을 피하려면 동일한 것으로 경쟁하는 것을 피해야 한다. 제약산업의 경우도 경쟁자가 있다. 하지만 제약산업별로 잘 고칠 수 있는 약에 집중하고, 소비자에게 많은 선택권을 주어 파이를 키우는 경쟁을 하기 때문에 수익성이 나쁘지 않은 것이다. 제약산업과 유사하게 질적 경쟁측면을 살펴 볼 수 있는 예가 화장품 산업이다. 화장품 산업도 양적으로만 본다면 매우 치열한 산업이지만 실지로 매우 수익성이 높은 산업으로 분류가 된다. 즉, 모든 화장품 회사들이 똑같은 차원의 경쟁을 하는 것이 아니라 다양한 차원에서 경쟁을 하기 때문에 많은 화장품 회사들이 공존할 수 있는 것이다.

4. 산업구조 분석모델의 적용 2

1) 산업의 범위와 경계

산업구조 분석을 실제 기업에 적용할 때, 산업구조의 다섯 가지 요인이 서로 영향을 주고 받지만 크게 상하의 요인과 좌우의 요인이 다른 의미를 내포하고 있다는 점도 유념할 필요가 있다. 우리가 일반적으로 산업이라고 하는 것은 좁게는 비슷한 제품을 제공하는 경쟁자들의 집단을 의미한다. 하지만 산업을 조금 넓게 보면 해당 산업뿐 아니라 공급업체나 구매, 유통업체도 산업에 포함할 수 있을 것이다. 즉, 수평축에 있는 공급자와 구매자 부분은 산업의 범위를 의미한다고 할 수 있다. 반면 수직축은 산업의 경계를 의미한다. 그래서 산업의 융합이 문제가 될 경우에는 산업구조 분석의 경계 이슈에 보다 초점을 맞춰서 응용을 한다면 유익할 것이다.

2) 코피티션(co-opetition)

또 다른 고민거리는 산업의 경쟁을 결정짓는 요인이 다섯 가지 밖에 없는가?라는 점이다. <그림 3-23>을 보면 산업구조 분석의 요인인 경쟁자, 구매자, 공급자 외에 '보완자'라는 것이 있다. 보완자는 커피의 설탕 같은 존재이다.

산업의 이해를 경쟁관계 외에 협력관계도 함께 살펴 보아야 한다는 측면에서 '코피티션'이란 용어가 사용되기도 한다. 특정기업을 중심으로 경쟁자, 공급자, 고객, 보완적인 관계의 기업들이 가치 네트워크를 구성하고, 이들이 잠재적인 사업 파트너들이 될 수 있다. 다섯 가지 경쟁요인과 함께 보완자의 성장 등이 다섯 가지 요인과 어떤 영향을 주고 받는지를 분석하는 것이 보다 체계적인 분석이 가능할 것이다.

그림 3-23 가치 네트워크(Value Networks)

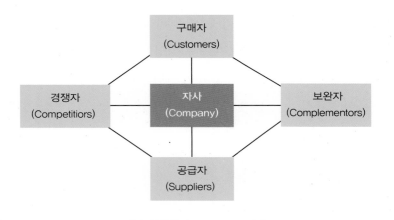

3) 산업구조 분석의 시사점

산업구조 분석을 통해 우리가 얻을 수 있는 시사점은 다음과 같다.

첫째, 산업구조 분석모델은 산업 내 경쟁(competition)을 이해하는 체계적인 틀이며, 일련의 질문을 통해 경쟁을 유발시키는 요인들을 파악할 수 있다.

둘째, 경영자들은 흔히 자신이 속한 산업을 이미 잘 알고 있다고 착각할 수 있다. 하지만 산업구조 분석은 산업에 대한 고정관념을 탈피한 새로운 시각(fresh look)을 제공할 수 있다.

셋째, 산업의 일시적이거나 주기적인 변화보다 구조적인(structural) 변화에 주목해야 하며, 이를 위해서는 최소 3년에서 5년 이상의 산업 내 주요 변화를 살펴보아야 한다.

넷째, 산업구조 분석은 산업 내 경쟁을 정량적인 자료와 분석을 통해 보다 구체적으로 이해할 수 있으며, 또한 전략적 통찰력(insight)을 통해 경쟁의 패턴이나 변화를 감지해서 핵심적인 경쟁 요인을 파악할 수 있다.

5. 관련 최신 기업 사례

1) 시스코(Sysco) 사례

미국의 식자재 유통 분야에서 1위 기업인 시스코는 M&A를 통한 규모 증대와 PB 상품 확대를 통해 산업을 주도하고 있는 기업으로 시스코 사례는 산업구조 분석이 기업의 경쟁력에 어떻게 도움이 되는지를 잘 나타내는 사례이다. 시스코 전략의 핵심은 전통적으로 식자재 유통 산업이 수익성이 매우 낮은 산업이었다는 점에서 출발한다. 하지만 시스코는 두 가지 핵심 전략을 통해 수익성이 좋은 산업으로 산업 구조를 변경하면서 이 산업을 주도하고 있다. 시스코는 M&A를 통해 지역의 작은 업체를 인수하면서 규모를 키웠다. 이로 인해 산업의 진입장벽을 높일 수 있었고, 구매자의 관계에서 교섭력을 높일 수 있었다. 또 하나의 핵심 전략은 자신들이 공급하는 식자재 품질을 향상시키면서 브랜드화를 도모했다는 것이다. 즉, 다른 식자재 업체에 차별화를 두어 구매자에게 보다 매력적인 상품을 공급하면서 산업을 주도하게 되었다. 산업구조 분석은 좁은 의미의 경쟁 혹은 산업에서 탈피해 보다 넓은 관점으로 관련 산업은 물론 대체 산업까지도 고려해 경쟁을 입체적으로 이해할 것을 주문하고 있다. 산업의 구조적인 요인을 분석해서 전략적 시사점을 도출한 후 시스코처럼 전략적으로 연결시킨다면 산업 구조를 자사에 유리하게끔 변경할 수 있을 것이다. 따라서 산업구조 분석 시 피동적으로 단지 주어진 조건으로만 파악하지 말고, 적극적이고 전략적으로 활용할 수 있는 방안과 연계해 분석할 필요가 있다.

그림 3-24 시스코(Sysco) 사례

구매	상품개발	영업	물류	지원
• 규모의 경제를 기반으로 한 높은 Sourcing power • 산지 위주의 구매를 통해 상품 신선도 및 고객 신뢰도 확보	• 고품질의 다양한 Private Brand • "One-stop-service"가 가능한 폭넓은 제품구성	• 산업 내 최고의 영업역량 보유 • 고객서비스 지원 체계를 통해 우량고객 유지 및 Loyalty 증대	• National Supply Chain Initiative를 통해 물류 효율성 증대 • Quality Assurance 팀을 운영하여 배송 기간 동안 철저한 품질관리	• 지속적인 IT인프라 개선 • Shared Services 통합을 통해 Cost Management 개선

SECTION 06 전략집단 및 경쟁사 분석

1. 전략집단의 개념

1) 전략집단(Strategic Group)의 개념

전략집단(strategy group)이란 동일한 산업 내에서 유사한 전략을 수행하는 기업들의 모임, 집

그림 3-25 전략집단의 예시

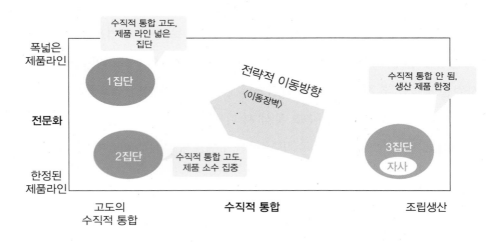

합을 뜻한다.

가상의 예를 들어보자. <그림 3-25>를 보면 네모로 된 모양이 가상의 산업이다. 그 산업 내에는 다양한 기업들이 존재한다. 그런데 그 기업들이 모두 제각각의 전략을 추구하는 것이 아니라 추구하는 전략이 유사한 기업들이 일부 있다. 산업에선 전략을 두 개의 축으로 표현하고 있다. 한 축은 전문화이다. 다양한 제품을 생산해서 폭넓은 제품라인을 가지고 있느냐, 아니면 소수의 제품에 집중하느냐에 따라서 전문화라는 축에서 나뉘게 된다. 나머지 한 축은 수직적 통합이다. 기업이 다양한 활동들을 내부화 해서 생산부터 판매까지 자체적으로 운용하면 수직적 통합이 많이 되어 있는 기업을 의미한다. 반면에 여러 기능 중에서 일부 생산이나 영업만을 전문적으로 하면 수직적 통합이 덜 되어있는 기업을 의미한다. 이 축에 따라 기업들을 분리해보면 세 가지의 집단이 나오게 된다. 수직적 통합이 고도로 되어 있고 제품라인이 넓은 집단, 반대로 수직적 통합이 되어 있지만 제품은 소수에 집중하는 집단, 마지막으로 수직적 통합이 거의 안되어 있고, 생산에 집중하는 기업인데 생산하는 제품이 한정되어 있는 집단도 있다.

그래서 산업을 분석하지만 좀 더 구체적으로 환경을 이해하기 위해서는 산업 내에서 유사한 전략을 펼치는 전략 집단이 어떤 집단이 존재하는가를 한번 살펴볼 필요가 있다. 여기서 또 중요한 포인트는 이런 전략 집단을 옮겨갈 때 거기에는 쉽지 않은 장벽이 있다는 것이다. 앞서 산업구조 분석에 대한 내용을 학습할 때 진입장벽이란 개념을 학습했었다. 진입장벽은 말 그대로 특정산업에 진출하고자 할 때 벽이 될 수 있는 요인들이다. 고도의 기술이 필요하다던가 혹은 유통경로가 있어야만 그 사업을 할 수 있다면 유통경로가 진입장벽이 될 것이다. 아니면 정부 정책상으로 어떤 규제가 있다면 그 산업에 들어가고 싶어도 들어갈 수가 없다. 그런 내용들을 묶어서 진입장벽(Entry Barrier)이라 한다. 전략집단을 학습하게 되면 전략집단 간에도 쉽게 이동하지 못한다는 것을 알게 된다. 왜냐하면 특정 산업에 진출하여도 그 산업 내에서도 또 다른 장벽이 일부 존재하기 때문이다. 그것을 바로 이동장벽이라고 한다. A라는 집단에서 B라는 집단으로 옮겨가고자 할 때 그곳에 벽이 존재한다는 것을 뜻한다. 전략집단 분석의 핵심내용으로는 전략집단에는 어떤 집단들이 존재하는지, 그 중에서 우리 회사는 어디에 속하는지를 분석해야 하고, 또한 우리가 다른 집단으로 이동하거나 반대로 다른 집단에서 우리 집단이 있는 쪽으로 이동할 때 어떤 장벽이 존재하고, 그 장벽이 쉽게 이동할 수 있는지 아니면 장벽이 높아서 쉽게 이동을 못하는지 등을 구체적으로 분석하는 것이다.

2) 자동차 산업의 전략집단

전략집단의 내용을 가지고 한번 실제 사례를 살펴보자. 우리가 시중에서 쉽게 접할 수 있고, 이해하기 쉬운 사례는 자동차 산업이 아닌가 싶다. 물론 자동차 산업도 특정 나라의 산업을 분석할 수 있기 때문에 다 다르겠지만 여기에서의 사례는 전반적으로 글로벌 시장에서 활약을 하고 있는 대표적인 자동차 회사들을 집단으로 구분한 것이다. 두 개의 축을 쓰고 있는데 하나는 회사가 생산부터 판매하는 제품의 다양성을 가지고 분류를 했다. 그래서 제품 라인의 폭이 넓다는 것은 다양한 상품을 생산한다는 뜻이 된다. 소형차부터 대형차 혹은 상용차도 가능하다. 또 한 축은 가격을 의미한다. 아무래도 자동차라는 것이 다양한 가격대가 있기 때문에 최고급 차부터 시작해서 대중들이 탈 수 있는 차까지 분류를 한 것이다. 한 집단은 최고급 차를 생산하는 기업들의 집단이다. 이들이 갖는 특징은 고가의 고급 자동차를 생산하고 생산하는 제품도 특정 제품 카테고리에 좁혀져 있다. 특정 승용차 중에서도 스포츠카나 2인승 차 등 특정라인 제품에만 집중하는 케이스이다. 예를 들어 페라리(Ferrari)나 람보르기니(Lamborghini) 등이 있다. 그 다음 집단은 최고급 차보다는 상대적으로 저렴하지만 이들 기업 역시 많은 제품라인을 생산하지 않고, 앞에서 언급한 최고급 차보다는 조금 더 다양한 유형의 제품을 생산한다. 차들의 가격이 비싸긴 하지만 최고급 차보다는 가격을 조금 내려 상당한 소득이 있는 사람들이 접근 가능한 제품을 생산하는 고급 차 생산업체들이다. 예를 들어 메르세데스-벤츠(Mercedes Benz)나

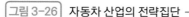 그림 3-26 자동차 산업의 전략집단

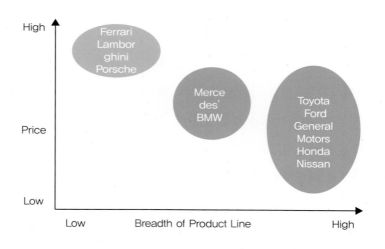

BMW 등이 이 집단에 속한다. 마지막으로 우리가 많이 들었던 저렴한 차부터 조금 더 비싼 차까지 같이 하는 집단이 있다. 이 기업들은 앞서 언급된 두 집단보다 많은 제품라인을 가지고 있기 때문에 생산설비를 훨씬 다양하게 가지고 있다. 또한 제공하는 제품도 다양하여 그림을 보면 폭이 상하로 더 길쭉하게 되어 있다. 그래서 아주 저렴한 대중 차부터 같은 브랜드 혹은 다른 브랜드로 고급 차까지를 포함하고 있다. 예를 들어 미국의 GM이나 포드(Ford), 혹은 일본의 도요타(Toyota)나 혼다(Honda) 같은 기업 등이 있다. 이런 식으로 기업의 다양한 전략들을 정리하여 핵심적인 축을 중심으로 전략집단을 그려볼 수 있다.

3) 전략집단 분석방법

표3-1 전략집단 분석방법

분석항목	분석내용
핵심전략변수도출	• 전문화, 다양화 • 유통경로 • 고객세분화(연령별, 소득별, 특성별) • 제품특성(물리적 특성, 정성적 특성)
핵심전략변수에 따른 산업 내 기업들의 도식	• 선도기업이나 성장성·수익성 위주로 기업 선정
이동장벽(mobility barriers) 분석	• 이동장벽이란 한 전략집단에서 다른 전략집단으로 위치를 옮기고자 할 때 직면하는 장애요인을 의미함 • 전략적 방향을 따라 이동하기 위해 극복하거나 준비해야 할 사항 파악
전략집단별 특성 분석	• 평균 매출액 분석 • 평균 수익성 분석 • 핵심 경쟁우위 분석 • 기타 주요 특성에 대한 정성적 분석
전략집단의 미래 변동 예측	• 자사의 경쟁우위를 판단하여 전략 수립

전략도구집단을 그리기 위해서는 어떤 순서로 전략집단을 작성하고, 분석하는지 그 내용을 한번 정리해 보자. 우선 전략집단을 분석하기 위해서는 전략집단도(strategy group map)라는 것을 그려야 한다. 여기서 가장 중요한 것은 핵심전략 변수를 도출하는 것이다.

기업의 전략이라는 것은 다양한 내용을 포함하고 있다. 우리가 인지하기에는 사실 3차원으로 표시만 하더라도 그림이 복잡해져서 그것을 도형으로 표현하기 힘들다. 그래서 대부분 의미있게 하려고 두 가지 축, 2차원으로 표시하게 된다. 그러다 보니 전략집단도구를 그릴 때에는 그 산업을 대표하는 가장 대표적인 전략변수 두 개를 뽑게 되는 것이다. 여기서 오해하지 말아야 할 것은 우리들이 분석을 하다 보면 중요한 전략적인 축이 두 개 이상이 될 수도 있다는 점이다. 그럴 경우에도 일단 그릴 때는 두 개의 축으로 그리고, 만약 축이 더 있다면 그걸 조합해서 여러 장을 그리는 것이다. 그래서 그걸 그리는 것 자체가 시간낭비가 아니고 우리가 속해있는 산업의 내부를 좀더 다양한 스펙트럼(spectrum)으로 살펴보게 되는 것이다.

두 개의 변수를 골라서 축을 세우면 거기에 기업들의 분포가 가능하게 되어 도식을 하게 된다. 그 다음에는 앞에서 언급한 이동장벽(mobility barrier)을 분석하게 된다. 왜냐하면 집단에서 잘하기 위한 내용이 다르기 때문이다. 앞서 우리는 자동차 산업을 살펴 봤는데 Ferrari나 Lamborghini 같은 차를 생산하는 기업이 되기 위해서는 브랜드력도 필요하지만 특유의 기술력도 필요하다. 그런 것을 갖추려면 단기간에 갖추기는 어렵기 때문에 그 쪽으로 이동하기에는 분명히 장벽이 존재한다. 그래서 이동장벽을 분석하고, 이동장벽에 어떤 장애물이 있는지 또 그것이 극복하기 쉬운지를 체크하게 되는 것이다. 그 다음에 그렇게 해서 집단이 정해지면 집단별로 최고급 차들은 이런 특성을 가지고 있고, 또 대중적인 차들은 이러한 특성들을 가지고 있다고 특성들을 나열할 수 있게 된다. 제일 마지막으로 집단들이 미래에 어떠한 방향으로 이동하는지까지 분석하게 되면 우리들이 속해있는 산업에 전략집단을 체계적으로 일차 분석할 수 있을 것이다.

2. 전략집단 분석의 활용

1) 전략집단 분석의 활용

전략집단 분석을 활용하는 방법은 크게 세 가지로 요약할 수 있다. 첫 번째 활용방안은 우리의 기업이 속해 있는 전략집단 내에서 확실하게 기업의 위상을 정립하는 것이다. 물론 전략집단이라는 개념 자체가 그 집단의 유사한 전략을 하는 기업으로 그룹화되는 것이다. 그러나 같은 전략집단 내에서 서로 전략은 조금씩 차이가 있을 수 있다. 전체적으론 유사하지만 그 미세한 차이를 잡아 거기서 기업의 위치를 확고히 하는 방안들을 일차적으로 도출할 수 있다.

두 번째 분석내용 활용방안을 분석한 결과 이 전략집단들이 환경변화에 따라 이동할 수가 있다. 기업들은 한 집단에 머물러 있는 것이 아니고 다른 집단으로 변하거나 혹은 사라지거나 할 수 있다. 그래서 전략집단의 변화자체를 분석해서 거기에 어떻게 대응할 것인가를 우리가 고민

할 수 있다.

마지막으로 세 번째는 전략집단이 분리가 되는데 이동을 하면서 서로 겹치거나 타 영역으로 넘어감으로써 경쟁이 격화될 수 있다. 그래서 전략집단 내에서 우리가 어떤 경쟁적인 집단에만 집중할 것인지 아니면 다른 집단이 변화한 것에 대응할 것인지 이런 것들도 전략집단 분석을 통해 활용할 수 있는 방안이 된다.

이 세 가지 활용방안을 사례와 함께 한번 구체적으로 보자.

2) 유통산업의 전략집단 형성

지금 보는 전략집단은 미국의 유통산업의 전략집단이다. 미국도 다양한 유통업체들이 있고, 그것을 핵심변수에 따라 나열할 수 있다. 그림을 보면 큰 위치를 차지하는 모형이 보이는데, Wal−Mart와 Kmart가 보인다. 그리고 한쪽엔 Target이란 기업이 보인다.

이 집단은 저렴한 제품들을 판매하는 할인점들이다. 그래서 값싼 제품을 공급하는 특징들을 가지고 있다. 또한 담당하는 지리적인 범위가 상당히 넓다. 그 얘기는 미국 내에서 넓은 지역

그림 3-27 유통산업의 전략집단 형성

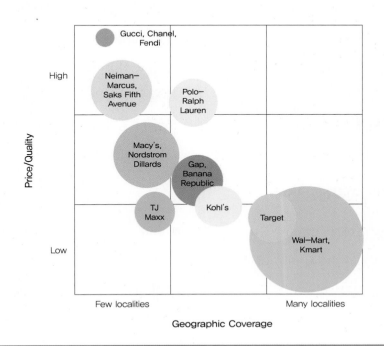

에 진출해 있는 특성을 가지고 있다는 것이다. 유통업의 특성이 온라인이 아닌 오프라인 매장일 경우에는 매장의 위치나 매장 수가 얼마나 되느냐가 전략적으로 중요하다. 지금 이 그림은 두 가지 축, 제공하는 제품들이 어느 정도 가격대를 유지하고 있느냐는 것과 지역적인 범위를 얼마나 넓게 가지고 있는가를 가지고 집단도를 그린 것이다. 그 중에서도 Wal-Mart나 Kmart는 미국 전역에 점포를 가지고, 저렴한 everyday low price를 추구하는 대표적인 할인점이다.

그런데 이 집단을 보면 Target이란 기업이 근처에 와 있다는 것을 볼 수 있다. Target은 바로 Wal-Mart와 유사하게 할인점을 추구하고 전국적인 매장 분포를 가지고 있다. 같은 카테고리에 있고 같은 전략 집단에 있는 기업이지만 Wal-Mart나 Kmart와 차별하려는 노력들을 한다는 것이다. 그래서 출장 중에 Wal-Mart나 Target을 방문해보면 Target은 같은 할인매장이나 Wal-Mart와 차별화를 추구하고 있다. 전체적으로 다른 유통과 비교했을 때는 당연히 가격대가 저렴한 할인점으로 같이 분류되지만 Target은 할인점 중에서도 조금 더 모던하고 좋은 제품을 주는 쪽으로 자기를 위치시키기 때문에 할인점을 이용하다 보면 가격은 싼데 매장 의 분위기나 제품, 이런 구색 면에서 불만족을 느끼는 고객들을 자신 쪽으로 유인한다. 그래서 다른 고급 유통점에 비해서는 할인점에 불과하지만 같은 전략집단 내에서는 다른 할인점과 비교해서 상대적으로 조금 더 고급화와 차별화를 지향하는 할인점으로 자리매김했다. 때문에 미국 내에서 소득 수준이 아주 낮은 사람들은 Wal-Mart를 좀 더 선호하지만 중산층들은 가격 경쟁력이 있으면서도 조금 더 세련되고 차별화된 제품이라는 것을 느낄 수 있는 Target을 선호한다. 이로 인해 Target은 Wal-Mart의 강력한 위협 속에서도 나름대로 자리를 잡고 성장하고 있다.

그래서 전략 집단도를 분석해서 활용하는 첫 번째 활용 방법은 우리가 속해 있는 전략집단의 특성을 충분히 이해하여 그 안에서 기업의 위상을 조금 더 명확하게 가져가는 방안을 마련하는 것이다.

3) 항공산업의 전략집단 변화

두 번째 활용 방안은 전략집단이란 것을 그리게 되면 이것이 고정되는 것이 아니라 변화에 따라서 얼마든지 전략집단에 대한 내용이 바뀔 수 있다는 점을 우리가 파악해야 한다는 것이다. 지금 보는 전략집단도는 미국의 항공산업의 전략집단의 변화를 그려놓은 그림이다.

왼쪽에 보이는 그림은 70년대 후반의 미국 항공산업이다. 예전에는 정부 규제산업이었는데

그림 3-28 항공산업의 전략집단 변화

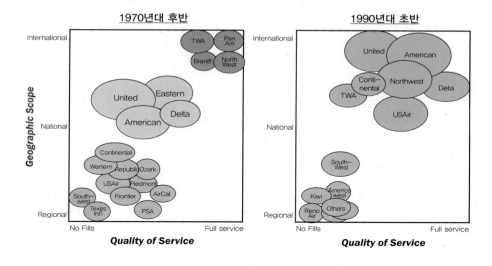

70년대 후반에 정부가 규제를 대대적으로 풀어서 완전히 자유화된 산업으로 넘어가게 되었다. 따라서 정부가 이런 항공산업 자유화와 같은 큰 규제변화가 생기기 이전의 항공산업 전략집단 과 그런 변화가 생겼을 때 항공산업의 전략집단이 다르게 바뀌었다는 것이다. 70년대 후반까지 만 하더라도 정부규제가 있었기 때문에 크게 네 가지의 전략집단이 존재했다.

두 가지 축으로 분류를 했는데 하나는 서비스 퀄리티에 대한 축이고, 또 다른 하나는 지역적 으로 특정 지역에서만 사업을 하느냐, 아니면 국내 전체를 다 커버하느냐, 아니면 해외까지 다 나 가서 국제선까지 다 하느냐 하는 것에 대한 축이다.

이런 두 가지 축으로 집단을 구분했는데 항공산업이 자유화되기 이전에는 왼쪽 그림에 보이 듯이 네 가지 집단이 다 존재했다.

고급서비스를 하면서 국제선에만 집중하는 집단도 있고, 상대적으로 서비스를 좀 다양하게 하지만 국내선과 국제선의 비중을 같이 가져가는 곳도 있고, 아니면 국내선만 하는데 서비스를 보통 정도로 하는 집단도 있고, 국내선만 하면서 전혀 부가 서비스를 하지 않는 이렇게 네 가지 입장이 있었다. 그런데 미국의 항공산업이 자유화되면서 항공산업의 진입장벽이 낮아졌다. 때문 에 많은 기업이 미국 내로 들어와 경쟁을 펼치다 보니 네 개의 집단이 두 개의 집단으로 변했다.

그래서 90년대 초반이라고 표시되어 있는 이 집단도를 보면 크게 두 개의 집단으로 묶이는 것이다. 하나는 국제선과 국내선을 다 하면서 고급스러운 서비스까지 제공하는 일반적인 항공회사와 특정 지역을 중심으로 하면서 부가 서비스를 일체 배제하고 저가 사업으로 하는 저가항공사 두 가지로 묶였다. 양극화 되었다는 것이다.

만약 중요한 환경변화가 생겼을 때 어중간한 상태로 있다 보면 그 위상이 크게 의미가 없어지게 된다. 그래서 항공산업의 예처럼 아주 고급 서비스를 하면서 국내외 서비스를 할 것인가, 아니면 지역을 중심으로 저가 마케팅을 할 것인가를 선택하듯 우리도 분석한 전략집단 내에서 그런 결정을 해야만 한다. 이것이 바로 두 번째 활용방안이다.

4) 제약산업의 전략집단 경쟁

세 번째 활용 방안은 이동장벽의 변화와 전략집단의 경쟁상황을 잘 파악할 필요가 있다. 위의 집단도는 제약산업의 전략집단이다. 제약산업은 전통적으로 두 개의 그룹으로 묶이는데 하나는 많은 R&D 비용을 들여서 신약개발을 하고 세계시장을 지배하는 집단이다.

두 번째 집단은 상대적으로 R&D 비용을 적게 쓰고, 포인트가 되는 약품이 신약이 아닌 특허가 만료되는 제품을 빨리 카피하여 제품을 생산하는 복제약을 만드는 그룹으로 나뉘어진다. 전통적으로는 이 두 개의 전략집단이 제약산업에서 각각의 다른 특징을 가지고 있었기 때문에 실질적인 경쟁이 없었다.

그런데 최근 제약산업 환경이 바뀌면서 이 두 집단의 경계가 겹쳐지면서 경쟁이 격화되고 있다. 특히 신약을 중심으로 하는 회사들이 점점 높아지는 R&D 비용에 대한 부담, 그리고 신약개

그림 3-29 제약산업의 전략집단 경쟁

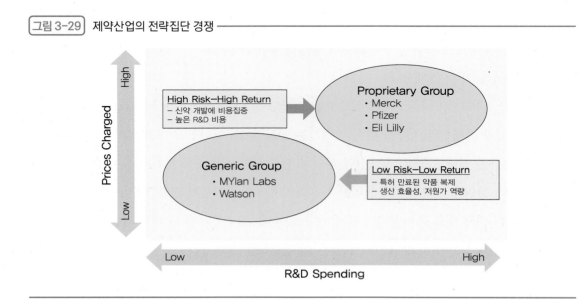

발이 워낙 오래 전부터 많이 이뤄져서 개발되어야 할 신약을 찾는 게 어려워졌다. 반면에 복제약 시장은 꾸준히 커지고 있다. 그리고 개발도상국의 소득이 올라가면서 그곳의 제약시장이 커지고, 그 시장은 당장 최고가인 신약보다는 복제약을 선호한다. 따라서, 신약중심의 기업들이 대거 복제약 시장으로 진출하게 된 것이다. 이동장벽을 넘은 것이다. 그러다 보니 과거에는 서로 떨어져 있어서 실질적인 유효경쟁이 없었는데 이동장벽이 무너지면서 복제약 그룹이 복제 약만 전문으로 하는 기업 외에 신약을 중심으로 만드는 기업이 대거 내려와 경쟁이 격화되는 경우가 생겼다. 따라서 전략집단도를 분석할 때 이런 이동장벽의 변화나 환경변화로 경쟁이 격화되는 것도 전략집단 분석을 활용하여 우리들의 전략을 만들 때 도움이 되는 쪽으로 활용할 수 있다는 것이다.

3. 경쟁자 분석 프로세스

1) 경쟁자 분석단계

전략에서 가장 중요한 것 중 하나는 경쟁자에 대한 이해이기 때문에 경쟁자 분석은 필수이다. 전략이라는 것은 기본적으로 경쟁을 기반으로 해서 생긴 개념이다. 사실 경쟁이 없으면 전략의 상대적인 중요성이 많이 줄어든다. 반대로 경쟁이 치열할수록 고민이 필수 불가결해지므로 전략의 중요성은 더 올라간다. 그렇기 때문에 경쟁자를 분석하는 것은 당연한 일인데 문제는 경쟁사 분석이 중요함에도 불구하고 경쟁자를 체계적으로 분석하는 것은 의외로 많이 알려져 있지 않다는 것이다. 경쟁자를 체계적으로 분석하고, 경쟁자 분석을 잘 활용하고, 경쟁자 분석 시에 유의할 점들을 한 번 살펴보자.

우선 경쟁자를 분석하는 기본 단계를 알아보자. 경쟁자를 분석한다는 것은 경쟁자와 대비되는 자사의 강약점도 파악할 수도 있고, 또 내가 어떤 전략을 썼을 때 경쟁자들이 어떻게 반응할 것인가 하는 부분도 살펴볼 수 있다. 일반적인 경쟁자 분석의 단계는 우선 자사가 어떤 전략을 펼치려고 하는지를 파악하고, 이것을 실행했을 때 과연 경쟁자들은 어떻게 반응할 것인가를 미리 파악하여 거기에 맞게끔 전략들을 조정해야 한다. 제일 중요한 첫 번째 단계는 분석할 경쟁자를 선택하는 것이다. 모든 경쟁자를 분석할 수는 없다. 따라서 기업마다 자신이 처한 상황을 고려해서 경쟁자를 선택하고, 그 다음에 경쟁자를 분석하게 된다. 경쟁자를 분석하는 방법에는 체계적인 틀이 있는데, 그 틀에 의해 네 가지 차원으로 분석이 된다. 그 분석이 되고 나면 자연스럽게 자사와 경쟁사를 비교하게 된다. 그냥 경쟁자만을 위한 분석, 자사만을 위한 분석은 큰 의미가 없다. 항상 경쟁자와 자사를 비교분석하는 것이 의미가 있는 것이다. 그래서 비교를 하게 되고, 그것에 따라 경쟁자들의 행동을 예측할 수 있게 된다. 경쟁자가 이렇게 반응하겠다, 이렇게 행동하겠다에 대해 예측할 수 있고, 그것을 기반으로 자사가 수행하고자 하는 전략의 시사점을 도출하면 우리의 전략이 경쟁자의 반응도 같이 고려된 전략으로 마무리가 될 수 있는 것이다. 이러한 기본적인 프로세스를 거쳐 경쟁자를 분석한다.

2) 분석할 경쟁사 선택

경쟁자를 선정해야 하는데 어떤 경쟁자를 선정해야 되는가부터 알아보자. 이때 우리가 유의해야 할 것은 우리가 속해 있는 산업의 상황에 따라 중점적으로 분석해야 할 경쟁자가 조금 달라질 수 있다는 것이다. 그래서 경쟁자 분석을 하고 있지만 전략분석을 할 때 가장 기초가 되는 산업구조 분석을 일단 진행하여야 한다. 산업구조분석을 진행하는 것은 산업을 이해하기 위해서 하는 것이지만 경쟁자를 분석할 때도 도움이 될 수 있다. 기억을 떠올려 보면 산업구조 분석은 크게 다섯 가지로 되어 있고, 그 중 가운데가 기존 경쟁자이다. 기존 경쟁자 중에는 직접적으로 부딪히는 경쟁자들도 있다. 당장 부딪히는 직접경쟁자나 혹은 기존 경쟁자 중에 선도 기업이 있다. 이 두 기업은 기존 경쟁자에서 나온 기업이다. 만약 기존 경쟁자가 위협적인 산업이라면 기존 경쟁자 중에서 우리가 분석할 경쟁자들을 선택할 수 있다. 또 산업에 따라서는 기존 경쟁자보다는 잠재적인 경쟁자, 신규 경쟁자가 더 중요할 수도 있다. 예를 들어 우리가 선전하고 있는 시장에 큰 관심을 보이는 기업이나 혹은 이 산업에 들어오면 시너지 효과가 날 수 있는 산업에 있는 경쟁자는 잠재적인 경쟁자이다.

그래서 산업에 따라서는 잠재적인 경쟁자를 선택하여 집중적으로 분석할 수도 있다.

그 다음에는 공급자와 구매자의 교섭력을 분석한다. 공급자나 구매자 중에서도 전방통합 혹은 후방통합에 의지가 있는 기업들이 있다. 자신이 물건을 파는 기업이었는데 직접 제조를 하겠다는 의지를 가진 기업이나 또는 자신이 원료나 부품만 공급했는데 직접 조립을 하겠다는 기업들이 있다. 이렇듯 공급자나 구매자 중에서도 강력한 전후방통합의 의지가 있는 경우가 있다. 이런 기업들은 때로는 분석할 필요가 있다.

마지막으로 대체품 분석이 중요해지면 기존 제품을 대체할 수 있는 회사를 선정해서 분석할 수 있다. 그리고 산업구조 분석에서 직접적으로 나오지 않지만 추가로 고려해야 할 것은 해외에서 국내시장에 진출할 수 있다는 것이다. 그래서 우리나라에 들어오려고 하는 해외 다국적 기업도 잠재적 경쟁자 중에서 별도로 고려할 수 있는 경쟁자이다.

우리가 산업구조 분석을 하는 이유는 다섯 가지 요인을 분석하면 신경을 써야 될 요인이 도출되기 때문에 그 요인에 해당되는 경쟁자를 선정하여 분석해야 하는 것이다. 그래서 분석할 경쟁자를 선택할 때에는 산업구조 분석의 다섯 가지 요인을 분석하고, 거기에서 의미가 있는 경쟁자를 선택하는 것이 좋다.

3) 경쟁자 분석틀

분석할 경쟁자를 선택한 후 경쟁자의 어떤 측면을 분석할 것인가, 어떻게 분석할 것인가는 크게 네 가지 요인으로 분석된다. 첫 번째는 현재 그 경쟁자가 어떤 전략을 하고 있는가 하는 현행 전략이다. 두 번째는 경쟁자의 강약점으로 경쟁자가 어떤 강점이 있는지, 어떤 약점이 있는지를 우리의 기업과 비교하며 분석하면 된다. 세 번째는 미래목표이다. 경쟁자가 미래에는 무엇이 되고자 하는지 미래 목표를 분석해야 한다. 그리고 마지막으로 제반 가정이다. 제반이란 것은 '여러 가지'라는 한자어이다. 산업에 대한 가정, 시장에 대한 가정, 또 경쟁자가 생각하는 경쟁자에 대한 가정, 혹은 고객에 대한 가정, 이런 여러 가지 가정들, Assumption을 제반 가정이라고 표현한다. 네 가지 요인을 분석하는데, 여기서 많이 오해하는 두 가지를 알아보자. 첫 번째는 우리가 궁극적으로 경쟁자 분석을 하는 이유가 무엇인가 하는 것이다.

네 가지 요인을 언급하였는데, 네 가지 다 중요한 요인이지만 이중에서 우리가 정말 알고 싶은 게 무엇일까? 바로 우리가 알고 싶은 것은 미래에 경쟁자가 할 행동이다. 경쟁자가 미래에 할 행동을 예측하기에 제일 좋은 것이 바로 미래의 목표나 제반 가정이다. 그 기업의 무엇이 되고 싶고, 그 산업에서 어떤 가정을 하고 있는지 알면 그 기업의 미래 행동, 반응을 예측할 수 있다. 따라서 네 가지 요인을 다 분석해야 되지만 실질적으로, '우리가 상대적으로 쉽게 정보를 구할 수 있는 현행전략과 강, 약점에 대한 분석을 기반으로 하여 경쟁자의 미래목표와 제반 가정을 추론하는 것'이 경쟁자 분석의 핵심이라는 것이다.

두 번째는 경쟁자 분석을 이야기하면 항상 오해하는 것이 경쟁자의 기밀자료를 빼와야 한다는 듯이 고민을 하는 사람들이 있다는 것이다. 그건 사실 윤리적, 법적으로 어려운 일이다. 어떻게 경쟁자의 비밀스런 자료를 구할 수 있을까? 그런 자료를 구하지 못하면 경쟁자 분석을 할 수 없지 않느냐, 이렇게 오해를 하는 사람들이 있다. 하지만 경쟁자 분석은 그런 기밀자료를 가지고 하는 게 아니다. 이미 언론, 신문지, 아니면 우리의 어떤 자연스러운 관계를 통해 특정 경쟁자의 현행전략이 많이 노출되어 있다. 그 회사가 어떤 제품을 출시하는지도 알 수가 있고, 어떤 가격대를 받고 있는지도 다 알 수가 있다. 그래서 현행전략은 우리가 조금만 신경 쓰면 데이터를 얼마든지 구할 수 있고, 강, 약점은 대단히 기밀스러운 것이 아니라 이런 현행전략에 대한 자료를 가지고 우리의 기업과 비교하면서 강, 약점을 정리하는 것이다. 이것을 하게 되면 이 경쟁자가 미래에는 무엇이 되고 싶고, 또 어떠한 가정을 가지고 이러한 현행전략을 하고 있는지 추론이 가능해진다. 그래서 우리가 경쟁자의 머릿속에 들어갈 순 없지만 이러한 현행전략과 강, 약점의 분석을 통해서 그 경쟁자가 추구하고자 하는 미래목표와 제반 가정을 잘 도출한다면 우리는 충분히 전략에 필요한 경쟁자들을 분석할 수 있게 되는 것이다.

4. 경쟁자 분석 유의사항

1) 경쟁자 분석 시 유의점

경쟁자를 분석할 때 유의해야 할 세 가지 유의점을 살펴보자.

우선 첫 번째, 우리가 경쟁자를 분석하는 가장 근본적인 이유는 우리의 전략에 대한 경쟁자의 대응, 반응을 예측하는 것이다. 즉, 경쟁자를 고려하지 않는 전략은 의미가 없다. 가격을 내리면 소비자들이 물건을 많이 사갈 것이다. 이는 의미가 없는 것이다. 왜냐하면 경쟁자가 가격을 더 내리면 우리가 가격을 내린 효과가 없는 것이 되기 때문이다. 그래서 경쟁자의 반응을 예측하는 것이 첫 번째 유의점이다.

두 번째는 여러 가지 요인 중에서 경쟁자의 제반 가정을 파악하는 것이다. 경쟁자는 시장에 대해서, 환경에 대해서, 또 경쟁자에 대해서, 고객에 대해서 어떤 가정을 하고 있을까 하고 추론하는 일이 매우 중요하다. 이걸 잘못했을 때 어떤 결과가 벌어지는지 실패 혹은 어려움에 대해 사례를 통해 알아보자.

세 번째는 업계를 지배하는 선도 경쟁자가 있을 때, 이 선도 경쟁자를 정면으로 공격하는 전략은 신중할 필요가 있다는 것이다. 물론 필요에 따라 정면공격을 일시적으로 할 수 있다. 그러나 대부분의 경우 선도 경쟁자를 적극적으로 자극하며 공격하는 전략은 많은 출혈이 예상된다. 따라서, 가능하면 선도 경쟁자를 자극하지 않으면서 자기의 위상을 확고히 가져갈 수 있는 방법만 있다면 그 방법을 먼저 고려하는 것이 현명하다는 것이다.

이렇게 세 가지 유의점이 있는데, 이것을 사례와 함께 한번 구체적으로 살펴보도록 하자.

2) 진통제 시장의 경쟁

미국 진통제 시장에는 Tylenol, Datril, Advil이라는 세 가지 브랜드 기업들이 있다. 여기에는 재미있는 역사들이 많이 있다. Tylenol과 Datril의 경쟁, 또 Tylenol과 Advil의 경쟁을 한번 살펴보자. 진통제 산업의 확고한 선도기업은 Tylenol이었다. 그런데 이 Tylenol을 공략하기 위해서 Datril과 Advil이 전략을 마련했다. 그런데 이 두 회사가 Tylenol을 공략하는 점에서는 공통점이었지만 자신들의 전략을 효과적으로 실행하는 데에는 차이가 있었다. 가장 큰 차이가 바로 경쟁자의 반응을 잘 고려하지 못했다는 것이다. Datril의 전략은 Tylenol과 유사한 성분들을 활용하는 것이었다. 과학적인 영역이지만 진통제 효과가 있는 물질은 여러 물질이 있는데, Datril은 Tylenol과 유사한 성분의 원료를 가지고 진통제를 개발했고, 실제 효능 면에서도 Tylenol 못지 않다고 생각했었다. 대신 Datril이 했던 전략은 유사한 효능이지만 Tylenol보다 가격을 싸게

그림 3-30 진통제 시장의 경쟁

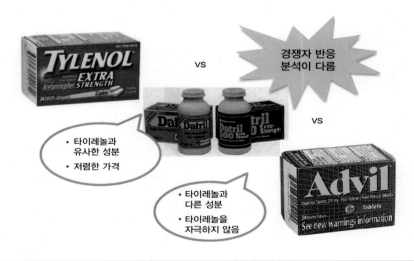

하자는 전략을 세웠던 것이다. 그래서 좀 더 가격이 저렴한 Datril이란 진통제를 출시하는 것으로 준비를 하고, 처음 진입하는 것이라서 Datril은 Tylenol과 굉장히 유사하지만 우리 것이 더 저렴하다는 광고도 준비하고, 또 약을 공급할 각종 소매점에 이러한 문구를 붙이는 프로모션을 하기 위한 준비를 하고 있었다. 그런데 그런 Datril의 전략이 발표되기 불과 하루 전에 Tylenol이 먼저 선수 쳐서 대대적으로 약값을 인하한다는 정책을 발표했다. 이것이 뜻하는 것은 무엇일까? 바로 Tylenol이 Datril이 자기와 유사한 상태로 준비를 해서 자기보다 조금 더 저렴하게 출시한다는 것을 알고 있었다는 것이다. 그걸 알고 Tylenol도 미리 준비해서 선수를 쳐버린 것이다. 상황이 이렇게 되니 Datril의 입장은 곤욕스러워졌다. 왜냐하면 출시일을 앞두고 이미 다 준비가 끝나 있었기 때문이다. Tylenol보다 싸다는 전략에 맞춰 모든 준비를 다 했는데, Tylenol이 Datril의 출시 전에 가격을 떨어뜨림으로써, 그 전략의 의미가 사라져 버렸다. 그로 인해 Datril 입장에서는 두 가지 방법 밖엔 남아있지 않게 되었다. 이미 만들어 놓은 것을 쓰려면 Tylenol이 가격을 낮췄기 때문에 원래 생각했던 것보다 가격을 더 낮춰야 하는데, 이것은 원가에 있어서 상당한 압박이 된다. 아니면 이 프로모션 자체를 연기시켜야 하게 된 것이다. 이런 Tylenol의 반격 전략이 Datril에 치명적인 영향을 미쳤다.

반대로 Advil은 Tylenol의 이러한 가격전쟁에 대한 철저한 대비를 하고 있었다. 그래서 Advil의 경우, 진통제 효과가 있는 약물에서도 Tylenol과는 좀 다른 성분을 쓰고, 또한 Tylenol을 자극하지 않으면서 자신의 진통제가 통증을 완화하는 요인 외에 Tylenol과 또 다른 부수적인 효과가 있다는 효능을 알리면서 Tylenol을 직접 자극하지 않는 방법으로 2등 위치로 가는 전략을 썼다. 따라서 경쟁자 분석에서는 경쟁자의 대응방안을 제대로 고려하지 못하면 곤욕스러운 상황에 빠질 수 있기 때문에 그 점을 잘 고려해야 한다.

3) 두부시장의 경쟁

두 번째는 경쟁자의 제반가정을 이해하는 것이 효과적인 경쟁전략을 수립하는데 중요하다는 것이다. 이것은 우리가 시중에서 볼 수 있는 두부산업의 사례에서 볼 수 있다. 원래 두부산업은 대기업들이 진출하지 않고 중소기업이나 중견 기업들이 주로 활동하는 식품의 카테고리였다. 두부산업의 가장 대표적인 브랜드로 우리나라에는 풀무원이라는 브랜드가 있었다. 그런데 2000년대 중반에 와서 대기업들이 이 시장으로 진출하기 시작했다. 진출했던 기업 중의 하나가 CJ라는 식품회사이다. 이 회사에서 행복한 콩이라는 브랜드를 가지고 포장 두부시장에 들어왔다. 그런데 초기에 시장에 들어와서 경쟁을 치열하게 벌이다 보니, 사실 두부라는 제품 자체는 두부를 생산하는 업체 사람들의 입장에서는 억울한 면이 있겠지만, 우리처럼 제3자의 입장에서 보면 차별화가 참 쉽지 않은 제품이다. 콩이라는 원료를 가지고 가공을 해서 만들기 때문에 다른 두부와 우리 두부가 차이가 난다는 게 쉽지가 않다. 상대적으로 우리가 시중에 볼 수 있는 휴대폰이나 자동차 같은 경우는 남과 다르다는 표현을 할 수 있는 수단이 많다. 그런데 두부는 굉장히 단순한 제품이다 보니, 남과 다르다는 것을 강조하기가 쉽지 않다. 그러다 보니 경쟁이 치열해져서 판촉 경쟁이 붙기 시작한다. 예를 들어, 직접 가격을 깎아주는 경우도 있고, 심지어 그것이 힘들다면 두부를 한 개 사면 하나를 더 준다든지, 아니면 두부를 하나 샀으면 거기다 사은품으로 다른 제품을 끼워준다든지 이런 식으로 판촉 경쟁이 벌어지게 된다. 여기서 문제는 바로 CJ라는 큰 대기업이 포장 두부시장에 왜 들어왔느냐이다. 지금 벌어진 형태는 두부시장에 진출해서 판촉을 하고 팔고 있지만 공격을 받는 풀무원 입장에서는 이 CJ라는 회사가 이 산업에 왜 들어왔는가. 그 의도를 파악하는 것이 중요한 것이다.

왜냐하면 판촉이 막 벌어졌을 때 그 의도가 일단 단기적으로 들어와서 여기에서 뭔가 수익을 내겠다는 의도라면 풀무원도 같이 판촉으로 대응해서 같이 하는 게 중요하겠지만, 그게 아니라 뭔가 다른 의도가 있다면 이런 CJ의 대응에 좀 다르게 대응하는 게 필요하다. 그래서 그 의도를 파악해보니 CJ가 이 포장 두부시장에 들어온 것은 단순히 두부시장을 장악하겠다, 두부시장에 가서 뭔가 하겠다는 단순 의도가 아니라 두부로 대표되는 냉장식품 카테고리를 공격적으로 확대하겠다는 의도가 있었던 것이다. 식품시장에서는 우리가 제품을 보관하는 온도 때에 따라 상온식품, 냉장식품, 냉동식품으로 구분하는데 상온과 냉동식품시장의 성장이 정체되어 있는데 반해 냉장식품은 늘고있었다. 이것은 우리나라의 신문화의 변화와도 관련되어 있다. 주부들이 워낙 바쁘고 일을 많이 하다 보니, 집에서 요리하는 시간이 점점 줄어서 빨리 요리할 수 있는 냉장식품에 대한 수요가 느는 것이다. CJ차원에서는 냉장식품 카테고리가 많지 않았다. 그래서 앞으로 식품부분을 키우려면 냉장 카테고리를 늘려가야겠다, 냉장 카테고리를 늘리려다 보니 냉장 카테고리에 있는 제품 중에서 가장 비중이 큰 시장이 두부시장이더라는 것이다. 그래서 두부시장에 들어온 것이다. 그 얘기는 이렇게 장기적인 의도를 가지고 들어온 경쟁자는 단기적인 방법으로 공략해서는 쉽게 안 물러난다는 것이다. 그냥 두부시장이 장사가 좀 되니까 한번 가볼까

하고 발을 걸쳤다고 생각해보자. 그런 경우라면 새로운 기업을 몰아내기 위해서 기존 기업들이 강력한 반발을 한다면 그 기업이 발을 뺄 수도 있다. 한번 들어가 봤더니 경쟁이 너무 치열하더라. 이건 아닌가 보다 하며 쉽게 철수할 수 있다는 것이다. 그러나 이런 장기적인 의도를 가지고 들어오는 경우에는 단기적으로 뭔가 변화가 있다고 하더라도, 냉장 카테고리를 늘리는 쪽으로 가야 되는데 두부시장의 경쟁이 조금 격화된다고 해서 바로 하지 말자고 포기할 수가 없다. 따라서 경쟁자의 의도가 장기적이고 전략적 의도가 있는 것이냐, 아니면 남들이 잘된다고 하니까 한번 들어가 본 것이냐에 따라 대응방식이 완전히 다르다는 것이다. 그래서 이 포장 두부시장의 경쟁에는 CJ가 그런 의도를 가지고 들어갔기 때문에 풀무원의 입장에서도 단기적인 방식, 단순히 프로모션을 더 강화한다든지 가격을 막 깎아준다든지 하는 이런 단기 전략이 아닌 장기 레이스에 대비한 본질적인 전략을 준비하는 것이 훨씬 효과적이다.

4) Avis의 2등 전략

세 번째로 선도적인 지배기업을 자극하는 것이 바람직하지 않다. 가능하면 선도 기업을 세게 자극하지 않고 자기의 위상을 확보하는 것이 중요하다. 앞서 Advil과 Tylenol의 관계를 보면 이해하기 쉽다.

또 하나 좋은 예가 있는데, 렌터카 사업의 avis라는 회사의 사례이다. 렌터카 사업에서는 hertz라는 회사가 독보적인 지배 기업이었다. 나머지 여러 업체는 비슷했다. 이때 avis가 선택한 전략은 확고한 2등 전략이었다. 그래서 아예 avis는 '2등을 지향한다. 하지만 열심히 하겠다.' 이런 광고문구를 공식적으로 어필했다.

그렇게 해서 hertz를 덜 자극하면서도 다른 업체들 중에 자기의 위상을 잡는 전략을 썼다. avis의 영리한 전략처럼 때로는 산업의 선도적인 지배기업을 자극하지 않으면서 우리의 위상을 드높이는, 이런 스마트한 2등 전략이 효과적인 경우도 있다.

그래서 경쟁사 분석 결과를 가지고 활용할 때에는 경쟁자의 반응을 잘 예측하는 것과 제반 가정을 잘 이해하는 것, 그리고 막강한 영향력을 가진 선도기업을 함부로 건드리지 않는 것, 이런 유의점을 주의한다면 경쟁자 분석이 우리에게 좋은 방향으로 활용될 수 있을 것이다.

Part 4

외식인사관리

Part 4

외식인사관리

01 인적자원관리의 개념

1. 외식산업의 인적자원관리

오늘날 경영학자들은 기업의 자원을 물적 자원과 인적 자원으로 분류하고, 인적 자원은 물적 자원을 능률적이고 효과적으로 활용하도록 하는 핵심자원이기 때문에 기업의 성패에 가장 큰 영향을 미친다고 말한다.

외식산업과 같은 서비스 산업에서는 인적 자원이 기업 경쟁력 그 자체라고 볼 수 있다. 조직의 성과에 인적 자원의 욕구와 동기, 태도와 행동 그리고 조직문화 적응 정도 여하에 따라 큰 영향을 미친다. 인적 자원의 양과 질이 아무리 우수해도 이들이 효율적으로 활용되지 못하면 조직의 성과에 전혀 도움이 되지 못한다. 우수한 인적 자원을 제대로 육성하고 활용할 때에 조직의 성과는 배가 된다. 이러한 측면에서 인적자원관리는 대단히 중요하다.

특히 오늘날과 같은 급격한 경영환경의 변화 속에서는 인적 자원들이 적극적으로 대처해주지 않으면 기업 조직은 살아남을 수 없다. 치열한 경쟁 환경 속에 고객의 태도와 취향의 변화, 구성원 간의 개인별 특성의 현격한 차이, 연령 간의 가치관 충돌 등 대내외 환경의 변화에 기업 내부의 인적 자원들이 잘 대처해야 경쟁력을 유지할 수 있다. 혹자는 올바르게 채용 및 육성된 인적 자원은 기업의 핵심자원이 되지만 그렇지 못한 경우에는 인적 자원이 아니라 악성 부채가 된다고 했다.

조직 구성원이 자산이 되게 하는 인적자원관리는 조직의 목표달성에 요구되는 역량을 갖춘 사람을 채용 및 육성, 구성원의 잠재력 발견과 동기유발, 직무만족을 통한 자아실현 유도와 근로생활의 질 향상, 윤리적 행동 유지 등과 같은 일련의 과정을 말한다. 인적자원관리는 조직의 목표 달성을 위한 모든 조직구성원을 대상으로 한다. 경영 최고위층에서 하부의 일선관리자에 이르기까지 모든 경영관리자가 수행하는 기본적이면서 핵심적인 관리 활동이다.

인간의 역량은 개발과 노력 여하에 따라 엄청난 차이를 가져오고 일에 대한 태도에 따라서 그 성과 또한 현격한 차이를 가져온다. 경영관리자가 어떻게 구성원들을 관리하는가에 따라 업무에 대한 태도 정립이 완전히 달라진다.

이렇게 인적자원관리가 중요한 영역임에도 불구하고 우리 산업현장에는 인적자원관리에 대한 세심한 노력이 부족하다. 특히 외식산업에서는 서비스 산업의 특성상 더더욱 인적자원관리가 기업의 흥망을 좌우한다. 인적자원관리에 대한 체계적인 접근이 부족해 잦은 이직으로 번잡스러운 입사와 퇴사, 숙련도와 업무 노하우의 미축적 등은 외식산업의 경쟁력에 부정적인 영향을 미친다. 외식산업의 성공을 위해서는 인적자원관리의 중요성을 인식하고 인적자원관리를 효율적으로 해야 한다.

효율적인 인적자원관리를 위해 어떠한 활동 등을 해야 할까? 인적 자원 학계에서는 대체로 다음과 같은 과제들이 지적되고 있다. 첫째, 적정한 인적 자원의 확보(procurement)로서 필요한 역량을 갖춘 인적 자원을 일정한 계획에 의거해 조직 외·내부에서 모집 및 선발을 잘 해야 한다.

인적자원관리의 첫 번째 단계로서 가장 중요한 것이기에 확보를 위한 비용지출을 아끼지 말아야 한다. 둘째, 인적 자원의 활용(utilization)으로 배치와 인사이동 등을 통해 구성원들에게 적절한 직무를 부여하거나 자신의 직무에서 최대의 성과를 발휘할 수 있도록 지원해야 한다. 셋째, 개발(development)로 인적 자원이 조직의 목표달성에 필요한 역량을 갖출 수 있도록 교육 및 훈련시키고 개인의 잠재력을 발견하고 실현하도록 만드는 과정이다. 넷째, 보상(compensation)으로 조직목표 달성에 구성원이 공헌한 대가로 직접적·간접적 급부를 적정하고 공정하게 제공해야 한다. 적정하지 못하고 공정하지 못한 보상은 구성원들의 사기를 저하시키고 이직을 유발하거나 불신으로 작용하게 된다. 다섯째, 유지(maintenance)로서 이미 확보되고 개발시킨 인적 자원의 육체적·정신적 안정 상태를 지속시킴으로써 조직에 기여하는 데 문제가 없도록 해야 한다. 이를 위해 적정한 휴가와 휴일에 의한 휴식, 신상필벌에 의한 시상과 징계가 이뤄져야 한다.

2. 인적자원관리의 정의

기업이 존재하게 되면 일과 사람의 관리가 필요하게 되는데, 문자 그대로 일(事)과 사람(人)과의 관계에 대한 효율적인 관리(管理)를 인사관리(人事管理)라고 할 수 있다. 즉, 먼저 일(직무)이 주어지고 그 일에 적합한 사람을 찾고 관리하는 모든 과정이 인적자원관리가 된다. 그래서 일만 있고 사람이 필요 없는 무인자동시스템에는 이러한 인적자원관리가 존재하지 않는다. 또한 사람을 미래의 기업 가치인 인적 자원이라는 측면에서 보면 인적자원관리(人的資源管理)가 될 것이다. 인적자원관리는 '경영체가 그 경영 목적 달성을 위한 활동과 경영체를 구성하고 있는 개개인의 목적 달성을 위한 활동 간에 상호 조화를 실현하고자 하는 일련의 통합적 시책'을 말한다.

여러 학자들이 주장하는 조직에 대한 정의를 보면 다음과 같다. Weber는 조직을 "특정한 목적을 가지고 그 목적을 달성하기 위하여 조직 구성원 간에 상호작용하는 인간의 협동집단이다."라고 정의했다. Barnard는 조직을 "공동의 목적을 달성하기 위해 공헌할 의욕을 가진 2인 이상의 인간이 상호 의사를 전달하는 집합체이다."라고 정의했다. Katz & Kahn은 조직을 "공동의 목표를 가지고 내부관리를 위한 규제 장치와 외부환경관리를 위한 적응구조를 발달시키는 인간의 집단이다."라고 정의했다. 이들 학자들의 조직에 대한 정의에서 보면 조직의 핵심은 바로 인간, 즉 사람이다. 따라서 조직의 성과는 조직을 구성하는 사람에 따라서 결정된다.

3. 개념 및 체계

인적자원관리는 기본적으로 기업의 경영 활동에 필요한 인적 자원의 합리적 관리체계로서, 기업의 목적 달성 및 유지 · 발전을 위해 요구되는 유능한 인재를 확보하고 육성 · 개발하며, 보상 및 유지 활동을 해나가는 이론적 · 실체적 지식의 총체라고 규정할 수 있다. 인적자원관리의 주요 기능은 관리의 대상 · 내용과 학자에 따라 다양하게 분류된다. 인적자원관리 이론의 대표 학자로는 Edwin B. Flippo를 포함하여 Robbins, S. P. 등이 있다. 인적자원관리 기능을 학자별로 분류한 것을 보면, Flippo는 인적자원관리에서 조직의 경영자를 조직 내의 종업원에게 권한 · 리더십을 행사하는 자로 정의하고, 경영자는 관리적 기능과 업무적 기능을 수행하는 존재로서, 인적자원관리는 조직의 목표가 달성되도록 하기 위해 인적 자원의 관리 기능을 수행해야 한다고 하였다. Robbins는 인적자원관리에 대해 '개인과 조직의 목표를 달성(통합)하기 위해 장 · 단기적

인적 자원을 계획·조직화·지휘·조정·통제하는 총체적 관리 행위'라고 하였다. 인적자원관리 기능에 대하여 학자들이 정의하고 분류한 내용을 종합하면, 인적자원관리 기능은 고용 관계를 형성하는 일련의 통합적 의사결정이며, 크게 확보관리 기능, 육성개발 관리 기능, 처우보상관리 기능, 유지관리 기능의 네 가지로 세분하여 파악할 수 있다.

4. 인적자원관리가 추구하는 목적

인사(人事)는 만사(萬事)라고 한다. 인적자원관리의 개념을 바로 이해하려면 먼저 인적자원관리가 추구하는 목적을 분명히 아는 것이 필요하다. 인적자원관리의 목적은 성과 달성과 협력 공동체를 동시에 지향하는 것이 가장 바람직하다. 인적자원관리의 목적은 크게 관리 가치와 관리의 방침으로 구분할 수 있다. 여기서 가치란 방침을 설정하는 근거가 되는 철학 또는 이념이라고 한다면, 방침이란 이러한 가치가 더욱 구체적으로 표현된 것으로 기본 목표 또는 방향을 뜻하는 것이라 할 수 있다. 직장과 근로 현장에서 근로생활의 질을 높이려는 QWL(Quality of Work Life)의 주요 목적은 구성원들이 수행하는 직무를 재구성하여 만족을 느끼도록 유도하고 그 직무를 통하여 자신을 개발할 수 있는 기회를 제공하는 데 있다. 또한 이러한 목적은 경제적 효율을 추구하는 합리성과 더불어 근로생활의 질(QWL)을 추구하는 인간성을 존중하는 가치가 확립될 필요가 있다. 나아가 이러한 합리성을 기초로 하는 가치는 조직 성과 차원의 생산성 목표를, 인간성을 기초로 하는 가치는 구성원 차원의 만족성 목표를 구체적 방침으로 나타낸다. 즉, 생산성 목표는 구성원의 만족과 같은 인간적인 측면보다 과업 그 자체를 달성하기 위한 조직의 목표를 말한다면, 만족성 목표는 조직의 과업과는 별도로 조직 자체의 유지 또는 인간적 측면에 관계된 목표라고 할 수 있다.

표 4-1 인적자원관리 기능

구분	내용
① 확보관리 기능	기업 경영(목표 달성)에 필요한 유능한 인재를 모집·선발·채용·배치(인력 수준 예측 및 조정 포함)
② 육성개발 관리 기능	확보된 인재의 유능성을 지속적으로 유지하기 위한 교육·훈련이나 역량 개발
③ 처우보상관리 기능	공정한 처우 보장을 위한 임금이나 복지후생 등(공헌도에 따라)
④ 유지관리 기능	근로 조건의 개선 및 인간관계 개선, 노사 관계 안정, 노동 질서의 유지 발전 및 근로생활의 질(QWL) 향상

기업은 생존과 발전을 위해서 효율적인 생산 활동을 전제로 하고 있다. 따라서 생산성 목표는 기업의 제1차적 기본 목표가 되고, 인적자원관리에 있어서도 조직 성과의 제1차적 판단 기준이 된다. 그리고 이러한 생산성 목표는 현실적으로는 수익 목표로 나타날 것이다. 성과의 제1차적 기준인 이러한 생산성과 수익, 즉 모두에게 돌아갈 수 있는 몫을 먼저 키워야 그 몫을 분배할 수 있고 일에 만족과 보람을 찾을 수도 있는 것이다. 한편으로 인간성을 회복하고 근로생활의 질을 추구하기 위해서 만족성 목표도 동시에 고려되어야 한다. 이러한 만족성 목표는 조직원의 욕구와 기대를 잘 파악하여 보상으로 연결시키는 노력으로 이루어진다. 사람은 기본적으로 욕구와 기대에 따라 움직인다. 이러한 욕구와 기대가 실제적인 보상으로 충족되지 않으면 지속할 수 없는 것도 사실이다. 따라서 인간성을 가치로 하는 만족성 목표를 달성하기 위해서는 무엇보다도 욕구와 기대에 대한 고려가 있어야 하고 이를 채워 줄 수 있는 보상제도로 잘 연결시키는 노력이 필요하다.

이렇게 볼 때 인적자원관리의 목적은 서로 양면성을 동시에 가지고 있다고 볼 수 있다. 생산성을 추구하다 보면 만족성이 문제가 되고, 만족성을 생각하다 보면 생산성이 또한 문제가 된

그림 4-1 인적자원관리의 목표와 내용

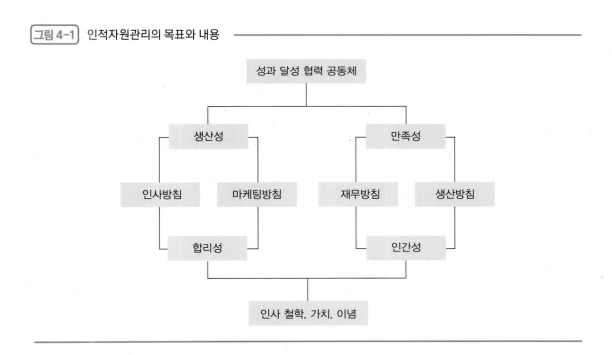

다. 앞으로 인적자원관리 담당자는 이 양면성을 어떻게 조화시켜 나갈 것인지에 대한 연구와 지혜가 필요하다. 오늘날 현대적 의미에 있어서의 인적자원관리는 조직의 구성원들이 자발적으로 조직의 목적 달성에 기여하도록 함으로써 조직의 발전과 함께 개인의 안정과 발전도 아울러 달성하도록 하는 것으로, 조직에서 사람을 다루는 철학과 그것을 실현하는 제도 및 기법의 체계라고 말할 수 있다. 최근 어느 업체의 인적자원관리 담당자로부터 동종업체에 비해 급여가 낮아 핵심 인재들의 이직률이 높다고 호소하는 것을 들었다. 이는 생존 차원에서 기업의 성과 또는 생산성 못지않게 구성원의 만족성 또는 보람이 고려되어야 할 필요성을 단적으로 나타내는 사례이다. 이처럼 인적자원관리는 개념에 대한 지식과 이론에 앞서 목적을 바로 이해하고 현장에서 이를 어떻게 처리할 것인가 하는 문제해결 역량이 더욱 중요한 것이다. 지금까지 언급한 인적자원관리 목적을 중심으로 정의해 보면, 인적자원관리란 '기업의 성과를 달성하고 협력하는 공동체를 이루는 데 필요한 인재를 제때 확보하고 평가·개발하며, 보상·유지하기 위해 계획과 실행 및 평가하는 프로세스'라고 할 수 있다.

5. 인적자원관리의 과정적 접근법

인사에 대한 연구 접근법의 하나로 과정적 접근법(process approach)을 들 수 있다. 과정적 접근법은 물이 흐르는 것처럼 자연적인 순서에 의해서 구성하는 방법이라고 할 수 있다. 다시 말해서 인적자원관리의 과정은 방침의 설정과 그것에 대응하는 계획의 입안으로부터 시작된다. 일반적으로 관리 활동은 '계획 → 실시 → 통제'라는 순환 과정으로 이루어져 있다. 인적자원관리 역시 일정한 인사 방침에 입각해서 인사 계획이 세워지고, 그 계획에 따라 현실적인 인적자원관리가 운용되고 실시되는 것이다.

직무는 전통적인 의미에서의 직무 설계와 근대적 의미에서의 직무 설계로 구분할 수 있다. 즉, 전통적 직무 설계가 보다 낮은 욕구 수준에서의 기술적인 욕구 충족에만 관심을 집중하고 있는 한편, 근대적 직무 설계는 직무 담당자의 기술적·조직적 욕구뿐만 아니라 사회적·인간적 욕구까지도 충족시킬 수 있도록 직무 내용, 작업방법 및 작업 상호 간의 관계를 결정하는 것이다. 오늘날 행동과학에 근거를 둔 직무 연구가 개발되어 기술적인 측면뿐만 아니라 자아성취적인 '일'에 대한 인간의 욕구도 고려하는 입장에서 근대적인 직무 설계가 행해지고 있다. 직무 설계에 의한 직무 변화를 통하여 부서원의 동기가 향상되리라는 기대에서 '직무가 사람에게 적합하도록' 설계되고 있다. 이러한 직무 설계의 이론을 뒷받침하는 가정은 "생산성이 물적·인적 자원의 효율적 이용의 함수이기 때문에 동기의 개선이 생산성의 향상에 꼭 필요하다."는 것이다.

6. 인적자원관리 용어의 변천

인적자원관리의 개념 및 정의에서 실무적 이해를 넓히기 위해서는 '인적자원관리'와 '노무관리'라는 용어의 의미를 구분할 필요가 있다. 일반적으로 인사관리란 주로 정신적 노동에 종사하는 직원·연구원 등의 사무관리직 근로자(white collar)를 대상으로 하는 것이라면, 노무관리란 육체적 노동에 종사하는 직공·작업원 등의 생산현장직 근로자(blue collar)를 대상으로 하는 것이다. 그러나 실제로는 이를 명확히 구분하지 않고 사용하는 경우가 많다. 처음에는 관리직 사원의 채용 급여 처우 등을 취급하는 분야는 인사관리로, 생산직의 채용 임금 처우 노동분쟁 등을 취급하는 분야는 노무관리로 분류되어 사용되었다. 우리나라에서는 점차 관리직 사원과 생산직 사원을 구분하지 않고 전사원제에 의한 신분상의 차별을 철폐하는 경향이다. 그러나 아직도 일부 기업에서는 관리직 사원은 인사팀, 생산직 사원은 노무팀에서 담당하는 경우가 종종 있고, 공인노무사 제도의 일본 제도를 본뜬 측면이 있는 등 노무라는 용어가 현장에서 뿌리 깊게 사용되고 있다. 즉, 우리나라의 경우 실무 현장에서는 이를 구분하는 경향이 많으나 학계에서는 주로 인사관리라는 명칭으로 포괄적으로 사용하고 있다. 반면에 전통적으로 현장 중심의 인사관리가 발전된 일본에서는 오히려 노무관리가 대부분 통용되고 있다. 또한 미국에서는 시대와 관점에 따라 노동자관리, 인사관리, 인력관리, 인적자원관리 등의 용어가 다양하게 쓰이고 있다. 인적자원관리 역시 인사관리라는 명칭과 호환적으로 사용되고 있으나 그 발전 과정을 볼 때 다음과 같이 구분된다. 즉, 인사관리(personnel management, PM)가 운용적인 측면을 강조하는 제도적 차원의 전통적인 개념이라고 하면, 인적자원관리(human resources management, HRM)란 인적 자원의 개발 측면이 강조되는 동태적 차원의 현대적 개념이라 할 수 있다. 인적(人的)인 경영자원을 관리의 대상이 아닌 전략의 대상으로 해야 한다는 의미에서 기업 전반의 전략적 관점에서 인적자원의 관리를 강조하는 전략적 인적자원관리(strategic human resources management, SHRM), 컴퓨터와 인터넷을 기반으로 하는 인적자원관리 시스템(electronic human resources management, e-

HRM)으로 바뀌고 있는 추세이다.

7. 인적자원관리의 발전단계

인적자원관리가 발전해온 전개과정을 시대별로 분류해보면 <표 4-2>와 같은 네 가지 단계로 구분해볼 수 있다. 이러한 전개과정의 구분은 시대적 구분일 수도 있지만, 같은 시대에도 기업의 규모나 역사에 따라 인적자원관리의 수준이 다양하므로 기업의 인적자원관리 유형으로도 볼 수 있다. 다만, 기업이 성장하기 위해서는 인적자원관리의 단계가 순차적으로 발전되어야 하는 것은 분명하다. 많은 선진기업들이나 국내 우량기업들도 이러한 단계를 거쳐 발전적으로 변화되어 왔다. 인적자원관리의 발전단계 또는 유형은 ① 원시적 인사관리(primitive personnel management), ② 인사관리(Personnel Management, PM), ③ 인적자원관리(human resource management) 및 ④ 전략적 인적자원관리(Strategic HRM, SHRM)의 네 가지이고, 전략적 인적자원관리는 다시 '기능별 SHRM', '협의의 SHRM' 및 '창의적 HRM'으로 나눌 수 있다. 이는 인적자원관리 연구자들이 분류하고 있는 전개과정이다.

1) 원시적 인사관리에서 인사관리로의 변천

원시적 인사관리란 인사관리의 각 기능들이 제대로 갖추어지지 않은 상태를 말한다. 인사부서도 없고 인사관리와 관련된 규정이나 절차도 정리되어 있지 않은 상태이다. 그래서 담당자가 누구인가에 따라 방법과 내용이 쉽게 바뀔 수 있다. 체계적인 인사관리가 되지 못하기 때문에 원시적 인사관리단계라고 부른다. 창업 후 몇 년이 지나고 기업의 규모가 어느 정도 증가하면 기업들은 채용절차를 체계화하고 임금체계도 갖추게 된다. 즉, 인사관리의 각 기능들이 일관성을 유지하고 절차나 기준이 정립되어 간다. 이러한 단계를 인사관리단계라고 한다. 그러나 각 기능들이 독립적으로 유지되기 때문에 이러한 기능들이 하나의 시스템으로 조정되고 통합되는 측면에서는 미진하다고 할 수 있다.

2) 인사관리에서 인적자원관리로의 변천

1980년대를 지나면서 기업 간의 경쟁이 치열해지면서 인사관리에 대한 연구는 그 영역을 더 거시적으로 확대했을 뿐만 아니라, 각각 연구되어 오던 세부 기능들이 통합되어 가는 추세를 보이기 시작했다. 즉, 인사관리의 성격이 인사관리에서 인적자원관리로 변천되었다. 이렇게 인사관리의 성격이 바뀐 배경에는 다음 두 가지 요인이 있다. 첫째, 조직 내에서의 인적 요소에 대한 중요성이 더욱 중요하게 인식되었다는 것이다. 둘째, 조직의 성공은 개인의 잠재역량을 충분히 개발하는 것과 함께 가야 한다는 것을 인식했다는 것이다.

3) 인적자원관리에서 전략적 인적자원관리로의 변천

전략적 인적자원관리는 기업의 경쟁력과 비교우위의 원천으로서 인적자원관리의 중요성이 크게 대두된 것과 밀접한 관계가 있다. 선진기업을 중심으로 기업들은 경쟁에서 이기기 위해 인적자원관리를 전략적인 차원에서 접근하기 시작하였으며 이와 관련하여 소위 혁신적인 인적자원관리를 도입한 기업들이 생산성의 향상과 품질개선을 통해 초우량기업으로 발전하게 되었다. 이러한 기업은 인적자원관리를 기업의 경영전략을 결정하는 과정의 한 부분으로 인식하고, 조직의 목표를 달성하기 위한 인적자원관리의 전략적인 역할을 강조하였다. 이를 위하여 일부 기업은 인적자원관리를 담당하는 부사장을 선임하였다. 인적자원관리의 전략적 접근법은 인적자원관리를 과거와 같이 미시적, 개별적, 기능적인 현상으로 분석하는 것으로부터 벗어나 거시적·시스템적·전략적 측면에서 분석하고 있다. 즉, 개별적·미시적 인사기능보다는 인적자원관리 시스템이 조직의 생산성, 품질, 기업의 성과에 어떤 영향을 미치는가를 중요시하고, 기업의 사업전략을 실행하는 데 인적자원관리가 필수적임을 강조하는 것이다. 예를 들어 한 전자회사가 닷컴(.com) 회사로 전환하여 인터넷 비즈니스 사업으로 영역을 확장하려 한다면 먼저 다음과 같은 전략수립 과정을 진행할 것이다. 우선 새로운 사업영역에 대한 조직 내·외부의 환경분석을 할 것이다. 인터넷 사업과 현재 조직의 내부역량을 비교하고, 조직의 강점과 약점이 무엇인가를 파악할 것이다. 또 새로운 사업을 시작했을 때 회사가 얻을 수 있는 기회와 손실이 될 수 있는 위협의 요소들이 무엇인가를 확인할 것이다. 그런데 현재의 인적 자원들은 인터넷 비즈니스를 수행할 수 있는 정보기술 역량을 보유하고 있는가? 그렇지 않다면 어떤 분야, 몇 명의 인력을 충원하여야 하는가? 외부에서 확보하여야 하는가? 아니면 내부 노동시장에서 충원할 것인가? 인적 자원에 대한 구체적인 대책수립이 필요하다. 그렇지 않으면 인터넷 비즈니스를 실행할 수 없을 것이다.

전략적 인적자원관리를 다음 세 가지 유형으로 구분하기도 한다. 첫 번째는 기능별 전략적 인적자원관리, 두 번째는 일반적으로 쓰이는 협의의 전략적 인적자원관리, 마지막 세 번째는 창의적 인적자원관리이다. 전략적 인적자원관리의 초기에는 인적자원관리 전체의 시스템에 대한 전략적 접근보다는 각 기능별로 접근을 시도하였다. 이를 기능별 전략적 인적자원관리라고 한다. 즉, 이 단계에서는 기능 간의 통합은 이뤄지지 않았지만 각 기능과 조직과의 연계를 이루어 '전략적 선발', '전략적 인사고과', '전략적 임금관리' 등의 표현들이 나오기도 하였다. 협의의 전략적 인적자원관리는 인사기능들 간의 조정, 통합이 있을 뿐만 아니라 인사기능을 조직의 목표와 전략에 연계하는 노력까지 포함시키는 형태를 띠게 된다. 그러나 인사기능은 조직전략의 하위개념으로 인식되어 조직전략이 수립되면 주로 그에 적합한 인적자원관리를 수행하는 것으로 파악되었다. 창의적 인적자원관리에서 '창의적'이라는 표현은 고유명사의 성격을 지니기보다는 종전의 전략적 인적자원관리의 내용을 초월하여 최근에 새롭게 대두된 내용들을 모두 내포하는 포

표 4-2 인적자원관리 변천과정의 유형

유형		특징	인사부서의 역할
원시적 인사관리		• 인사관리 각 기능들이 제도화 되지 못한 상태이고 인사 담당자의 판단에 좌우됨 • 인사기능들이 제대로 존재하지 않거나 대부분의 기능이 갖춰졌더라도 비합리적이거나 제대로 정착되지 못한 상태	• 종업원 인적사항 등의 기록과 문서의 보관 및 관리 • 기본적인 종업원의 태도와 행위 및 보상 지급
인사관리		• 인사관리가 각 기능별로 나름대로 정리되어 있음 • 기능별 조정은 미비한 상태	• 각 기능이 분리됨 • 기능별 제도화로 인사 담당자에 관계없이 일관성을 유지
인적자원관리		• 각 기능이 조정되어 조화를 이룸 • 조직의 전략이나 목표에 적합성은 부족함	• 기능별 활동이 조정 통합됨 • 인사부서 독립
전략적 인적자원 관리	기능별 전략적 인적자원관리	• 개별 인사기능들(채용, 평가, 임금 등)이 조직전략 및 목표에 적합성을 갖는 인적자원관리 • 기능별 전략적 접근들 간의 상호 조정이 미비	• 개별 인사기능별로 벤치마킹 등을 통한 혁신 • 채용전략, 임금전략, 경력관리 전략 등이 존재
	협의의 전략적 인적자원관리	• 조직의 전략이나 목표에 적합성을 갖고 인적 자원을 관리 • 경쟁우위 확보와 유지를 위한 주도적 역할을 하지는 못함	• 조직목표 및 전략에 부합하는 인사정책 실행 • 인사 담당임원(부사장 등)이 존재
	창의적 인적자원관리	• 사람이 조직 경쟁우위의 확보와 유지에 주도적인 역할을 함 • 조직내부 자원인 사람과 인적 자원을 경쟁력의 원칙으로 파악하며, 학습, 지식창출 및 창의성을 강조함	• 개인의 역량강화를 위해 학습을 조장, 지식 창출 및 공유하는 문화를 개발 • 조직의 비전 구축을 주도

출처: 배종석, 인적자원론, 홍문사, 2008, p. 17.

괄적인 의미로 사용되고 있다. 전략적 인적자원관리와 창의적 인적자원관리의 차이점을 보면 우선 인과관계의 면에서 전략적 인적자원관리는 조직의 전략이 우선이고 인적자원관리가 부차적 내지는 종속적이었지만, 창의적 인적자원관리에서는 오히려 내부자원에서 출발하여 조직의 목표나 전략수립에 영향을 미칠 수 있는 개연성을 갖게 한다. 전략적 인적자원관리는 조직 내에서의 기능 간의 통합과 조직과의 연계에 초점이 있었다면 창의적 인적자원관리는 조직이 학습조직화가 되도록 돕고, 지식을 창출, 공유 및 활용하며 제도화해 나아가는 것을 다루는 역할을 담당한다. 따라서 창의적 인적자원관리에서는 개개인의 창의성을 마음껏 발휘할 수 있는 여건을 조성하고 인사부서는 조직이 지속적인 자기갱신적 과정을 지니도록 돕는다.

8. 인적자원관리의 중요성

21세기를 '인재확보 전쟁(The war for talent)' 시대라고 말한다. 20세기가 경제전쟁의 시대였다면 21세기는 두뇌전쟁의 시대라고 할 수 있다. 두뇌전쟁에서 살아남기 위해서는 창의, 스피드, 지식이 중요하며, 이는 결국 '사람·인재'의 문제로 귀결된다. 더욱더 치열해지는 시장 경쟁 속에서 생존하려면 인적 자원이 얼마나 중요한지 단적으로 나타내는 21세기 인적자원관리의 화두이다. 향후 기업의 경우 역시 조직이 보유하고 있는 구성원인 사람, 즉 인적 자원을 어떻게 관리하고 개발하느냐에 따라 향후 그 성패가 결정된다고 본다. 무엇보다도 기업은 구성원의 역량을 개발하고 스스로의 잠재력을 최고로 발휘할 수 있도록 체계적인 인적자원관리 시스템과 교육 개발에 더욱 힘을 쏟아야 할 것이다. 어떠한 기업에도 경영의 주체는 사람인만큼 인적자원관리와 개발이 뒤따르지 아니하는 기업의 개선이나 발전을 기대할 수 없기 때문이다.

환경이 바뀌고 시대가 변화하면 사람의 의식도 바뀌어야 한다. 기업 역시 그동안 치열한 경쟁 구도와 재개편 등 급격한 변화가 일어나고 있다. 이제 기업에 있어서도 사람을 관리하고 개발하는 모든 방식에 새로운 변화와 혁신이 필요하다. 요컨대 앞으로 우리 기업이 지속적으로 성장하고 발전하기 위해서는 여러 가지 새로운 경영 혁신 기법을 도입하기에 앞서 인적 자원에 대한 지속적인 투자와 개발이 선행되어야 한다. 즉, 인적자원관리가 경영의 한 부문으로서 인사 부문에서만 한정된 문제가 아닌 경영 전체 속의 핵심 과제로 다루어져야 한다. 사람들이 어울려 살아가는 세상 속에는 많은 일들이 일어난다. 넓은 의미로 본다면 이런 사람들 간의 많은 일들을 인사(人事)라고 할 수 있다. 결국 세상을 이끌어 가는 것은 사람이고, 이러한 사람들이 어울려 창출하는 모든 일들이 인사의 산물이기 때문이다. 『Good to Great』의 저자 Jim Collins 교수는 이를 'First who(먼저 사람)… then what(다음에 해야 할 사업)'으로 표현하였다. 기업 경영도 인재를 어떻게 확보하고 개발하느냐에 따라 그 성패가 결정된다고 볼 수 있다. 즉, 인적 자원을 잘 관리하고 개발하는 기업은 계속 번창하지만 그렇지 못한 기업은 쇠퇴할 수밖에 없다. 예로부터 우리는 종종 '인사는 만사'라고 했다. 이는 아무리 시대가 급변하고 경영 환경이 바뀌더라도 사람이 경영에서 차지하는 비중은 여전히 모든 일이 될 만큼 중요하다는 의미일 것이다. 더욱이 21세기는 자본을 중심으로 하는 산업 경영 기반 사회에서 사람을 중심으로 하는 지식 경영 기반 사회로 급속히 진전되고 있다. '자원은 유한, 창의는 무한'이라는 말과 같이 부의 개념 역시 이제 손으로 만질 수 있는 유형의 자원에서 비록 손에 잡히지 않지만 무형의 자산인 지식으로 바뀌고 있는 것이다.

경영계의 대부인 Peter F. Drucker는 경영의 필요성을 강조하는 자리에서 "경영은 곧 사람이고 기업에서 사람이야말로 어느 자원보다도 가장 중요한 자원이다."라고 역설했다. Alvin Toffler는 "미래의 이윤 창출은 인적자원관리 바로 그것이다."라고 말하기도 하였다. 그만큼 기업에 있어서 인적자원관리가 중요함을 강조한 말이다. 따라서 "기업은 곧 사람이다."라는 표어는 이제 동서고금을 막론하고 그대로 통용되는 하나의 철칙이 된 것이다.

기업의 인적자원관리는 기업 활동의 성과를 좌우하는 활동이다. 기업이 자금과 기계, 원료 등의 생산요소를 결합하여 가치를 창조하는 것은 이를 결합하는 인간의 정신적·육체적 능력에 의한 것이며, 이들 성과는 개인의 역량이나 노력이 아니라 기업에 참가해 상이한 활동을 많이 하는 사람들의 협동에 의하여 이루어지는 것이다.

02 인적자원관리의 이론적 발전과정

1. 우리나라 기업의 인적자원관리 흐름

우리나라 기업들의 인적자원관리 시스템의 변화를 살펴보면 크게 두 개의 시대적인 사건이 중심이 되고 있다. 첫 번째는 1987년 6·29 민주화선언 이후의 변화이고, 두 번째는 1997년에 경제위기로 인하여 IMF에 구제금융을 신청한 사건이다. 1987년 이전의 우리나라 기업의 인적자원관리 방식은 연공주의에 기반을 두었다. 이 이전의 시기에는 기업 간의 인사시스템의 차이가 뚜렷하지 않았고, 직원의 급여는 근속연수에 따라서 매년 일정액이 인상되는 호봉제도에 의해 결정되었다. 개인의 능력이나 성과에 따른 차등은 없었다. 승진도 근속연수에 의하여 결정되었다. 고용은 정년까지 보장되었으며 회사가 존속하는 한 해고는 없었다. 인사평가는 있었으나 형식적이며, 선임자가 좋은 평가를 받았다. 그러나 1987년 6·29 민주화선언 이후에 노사자율주의가 허용되면서 노사분규가 그 이전보다 자주 일어났고, 실질임금은 빠르게 상승하였다. 1987~1997년까지 우리나라 기업의 연평균 임금인상률은 약 17% 정도였다. 이에 따라 기업들은 자구책의 일환으로 노동비용이 싼 중국과 동남아 등으로 생산기지를 옮겼고, 다른 한편으로 인적자원관리에서는 신인사제도의 도입을 통해 임금과 성과를 연계시키는 노력들을 하게 되었다. 따라서 기업들은 1990년대 초반의 신인사제도의 도입을 전후하여 성과주의와 능력주의의 도입을 시작하

표 4-3 우리나라 기업의 인적자원관리 관점의 변천

시기	1980년대 중반까지 (1987년 6·29까지)	1980년대 중반~ 1990년 중반 (1997년 IMF까지)	2000년대	2010년대
주요 인적자원관리 관점	연공주의	능력주의	성과주의	인간주의
인적자원관리 특성 및 주요 과제	근무경력중심 연공형 호봉제도 고정상여 계층적 조직 정기승진/ 승격 직급중심 직급/지위/직책이 일치	능력중심 승진/승격 차등 발탁인사 직급정년제 직급파괴 부/과제 폐지 팀제 도입 직급과 직책이 분리	호봉제 폐지 연봉제 도입 인센티브 도입 성과평가제도 BSC 도입 인재육성 강조 구조조정 고용유연성 강조	성과평가 고용유연성 워라벨 탄력근로제 52시간 근로제

게 되어 전통적인 연공주의를 보완하는 노력을 하였다. 1987년 이후의 기간(1987~1997) 동안에 성과주의가 확실히 정착한 것은 아니지만, 이러한 기업의 노력으로 1997년 경제위기 이후에 점차 성과가 나타나 현재의 성과주의까지 연결되고 있다. 1997년 이후 우리나라의 많은 기업들은 개인의 성과에 따라 급여를 차등 인상하는 연봉제를 도입하였으며, 공정한 연봉제의 운영을 위하여 성과평가제도를 정착시켜 나가고 있다.

2. 성과주의에 대한 반성

1997년 경제위기 이후 '성과주의 인사'가 한국 기업의 인사제도로 정착되고 있다. 근로자 수가 100인 이상인 국내 기업 중에서 연봉제를 도입한 기업의 비율은 경제 위기 이전인 1996년 1.6%에서 2007년 52.5%로 상승했고, 경영성과배분제를 도입한 기업의 비율도 2005년부터 30%를 상회하고 있다. 경제위기 이후 약 15년간 우리나라 기업의 인사시스템은 재무성과의 향상을 지원하기 위한 '효율과 통제 위주의 인력관리', 과정보다는 '손익 위주의 결과 추구', '성과에 연동한 금전적 보상의 차별화' 등 세 가지 특징을 지니고 있다. 이러한 성과주의 인사는 임직원의 동기부여 강화, 우수인력 확보, 재무성과 및 생산성 향상 등에 크게 기여했다. 반면 단기성과에 집착, 팀·부서 간의 협력 저해, 평가에 대한 불신 등은 성과주의 인사를 도입한 데 따른 부작용으로 지적되고 있다. 이러한 부작용은 대기업보다는 중소기업을 중심으로 심화되고 있다. 삼성경제연구소가 국내 기업의 CEO와 임원들을 대상으로 한 설문조사 결과를 보면, 단기성과에 집착하는 것을 성과주의 인사의 가장 심각한 문제점으로 지적한 비율이 74.3%에 달했다. 우리나라 기업들뿐만 아니라 미국과 일본의 기업들도 성과주의에 대한 문제점을 인식하고 있다. 이러한 기업들은 기존의 성과주의의 문제점을 최소화하면서 보다 효과적이고 지속 가능한 성과주의로 발전시키기 위해 노력하고 있다. 미국 기업은 전통적인 직무중심 인사의 경직성을 타파하는 데 초점을 두는 반면, 일본 기업은 급격한 성과주의의 도입에 따른 부작용을 해소하는 데 관심을 기울이고 있다. 미국 기업의 경우 인사제도 전반의 기준이 되었던 직무중심의 사고에 역량의 개념을 추가하여 제도운영의 유연성 제고와 인력육성을 도모하고 있다. 일본의 경우 제도적, 문화적 특성을 고려하지 않은 채 서구식 성과주의를 단순 이식시키면서 신뢰에 기반한 안정적인 고용관계가 훼손되고 장기적인 관점의 인력육성도 소홀해졌다는 비판이 제기되고 있다. 일본 기업들은 이제 장기고용의 관행과 성과주의 인사를 혼합한 '새로운 일본형 성과주의'로 이행하고 있지만 아직 일반화되고 공유된 모델은 없다. 결과적으로 미국과 일본의 기업들은 성과와 역량을 동시에 강조하는 방향으로 인사정책이 수렴하는 현상을 보이고 있다.

우리나라 기업들도 '성과주의 인사'의 원칙은 견지하되, 현재의 부작용을 최소화 하고 미래환경의 변화에 선제적으로 대응하는 방향으로 성과주의 인사를 보완해야 한다. 이를 위해서는 첫째, 기업의 규모와 시장특성을 고려하여 인재육성전략을 구체화하여야 한다. 둘째, 직원의 자발적인 헌신과 몰입을 통하여 고성과 조직을 형성할 수 있도록 신뢰기반을 구축하여야 한다. 셋째, 인적 자원의 성장잠재력을 확보하고 강화하기 위해 재무성과 위주의 '결과'에 집중된 현재의 성과주의 평가기준에 '과정'과 '역량'에 대한 평가가 반영될 수 있도록 해야 한다. 넷째, 직원의 직무만족과 동기부여를 강화하기 위해 금전 위주의 획일적인 보상방식에서 벗어나 인정, 격려와 육성 등 다양한 비금전적인 보상방식을 활용할 필요가 있다. 다섯째, 기업의 여건과 상황을 고려하여 기업특성에 적합한 성과주의 인사관리를 적용하여야 한다. 글로벌 기업은 글로벌 경쟁력을 확보하기 위하여 핵심인재를 확보하고 성과에 따른 차등 보상을 확대하는 것이 일반적인 인사관리의 방향이다. 그러나 중소기업은 인적 자원이 부족한 상황에 있기 때문에 상호 신뢰에 기초를 두고 고용안정과 집단중심의 성과 차등이 더욱 적합할 것이다.

3. 최근의 인적자원관리 연구의 흐름과 이슈

1) 인적자원관리 관련연구 및 이슈: 기능적 접근에서 거시적 접근으로

기업을 둘러싼 환경의 변화와 마찬가지로 인적자원관리의 패러다임도 지속적으로 변화하고 있다. 과거에는 개별 인사제도 중심의 미시적·기능적 인사관리에서 최근에는 조직수준의 인적자원관리 시스템에 초점을 두는 거시적·전략적 인적자원관리로 변화하고 있다. 즉, 채용, 훈련, 평가, 보상과 같은 개별 기능중심의 접근보다는 전체 시스템과 그것이 기업수준의 다른 요인들과 어떻게 연계되는지 혹은 기업성과와는 어떤 관계에 있는지에 관심을 기울인다. 어떤 메커니즘을 통해서 인적자원관리가 경영성과를 높이는지 그 인과적 연계를 규명하고자 한다. 더 나아가 인적자원관리가 기업의 경쟁력 확보와 가치창출에 어떠한 영향을 미치는가에 대한 관심이 집중되고 있다.

Ulrich를 중심으로 한 일부 연구자는 인적자원관리 업무가 기업의 무형적 가치에 긍정적인 영향을 미칠 수 있다는 점을 강조하고 있다. 구체적으로 '인적자원관리가 기업의 시장가치에 어떻게 영향을 미치는가', '시장이 경영자의 가치를 무형 자산으로 인정하여 주는가', '경영자(CEO)는 인적자본의 확보, 구성원 간의 관계형성, 종업원 유지 그리고 생산성 향상에 긍정적인 영향을 미치며 그 결과 기업의 시장가치가 향상되는가' 등이다. 사실 채용, 평가, 보상 등의 인적자원관리 활동은 반드시 기업경영에 필요하며 많은 기업이 상당한 비용을 관련 활동에 사용한다. 미국의 한 조사에 따르면 인건비는 총 운영비용의 60% 이상을 차지한다고 한다. 필자가 조사한 자료에서도 국내 기업의 인건비 지출은 영업비용의 50~60% 이상인 것으로 나타났다. 하지만 이러한 인적자원관리 활동이 기업성과에 어떤 영향을 미치는가에 대한 구체적인 연구는 아직까지 많지 않다. 다만 일부 학자는 인적자원관리와 기업가치에 관하여 "100대 선정 기업의 경영자는 기업성과에 영향을 미치는 중요한 무형자산(intangible asset)이다. 이들은 해당 기업의 인적 자원의 효과적 활용, 조직 구성원 간의 사회적 상호작용 형성, 인력 유인, 그리고 생산성 향상 등에 영향을 미친다."라고 주장한다. 결국 이들의 주장에 따르면 '유능한 경영자는 기업의 시장가치에 간접적으로 영향을 미친다.'고 할 수 있다.

다른 한편에서는 산업특성이 인적자원관리와 기업가치의 관계에 영향을 미친다고 주장한다. 인적자원관리가 기업의 시장가치에 미치는 영향이 전통적인 기술집약적 산업보다 컴퓨터와 같은 새로운 산업분야에서 더 크게 나타난다는 것이다. 이와 같은 일부 연구에도 불구하고 아직 해결되지 못한 이슈가 많다. 인력확보(staffing), 성과관리(performance management), 교육훈련(training & development) 등의 활동이 기업의 수익이나 가치를 어떻게 증가시키는지, 또한 실질적으로 증가시키고 있는지 등이 풀어나가야 할 과제이다. 다행스럽게도 최근 몇 년간 인적자원관리 제도나 경영성과에 관한 국내외의 관심이 증가하고 있다. 최근 발표된 일부 연구에 따르면 "교육훈련, 충분한 능력개발 기회의 부여, 공정한 채용 등 '투입중심형 인적자원관리 시스템'은 기업의 인적자본(human capital)의 풀(pool)을 보다 확대하며, 이는 다시 조직의 성과 향상에 정(正)적인 영향을 미치는 것으로 나타났다."라고 한다.

2) 인재육성에 대한 두 가지 관점

세계적인 컨설팅 회사인 맥킨지나 왓슨와이어트는 인재전쟁(war for talent)을 예고한 바 있다.

이들은 미국을 중심으로 경제 인구 중에서 가장 왕성하게 일하는 인구(약 35~40세)가 상대적으로 줄어들 것이며, 바로 이 때문에 우수한 인재를 확보하기 위한 치열한 경쟁이 불가피하다고 했다. 현재 글로벌 경쟁은 피할 수 없는 과제이며, 지식이 중심이 되는 사회로 접어듦에 따라 지식과 정보가 풍부한 탁월한 인재들을 확보하는 기업이 경쟁에서 승리할 수 있다. 따라서 기업들 간에 인재를 서로 선점하려는 치열한 전쟁이 벌어지고 있다. 이러한 현상은 2000년대 중반 이후 더욱 심각하게 전개되고 있다. 해당 분야에서 국내 또는 세계적으로 실력을 인정받고 있는 최고의 인재를 데려오기 위해 경영자가 전 세계를 순회하기도 하며, 경쟁사가 확보한 인재를 가로채기도 한다. 수많은 글로벌 기업들은 인재를 확보하고 유지하기 위하여 차별적인 보상을 제공하고 있다. 또 확보된 인재를 육성하기 위하여 다양한 육성방안을 앞다투어 도입하고 있다.

표 4-4 인재에 대한 관점 및 육성전략

인재에 대한 기본관점	"탁월한 인재를 확보하는 것이 기업경쟁력 확보의 기본이다."	"모든 직원들이 자신의 능력을 발휘할 수 있는 기업문화를 구축하면 모든 직원들이 성과를 낸다."
인력확보	• 경영진 중심의 우수인재 확보 • 헤드헌팅 등을 활용한 인재 확보 • 효과적인 채용방법	• 인재확보보다는 기존의 직원들의 잠재력을 개발하고 그들의 잠재력을 100% 활용할 수 있는 조직을 구축
인력유지	• 연봉인상 및 인센티브 제공에 차등 • 근무환경의 개선 • 복리후생 제공	• 자유롭고 존중하는 조직문화 구축 • fun & pride • 고용보장 및 대부분 정규직으로 운영
육성	• 차별적인 육성계획 수립 • 직무이동, 도전과제 등을 통한 육성	• 모든 직원에 대한 교육훈련 투자를 확대
배경 및 효과	• 기업 간 경쟁격화, 기술 등의 빠른 변화 • 새로운 아이디어 개발기간 및 비용의 단축이 필요 • 한 회사에 근무하는 기간이 단축되는 추세	• 흥미를 가지고 일해야 한다 • 자신의 일도 중요하지만, 팀워크를 이루어 일할 수 있도록 한다 • 직원에 대한 상호 신뢰와 존중
기업 사례	• 글로벌, 집단 기업 • 삼성, LG, MS 등	• Niche Player • SAS, NuCor, Men's Wear-House, Southwest Airline 등

반면 스탠퍼드대학교의 Jeffrey Pfeffer 교수는 "탁월한 인재관리는 보통 사람들의 잠재력을 최대한 끌어내서 비범한 성과를 내도록 하는 것이다."라고 주장하면서 안정적인 근무환경의 제공, 고용보장, 직원에 대한 존중과 배려, 신뢰에 기반한 기업문화의 구축을 강조한다. 대표적으로 Southwest Airline, SAS Institutes, Men's Wear-house 등은 다른 기업과 차별화된 다양한 프

로그램을 도입하고 있다. 이러한 기업들은 개인보다는 팀워크에 중심을 두며, 기존 직원들에게 안정적인 고용을 제공하고 다양한 교육기회를 부여하고 있다. 1973년에 자본금 7,000달러로 시작한 Men's Wear-house는 30여 년이 지난 지금 미국과 캐나다에 650여 개의 영업점과 1만 명이 넘는 종업원을 거느린 대규모 남성정장 의류소매 체인점으로 성장했다. 1999년 이후 한 해도 거르지 않고 선정하는 가장 일하고 싶은 100대 기업에 선정되고 있다.

3) 인적자원관리 주요 이슈

(1) 미국인적자원관리협회

1948년에 발족하여 현재 100개국 이상에서 550개 단체가 가입하고 있는 미국인적자원관리협회(SHRM)는 매년 관심 있는 주제를 중심으로 콘퍼런스를 개최하고 있다. 미국인적자원관리협회에서 연도별로 다루어진 주요 발표주제들 가운데 최근 5~6년간 발표된 주제는 <표 4-5>와 같다. 2005년과 2006년에는 고령화 및 다양성 관리의 필요성, 전략적 인적자원관리, 인적자원관리 리더십, 총 보상, 인재부족에 따른 인력유지(retention)전략, 글로벌 인적자원관리 등이 주로 다루어졌으며, 2007년에는 전략적 파트너로서의 인적자원관리, 일과 생활의 균형과 복리후생이 중심이 되었다.

2008년에는 회사의 이미지 제고와 고용브랜드(employ branding), 글로벌 인재확보, 그리고 종업원 유지와 관련된 주제가 발표되었다. 2009년에는 인적자원관리와 경영전략, 인적자원관리와 기업성과의 연계, 인적자원관리 성과측정에 대한 토의가 이루어졌으며, 2010년에는 불황기에 있어서의 인적자원관리 리더의 역할과 몰입, 핵심인재관리, 다양성 관리 등이 발표되었다. 2011년에서 2013년까지는 글로벌 경영환경, 불확실성의 시대에 대응한 인적자원관리의 역할을 강조하였다. 2011년에는 글로벌 경영환경에 적합한 인적자원관리에 관한 이슈들이 논의되었다. 구체적으로 글로벌 인재관리, 문화적 차이 극복을 위한 인적자원관리 전략, IT 시대 심화 및 소셜 미디어의 도입에 따른 기업의 변화 등이 발표되었다. 2012년에는 향후 노동인구의 급감에 대응한 인적자원관리의 역할이 주요 주제로 등장했다. 그리고 2013년에는 불확실성 시대에 성과향상 방안과 구성원 몰입 증대를 위한 보상제도의 개선 등이 논의되었다. 2014년에는 인적자원관리 담당자의 역할과 전문성에 대하여 논의되었다. 즉, 기존의 기능중심의 인적자원관리 담당자의 역할을 뛰어넘어 산업에 대한 이해, 가치 사슬 및 기업의 경쟁요인에 대한 이해가 기본적으로 필요

표 4-5 SHRM의 주요 이슈

2005	2006	2007
• 고령화/다양성 관리의 필요성 • 전략적 인적자원관리의 본격적인 대두 • 법률적 리스크 • 인적자원관리 리더십, 커뮤니케이션 및 갈등관리 • 총 보상: 보험, 연금, 후생 강조	• 고령화/다양성 관리 • 인재부족에 따른 인력유지 전략 • 글로벌 인적자원관리 • 인적자원관리 리더십 • 조직문화 활성화 • 고의료비용 이슈	• 전략적 파트너 • 몰입 • 혁신 • 인적자원관리 리더십 • 총 보상: 복리후생 • 일과 생활의 균형

2008	2009	2010

• 종업원 인력유지를 위한 비금전적 보상
• 법 수준을 넘는 조직가치 내재화
• 회사 이미지 제고를 위한 고용 브랜드
• 글로벌 인재확보 및 유지, 글로벌 역량
• 복리후생 비용 절감 노력: 고령화에 따른 건강관리비 증대
• ROI
	• 경영과 인적자원관리 간의 연계 강조
	• 호경기를 대비한 핵심인재 확보 및 유지
	• 변화 대리인으로서 인적자원관리 담당자 역할
	• 위기극복을 위한 혁신 리더십 인적자원관리 성과측정 구축
		• 불황기에 있어서 인적자원관리 리더의 역할
		  – 비즈니스 리딩
		  – 몰입 문화 창조
		• 혼란기의 리더십
		  – 인정
		  – 인력유지
		  – 몰입
		• 핵심인재관리
		• 다양성관리

2011	2012	2013

• 글로벌 경영환경에 적합한 인적자원관리 운영 방안
  – 글로벌 인재관리
  – 문화적 차이 극복을 위한 인적자원관리 역할 및 커뮤니케이션
• 스마트 IT 시대에 조직혁신을 위한 인적자원관리 전략
  – 스마트 IT 도입과 업무형태 진화
  – 소셜 미디어를 활용한 적극적 소통
	• 향후 2020년 노동인구 급감에 따른 인적자원관리 방향
	• 3E(Engaged/Empowered/Energized) 중심의 조직문화 정착필요
	  – 직무와 회사 몰입
	  – 임파워먼트
	  – 3E와 기업의 수익성
		• 불확실성 시대의 성과 향상을 위한 전략적 인적자원관리 및 전략적 인재 확보
		• 구성원 몰입을 위한 혁신 조직문화 구현 및 변화 관리
		• 효과적 커뮤니케이션과 스마트한 의사결정기법
		• 구성원 몰입을 위한 보상 및 인센티브 개선
		• 다양성 기반의 성공적 인적자원관리 운영 전략

2014	2015	

• 'Transform'을 위한 인적자원관리 담당자 전문성 향상
  – 관련 산업구조와 시장 이해
  – 기업 가치사슬 및 핵심 경쟁력 이해
• BSC 성과관리기법, Human Capital의 측정, HR 투자 수익률 등 고도의 분석력, 계량화 추진 필요
	• Engagement 중심의 인적자원관리 방안
	• 창의성, 다양성, 몰입 강조
	  – 조직 및 개인 차원의 다양성 인정
	  – 개인의 업무 몰입 지원
	  – 창의적 업무활동
	• 조직 구성원 몰입을 위한 리더(중간관리자)의 역할 강조	

하다고 강조되었다. 또한 BSC 성과관리기법, 인적자본(Human Capital)의 측정 등에 대한 고도의 분석력과 계량화에 대한 전문성도 인적자원관리 담당자의 기본적 역량으로 인식되었다. 2015년에는 창의성, 다양성, 몰입이 강조되었다. 구성원의 몰입을 위한 리더(특히 중간관리자)의 역할이 중요하다고 발표되었다.

(2) 미국훈련교육협회

1943년에 발족하여 현재 100여 개국 이상이 가입하고 있는 미국훈련교육협회(ASTD)도 매년 교육과 관련된 주요 주제를 중심으로 콘퍼런스를 개최하고 있다. 미국훈련교육협회는 크게 몇 가지 영역을 정하고 각 영역별로 주요 이론이나 우수 사례(best practice)를 소개하고 있다. 2009년까지는 주로 9가지 영역에서 약 300개 세션이 진행되었다. e-러닝, 리더십 개발, 성과관리, 교육훈련, 교육결과의 측정, 조직변화, 교육의 역할, 개인개발, 그리고 경력개발 등이다. 2010년에는 다섯 가지 영역으로 변경되었으며, 2011년에 다시 9가지 영역으로 변경되었다. 이후 매년 영역이 추가 또는 통합되기도 하였다. 2014년에 새롭게 등장한 영역은 '과학적 학습(Science of Learning)'이다. 이 영역에서는 학습문화, 학습심리, 그리고 뇌와 신경과학(neuroscience)의 내용이 발표되었다. 사실 ASTD는 초기에는 주로 교육이나 연수를 중심으로 진행되었으나 최근 들어 기업의 인재관리와 육성으로 범위가 포괄적으로 확대되고 있다. 이러한 변화에 맞추어 2014년에 ASTD(American Society Training Development)를 ATD(Association of Talent Development)로 명칭을 변경하였다.

표 4-6 ASTD(ATD)의 주요 이슈

2005	2006	2007
• e-러닝 • 리더십 역량개발 • 성과관리 컨설팅 강화 • 기본 훈련 • 교육결과 측정 및 평가 • 조직변화 • 교육의 전략적 역할 강조 • 개인 역량 개발 • 경력개발	• e-러닝 • 리더십 역량개발 • 성과관리 컨설팅 강화 • 비공식 훈련 • 교육결과 측정 및 평가 • 조직변화 • 교육의 전략적 역할 강조 • 개인 역량 개발 • 경력개발	• e-러닝 • 리더십 역량개발 • 성과관리 컨설팅 강화 • 비공식 훈련 • 교육결과 측정, 평가 및 ROI • 조직변화 • 교육의 전략적 역할 강조 • 개인 역량 개발 • 경력개발 및 핵심인재관리

2008	2009	2010
• e-러닝 • 리더십 역량개발 • 성과관리 컨설팅 강화 • 비공식 훈련 • 교육결과 측정, 평가 및 ROI • 조직변화 촉진 • 교육의 전략적 역할 강조 • 개인 역량 개발(코칭) • 경력개발 및 핵심인재관리	• e-러닝 확대 • 감성 리더십 확산 • 전략적 인재양성을 위한 교육 • ROI 중심의 교육 성과 측정, 평가 • 조직변화 촉진 • 비즈니스와 밀착된 HRD • 개인역량 개발(코칭) • 경력개발 및 핵심인재관리	• 학습설계 및 촉진 • 학습기술 및 e-러닝 • 개인개발 및 코칭 • 변화관리 및 문화변화 • 경력개발 및 스킬 향상

2011	2012	2013
• 학습설계 및 촉진 • 학습기술 및 e-러닝 • 리더 육성 • 비즈니스와 연계된 학습 • 조직효과성 • 성과향상 • 측정, 평가, ROI • 핵심인재관리 • 개인의 스킬 향상	• 학습 설계 및 촉진 • 경력개발 • 글로벌 인적자원 개발 • 인적자본 • 리더십 개발 • 학습기술 및 e-러닝 • 측정, 평가, ROI • 트렌드	• 학습 설계 및 촉진 • 경력개발 • 글로벌 인적자원 개발 • 인적자본 • 리더십 개발 • 학습기술 및 e-러닝 • 측정, 평가, ROI • 노동력 개발

2014	2015
• 학습 설계 및 전달 • 경력개발 • 글로벌 인적자원 개발 • 인적자본 • 리더십 개발 • 학습기술 및 e-러닝 • 학습효과 측정 및 분석 • 노동력 개발 • 과학적 학습	• 경력개발 • 글로벌 인적자원 개발 • 인적자본 • 교수설계 • 리더십 개발 • 학습기술 및 e-러닝 • 학습효과 측정 및 분석 • 경영과 관리 • 과학적 학습

03 동기부여이론

조직은 한 곳에만 관심을 쏟아야 한다. 그렇지 않으면 구성원들은 혼란에 빠질 것이다. 구성원들은 자신의 전문지식을 공통의 과제에 적응시키기보다는 자신의 전문 분야에 집중할 것이다. 구성원들은 각자 자신의 전문성에 비추어 '결과'를 규정할 것이며, 조직에서 그 가치를 확인할 것이다. 오직 초점을 맞춘 공통의 사명만 조직을 하나로 묶어주고 조직으로 하여금 성과를 내게 할 것이다. 그런 사명이 없으면 조직은 곧 신뢰성을 잃게 되고, 결과적으로 조직이 성과를 내기 위해 필요한 인적 자원을 유인할 능력을 잃고 말 것이다.

1. 동기부여의 의미

사람들은 다음과 같은 네 가지 조건이 충족될 경우 일에서 재미와 열정을 느낀다.

> 1. 자신이 가치 있는 일을 하고 있다고 느낄 때
>
> 2. 그 일을 할 때 자신에게 선택권이 있다고 느낄 때
>
> 3. 그 일을 할 만한 기술과 지식이 있다고 느낄 때
>
> 4. 스스로 발전하고 있다고 느낄 때

2. 동기부여의 관련 이론

1) 쾌락 이론(Hedonistic Theory)

개인이 삶을 영위함에 있어 쾌락과 만족을 찾고 고통과 괴로움을 피하는 행동을 한다는 것이 기본 전제가 된다.

2) 본능 이론(Instinct Theory)

인간의 심리적 관점에 초점을 맞추어 연구된 이론으로써 개인의 행동이 선천적인 본능에 의하여 형성되기 때문에 인간의 무의식적 동기를 중요시한다는 것이다.

3) 동인 이론(Drive Theory)

개인의 행동은 학습과 과거의 경험을 중심으로 만족스런 결과를 추구했던 과정에서 형성된다고 보는 이론이다. 과거 행동의 자극과 반응의 관계에서 어떤 행동 패턴이 형성되고 동인이 일어나 어떠한 과업을 수행할 때에 노력이 발현될 수 있다는 특징을 가진다.

4) 인지적 동기 이론(Cognitive Motivation Theory)

인지적 동기 이론은 인간의 행동이 미래에 상황의 결과에 따라 결정될 수 있다는 이론을 말한다. 앞으로 벌어질 상황과 그 결과를 미리 예측해 봄으로써 과업 수행을 할 때 노력하게 되는 양상을 나타낸다.

3. 동기부여 이론의 두 가지 방향

1) 동기부여 내용 이론(Content Theory of Motivation)

이 이론은 인간의 행동을 유발시키는 요인이 인간의 본능이나 욕구와 같은 개인 내부에 존재한다고 판단하는 이론이며, 동기부여 내용이론은 쾌락이론과 본능이론과 관계가 깊다. 이러한 내용 이론에는 Maslow의 욕구 단계론(Need Hierarchy), Alderfer'의 ERG 이론, Herzberg의 2요인 이론(Dual Factor Theory) 등이 있다.

2) 동기부여 과정 이론(Process Theory of Motivation)

인간의 욕구나 본능이 있다고 해서 동기부여로 이어지는 것이 아니며 과거의 경험 혹은 앞으로의 결과에 대한 과정을 인지하는 과정에서 동기부여가 일어날 수 있다는 이론이다. 이 이론은 동인 이론과 인지적 동기 이론과 관계가 깊다. 이러한 과정 이론에는 Vroom의 기대(Expectancy) 이론, Locke의 목표 설정(Goal Setting) 이론 등이 있다.

동기부여는 "움직이게 하다"라는 "movere"라는 라틴어에서 유래된 말로 목표를 향한 자발적인 행동을 이끌어 내고 충동질해서 계속하게 하는 심리적 과정으로 정의될 수 있다. 따라서 동기부여는 동기에 대한 유발, 동기부여에 대한 행동의 지향성과 지속성, 이에 따른 목표의 달성이라는 의미를 가지고 있다. 다음 사례를 읽고 현대사회의 동기부여에 대해서 생각해보자.

사장은 알고 싶었다. 어떻게 하면 직원들을 잘 다룰 수 있는지, 그래서 그가 가장 신뢰하는 엔지니어와 경제학자를 불러서 방법을 물었다. 자문단은 훈련받은 대로 대답하였다. "합리적으로 다루어야지요." "근로자들은 대부분 감정적이고, 통제가 필요한 사람들입니다. 근로자들에게 단순한 과제를 주되 많은 규정을 부과하고, 그들이 그 규정을 잘 따르는지 면밀하게 관찰해야 합니다." "그러면 근로자들이 규정을 따르나?" "그럼요. 근로자들은 가난하거든요. 만일 그들이 규정을 준수하지 않으면 임금을 삭감하거나 해고하면 되니까요." 사장이 "잘 알았다."며 고개를 끄덕이자 자문단은 상세한 규정집과 보상제도를 설계하고 이를 실행할 조직의 위계(位階)체계를 만들어 주었다. 이를 완성하는 데는 많은 시간이 걸렸지만, 당시에는 세상이 느리게 변하였고 경쟁도 심하지 않았다. 그래서 그런 기업들이 번창할 수 있었다.

시간이 흐르면서 근로자들은 임금을 올리고 해고를 막기 위하여 노조를 만들었다. 근로자들은 점차 경제적으로 여유가 생기기 시작했고 교육 수준도 높아졌다. 그들은 사장에게 정서적인 만족을 달라고 요구하기 시작했다. "감정은 혼란을 가져온다."고 굳게 믿었던 자문단은 이런 변화에 소스라치게 놀랐다. 하지만, 사장은 자문단에게 적절한 수준으로 근로자들의 참여를 허용하고 직무 충실한 job enrichment와 같은 방법을 통해 근로자들이 자기 일에 더 만족할 수 있도록 규정을 수정하라고 지시하였다. 그 기업은 계속 번창하였다. 하지만, 얼마 지나지 않아 사장은 엄청난 변화가 닥쳤다는 것을 알게 되었다. 시장이 확대되고 경쟁은 모든 영역에서 치열해졌다. 소비자들은 빠른 속도, 높은 품질, 그리고 자신의 기호에 맞는 주문 생산을 요구하기 시작했다. 그들의 위계 체계와 규정들이 더 이상 먹혀들지 않자 사장은 다시 자문단에게 도움을 요청하였다.

자문단은 부가 가치를 높인다는 명분 아래 비용 절감이라는 칼을 고안해냈다. 사장은 이 칼을 휘둘러 조직의 위계를 대폭 줄임으로써 인원을 감축하였다. 또한 규정의 주요 부분을 삭제하고 근로자들에게 혁신을 촉구하고 소비자의 요구에 부응토록 하였다. 인원 감축이 성공적으로 이루어졌을 때, 사장은 근로자들의 환경에 많은 변화가 생겼음을 알게 되었다. 이제는 근로자들을 면밀히 감시하고 감독할 위계 체계가 없어졌고, 따라야 할 상세한 규정도 없어졌다. 사장에게는 새로운 의문이 생겼다. "이제 무엇으로 근로자들이 책임감 있게 일하도록 만들지?" 경영의 새로운 권위자들이 이 질문에 대답하였다. 새로운 권위자들은 근로자들과 공동 경영(partnership)을 언급하고, 근로자들이 일에 대한 정열(passion)을 느끼고 일에 충만감(fulfillment)을 찾아야 한다고 역설하였다. 이 메시지를 듣고 사장은, 자기 자신이 바로 그러한 정열과 충만감으로부터 일에 대한 에너지를 얻어 왔다는 사실을 새삼 깨닫게 되었다. 그래서 사장은 자신이 신뢰하는 자문단에게 물었다. "일에 대한 정열과 충만감을 어떻게 관리하면 좋은가?" "오, 그 질문에는 대답할 수 없습니다. 그것은 합리적인 것과는 모순되기 때문입니다."

진정한 근로의 동기는 외적 보상(Extrinsic Rewards)이 아니라 내적 보상(Intrinsic Rewards)에 의해서 이루어진다.

그리고 가장 중요하면서도 책에서는 직접적으로 나와 있지 않은 요소가 하나 더 있다고 생각한다. 회사를 고려할 때 사람들이 가장 중요시하는 또 다른 요소다. 바로 '어떤 사람과 함께 일하는가'이다.

너무나 당연한 이야기지만 주변에 좋은 사람들과 함께 일할 때 더 즐겁고 행복하다. 일을 하며 소중한 인연과 좋은 친구들도 정말 많이 생긴다. 일도 잘하고 성격도 좋고 배울 것도 많은 친구들, 능력 있고 좋은 사람들은 더욱더 내적 요소에 움직이기가 쉽다. 그리고 좋은 사람들 곁에는 또 다른 좋은 사람들이 모인다. 때문에 어떤 사람들이 일하고 있는지가 그 회사를 판단하는 척도가 될 수도 있다.

4. 동기부여 이론

1) 매슬로우의 욕구 5단계설

인간의 욕구에는 치열한 경쟁 속에서 살아남으려는 생존 욕구부터 시작해 자아실현 욕구에 이르기까지 끝이 없다. 그런데 이런 인간의 욕구는 얼마나 다양하고 또 욕구 간에는 어떤 순차적인 단계가 있는 것일까? 이런 본질적인 질문에 대해 에이브러햄 매슬로우(Abraham Maslow)는 1943년 인간 욕구에 관한 학설을 제안했다. 이른바 '매슬로우의 인간 욕구 5단계 이론(Maslow's hierarchy of needs)'이다. 이 이론에 의하면 사람은 누구나 다섯 가지 욕구를 가지고 태어나는데 이들 다섯 가지 욕구에는 우선순위가 있어서 단계가 구분된다는 것이다.

사람은 가장 기초적인 욕구인 생리적 욕구(physiological needs)를 가장 먼저 채우려 하며, 이 욕구가 어느 정도 만족되면 안전해지려는 욕구(safety needs)를, 안전 욕구가 어느 정도 만족되면 사랑과 소속 욕구(love & belonging)를, 그리고 더 나아가 존경 욕구(esteem)와 마지막 욕구인 자아실현 욕구(self-actualization)를 차례대로 만족하려 한다는 것이다. 즉, 사람은 다섯 가지 욕구를 만족하려 하되 우선순위에 있어서 가장 기초적인 욕구부터 차례로 만족하려 한다는 것이다.

좀 더 자세히 보자. 첫 번째 단계는 생리적 욕구이다. 숨쉬고, 먹고, 자고, 입는 등 우리 생활에 있어서 가장 기본적인 요소들이 포함된 단계이다. 사람이 하루 세 끼 밥을 먹는 것, 때마다 화장실에 가는 것, 그리고 종족 번식 본능 등이 이 단계에 해당한다.

두 번째 단계는 안전 욕구이다. 우리는 흔히 놀이동산에서 롤러코스터를 탈 때 '혹시 이 기구가 고장이 나서 내가 다치지는 않을까?' 하는 염려를 한다. 신체적, 감정적, 경제적 위험으로부터 보호받고 싶은 욕구이다.

세 번째 단계는 소속과 애정의 욕구이다. 누군가를 사랑하고 싶은 욕구, 어느 한 곳에 소속되고 싶은 욕구, 친구들과 교제하고 싶은 욕구, 가족을 이루고 싶은 욕구 등이 여기에 해당된다.

네 번째 단계는 존경 욕구이다. 우리가 흔히들 말하는 명예욕, 권력욕 등이 이 단계에 해당한다. 누군가로부터 높임을 받고 싶고, 주목과 인정을 받으려 하는 욕구이다. 그런데 존경 욕구 중에서 더 높은 욕구는 역량, 통달, 자신감, 독립심, 자유 같은 자존감이다.

다섯 번째 단계는 자아실현 욕구다. 매슬로우는 최고 수준의 욕구로 이것을 강조했다. 모든 단계들이 기본적으로 충족돼야만 이뤄질 수 있는 마지막 단계로 자기 발전을 이루고 자신의 잠재력을 끌어내어 극대화할 수 있는 단계라 주장했다.

이러한 인간 욕구 5단계는 경영학에서 두 가지 의미로 널리 사용된다. 하나는 인사 분야에서 인간의 심리를 다루는 의미로 쓰인다. 그 예로는, 승진이나 보너스, 주택 전세금 대출 등 사원들에게 동기부여를 위한 다양한 보상의 방법을 만드는 데 사용한다. 사원들이 회사 생활을 좀 더 잘할 수 있도록 동기를 부여할 때 주로 사용해, '매슬로우의 동기부여론'이라고도 부른다.

다른 하나는 마케팅 분야에서 소비자의 욕구를 채우기 위해 각 단계별로 다른 마케팅 전략을 적용하는 데 사용한다. 예를 들면, 채소를 구매하려는 소비자가 안전의 욕구를 갖고 있다고 가정하자. 마케팅 전략을 짜는 사람이라면 '건강'에 기초한 마케팅 전략을 구상해야 할 것이다. 마케팅 담당자가 고객의 욕구보다 더 높은 수준의 가치를 제공한다면, 고객 만족을 실현할 수 있는 지름길이자 기회인 것이다.

물론 이 이론은 예외가 많아서 그의 제안 모두를 그대로 받아들이기는 어렵다. 비판의 핵심은 각각의 단계 구분이 모호하다는 것, 과학적 검증이 어렵고 실증적인 뒷받침이 없다는 점이다. 알더퍼(Alderfer)는 ERG 이론을 통해 매슬로우의 5단계 이론을 존재 욕구(Existence needs), 관계 욕구(Relatedness needs), 성장 욕구(Growthneeds) 이렇게 세 가지로 단순화했다. 더구나 그는 욕구의 우선순위를 부정하면서, 한 시점에 동시에 두 가지 욕구가 일어나기도 한다며 매슬로우의 이론을 반박했다.

그림 4-2 매슬로우의 욕구 5단계설

예컨대, 존경 욕구나 자아실현 욕구를 만족하기 위해 위험한 스포츠를 즐기는 사람이 있는가 하면 여러 욕구를 차례대로 만족하는 대신 이들을 동시에 만족시키려는 경우도 있다. 승용차를 구입하는 경우에는 신체적 편의라는 생리적 욕구에서부터 자아실현 욕구에 이르는 거의 모든 욕구가 관련돼 있을 가능성이 높다. 매슬로우의 이론을 비판 없이 무조건 받아들일 수는 없지만 동기이론의 기초를 제시했다는 점에서 아직도 높이 평가하고 있다.

매슬로우는 죽기 전에 5단계 욕구 피라미드의 한계를 지적하며 그 피라미드가 뒤집어져야 옳았다고 말했다. 자아실현 욕구가 인간의 가장 원초적인 욕구라는 것을 인정한 것이다. 경제가 풍족해지고 창의성이 요구되는 현 세상에서는 뒤집힌 피라미드가 더욱 설득력을 갖는다.

우리 삶에 있어서도 매슬로우의 인간 욕구 5단계 이론은 큰 의미를 지닌다. 인간은 무엇을 위해 사는가에 대한 답을 주고, 인생을 어떻게 살아갈 것인가를 자문하게 만든다. 이 이론은 한계점이 있음에도 불구하고 심리학, 마케팅, 조직론 등 많은 분야에서 널리 활용되고 있다.

2) 허즈버그의 2요인 이론

동기부여 요인과 위생 요인을 중심 개념으로 전개한 허즈버그(F. Herzberg)의 이론은 인간의 욕구충족에 초점을 두고 있으며 또 동기요인과 위생요인으로 2원화시키고 있으

그림 4-3 조직구성원들의 만족, 불만족 요소 비교

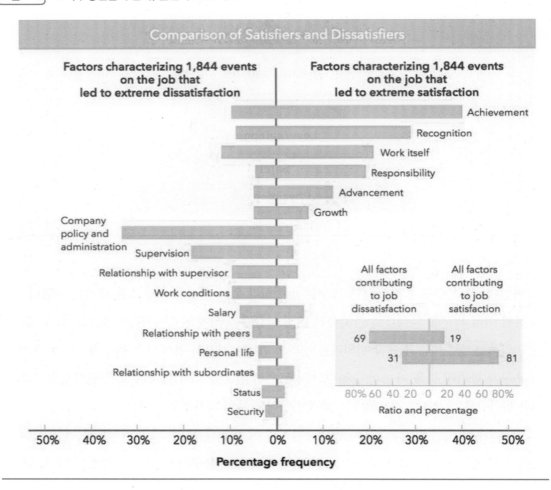

출처: https://res.cloudinary.com/hknmv5e3u/image/upload/v1436429971/ndlqzbkgbji8namksv61.png

므로 욕구충족 요인이원론(欲求充足要因二元論) 또는 2요인 이론(二要因理論)이라고도 부른다.

미국의 심리학자 허즈버그(Frederick Herzberg)에 의하면, 무릇 인간에게는 서로 독립적인 다른 두 종류의 욕구(欲求)가 있는데, 그것은 만족을 얻으려는 욕구와 불만 또는 고통을 피하려는 욕구라는 것이다.

직무와 관련하여 만족(滿足)을 결정하는 요인으로는 직무상의 성취감과 그것에 대한 인정, 보람있는 직무, 지위의 상승 및 능력발전 등이다. 이러한 것들은 조직 구성원들로 하여금 조직에의 참여[업무수행]에 동기를 불러일으키는 요인이 되므로 동기부여 요인(motivators) 또는 만족 요인

(satisfiers)이라고 한다.

한편 조직 구성원들로 하여금 불만을 갖게 하는 요인으로는 보수(報酬)·감독·대인관계·작업조건 등이다. 이러한 것들은 직무 수행상의 작업 환경과 관계되는 요인이므로 위생 요인(hygiene factors) 또는 불만 요인(dissatisfiers)이라고 한다.

허즈버그의 2요인 이론은 매슬로우(A. Maslow)의 욕구단계 이론을 기초로 하여 전개한 것이므로 서로 유사한 점이 발견된다. 즉, 매슬로우의 이론에서 자아실현과 존경욕구는 허즈버그 이론의 동기 요인들이고, 생리적 욕구·안전욕구·소속욕구 등은 허즈버그의 위생 요인들이다. 그러나 매슬로우의 이론은 욕구 자체에 초점을 둔 반면, 허즈버그 이론은 욕구충족의 요인(要因)에 관심을 기울였다는 점에서 2요인 이론은 한걸음 나아간 이론이라 하겠다.

3) 맥그리거의 X, Y 이론

맥그리거(D. McMgregor)는 상반되는 인간본질에 대한 가정을 중심으로 XY이론을 제기하였다. X이론은 조직 구성원에 대한 전통적 관리전략을 제시하는 이론으로써, 사람은 본래 일하기를 싫어하고 야망이 없고 책임지기를 싫어하며 명령에 따라가는 것을 좋아하고 변화에 저항적이고 안전을 원하며, 자기중심적이며 속기 쉽고 영리하지 못하며 사기에 잘 속는다고 가정한다. 이러한 X이론에서의 관리자의 관리전략은 직원들의 행동을 감독·통제하고 시정하는 책임을 지며 처벌·통제·위협 등을 선호한다고 가정한다.

반면에 Y이론은 인간의 본성은 일을 싫어하지 않고 사람은 조직의 목표 달성을 위하여 자율적으로 자기 규제를 할 수 있으며, 조직목표에 헌신적 인간을 가정한다. 또한 조직목표에 헌신하는 동기는 자기실현 욕구나 존경욕구의 충족이 가장 중요한 보상이며, 조직문제 해결에 있어 창의력과 상상력을 발휘할 수 있다는 것을 전제한다. Y이론에서의 관리자의 관리전략은 개인목표와 조직목표가 조화로울 수 있도록 하며, 관리자는 직무를 통하여 욕구가 충족되고 개인이 발전할 수 있는 운영방침을 채택하는 것이다.

'정직과 성실함, 열정과 정의감, 의리와 상대방을 배려하는 마음, 풍부한 상상력으로 아름다운 세상을 꿈꾸는 사람.' 소설 '빨간 머리 앤'에서 주인공 앤의 품성을 압축한 것이다. 최근 기업들이 채용기준으로 앤과 같은 인재를 선호하는 추세다. 한국 사회에서 한때는 토플, 토익, 학점, 어학연수, 인턴 등 스펙이 취업관문 통과는 물론 결혼까지 이어지는 조건으로 통했다. 그러나 이제는 '난 사람, 든 사람, 된 사람' 가운데 인성과 품성이 좋은 '된 사람'을 찾고 있다.

"아무리 스펙 좋은 사람을 뽑아도 인품이 뒷받침되지 않으면 문제가 생긴다." 최근 'N형 인간'을 출간한 조관일(한국강사협회장) 전 강원도 부지사의 말이다. N형 인간의 N은 앤의 발음에서 따온 것이기도 하고, 나이스(Nice)한 인간으로도 풀이된다. 아무리 좋은 스펙으로 입사를 했더라도 인성에 문제가 있으면 그 조직에 도움이 되지 않는다는 것이다. 'N형 인간'을 창안한 그는 스펙을 '하드 스킬', 인성을 '소프트 스킬'이라고 정의하고 소프트가 조직에서 더 큰 힘을 발휘한다고 했다.

미국 경영학자 맥그리거는 조직에서의 인간 유형을 'X·Y이론'으로 분석했다. X형 인간은 일하기를 싫어해 명령이나 지시를 받아야만 움직이는 유형이고, Y형은 자기 능력을 최대한 발휘해 설정된 목표를 이루는 타입이다. UCLA 오우치 교수는 Y이론을 더 발전시켜 Z이론을 고안해 냈다. 사람에 따라 인간 유형이 각양각색이지만 'N형 인간'의 인성과 품성이 가장 기본적인 바탕임은 틀림없는 사실이다.

'N형 인간'은 울산과학기술대 이면우 교수가 주장한 W이론의 인간 유형과 비슷하다. W형 인간은 한국인의 특징인 '신바람' 나서 물불 가리지 않고 일하는 유형이다. 우리 민족이 가진 공동체 정신도 함께 녹아 있다. 건강한 사회는 로봇 같은 기계적인 인간보다 휴머니즘과 통섭의 정신이 밴 'N형 인간'을 길러내는 데 달려있다.

출처: 강원일보, 2015, 최병수논설주간.

4) 오우치의 Z이론

1970년대와 80년대 일본기업들이 세계무대에서 미국기업들을 제치고 세계제일의 기업들로 화려하게 대두되면서 일본기업의 경영기법에 대한 많은 관심이 고조되었다. 이때 앞서 맥그리거의 X이론과 Y이론에서 힌트를 얻은 윌리암 오우치가 종래의 미국식 경영과 일본식 경영 접근 방식을 혼합하여 Z이론을 주장하게 된 것이다.

(1) Z이론의 출현배경

1980년대 이후 일본 경제의 눈부신 성장은 많은 사람들의 관심을 끌었다. 특히 미국에 진출하기 시작한 닛산, 토요타, 소니 등 일본 기업의 생산성 및 경쟁력 향상은 상대적으로 침체기에 있었던 미국기업과 비교가 되면서 그 원인을 설명하려는 다양한 연구들을 불러 일으켰다. 오우치는 일본기업과 미국기업의 생산성 격차나 양국의 문화적 특성, 행동방식상의 차이 등으로부터 크게 영향을 받고 있는 기업조직 및 경영관리방식 상의 차이에서 기인하는 것으로 보았다. 1973년부터 일본기업과 미국기업을 각각 1두 개씩 모두 24개 기업과 이들 각각이 상대국가에서

그림 4-4 미국식 경영과 일본식 경영방식의 혼합

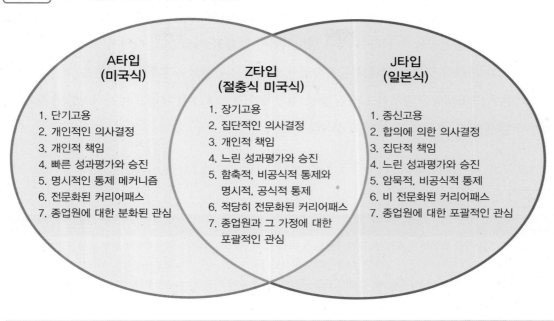

A타입
(미국식)

1. 단기고용
2. 개인적인 의사결정
3. 개인적 책임
4. 빠른 성과평가와 승진
5. 명시적인 통제 메커니즘
6. 전문화된 커리어패스
7. 종업원에 대한 분화된 관심

Z타입
(절충식 미국식)

1. 장기고용
2. 집단적인 의사결정
3. 개인적 책임
4. 느린 성과평가와 승진
5. 함축적, 비공식적 통제와
   명시적, 공식적 통제
6. 적당히 전문화된 커리어패스
7. 종업원과 그 가정에 대한
   포괄적인 관심

J타입
(일본식)

1. 종신고용
2. 합의에 의한 의사결정
3. 집단적 책임
4. 느린 성과평가와 승진
5. 암묵적, 비공식적 통제
6. 비 전문화된 커리어패스
7. 종업원에 대한 포괄적인 관심

운영하고 있는 자회사나 합작투자회사 24개를 합쳐 총 48개의 기업을 대상으로 연구를 시작했다. 특히 주목할 점은 미국에서 활동하고 있는 일본계 기업이 미국 내 전형적인 미국기업이나 일본에 진출하고 있는 다른 미국기업들보다 월등히 높은 수준의 생산성을 보여주고 있다는 점이었다. 또한 미국기업들 가운데에서도 일본기업과는 무관하지만 일본기업과 조직 및 경영상의 특성을 공유하고 있는 IBM, 프록터앤갬블, HP 등의 뛰어난 경영성과에 주목했다. 그 결과 오우치는 일본기업의 성공비밀이 종업원들을 대하는 경영방식에 있을 것이라고 생각했다. Z이론은 맥그리거의 XY이론의 연장선 위에 있다. 차이는 맥그리거의 이론이 경영자의 지도성 및 리더십 유형 간의 차이를 강조한 반면에 Z이론은 기업 조직문화에 관심을 두고 있다는 점이다. 성공적인 기업은 친밀성, 신뢰, 협동, 팀워크, 평등주의 등 공유된 가치관에 의해서 내적으로 일관되고 다져진 독특한 기업문화를 가지고 있고 이들 조직의 성공은 기술보다는 사람관리에 기인하고 있다는 것이다. 오우치는 미국식 경영방식을 A타입, 일본식 경영방식을 J타입, 그리고 이 둘의 혼합형인 Z이론을 추천한다.

J타입 기업들은 그룹 및 가정 내에서 신뢰와 친밀감을 중시하는 일본 문화에 기반을 두고 있

다. 반대로 A타입 기업들은 개인의 권리와 성취를 중시하는 미국 문화에 기반을 두고 있다. 오우치는 미국기업들이 성공적인 일본식 전략을 채택하기를 바랐으나, 미국 경영자들이 다른 국가의 문화에 기반한 접근법을 수용하는 것이 현실적이지 않음을 깨달았고, 따라서 오우치는 미국사회의 규범과 문화적 장점을 그대로 유지하면서 일본의 경영방식을 혼합한 Z이론을 추천한 것이다. Z이론은 그룹책임을 강조하고 품질향상, 점진적인 정책의 개선 그리고 비공식적인 통제와 복지향상 등에 많은 비중을 둔 것이 특징이다.

(2) X, Y, Z이론의 비교

표 4-7 X, Y, Z이론의 비교

X이론	Y이론	Z이론
1. 사람들은 일하기를 싫어하고 피하려고 노력한다.	1. 종업원들은 일을 삶의 자연스러운 한 부분으로 생각한다.	1. 종업원들의 참여는 생산성 향상의 중요요인이다.
2. 종업원들은 통제받고 지시받기를 선호한다.	2. 종업원들은 제한된 통제와 지시를 선호한다.	2. 종업원 통제는 함축적이고 비공식적이다.
3. 종업원들은 책임보다 안정성을 원한다.	3. 종업원들은 적당한 상황에서는 책임을 추구한다.	3. 종업원들은 책임과 의사결정을 공유하는 것을 선호한다.
4. 경영진이 강요해야 종업원들은 일한다.	4. 종업원들은 위협적이지 않은 환경에서 더 나은 성과를 보인다.	4. 종업원들은 신뢰와 협동을 장려하는 문화에서 나은 성과를 보인다.
5. 종업원들은 금전적 보상에 의해 동기부여된다.	5. 종업원들은 여러 가지 욕구에 의해 동기부여된다.	5. 종업원들은 고용 보장을 필요로 하고 느린 성과평가 및 승진을 수용한다.

세 가지의 이론을 비교 분석해보면 결국 시대의 흐름에 따라 기업의 조직문화 및 경영방식은 바뀐다는 것을 알 수 있다. 1970~80년대 전성기를 누렸던 일본기업들도 90년 이후부터 장기 경기침체를 겪으면서 급변하는 경제상황에 효과적으로 적응하기 위해 사업 방식을 바꾸기 시작했다. 일본 특유의 순응주의가 일본기업들에게 부정적으로 작용하기도 했다.

(3) Z이론의 한계점

오우치의 Z이론에도 한계점은 있다. 개인의 행동에 영향을 미칠 수 있는 유일한 방법은 조직의 기본정신을 수정하는 것인데, Z타입의 기업은 주변 환경의 변화에 민첩하게 대응할 수 없는 거대한 산업 공룡화가 될 위험성이 있다. 또한 전문성의 수준도 비교적 낮아 부분적으로 상실되는 경향을 보이고 있다. 전문 기술 증진보다는 팀워크를 이루어 나가는 방법을 중시하기 때문에 자기계발에는 소홀해질 수 있다. Z타입 기업들은 남녀 간의 차별을 두는 경향도 보인다. 소수그룹에 균등한 기회를 제공하는데 많은 노력과 관심을 기울이고 있으나 다른 성이나 인종에 대해서는 배타적인 경향이 있다. 집단의식의 바탕에는 국외자에 대한 배타적인 감정이 깔려있기 쉽다.

5) 브롬의 기대이론

구성원 개인의 모티베이션의 강도(强度)를 성과에 대한 기대와 성과의 유의성(誘意性)에 의해 설명하는 이론으로 가치이론(value theory)이라고도 한다. 동기를 유발하기 위하여 동기요인들이 상호작용하는 과정에 관심을 두는 동기의 과정이론으로서, 애트킨슨(J.W. Atkinson)의 연구를 바탕으로 브롬(V.H. Vroom)에 의해 완성되었으며, 라이먼 포터(Lyman W. Porter)와 에드워드 로울러(Edward E. Lawler Ⅲ) 등에 의해 발전되었다.

브롬에 의하면 모티베이션(motivation)은 유의성(valence) 수단(instrumentality) 기대(expectancy)의 3요소에 의해 영향을 받는다. 유의성은 특정 보상에 대해 갖는 선호의 강도이고, 수단은 어떤 특정한 수준의 성과를 달성하면 바람직한 보상이 주어지리라고 믿는 정도를 말한다. 또 기대는 어떤 활동이 특정 결과를 가져오리라고 믿는 가능성을 말하는 것으로, 모티베이션의 강도＝유의성×기대×수단으로 나타낼 수 있다.

이때 개인은 자신이 바라는 목표에 도달할 수 있다고 믿을 때 비로소 성과지향적 행동에 옮기게 되며, 유의성이나 기대에 충분히 만족하지 않을 때는 동기유발이 일어나지 않게 된다. 또한 포터와 로울러는 성과지향적 행동은 직무만족에 대한 기대감에 의하여 조성되고, 직무만족은 높은 성과에 따른 직무내재적 보상(인정·승진 등)이나 직무외재적 보상(임금·작업조건 등)에 의하여 가능하게 된다고 하였다.

그러나 기대이론은 개인에 대한 동기유발만을 다루어 집단에 대한 동일화(同一化)나 단결심이라는 집단의 동기유발 측면은 배제하였다는 비판을 받고 있다.

6) 강화이론

인간 행동을 선행적 자극과 행동의 외적 결과의 관계로 규정하면서, ① 행동에 선행하는 환경적 자극, ② 그러한 환경적 자극에 반응하는 행동, ③ 행동에 결부되는 결과로서의 강화 요인 등 세 변수의 연쇄적인 관계를 설명하고 바람직한 행동을 학습시킬 수 있는 강화 요인의 활용전략을 처방하는 심리학 이론을 말한다. 여기서 행동의 결과란 반응행동에 결부되어 제공되는 환경적 사건으로, 이것은 다음에 이어지는 행동의 강화 요인으로서의 역할을 수행하게 된다.

강화 요인은 적극적 강화(positive reinforcement)·회피(avoidance)·소거(extinction)·처벌(punishment)의 네 가지 범주로 구분된다. 적극적 강화는 칭찬·보상·승진 등과 같이 바람직한 행동에 대해 바람직한 결과를 제공함으로써 행동의 빈도를 높이는 것을 말한다.

회피는 바람직하지 않은 결과를 회피시켜 줌으로써 바람직한 행동의 빈도를 늘리는 것으로, 부정적 강화(negative reinforcement)라고도 한다. 소거는 이전에는 보상을 받아 강화된 행동이지만 그 정도가 지나쳐 이제 바람직하지 않게 된 행동에 대해 바람직한 결과를 소거함으로써 행동의 빈도를 줄이는 것을 말한다. 처벌은 바람직하지 않은 행동에 대해 바람직하지 않은 결과를 제시함으로써 그 행동이 야기될 확률을 낮추는 강화 요인을 말한다.

7) 공정성이론

요약노력과 직무만족은 업무상황의 지각된 공정성에 의해서 결정된다고 보는 애덤스(J. Stacy. Adams)의 이론이다. 애덤스는 조직 내의 개인과 조직 간의 교환관계에 있어서 공정성(公正性)을 지각하게 되면 이를 감소시키기 위한 방향으로 모티베이션이 작용하여 균형을 찾는다고 하였다.

개인이 조직의 목표를 달성하기 위해 투입하는 것은 직무수행과 관련된 노력·업적·기술·교육·경험 등이며, 조직으로부터 주어지는 보상은 임금·후생복지·승진·지위·권력·인관관계 등을 포함한다. 개인은 자기가 조직에 투입한 것과 조직으로부터 받는 보상을 지각을 통해 인식하고 비교하며, 이때 지각을 통한다는 것은 개인의 주관적인 판단을 의미하는 것으로써 개인은 자신의 보상/투입의 비율과 타인의 보상/투입의 비율을 비교하여 두 비율이 같으면 공정성이 지각되고 비율이 서로 다르면 불공정성을 지각하게 된다.

이러한 불공정성에 대하여 개인은 심리적인 긴장을 느끼고 긴장을 해소하는 방향으로 적응행동을 하게 된다. 따라서 개인은 자신의 노력과 그 결과로 얻어지는 보상과의 관계를 다른 사람과 비교하여 자신이 느끼는 공정성에 따라 행동동기에 영향을 받는다. 즉, 공정성 이론은 개인의 행동에 있어서 동기를 자극하는 욕구나 유인 등의 중요한 요인들이 단순히 절대적인 가치에 의하여 그 강도가 작용하는 것이 아니라 산출과 투입의 상대적 비율, 그리고 다른 사람과의 상대적인 관계에서 동기요인들이 작용한다는 것을 강조하고 있다.

직무분석(job analysis, 職務分析)

직무에 포함되는 일의 성질이나 직무를 수행하기 위하여 종업원에게 요구되는 적성(適性)에 대한 정보의 수집 분석이다. 한 사람의 종업원이 수행하는 일의 전체를 직무라고 하며, 인사관리나 조직관리의 기초를 세우기 위하여 직무의 내용을 분석하는 일을 직무분석이라고 한다. 각 직무에 대해서 밝혀야 할 항목은, ① 직무내용(목적·개요·방법·순서), ② 노동부담(노동의 강도·밀도), ③ 노동환경(온도·환기·분진·소음·습도·오염), ④ 위험재해(감전·폭발·화재·고소·재해율·직업병), ⑤ 직무조건(체력·지식·경험·자격·개성), ⑥ 결과책임(직무를 수행하지 않았을 경우의 인적·물적 손해의 정도), ⑦ 지도책임(후진자 지도의 책임), ⑧ 감독책임, ⑨ 권한 등이다. 직무분석의 방법에는 실제 담당자에 의한 자기기입(自己記入), 분석자에 의한 관찰, 면접청취, 통계, 측정, 검사 등이 있다. 어느 것이나 모두 주도면밀한 준비와 세심한 주의가 필요하다. 직무분석의 결과는 직무기술서나 직무명세서로 종합·정리되어, 채용·승진·배치전환·교육훈련·임금·안전위생 등 인사관리나 직무분담·부서편성·지휘감독 등의 조직관리에 자료를 제공한다.

1. 직무분석법(job analysis formular, 職務分析法)

직무분석에 필요한 정보자료의 수집 방법이다. 직무분석은 인사관리의 전체 분야를 효율적으로 수행하는 데 필요한 정보를 제공하는 것이므로 직무분석의 범위, 정보의 내용, 정보수집 방법 등에 따라 그 목적이 달라진다. 직무에 관한 정보를 수집하는 데는 그 의미나 정확성에 따라서 다양한 방법이 있으며, 일반적으로 사용되는 직무분석의 방법은 다음과 같다.

1) 면접법(interview method)

직무분석자가 직무수행자에게 면접을 실시하여 직접 정보를 얻는 방법이다. 준비된 질문항목으로 직무를 수행하는 작업자나 직무수행자의 감독자를 면접하는데 특히 직무수행 기간이 긴 경우에는 직무수행자가 이를 요약하여 설명해줄 수 있으며, 직무수행자의 정신적·육체적 활동을 모두 파악할 수 있는 장점이 있다. 그러나 직무분석자와 직무수행자 간에 친밀한 관계를 유지해야 하고, 직무수행자들이 직무분석 과정을 호의적이고 유용한 것으로 이해할 수 있어야 한다. 오늘날 가장 많이 활용하는 직무분석의 방법으로서 주로 관리·감독업무, 사무적 업무에 널리 이용된다.

2) 관찰법(observation method)

직무분석자가 직무수행자인 작업자 옆에서 직무수행을 관찰(觀察)·기술(記述)하는 방법이다. 생산조립라인 직무 등과 같이 직무수행 기간이 짧은 경우, 그리고 면접이나 질문지를 작성하지 못하는 상황에서 이용된다. 이 방법은 실시하기가 간편하다는 장점이 있지만, 객관적인 정보를 얻기 위해서는 작업수행자의 작업이 관찰자에 의하여 영향을 받지 않아야 하며, 정신적인 작업의 경우에는 관찰이 불가능하고, 작업시간이 길거나 직무의 성격이 반복적이지 않은 경우에는 관찰에 많은 시간이 걸린다는 단점이 있으므로 고급숙련도를 요구하지 않는 현장작업에 적합하다.

3) 질문지법(questionnaire method)

직무에 대한 설문지를 작성하여 작업자가 이에 응답하도록 하여 직무분석에 필요한 자료를 수집하는 방법이다. 설문지에는 직무의 내용, 직무수행의 방법·목적·과정 등에 대한 질문이 포함되며 면접담당자가 필요하지 않고 시간과 노력이 절약된다는 장점이 있으나 설문지의 유형과 작업자의 정확한 정보제공이 중요하다.

4) 중요사건기록법(critical incident method)

직무수행에 결정적인 역할을 한 사건이나 사례를 중심으로 직무를 분석하는 방법이다. 직무성과를 효과적으로 수행한 행동양식을 추출하여 분류하는 방식으로서 직무행동과 직무성과 간의 관계를 직접적으로 파악할 수 있는 반면 수집된 직무행동을 분류·평가하는 데 많은 시간과 노력이 필요하고 직무분석에서 필요로 하는 포괄적인 정보를 획득하는 데에는 한계가 있다.

5) 작업기록법(employee recording method)

직무수행자가 작성하는 작업일지나 메모사항을 참고하여 정보를 수집하는 방법으로서 장기간 작성된 작업일지는 내용에 대한 신뢰도를 충분히 확보할 수 있으므로 엔지니어나 고급관리자가 수행하는 직무 등과 같이 관찰하기 어려운 직무인 경우에 많이 이용된다.

6) 경험법(experiential method)

직무분석자가 직무를 직접 수행해보는 방법으로, 그 효과가 가장 좋은 방법이지만 기술발전과 지식의 증가로 실질적인 수행에 의하여 연구될 수 있는 직무는 많지 않다.

이상의 방법은 해당 직무분석의 주목적이나 특성, 직무수행자 및 직무분석을 위하여 투입할 수 있는 인력과 시간 등을 고려하여 가장 적합한 방법으로 선택하여야 하며, 대개는 여러 방법을 병행하여 사용하는 경우가 많다. 그리고 숙련된 직무분석자에 의한 직무분석은 각종 과업(課業)을 정확하게 결정할 수 있고 직무수행에 필요한 지식·숙련·능력·책임 등을 포함한 인적자격요건(人的資格要件) 또한 정확히 알아내 모든 인사관리 활동에 영향을 미치게 되므로 그 책임과 중요성이 매우 크다고 할 수 있다.

2. 직무기술서(job descriptions, 職務記述書)

요약직무분석의 결과 직무의 능률적인 수행을 위하여 직무의 성격, 요구되는 개인의 자질 등 중요한 사항을 기록한 문서이다.

인사관리의 기초가 되는 것으로서 직무의 분류, 직무평가와 함께 직무분석에 중요한 자료이다. 일반적으로 직무명칭, 소속직군 및 직종, 직무의 내용, 직무수행에 필요한 원재료·설비·작업도구, 직무수행 방법 및 절차, 작업조건(작업집단의 인원 수, 상호작용의 정도 등) 등이 기록되며, 이는 직무의 목적과 표준성과(performance standard)를 제시해줌으로써 직무에서 기대되는 결과와 직무수행 방법을 간단하게 설명해준다.

사무직·기술직·관리직에 모두 적용되어 직무평가와 승진인사의 결정기준으로 사용되며, 경영간부육성의 기준이 되는 기능도 갖고 있으므로 이 경우에는 특히 직위기술서(職位記述書)라고도 한다. 직무기술의 양식은 개별직무기술서와 연합직무기술서로 나눌 수 있으며, 직무의 특성이 강조된다는 점에서 인적요건(人的要件)을 중점적으로 다루는 직무명세서와 차이가 있다. 한편, 영국경영학회(British Institute of Management)에서 발표한 직무기술서의 내용은 직무확인사항·직무개요·직무내용·직무요건 등으로 구성되어 있다.

3. 직무명세서(job specification, 職務明細書)

요약직무분석의 결과를 인사관리의 특정한 목적에 맞도록 세분화시켜서 구체적으로 기술한 문서이다.

직무의 특성에 중점을 두어 간략하게 기술된 직무기술서를 기초로 하여 직무의 내용과 직무에 요구되는 자격요건, 즉 인적 특징에 중점을 두어 일정한 형식으로 정리한 문서이다. 주로 모집과 선발에 사용되며 여기에는 직무의 명칭, 소속 및 직종, 교육수준, 기능·기술 수준, 지식, 정신적 특성(창의력·판단력 등), 육체적 능력, 작업경험, 책임 정도 등에 관한 사항이 포함된다.

직무분석의 목적에 따라 고용명세서, 교육훈련용·조직확립용·임금관리용 직무명세서, 작업방법 및 공정개선명세서 등이 있으며, 직무기술서와 더불어 직무개선과 경력계획, 경력상담에 사용된다. 한편, 직무분석의 결과를 문서로 정리·기록하였다는 점에서는 직무기술서와 같으나 직무기술서가 직무내용과 직무요건을 동일한 비중으로 다루고 있는 데 비하여 직무명세서는 직무내용보다는 직무요건에, 그중에서도 인적요건에 큰 비중을 두고 있다는 점에 그 특징이 있다.

직무기술서

직무명	주방 고기담당
관리자	점장
근무시간	일 12시간 / 휴식 1시간 / 식사 1시간 / 주6일 근무
직무내용	1. 출근 후 연탄을 새 연탄으로 교체한다. 2. 오후에 사용할 고기를 미리 양념한다. 3. 점심에 판매할 고기를 미리 추벌한다. 4. 영업 중 주문되는 고기에 2차 불향을 입혀 나간다. 5. 사용한 불판을 세척한다. 6. 양념 전에 고기의 심한 지방 부위 및 검은 부위를 제거한다. 7. 익일 점심에 판매할 고기를 미리 양념한다. 8. 화덕 주위를 정리하고 퇴근한다.
직무요건	1. 주방근무 기준 • 불과 물, 전기를 사용하는 주방의 특성상 항상 안전에 유의해야 한다. • 자주 환기를 시켜주어 가스중독 등의 위험에 사전 대처한다. • 식재료 및 조리, 보관과정의 위생에 항상 유의한다. 2. 개인용모 기준 • 주방모 착용 • 손톱 정리 • 헤어밴드 착용 • 귀금속 착용 금지

출처: 한양사이버대학원 외식프랜차이즈MBA 외식서비스론.

직무	주방 고기담당
보고	점장
직무개요	판매할 고기를 보관(해동)하고 양념에 재운 후 초벌한다. 작업할 화덕의 위생과 연탄을 관리한다.
인적요건	1. 고기담당자는 대량의 고기를 다듬고 초벌을 해야 하므로 강인한 체력이 요구된다. 대체자로 여성이 담당할 경우 상체 및 팔 근육의 사용이 원활해야 한다. 2. 작업환경의 특성상 불을 사용하고, 일산화탄소 가스에 노출되기 때문에 폐활량이 정상수치 이상이어야 한다. 3. 주방 열기구 및 화덕의 고열에 노출된 환경이기 때문에, 고혈압 및 심장질환자의 경우 근무가 어렵다. 4. 하루 100kg 이상의 고기를 다듬고, 재우고, 초벌을 해야 하므로 무릎이 튼튼하고, 허리사용이 원활해야 한다. 5. 열악한 근무 환경 속에서도 장기 근무할 수 있는 강한 정신력과 여성인력이 대부분인 외식업의 특성을 감안해 원만한 성격의 소유자이어야 한다.

출처: 한양사이버대학원 외식프랜차이즈MBA 외식서비스론.

SECTION 05 인적 자원 확보관리

인적자원관리에서 가장 중요한 부분일 수 있는 것은 확보관리이다. 확보란, 양질의 인재를 적재적소적시에 조직에 공급하여, 조직 경쟁력 강화와 성장동력을 할 수 있게 도움을 주는 것이다. 양질의 인재가 중요해진 이유는, 과거 3M(Material, Money, Man)이 기업경쟁력의 원천이었던 반면, 세계화, 기술변화 속도의 이유로 자본의 용이한 이동과 기술에 대한 우위가 사라진 현 시점에서 Man인 인재만이 유일하게 차별화된 기업의 경쟁력 원천이 되었기 때문이다. 많은 기업들은 조직 내의 직위상에 결원이 발생한 후에야 보충을 위한 선발작업에 착수하는 경향이 있다. 그러나 그렇게 되면 필요한 인원에 대한 보충이 급히 이루어져야 하기 때문에 직무를 수행하는 데 있어서 가장 적합한 자격을 갖춘 사람을 선발하기가 어렵게 된다. 따라서 유능한 인재를 선발하기 위해서는 사전에 미래의 소요인력에 대한 계획이 필요하다. 기업의 인적 자원을 개발하는 데 있어서도 다른 방면의 활동과 마찬가지로 반드시 사전에 계획이 있어야 한다. 그리고 그러한 계획의 수립은 미래의 필요한 인력에 대한 수급상황평가를 기초로 하여야 한다.

1. 인력의 수요예측

미래의 어느 시점에서 해당 기업에 필요한 인력의 수요를 예측하는 활동으로, 종업원의 수를 예측하는 양적인 측면과 종업원에게 요구되는 직무수행 자격요건을 예측하는 질적인 측면으로 나누어 볼 수 있다.

1) 양적 접근법

(1) 양적 접근법의 의의

이는 수요예측의 과정과 방법에 초점을 두어 정량적 기법을 사용하는 방법이다.

(2) 방법

① 추세분석

과거 인적자원수요에 관한 자료를 월별, 분기별, 연도별로 작성하고 이를 그래프로 나타낸 추세선을 수학적으로 확장하여 특정 시점에서의 총 소요인원을 결정하는 방식이다. 이는 추세가 앞으로도 이어진다는 가정 하에서 의미를 가지는 방법으로 단기적인 수요 예측에는 적합하지만 장기적으로 정확한 예측이 필요한 상황에서는 바람직하지 않다고 볼 수 있다.

② 회귀분석

회귀분석은 인력수요에 영향을 미치는 다양한 요인들의 영향력을 계산하여 조직의 미래인력 수요를 예측하는 기법이다. 기존의 자료를 통해 미래를 보다 과학적으로 예측할 수 있다는 장점이 있다. 하지만, 충분한 숫자의 과거 자료가 있어야 하고 독립변수와 인력수요 사이에 유의미한 상관관계가 존재할 때에만 활용될 수 있다.

③ 상관분석

상관분석은 인력수요와 관련이 깊은 변수를 찾아, 이들 간의 상관계수를 토대로 추정되는 소요인력을 산출하는 방법이다.

2) 질적 접근법

(1) 질적 접근법의 의의

이는 수요예측의 과정과 방법에 초점을 두어 정성적인 방법을 사용하는 방법이다.

(2) 방법

① 명목집단법

명목집단법은 모임에 앞서 각자 최적의 아이디어를 생각한 후에, 한 장소에 모여 각각의 전문 가들이 익명으로 서면 형식의 아이디어를 내고 토론과 투표를 통하여 의견을 수렴하는 방식이 다. 의사결정이 이루어지는 동안 대인적인 커뮤니케이션이 제한된 그야말로 명목적인 임시집단 을 구성하여 의사결정을 행한다. 타인의 영향력을 배제할 수 있고 시간이 비교적 짧게 걸리지만 한 번에 한 문제밖에 처리하지 못한다.

② 델파이법

이는 전문가들에 의해 서면 상으로 이루어지는 일종의 무기명 토론방식으로, 전문가들이 익 명으로 서로의 견해에 대하여 서면상의 피드백을 주고받으며 최적의 대안이 도출될 때까지 반 복하여 의견을 수렴하는 방식이다. 한 장소에 모일 필요가 없어 타인의 영향력을 배제할 수 있고 효과성이 입증되었으나 시간이 오래 걸리고 응답자에 대한 통제가 어려워 장기적인 의사결정에 는 적합하지만, 단기적인 의사결정에는 비효율적이다.

③ 시나리오기법

시나리오기법은 전문가집단의 브레인스토밍과 예측을 전담하는 프로젝트 조직에 의해 환경 변화 등에 대한 분석을 통하여 미래의 인력수요 변동을 예측하는 방법이다.

다양하고 우수한 양과 질의 정보가 종합적으로 반영되어야 예측의 타당도가 담보된다.

2. 인재의 모집과 선발과정

모든 조직에는 설립목적을 달성하기 위한 직무가 있고, 이를 담당할 사람을 뽑아 적절한 자 리에 배치하는 것이 채용이다. '모집→평가를 통한 선발→직무 배치'로 이뤄진 채용시스템은 보 기보다 많은 비용이 든다. 일반적으로 인력 관리 비용 중 약 20%가 채용시스템에 쓰일 정도이 다. 비용 측면 뿐만 아니라 회사 입장에서는 채용을 통한 신규 인력 충원이 조직 분위기를 새로 이 하는 데에 좋은 영향을 미칠 수도 있고, 더불어 자원 재배치를 통한 효율성을 높일 수 있는 까닭에 신중을 기해야 한다. 개인적으로나 사회적으로나 영향을 끼치긴 매한가지이므로 다각도 에서 신중해야 하는 것이 채용이다.

인력 충원 시 개인과 조직의 목표가 서로 일치하는 것이 중요하다. 이를 위한 채용전략 유형으로는 회사와 직·간접적으로 연을 맺고 경력을 쌓아온 사람을 채용하는 making, 회사 밖에서 훈련받고 경력을 쌓아온 사람을 조금 비싸게 채용하는 buying이 있다. 전자는 사원들의 충성심을 고양시키고, 후자는 조직 분위기를 환기하는 역할을 한다. 외에도 회사 또는 직무 중심과 현재 또는 미래 중심의 채용 전략이 있다. 전략에 앞서 노동시장 여건, 법규, 조직상황 등 환경요소 분석이 필수적이다.

1) 모집

모집은 회사가 필요한 인력선발 계획을 외부에 알려 입사 희망자들에게 지원하도록 하는 것이다. 모집이 성공적으로 이뤄져야 지원자 수준에 만족할 수 있으므로 적절한 모집 방법과 절차를 활용해야 한다. 어떤 광고매체를 활용할지, 어떠한 정보를 어느 선에서 제공할지, 개인과 회사 간 정보소통을 어떻게 진행할지 등을 따져야 한다. 주의할 점은 사실을 위주로 하되 과대포장은 삼가야 한다. 그 일환으로 직무내용과 보상수준 등을 정확히 알려주는 사전공개(realistic job preview, RJP) 정책으로써 지원자들에게 회사를 믿을 수 있도록 해야 한다. 지원자가 회사를 거르는 것과 반대로 회사 역시 자격요건을 통해 지원자를 거를 수 있다. 구체적인 모집방법으로는 기존 사원들의 지원을 받는 사내공모제, 조직 내 구성원들의 자격과 경력 등이 담긴 기능목록표와 비공개 커뮤니케이션을 통한 채용, 기존 사원의 추천, 채용 아웃소싱, 인턴사원제 등이 있다.

2) 선발

선발은 모집된 지원자들의 정보를 수집하여 자격심사를 하고 적격자를 확정하는 과정이다. 이 때는 비용과 수익을 따져 지원자의 능력과 태도가 장기적으로 회사에 어떤 공헌을 할 수 있는지 효율성을 따져야 한다. 더불어 모든 지원자에게 동등한 기회를 주는 형평성, 회사의 분위기와 문화에 적합한 사람을 뽑아야 하는 적합성 등도 중요한 기준이 된다. 적합성에 따른 조직 적합적 선발은 직무와 인력특성(욕구와 관심사, 성격, 능력 등), 적합성 여부(대담, 인성검사, 대인관계)를 따지는 것에서 시작한다.

선발 도구로는 서류전형, 바이오데이터(성별, 학력, 연령, 거주지 등), 시험(성격검사, 능력검사, 적성검사 등), 면접이 있다. 면접에는 직무 관련 능력 파악을 위해 미리 준비한 질문을 바탕으로 진행하는 구조적 면접과 즉흥적인 질문으로 이어지는 비구조적 면접 유형으로 나뉜다. 각각의 유형 속에서 활용될 수 있는 면접방법으로는 집단(다대다), 위원회(다대일), 스트레스, 상황 면접 등이 있다. 면접에서는 무엇보다 면접관들이 지원자 정보를 파악하고 있어야 한다. 제대로 된 질문으로 인터뷰가 진행되어야지, 서로 중언부언하게 되면 평가 자체가 힘들어진다. 또한 선발도구의 합리성이 의심받는다면 무용지물이므로 반복측정을 통해 신뢰도를 높이고, 타당도(선발도구가 지원자들이 지닌 능력을 평가할 수 있었는가, 높은 평가를 받은 지원자들의 1~2년 후 성과가 높은가, 담당하게 될 직무의 현업자들이 평가기준에 대한 타당도를 따짐), 경제성 등을 따져야 한다.

3) 채용방식의 변화

산업초기 정기채용을 통해 선발된 인력들을 정년까지 함께 하던 경영방식에서 아웃소싱, 비정규직, 수시채용 등의 채용을 활용하는 등 채용방식이 다양해지고 있다. 첫째, 아웃소싱은 기업이 가장 잘 할 수 있는 업을 제외한 나머지 업에 대해 외부의 우수기업이나 전문가에게 맡기는 것으로 예를 들면 하청, 외주, 인력파견 등이 있다. 경영활동 중 새로운 혹은 핵심 사업 추진 시 부족한 노하우나 수요변동 등에 대응하기 위한 수단으로 적절하다. 하지만 기업 외부 시스템을 활용하는 까닭에 통제나 기본적인 관리가 힘들 수도 있고, 내부 사원들에게 부정적인 영향을 미칠 수도 있다. 이외에도 상대와 의사소통, 조정에 대한 기타 비용이 발생할 수 있으며 계약이 철

그림 4-5 세대 간 인식 차이

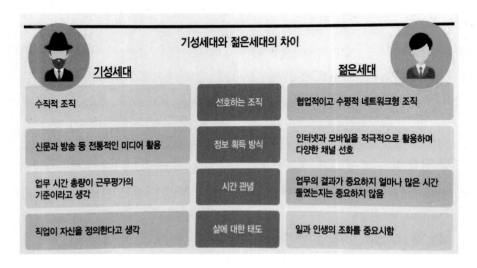

출처: 테미 에릭슨(런던비즈니스스쿨 교수).

저하더라도 갈등이 발생할 수 있기 때문에 대부분 기업들이 꺼리고 있다.

둘째, 비정규직 채용은 비교적 낮은 임금, 해고와 선발의 용이함 등과 같은 이유로 국내에서 활발히 활용되고 있다. 유형으로는 시간제 사원, 파견 근로자, 계약직 사원, 재택 근무자, 도급 근로자(건별) 등이 있다. 비정규직으로 인해 촉발되는 사회문제가 많아 보완이 필요하다. 마지막으로 인터넷을 통한 수시채용이 있다. 신입사원보다는 대개 경력사원을 채용할 때 활용된다.

SECTION 06 개발관리

교육훈련(Training) 방법은 On the job Training과 Off the Job Training으로 나뉘어지는데 OJT는 현장 업무를 통한 교육을 지칭하는 것으로 단기적이며 구체적이다. 기존 직원들의 Coaching, Mentoring 등에 의해 교육을 받으며 Internship/Apprenticeship 프로그램이 일종의 OJT에 해당되며 기존의 직원들은 Rotation을 통해 훈련을 받을 수도 있다.

Off the job Training은 현장에서가 아닌 별도로 마련된 교육과정이라고 볼 수 있는데 Lecture, Assessment Center(합숙하면서 교육, 평가받음), Conference/Seminar, Workshop, Simulation, Tele-training, Panel/Project, Role play, Distance learning, Case-Study, Programmed instruction 등이 이에 포함된다.

개발(Development)은 장기적, 미래직무지향적, 육성 차원에서 진행되는데 Job-site Methods와 Off the Job Training으로 나뉘어진다. mento를 통한 Coaching, Commitee Assignments, Job Rotation, Assistant-to position을 통해 훈련보다 좀 더 체계적으로 교육을 받는데, Committee Assignment는 중간관리자를 대상으로 '이사진' 상황을 설정하여 임원으로서의 역량을 검증받고 기아차 회장인 정의선 회장의 '독서토론회'는 대표적인 예라 할 수 있다. CJ는 핵심인재를 대상으로 3년마다 팀을 옮기는 Job Rotation을 실시하고 있다. 보좌역이라고 할 수 있는 Assistant-to Position은 기업 총수의 의사결정을 주변에서 계속 배움으로써 미래 경영수업을 받는 것이라고 할 수 있다.

효과성을 판단하기 위해서 학습곡선을 주로 이용하는데 일상적 일의 수행교육은 Decreasing returns의 모양을 하고 완전히 새로운 일의 학습은 Increasing Returns의 모양을 띤다. 특정한 통찰력을 요구하는 어려운 과업에 대한 학습은 전형적 모양인 S모양의 곡선을 나타내고 가장 비효율적 학습효과는 Plateau 곡선을 나타낸다. 학습곡선의 모양이 적절하게 나타나지 않으면 다양한 검토의 대상이 된다.

교육에 대한 투자의 Feedback으로 효과성을 꼭 평가해야 하는데 그 방법에는 Reaction, Learning, Behavior, Results 등으로 판단한다. 후자로 갈수록 측정의 어려움과 시간이 오래 걸린다. Reaction은 강의 평가와 같이 일정시간 이후 평가되어져야 하며 어느 정도 '남는가'에 초점을 맞추어 진행되어야 하고 회고적 특징을 가지고 있다. Learning으로 판단하는 교육의 효과성은 교육 이후 시험이나 자격증 취득과 같은 절차로 효과성을 판단하며 Behavior 측면 교육의 효과성 평가는 교육 이후 친절도와 같은 행동의 변화가 실제적으로 어느 정도 나타나는지에 대해 평가한다. Results는 가장 객관적인 효과성 평가 수단으로 실제로 기업의 활동 성과에 어느정도 교육이 영향을 미치고 공헌하였는지 구체적으로 확인하는 것이다.

정리하자면 기업의 경쟁력 재고에 HRD의 기여도가 지속적으로 증가하고 있으며 인력 개발에 대한 적극적 투자 없이는 종업원의 동기유발에 실패하게 될 것이다. 노동 시장의 유연화가 계속 될수록 인력 유출에 의한 HRD의 딜레마가 커지는 추세이며 인력개발은 종업원의 경력개발과 연계되어야 그 효과를 높일 수 있다.

인력개발은 첫째로 과업에 대한 능력의 증가를 유도하며 둘째로 개인의 Career(경력)개발에 도움을 주는데 이로 인해 개인은 고용가능성을 증가시킬 수 있으며 요즈음 늘어나는 추세이다. 이는 조직에서 요구하는 경력과 연계되어야 그 시너지 효과를 높일 수 있다.

1. 오리엔테이션

조직에 새로 들어온 사원과 조직 내에서 새로운 직책으로 옮긴 사원을 위해 특별히 제작된 교육프로그램을 말하고, 일반적으로 조직의 역사와 이익, 규칙과 기대에 대한 내용, 조직에 대한 전체적인 소개, 상사들에 대한 소개, 그리고 그들이 직무를 수행하는데 필요한 조직의 규정 등에 관한 일반적인 정보를 제공해 준다. 오리엔테이션을 하는 목적은 첫째, 조직의 역사를 소개함으로써 조직 내부에 내재된 조직의 문화적 양식이나 관행(cultural practice), 조직의 목적과 가치를 신입사원들에게 심어 줄 수 있다. 둘째, 신입사원이 수행하게 될 직무를 소개하여 이를 위한 지식, 기술, 능력 배양의 필요성을 주지시켜 주기 위함이다. 셋째, 조직에 관해 현실적이고 객관적인 정보를 전달하여 신입사원의 진입충격을 완화시키고 조기 이직을 예방할 수 있다.

2. OJT

기업 내에서의 종업원 교육 훈련방법의 하나로, 피교육자인 종업원은 직무에 종사하면서 지도교육을 받게 된다. 따라서 업무수행이 중단되는 일이 없는 것이 그 특징이다. OJT는 모든 관리자·감독자는 업무수행상의 지휘감독자일 뿐만 아니라 업무수행과정에서 부하직원의 능력향상을 책임지는 교육자이어야 한다는 생각을 기반으로 하여 추진되고 있기 때문에, 지도자와 피교육자 사이에 친밀감을 조성하며 시간의 낭비가 적고 기업의 필요에 합치되는 교육훈련을 할수 있다는 등의 장점이 있으나, 반면에 지도자의 높은 자질이 요구되며 교육훈련 내용의 체계화가 어렵다는 등의 난점이 있다. 이에 따라 OJT의 대상은 비교적 하부조직의 직종이 된다.

3. Off JT

표 4-8 교육의 종류

분류	구분	내용
교육장소	OJT 직장 내 교육	직무를 실행하면서 직속상사와 선배 사원에게 받는 훈련(자원이 절약되며 구체적이지만, 교육 전문성이 떨어지고 소수만 가능함)
	OFFJT 직장 외 교육	특정교육장소에서 진행되는 교육(현실감은 다소 떨어질 수 있으나 다양한 상황에 대한 교육이 가능함)
	위탁교육	대학, 교육전문 컨설팅회사 등의 교육 프로그램 활용
대상자 직급	신입사원 교육	사회화 교육(회사에 맞는 동화교육)
	작업층 교육	숙련 정도에 따라 자동 교육을 통해 기술 연마(실습장, 상사를 통한 도제교육 진행)
	관리층 교육	리더십, 의사결정, 인간관계 능력 교육(참여식-인바스켓트레이닝, 비즈니스게임, 롤플레잉, 행동모델, 주니어보드오브디렉터)
교육기법	강의식	강의 형태
	참여식	교육자는 안내만 하고, 피교육자가 의견 제시와 토론 진행
	시뮬레이션	상황 교육
	사례연구	실제 사례 교육
교육주제	자기개발	계획 및 점검 지원
	멘토링	심리적 문제해결도 지원
	아웃소싱	위탁교육과 달린 교육 계획부터 피드백까지 전 과정을 위탁

현장훈련과 비교하여 직장외훈련(Off-the Job Training)이라고도 불린다. 현장 외 교육 또는 집합교육이라고도 번역되어 '일을 실시하는 장소를 떠나서 직무수행에 공통적으로 필요한 지식, 기술, 태도에 대해서 시행되는 교육훈련'을 의미하며 구체적으로는 업무수행과정 외에 각별히 시간과 장소를 선택해 행하는 직업(업무)외 연수(훈련)의 총칭이다. 직능별 교육, 계층별 교육 등의 집합교육, 사외 강습회의 참가, 연수원 합숙교육 등은 대표적인 직장외훈련이다.

4. 경력개발

개인은 회사에 입사하여 월급을 받고 노동력을 제공하면서 자신의 능력과 가격, 기술, 경험을 쌓아간다. 회사에 공헌하면서 동시에 스스로 성장해 나가는 것이다. 회사는 경력개발계획으로써 개인의 경력개발을 지원해야 한다. 사원의 경력개발은 개인뿐만 아니라 회사에도 경쟁력 강화의 요소가 되기 때문이다. 경력개발계획 프로세스는 <개인의 경력희망과 회사의 수급계획→경력상담을 통한 수정 및 보완→경력목표 설정→경력 경로개발→결과평가→피드백>으로 정리된다. 경력개발 프로세스에서 실시될 수 있는 활동은 사원, 상급자, 회사 세 부분 모두 맡아야 한다. 사원은 자신의 경력희망 사항(내용, 시기)을 분명히 알아야 하고, 경력 최종목표를 상급자와의 상담을 통해 알려야만 한다. 상급자는 관련 정보를 제공해주고 현실성을 판단하여 적절한 수준을 제시해줘야 한다. 회사는 경력계획의 모델을 제시해주고 그에 필요한 시설과 자원을 마련해야 한다.

사람들이 설정하는 경력목표를 정리하면 기술과 기능 중심의 "전문가", 전문적인 분야보다는 조직 내에서 관리능력을 개발한 "관리자", 안정적으로 동일 조직 내에서 끊임없이 새로운 프로젝트를 수행하고자 하는 "조직인", 창의적인 "기업가", 조직보다는 자유 직업인으로서 과제 형식의 기회를 추구하는 "자유인" 총 다섯 가지가 있다. 영업사원으로 입사해 보험 판매왕의 커리어를 유지하는 영업인으로 성장하고자 하는 사원의 경우, 빠른 승진으로 관리직을 맡기는 것은 일종의 경력개발 딜레마에 빠지는 것일 수 있다. 따라서 사원에게 경력목표 후보를 보여주며 직접 선택하게 하여 개발하는 것도 나쁘지 않다.

경력 경로는 개인이 조직에서 최종경력에 이르기까지 맡게 되는 직무 배열순서이다. 기존에는 이 순서가 수직으로, 중간층이 너무 많아지고 지엽적인 전문가가 될 수 있다는 한계가 있었다. 그래서 최근에는 한 직급 안에서도 여러 직무를 경험한 다음 진급하도록 진행되고 있다. 네트워크 경로라고도 표현한다. 경력목표와 같이 경력 경로도 다섯 가지 유형으로 나뉜다. 대기업형, 중소기업형(작지만 다양한 사람들과 교류하며 성장), 신사업형, 학습 및 휴면형(중도 학습 및 훈련), 프로젝트형(전문성을 바탕으로)이 있다. 일반적으로 서른즈음에는 탐색, 마흔 전에는 특정 분야를 택하여 안착하는 사회화를 마치고, 쉰 즈음엔 해당 분야에 대한 전문성을 확립되며 그 이후엔 조직 내 관리자 역할을 맡는 등 경력을 유지하거나 쇠퇴하는 단계를 밟는다.

5. 지식과 역량 중심의 관리

1) 지식 중심의 인적자원관리

과거에는 육체노동자가 대부분이었지만, 오늘날은 지식노동자 비중이 매우 높아지고 있다. 특정분야에 심도 있는 전문지식을 갖춘 지식노동자는 일반적으로 사내 승진보다 전문분야에서의 성공을 갈망하며 외부 전문가 집단과의 교류에 적극적이고 높은 자율성을 원하는 특성을 띤다. 때문에 경영기법 역시 시대에 맞춰 변화하게 되었다. 지식 중심 인적자원관리가 바로 그것이다. 새로운 경영기법을 통해 고도의 지식 노동자를 양성하고, 그들이 가진 지식을 활용하고 공유할 수 있는 장을 열어주어야 한다. 더불어 지식자산을 평가하여 회사의 경쟁력을 높이는 것도 함께 해야 한다. 이를 위해서는 지식노동자로서 적합한 유형의 인력을 채용 또는 스카우트해서 그들의 경력개발계획에 맞게 개발, 보상해야 한다. 특히 지식노동자는 이직가능성이 유난히 높고 창출해내는 성과가 크기 때문에 회사는 구별된 경력관리(전사적인 권한 위임, 조직개발)를 시행하고, 매력적인 경력기회를 제공해야 한다.

2) 역량 중심의 인적자원관리

인적자원관리가 종업원과 기업의 역량을 얼마나 강화시켜 줄 수 있는가에 따라 기업의 성패가 달려 있다. 성과주의 제도가 성과를 향상시키기 위해서는 종업원의 직무역량이 동시에 강화되어야 한다. 역량강화 없이 성과 향상을 기대하기 어렵기 때문이다. 역량강화 없이 이루어지는 성급한 성과주의 혁신은 자칫하면 단기적인 성과를 얻는 대신 장기적인 성장력을 잃게 되는 위험이 있다. 정리해고나 외부 인력의 활용, 아웃소싱 등의 경우에도 중요한 것은 종업원 전체의 역량강화가 전제되어야 한다는 점이다. 그렇지 않은 경우 조직은 슬림화되고 전문화되어도 기대하는 성과는 달성되지 않는다. 중요한 것은 조직의 소프트웨어인 인력의 질이 향상되어야 한다는 것이다.

조직의 종업원들이 보유하고 있는 역량이 기업의 생존을 결정하게 되며 여기에서 더 나아가 조직이라는 것의 실체는 다름 아닌 종업원 자체라고 보게 되는 것이다. 따라서 중요한 것은 우리나라 기업들이 최근의 경영 및 인사관리 변화 속에서 어떻게 종업원의 역량과 기업역량을 강화할 것인가 하는 점이라고 할 수 있다. 특히 기업과 종업원 간의 장기적인 고용관계가 무너지는 시점에서 종업원의 역량을 강화하여 장기적 성과를 담보하는 것이 우리나라 기업들이 직면한 핵심적인 과제이다. 역량중심의 인적자원관리가 새로운 대안으로 주목을 받는 이유는 기업전략과의 연계성, 성과 지향성과 구체성, 유연성 때문이다. 역량은 우수한 성과를 내는 사람이 평균적인 성과를 내는 사람과 비교해서 보여주는 내적 특질이며, 이러한 역량은 우수 성과자가 보여주는 행위로 표현된다. 따라서 역량중심의 인적자원관리는 그동안 기업의 사업전략과 연계없이 이루어져 온 인적자원관리 활동을 기업전략에 연계시키는 데 매우 큰 공헌을 할 수 있다. 특히 기업이 필요로 하는 역량을 모델로 개발하는 과정에서 기업의 핵심역량이 발굴되어 사용되므로 그러한 역량에 기초한 인적자원관리에서는 당연히 기업전략을 달성하게 만드는 역할이 크게 강화되게 된다. 인적자원관리 전문가에게 요구되는 역량은 다음과 같다. 바로 '리더십, 계획 및 조직력, 지속성, 목표지향성, 집단 촉진력, 프로젝트 관리력'이다.

6. 학습조직을 통한 지식창조

학습조직은 변화에 적응하는 능력(지시, 노하우, 실력 등)을 계속 습득해 나가는 조직이다. 학습조직은 학습하지 않는 개인이 주위에 비해 뒤처지는 것처럼 조직 역시 학습해야 한다는 데에서, 그리고 경쟁시대 속에서 승리하기 위해서 나왔다. 학습조직의 핵심은 조직 안팎의 문제들을 해결하기 위해 부서 간 교류, 노하우 전파를 진행하는 것이다. 이를 위한 필수조건은 새로운 아이디어, 부서 간 원활한 커뮤니케이션, 실천적 변화이다. 무엇보다 조직의 학습이라 하더라도 개인들이 먼저 학습인이 되어야 한다. 일단 학습조직이 구축되면 체계적인 문제해결활동, 경험학습, 벤치마킹, 정보이전 그리고 가장 중요한 파괴학습(조직의 관성을 깨버리는 이완학습)으로 채워져야 한다.

평가관리

1. 인사평가의 목적과 관리전략

모든 관리활동은 조직의 성과를 조금이라도 높이거나 개선하기 위한 것이므로 평가가 뒤따라야 한다. 평가가 없다면 당사자는 물론 상사나 동료도 개선할 점 혹은 보상받아야 할 점을 인지하지 못하고 지나칠 수 있다. 이외에도 기업가치를 측정할 때에는 재무성과뿐만 아니라 인적자원들이 가지고 있는 가치 역시 중요한 요소가 된다. 효과적인 인력배치와 계획, 사원 능력 개발, 동기부여 등을 위해서도 반드시 실행되어야 한다. 모든 평가가 복합 요소들을 다루는 까닭에 인사평가에도 다양한 관리기준이 적용된다. 올바른 평가를 위해서는 타당성(평가목적, 평가집단별 차별화된 평가요소 준비 유무 등), 신뢰성(피드백 유무, 가종 오류 주의), 수용성(사원 참여, 교육 등), 실용성 등의 기준을 따라야 한다.

기준에 따라 진행된 평가결과는 당사자가 수용할 수 있어야 한다. 이를 위해 이의제기할 수 있는 채널을—비공식 채널일지라도— 개설하여 오류 수정이 가능해야 한다. 더불어 평가결과가 악용되는 일이 없어야 하고, 이후 반드시 전문가가 참여한 피드백과 함께 개선방안 등이 수립되어야 한다. 기존의 상벌 혹은 감독을 위한 인물 평가보다는 능력을 개발하는 방향으로 당사자가 참여한 미래 중심의 평가가 진행되어야 한다.

2. 인사평가의 오류 및 대처방안

1) 인사평가의 오류

모든 인사평가에서 피평가자가 보유하고 있는 참 값(true score)과 평가자가 판단한 관찰 값(observed score) 사이에는 오류(error)가 존재한다. 예컨대, 어떤 상사가 부하의 역량을 측정한 점수가 과연 참 값인가는 아무도 알 수가 없고 오로지 신만이 알 수 있다. 모든 평가(측정)에는 필연적으로 어떤 오류가 존재한다. 오류가 적으면 적을수록 평가결과는 신뢰성이 높고, 오류가 크면 클수록 신뢰성이 낮다.

어떤 평가에서도 피할 수 없는 측정의 오류는 크게 두 가지 종류가 있다. 하나는 임의 오류

(random error)이고 또 하나는 체계적 오류(systematic error)이다. 임의 오류는 어떤 대상에 대한 측정에서 임의적으로 영향을 미치는 요인에 의해 발생하는 오류이다.

그림 4-6 임의 오류

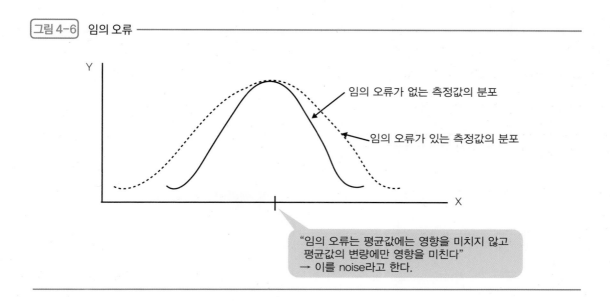

임의 오류가 없는 측정값의 분포

임의 오류가 있는 측정값의 분포

"임의 오류는 평균값에는 영향을 미치지 않고 평균값의 변량에만 영향을 미친다"
→ 이를 noise라고 한다.

예컨대 어떤 부서에 상사나 동료의 인간관계 등과 같은 부서 분위기에 따라 업무 성과가 달라지는 두 사원이 있다고 하자. 이 두 사원의 성과는 부서 분위기가 우호적인가 비우호적인가에 따라 영향을 받기 때문에 업무 성과의 측정결과가 대단히 유동적일 수가 있다. 이런 오류는 다른 부서의 사원들에게도 반드시 똑같이 나타나는 현상은 아니다. 이처럼 임의 오류는 측정 대상 전체에 일관되게 영향을 미치지 않는 우발적이고 부분적인 오류라는 특성을 지니고 있다. 따라서 때로는 임의 오류로 인하여 평가 점수가 높게 나타날 때도 있고, 낮게 나타날 때도 있기 때문에 전체의 측정 평균 값에는 영향을 미치지 않는다. 이를 측정의 부분오차(noise)라고 한다. 체계적 오류는 모든 평가 대상에 체계적으로 영향을 미치는 요인에 의해 발생하는 오류이다.

예컨대 평가가 이루어지는 시점에 경기가 갑자기 나빠져서 모든 부서의 업적성적이 나빠지는 경우가 여기에 속한다. 이처럼 임의 오류와 달리 체계적 오류는 모든 평가가 좋아지거나 나빠지는 형태로 나타난다. 이를 측정의 오차(bias)라고 한다.

미국의 경우 1978 Civil Service 개정법에서 인사평가에 대한 보다 구체적이고 직접적인 지침을 설정하였다. 동 법 제 430조에서 대통령이 임명하는 판사, 의사, 치과의사, 간호사와 중앙정보

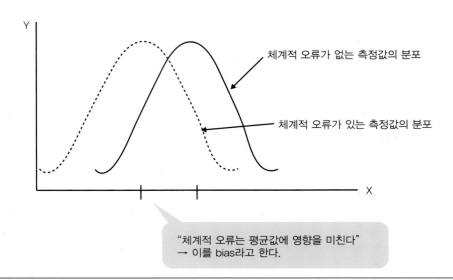

그림 4-7 체계적 오류

체계적 오류가 없는 측정값의 분포

체계적 오류가 있는 측정값의 분포

"체계적 오류는 평균값에 영향을 미친다"
→ 이를 bias라고 한다.

부(CIA), 외국인근무자(The foreign Service), 회계간부직(General Accounting office)을 제외한 모든 연방공무원들에 대해서 평가시스템을 구축할 것을 규정하고 있다. 동 법에서 제시한 평가제도 설계지침은 시사하는 바가 매우 크다. 동 지침에서 각 정부 부서는 평가시스템을 개발하여야 하고 직무와 관련한 평가기준을 종업원이 참여하여 만들도록 장려하고 있다. 또 핵심적인 요소를 추출하는 방법과 절차, 예컨대 직무분석 등의 결과를 문서로 남기고, 종업원은 평가 전에 반드시 핵심요건을 알 수 있도록 하여야 한다고 규정하고 있다. 모든 평가는 반드시 사전에 설정한 성과표준(performance standards)을 기준으로 만들어 직무를 누가 어떻게 잘 수행하는가를 평가해야 한다는 점을 강조하고 있다. 평가는 적어도 1년에 한번은 실시하여야 하고 평가의 결과는 기록으로 보존되어야 한다. 평가의 결과는 "훈련, 보상, 재배치, 승진, 강등, 해고"와 같은 결정을 할 수 있는 정보로 활용하고, 보상은 평가성적과 직접 관련이 있어야 한다. 강등이나 해고가 예상되는 종업원은 30일 전에 서면으로 통보하도록 규정하고 있다. 그리고 종업원은 통보에 대한 항의를 구두로나 서면으로 할 수 있도록 하고 있다. 또 인사 평가가 중요한 만큼 각 연방기관은 평가자에 대한 교육훈련을 실시하여야 한다. 그리고 각 기관은 인사 평가제도의 효율성에 대한 주기적인 점검을 수행하고 인사 평가제도를 개선해 나가야 한다. 각 기관의 인사관리부에 동 법규를 실천하는 책임을 부여하고, 법에서 요구하는 제반 요건을 정비하고 제도를 개선하는 책임을 부여하고 있다.

2) 오류의 유형

인사평가 과정에서 일반적으로 발생하는 평가 오류에는 다음과 같은 것들이 있다.

(1) 현혹효과(Halo Effect)

현혹효과는 한 분야에 있어서의 피평가자에 대한 호의적 또는 비호의적인 인상이 다른 분야에 있어서의 그 피평가자에 대한 평가에 영향을 미치는 것을 말한다. 이는 피평가자의 어느 특성에 대해 '대단히 우수하다'는 인상을 받게 되면 다른 특성들도 '대단히 우수하다'고 평가해버리는 경향을 말한다. 피평가자가 평소에 매우 적극적인 사람이라면 평가를 할 때 적극성뿐만 아니라, 책임감도 있어, 일도 잘 할 수 있고, 협조성도 있다고 평가해 버리는 경향이 있다. 또 반대로 어느 특성이 '부족하다'는 인상을 갖게 되면 다른 특성들도 '부족하다'고 평가해 버리는 경향도 쉽게 나타난다.

후광효과에 의한 오류를 방지하기 위해서는 첫째, 피평가자에 대한 선입견, 편견을 버려야 한다. 즉, 인상과 선입관을 배제하고, 결과와 사실을 객관적으로 인식할 수 있도록 해야 한다. 둘째, 분석평가를 실시한다. 셋째, 대상이 되는 피평가자에 대해 평가요소별로 평가를 한다. 넷째, 사실에 입각해서 평가를 하는 등의 마음가짐을 갖는 것이 중요하다. 마지막으로 평가 요소의 선택을 적절히 하는 것으로, 평가항목을 줄이거나 여러 평가자가 동시에 평가하는 다면평가의 활용이 필요하다.

(2) 상동적 태도(Stereotyping)

현혹효과가 피평가자의 한가지 특성에 근거한 것인 데 비해, 상동적 태도는 피평가자들이 속한 집단의 한 가지 범주에 따라 판단할 때 나타날 수 있는 오류이다. 즉, 그들이 속한 집단의 특성에 근거하여 사람을 판단하는 경향을 말한다. 예를 들면 미국인은 개인주의적이고, 한국인은 매우 부지런하며, 흑인은 운동소질이 있으며, 이탈리아인은 정열적이라고 하는 것 등이다.

상동적 태도는 오늘날 조직의 사회적 지각에 영향을 미친다. 경영자, 감독자, 노조위원, 여성근로자, 컴퓨터 프로그래머, 엔지니어 등에 대한 상동적 태도가 존재한다. 이러한 범주에 있는 사람들이 갖고 있는 특별한 특성이 있다. 그러나 중요한 것은 실제의 특성과 사람들이 기대하는 특성은 많은 차이가 있다는 사실이다. 즉, 엔지니어라고 해서 모두 냉정하고 합리적인 것은 아니며, 인적자원관리 담당자라고 해서 모든 조직구성원들을 행복하게 해주는 마음씨 좋은 사람은 아니라는 것이다.

(3) 관대화 경향(Leniency errors)

관대화 경향(Lenience tendency)은 "피평가자의 실제 업적이나 능력보다 높게 평가하는 경향"으로 개념적으로 정의되며, 이와 반대로 실제보다 낮게 평가하는 경향을 엄격화 경향(Strictness tendency 또는 severity tendency)이라고 한다. 관대화 경향과 엄격화 경향에 대한 조작적 정의는 평균, 분산분석, 왜도 세 가지로 나뉜다. 첫 번째 방법은 가장 많이 쓰이는 것으로 평가차원별 평가점수의 평균값을 평가척도의 중간점과 단순비교하는 것이다. 평가차원별 평가점수의 평균값이 중간점보다 크면 클수록 관대화 경향이 발생한 것으로 간주하고, 적으면 적을수록 엄격화 경향이 발생한 것으로 간주한다. 이 방법에는 '척도의 중간값이 실제성과의 중간수준을 잘 대표하는가?'라는 문제점이 있다. 평가차원별 평가점수의 평균값이 척도 중간 값보다 높더라도, 실제의 중간 성과수준이 척도의 중간 값보다 높다면 이것은 관대화가 아닐 수 있다. 두 번째 방법은 (평가자×피평가자×평가차원)의 삼원 분산분석방법에 기초한 것이다. 평가자 주효과가 통계적으로 유의하면(평가분산의 많은 부분을 설명하면), 관대화 혹은 엄격화 경향이 있는 것으로 간주한다. 이 방법은 분산분석이 평균이 0이고 정규분포를 한다고 가정하는 문제 외에도, 실제 값을 알 수 없기 때문에 개별 평가자의 오류정도를 파악하기 어렵고, 또한 오류의 방향을 알 수 없다는 한계를 갖고 있다. 세 번째 방법은 평가점수 빈도분포의 왜도(skewness)를 평가하는 것이다. 왜도는 분포가 치우친 정도를 측정한다. 왜도 계산에서 데이터 수가 3개 미만이거나 표준 편차가 0이면 #DIV/0! 오류값을 표시한다.

$$\frac{n}{(n-1)(n-2)}\sum\left(\frac{X_j+\overline{X}}{s}\right)^3$$ 여기서 s는 표본의 표준 편차이다.

빈도분포는 평균을 기준으로 균등하게 분포되었을 때 대칭적(symmetric)이라고 한다. 자료가 평균을 기준으로 왼쪽 혹은 오른쪽으로 기울게 분포되어 있을 때, 편향적으로 분포되는 정도를 skewness(편분포도)라고 한다. 이 경우 평균, 중앙값, 최빈값이 서로 일치하는 분포를 대칭적 자료(symmetric data)라 하고, 평균 < 중앙값 < 최빈값인 분포를 왼쪽 편분포(skewed left) 자료라 하고, 최빈값 < 중앙값 < 평균인 분포를 오른쪽 편분포(skewed right) 자료라 한다. 편분포도 계수(coefficient of skewness; a3)값이 a3 = 0이면 대칭적인 자료로 판정하고, a3 < 0이면 왼쪽 편분포 자료로 정의 관대화 경향이 있는 자료로 판정하고, a3 > 0이면 오른쪽 편분포 자료로 역의 관대화, 즉 평가가 까다로운 경향의 자료로 판정할 수 있다.

관대화 경향이 발생하는 원인은 여러 가지가 있는데 ① 상사−부하간 부정적인 경과를 회피하기 위한 것과 평가자의 인상관리를 위한 것, ② 평가자의 개인적인 요인(심리상태 및 특성), ③ 평가자와 피평가자 간의 관계요인 및 ④ 피평가자에 대한 책임정도 등에 따라 영향을 받는다. 그러므로 관대화 경향을 방지하기 위한 방안으로는 ① 구체적인 사실에 의거하여 평가를 하며, ② 평가요소를 통해 평가를 하며, ③ 절대평가를 실시하며, ④ 직무수행과정이 평가대상이 된다는 원칙을 재확인하고 사적인 관계에 대한 감정을 제거하며, ⑤ 평가자에게 평가점수에 따른 인원비율을 설정하여 전체 평가결과가 중간점수를 기준으로 정규분포가 되도록 요청하며, ⑥ 평가자에 대한 체계적인 훈련을 실시한다 등을 들 수 있다.

(4) 중심화 경향(Central tendency errors)

중심화 경향(centeral tendency)은 "피평가자들을 모두 중간점수로 평가하려는 경향"을 말한다. 이 오류는 평가자가 잘 알지 못하는 평가차원을 평가하는 경우, 중간점수를 부여함으로써 평가행위를 안전하게 하려는 의도에 의해 이루어지는 오류라고 할 수 있다.

기준첨도값(NORM VALUE; a4) a4 = 3이면 대칭적 자료, a4 < 3이면 낮은첨도 자료로 좋은 점수와 나쁜 점수로 분산시킨 자료(양측분포 성향)로 판정할 수 있다. 또 a4 > 3이면 높은 첨도 자료이고 중심화 경향이 있는 자료로 판정할 수 있다.

첨도를 계산하는 예를 보면 다음과 같다. 첨도 계산에서 데이터 요소가 4개 미만이거나 표본의 표준 편차가 0이면 #DIV/0! 오류값을 표시한다.

$$\left\{ \frac{n(n+1)}{(n-1)(n-2)(n-3)} \sum \left(\frac{X_j - \overline{X}}{s} \right) \right\} - \frac{3(n-1)^2}{(n-2)(n-3)} \quad \text{여기서 s는 표본의 표준 편차이다.}$$

연구논문들에서는 중심화 경향보다는 범위의 제한(range restriction)에 초점을 맞추고 있다. 이것은 평가자가 각각의 성과수준에 관련하여 피평가자들을 차별화하는 정도로 정의된다. 중심화와 범위제한은 개념의 구별이 필요하다. 중심화 경향은 평가자가 연속체의 양극단을 사용하기를 꺼려하는 것을 반영하는 것이다. 따라서 평가척도의 중간에 모이는 평가상황만을 대상으로 사용해야 한다. 그러나 범위의 제한은 평가연속체의 어떤 점에서도 사용될 수 있다. 즉, 관대한 지점(leniency), 엄격한 지점(severe), 혹은 중간 지점(central tendency)에 있을 수 있다. 따라서 중심화는 범위의 제한을 의미한다. 그러나 범위의 제한이 중심화를 의미하지는 않는다. 우리나라의 경우에는 중심화 경향은 크지 않은 것으로 나타나고 있으나, 범위에 제한은 상당히 많이 보이고 있다. 특히 대부분의 평가자들에게 있어 관대화 경향으로 인한 중간 척도 이상의 제한된 범위에 평가점수가 몰리는 경향이 두드러지고 있다.

중심화 경향과 범위제한의 조작적 정의에는 첫째, 분산이나 표준편차를 이용한 측정방법이 있으며, 둘째, 평가차원별 점수의 평균값과 척도의 중간값 차이의 절대값을 이용한 경우, 셋째, 첨도(Kurtosis)를 이용하여 중심화 분표를 살펴보는 경우 등이 있으며, 그 중 중심화 경향에 초점을 맞추고 있는 것은 평가차원별 점수의 평균값과 척도의 중간값 차이의 절대값으로 측정하는 것은 '첨도' 하나 뿐이고, 나머지는 범위제한에 초점을 맞추고 있다.

중심화 경향의 발생원인으로는 ① 평가자가 평가에 자신이 없는 경우, ② 평가자의 피평가자에 대한 분석이 이루어져 있지 않은 경우, ③ 평가기준이 애매 모호한 경우 및 ④ 평가방법에 대해 회의적이거나 피평가자를 잘 알지 못하는 경우 등이 있다.

중심화 경향을 방지하기 위한 방법으로는 ① 평가자에 대해 인사평가의 구조, 평가요소 및 평가방법을 이해시키는 것, ② 평가자에 대한 평소의 지도를 통해 특성을 파악하는 것, ③ 분포제한을 두는 것 및 ④ 평가척도를 세분화해서 평가점수의 분산을 고안하는 것 등을 들 수 있다.

(5) 논리적 오류(Logical errors)

논리적 오류는 평가자의 평소 논리적인 사고에 얽매여 임의적으로 평가해 버리는 경우를 말한다. 이는 각 평가요소 간 논리적인 상관관계가 있는 경우 비교적 높게 평가된 평가요소가 있으면 다른 요소도 높게 평가하는 경향을 말한다. 예를 들어 '지식이 많은 사람은 이해력도 많다'라고 평가한다거나, '영업 실적이 높은 사람은 절충력이 강하다'라고 평가하는 경향을 말한다.

현혹효과가 평가자 개인의 특성에 의한 평가상의 오류인 데 반해, 논리적 오류는 평가자가 각 평가요소 간 논리적으로 일치된다고 생각하는 데서 생기는 오류이다. 이러한 논리적 오류는 다음과 같은 방법에 의하여 제거할 수 있다. 첫째, 추상성이 높은 요소나 의미내용이 중복되는 요소에 의하여 평가하는 평가양식들을 설계하지 말고 객관적으로 관찰 가능한 사실을 평가하는 방법을 사용한다. 둘째, 요소에 대한 정의와 설명을 충분히 한다. 특히 유사한 요소가 있을 경우에는 그 착안점의 상이를 명확히 한다. 셋째, 평가자는 인사평가의 운용기준을 반드시 지키며, 주관적인 판단이나 추측에 의하여 평가해서는 안된다. 넷째, 유사한 평가요소에 대해서는 가능한 한 시간을 두고 평가를 한다.

(6) 근접오류(Proximity errors)

인사평가표상에서 근접하고 있는 평가요소의 평가결과 혹은 특정 평가 시간 내에서의 평가 요소 간의 평가결과가 유사하게 되는 경향을 근접오류라고 부른다. 시간적인 근접오류의 예로 서는 능력평가를 하고 난 후에 곧바로 업적평가를 하게 되면 상당한 시간이 경과된 후에 평가하 는 것보다 유사한 평가결과가 나오게 될 가능성이 있다. 즉, 시간적으로 근접해 있으면 앞의 결 과에 영향을 받기 쉽다는 것이다.

(7) 연공오류(Seniority errors)

피평가자의 학력이나 근속연수, 연령 등 연공에 좌우되어서 발생하는 오류를 의미한다. 예를 들어 학력이 대졸자와 국졸자가 있을 때 전자는 더 높게 평가해 버리는 경향을 말한다. 육체적 노동을 요구하는 일과 같이 업무의 성격에 따라서 그 반대의 경우도 있고, 또한 문화적 차이에 의해 서구의 경우에는 일반적으로 반대의 경우가 발생하고 있다. 이러한 연공오류는 특히 우리 나라의 근무평정에 있어서 많이 발생하는 오류의 하나이다.

(8) 시간적 오류(Recency errors)

시간적 오류란 평가자가 피평가자를 평가함에 있어서 쉽게 기억할 수 있는 최근의 실적이나 능력중심으로 평가하려는 데서 생기는 오류를 말한다. 일부 피평가자들은 이러한 오류경향 때 문에 인사평가시기가 다가오면 평가자에게 특히 잘 보이려고 노력하는 것을 흔히 볼 수 있다.

이러한 오류는 중요사건법이나 목표관리법(MBO), 부정기적인 평가 등을 통해 줄일 수 있다. 또한 평가자가 평가수첩에 의하여 평소에 기록하게 하는 방법도 유효하다.

(9) 이미지 평가 오류

이것은, 부하에 대한 선입관이나 이미지로(에서) 평가해 버리는 경향을 말한다. 예를 들면, 「피평가자 A씨는 원래 업무에 대한 지식이 풍부하기 때문에, 이번에도 높은 실적을 올렸을 것이 다」라고 평가해 버리는 오류를 말한다. 이미지 평가를 방지하기 위해서는 이미지가 아닌 구체적 인 사실에 의거한 행위를 평가한다. 즉, 구체적인 「행위의 선택」을 위해 평소 평가자의 지도·육 성 노트의 활용이 도움이 된다.

(10) 극단화 오류

극단화 오류는 평가가 평가 단계의 최상위, 혹은 최하위에 집중해 버리는 경향을 말한다. 이를 방지하기 위해서는 중심화 경향을 지나치게 의식하지 말아야 하며, 결과와 행동 및 사실에 기초를 두고 평가하는 방법과 평가단계의 선택을 정확히 하는 방법이 있다.

(11) 대비 오류(contrast error)

대비 오류는 직무 기준과 직무 능력 요건이 말한 절대기준이 아닌, 자신에 기준을 두어, 자신과 부하를 비교하는 경우를 말한다. 이러한 오류를 방지하기 위해서는 직무기준(업무목표)과 직무능력 요건에 비추어 평가를 해야 하며, 평가자 훈련을 통해 판단기준을 통일하도록 해야 한다.

(12) 기타 평가 오류

일종의 '의존형 평가'로서, '어차피 2차, 3차 평가자도 평정하는 것이기 때문에 적당하게 평가해도 좋다'라고 말하는 무책임 평가가 있다. 그리고 부하 전원의 평가 점수를 낸 다음, 상대 평가를 하기 위해 서열을 붙이고, 점수 조정을 하는 '역산형 평가'가 있고, 평가자 자신이 좋아하는 사람에는 사실 이상의 높은 점수를, 싫은 사람에는 낮은 평가를 주어 버리는 '감정형 평가'가 있다.

표 4-9 인사 평가자의 인지적 오류 유형

평가 오류	주요 사례
후광 효과(Halo effect)	'한번 해병은 영원한 해병' 과거 고성과자로 인식한 사람을 계속 고성과자로 인식함
미운털 효과(Horn effect)	'영원한 열등생' 과거 저성과자로 인식한 사람을 계속 저성과자로 인식함
최근 효과(rule of Light)	최근의 행동이나 성취로 1년 전체를 평가함
짜 맞추기 효과(Counter−Balance)	평가 등급이나 종합 점수와 같은 최종 평가 결과를 미리 의도적으로 정한 상태에서 세부 평가 사항을 여기에 맞추려 함
자기준거 효과(Self−Reference)	'내가 너희들 땐 10배 많이 일했다' 피평가자를 평가자 본인과 비교함
무관심 효과(Apathy)	'평가 그거 해서 뭐하나' 평가자가 평가 운영 및 진행에 무관심함
첫인상 효과(First−Impression)	'첫인상' 초반 인상이 사람에 대한 평가에 지대한 영향을 줌
관대화 경향(Tolerance)	'좋은 게 좋은 거지' 어려운 결정을 회피하고 모든 사람에게 관대한 점수를 부여함
중심화 경향(Central Tendency)	'중심화' 차등이나 차별화를 피하려고 모두를 유사하게 평가함 피평가자에 대해서 잘 모를 때는 부정도 긍정도 아닌 평가를 내림

출처: 머서코리아.

3. 인사평가 오류의 개선 방안

인사평가의 공정성(fairness)을 향상하려면 고과자 및 고과표의 신뢰성과 평가항목의 내용 타당성, 예측타당성 등과 같은 구성타당성 그리고 평가절차의 공정성을 복합적으로 개선하여야 한다.

표 4-10 인사평가의 오류별 대처 방안

구분		내용	대처방안
신뢰성	평가자 신뢰성	평가자의 주관적 오류: 관대화, 중심화 경향	· 강제할당법, 강제선택법 일부 적용 · 오류가 적은 평가도구 개발
	평가표 신뢰성	평가방법(척도법)의 평정오류	· 고과자 훈련 · 평가오류 제어 시스템 적용 등
타당성		개인자질 중심의 평가항목	· 기대직무행위, 핵심역량항목 개발
		평가항목의 점수와 비중	· 다중 회귀분석 등을 통한 비중 산출
절차의 공정성		승진중심, 입학방식 평가운영	· 보상결정 활용, 졸업방식 평가 운영
		오류가 많은 점수조정방법	· 조정 방법 개선
		2차, 3차 평가자 문제	· 1차 평가자 중심, 조정권 활용
		인사고과의 비공개	· 평가 결과의 공개 · 이의제기절차 확립
		평가자 훈련 부족	· 피평가자 면담 기술 확립

1) 신뢰성 향상 방향

평가의 신뢰성을 저해하는 측면에는 두 가지가 있다. 하나는 평가척도의 신뢰성 문제이고, 또 하나는 평가자의 오류 문제이다. 평가척도의 신뢰성을 제고하기 위해서는 평가항목을 일관성 있게 평가할 수 있도록 변별력을 높여야 한다. 측정항목의 신뢰성을 높이기 위해서는 평가항목의 독립성이 유지되어야 하고, 그러기 위해서는 변별력이 높은 용어를 사용하거나 객관화된 항목을 개발하여야 한다. 평정척도 방법을 적용할 경우 관대화와 중심화 경향을 방지하기 위한 대안을 다양하게 강구하는 것이 필요하며 평정 오류를 최소화할 수 있는 대안적인 평정 방법을 보완적으로 활용하는 것도 필요하다.

한편 평가자의 오류를 해소하기 위해서는 평가담당자는 평가자별로 평가성향을 분석하여 잘못된 점을 지적해주고 평가자 훈련에 반영함은 물론 이를 개선하는 지침을 제시해 주도록 하

그림 4-8 평가의 신뢰성 향상 방안

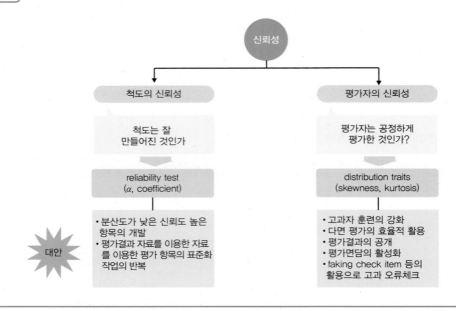

는 것이 좋다. 평가자별로 왜도(skewness)와 첨도(kurtosis)를 계산하여 평정분포가 일정 수준 이상 왜곡되었을 경우 정규적인 분포가 되도록 피드백을 하는 것이 필요하며 잘못된 평가를 할 경우 평가 태도를 고치기 위한 고과자 훈련을 지속적으로 시행하는 것이 필요하다.

고과자의 평가결과를 공개하면 고과자의 불공정한 평가를 사전에 예방하고 평가태도를 시정하는 효과가 있다. 고과결과를 공개하면서 이의를 제기하는 절차를 마련하면 더욱 좋다. 여러 계층이 평가하는 다면평가 방법 등도 적절하게 활용하여 평가의 신뢰성을 높이는 것도 고려할 사항이다. 또 오류를 보이는 평가자를 쉽게 적발하고, 평가 결과에 대해서 책임을 지도록 규제를 강화하는 것도 필요하다. 또 평가자가 평정과정에서 정규적인 평정 분포를 벗어나는 왜곡된 평정을 할 경우 이를 사전에 통제할 수 있는 피드백 장치를 마련하는 것도 필요한데 이는 사후에 평가자의 공정성을 확보하는 것보다 사전에 인사 전체의 공정성을 확보하는 것이 더욱 중요하기 때문이다.

2) 평가의 타당성 향상 방안

평가항목의 타당성은 평가항목의 구성 타당성과 평가자의 평가능력, 평가척도(rating scale)와 그 구성에 따라서 많은 영향을 받는다.

일반적으로 실제 성과에 대한 평가는 비교적 정확하게 이루어질 수 있지만, 성과에 관련된 특성평정(trait rating)은 성과의 연결성과 측정상의 객관성이 낮으므로 타당성이 낮은 경향이 있다. 즉, 계량화된 성과측정은 평가항목의 타당성이 높지만, 충성심이나 협조 등과 같은 주관적인 평가항목은 성과와 관련된 특성으로서 성과와의 실제 연결성이 애매하고 실제평가에 있어서도 평가자의 주관적 편견이 개입될 여지가 많기 때문에 일반적으로 타당성이 낮은 경우가 많다. 따라서 평가항목을 적정하게 구성하여 타당성을 높이기 위해서는 직무수행 내용과 과정을 반영하는 평가항목을 개발하여야 한다. 타당성 높은 평가항목을 개발하기 위해서는 직무분석을 실시하여 직무수행상 필요한 자격요건을 추출하여 이를 평가항목으로 활용하여야 한다. 또 전략적 혹은 관리적 차원의 경영 비전과 목표를 체계화하여 이것이 어느 정도 실현되는지를 체크할 수 있도록 평가항목에 반영하는 방안을 적극 실천해 나가야 할 것이다.

그림 4-9 평가의 타당성 향상 방안

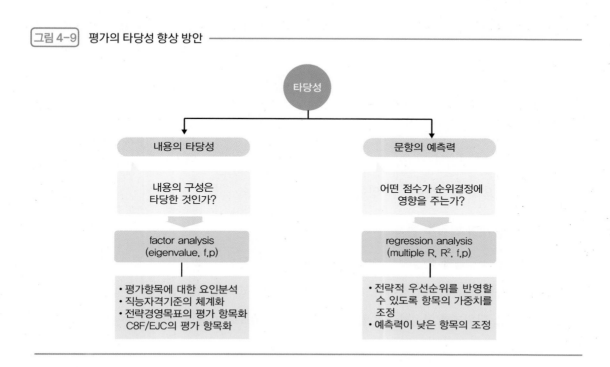

성과와의 실제적인 연결성에 따라서 평가항목의 타당성이 달라진다. 예컨대 판매원의 경우 고객과의 접촉은 앞으로의 성과를 위하여 중요한 성과요소이지만, 이것이 실제 판매로 연결될지는 의문스러우며, 따라서 평가요소로서의 타당성에 의구심을 가질 수 있다. 그러므로 타당성 관점에서 볼 때, 가능한 한 실제로 달성된 성과와 타당성 분석을 통하여 높은 타당성이 실제로 입증된 특성만을 평가요소로 선택하여 평가항목에 포함하는 것이 바람직하다.

인사평가의 목적이 무엇인가에 따라 이에 필요한 피평가자에 대한 정보가 다르다. 인사평가에서의 타당성 문제는 바로 인사평가에서 추구하는 개별 목적에 맞는 평가내용을 얼마나 많이 평가내용으로 삼느냐에 따라 결정되는 것이다. 우리나라 기업의 경우 평가내용인 피평가자의 잠재능력, 성과, 적성 그리고 작업내용을 모두 측정한 점수를 합쳐 이 종합점수를 승진 의사결정, 인센티브 의사결정 등 다목적으로 활용하고 있는 기업이 대부분이다. 이러한 인사평가제도는 평가타당성을 크게 훼손시키며, 평가결과가 평가목적을 달성하는 데 상당한 장애요인이 되고 있다.

평가항목의 내용타당성과 문항의 예측력을 높이기 위해서는 평가결과와 경영실적과의 관련성을 지속적으로 분석하여 성적과 실적과의 상관성이 높은 평가항목과 평가방법을 꾸준히 개발해 나가야 한다. 능력고과의 내용타당성을 높이기 위해서 바람직한 능력고과의 항목을 찾는 노력을 하여야 한다. 또 업적고과의 타당성을 높이기 위해서는 전략적 경영목표가 되도록 평가항목의 업적고과를 설계하여야 할 것이다. 각 항목의 비중을 적절하게 조정하기 위한 노력도 지속적으로 기울여야 한다.

3) 절차의 공정성 향상 방안

많은 연구에서 지적하고 있듯이 공정한 평가는 평가절차의 공정성과 평가과정에 관계자들이 얼마나 합리적으로 참여하는가에 영향을 받는다.

(1) 다면 평가의 적절한 활용

평가절차를 공정하게 운영하기 위해서는 상사평가를 중심으로 자기평가나 동료평가를 보완적인 수단으로 활용하는 것이 바람직하다. 피평가자가 독립적이고 개별적인 업무를 수행할 경우 자기평가를 활용하고, 팀워크를 형성하면서 업무를 수행할 경우 동료평가를 활용하는 것이 바람직하다.

(2) 평가결과의 피드백

인사고과의 피드백에 대한 기대 효과는 세 가지 차원에서 생각할 수 있다. 즉, 업무를 지원하는(supportive) 차원, 성과향상을 유발하는(emphasizing improvement) 차원 및 임금과 승진·승격에 관한 납득성과 동의를 얻는 차원에서 효과를 기대할 수 있다. 평가자가 피평가자와 면담을 하면서 부하의 의견을 듣고 본인의 평가의견을 부하에게 알려주면서 협의를 하는 과정에서 업무에 관한 지원 사항을 파악할 수도 있다. 또 이러한 과정에서 부하는 상사를 신뢰하고 만족함으로써 업무수행성과가 개선될 수도 있다.

(3) 고과자 훈련

고과자 훈련의 효과에 대한 연구는 다양하다. 연구결과들은 고과자를 훈련시키면 고과의 관대화나 현혹효과를 줄이는 효과는 있으나 고과자 훈련을 단순한 고과오류의 감소에 초점을 맞추기보다는 피평가자를 관찰하고 평가하는 기술을 기르도록 하는 데 더 역점을 두여야 한다.

4. 인사평가의 실제

오류를 제거한다고 하더라도 사람마다 평가자가 누구냐에 따라 결과는 조금씩 달라질 수 있다. 때문에 누가, 언제, 어떤 내용을 가지고 평가할지 정하는 것부터 신중해야 한다. 일반적으로 피평가자의 업무 행동을 가장 가까이서 관찰할 수 있는 사람에게 평가 업무가 넘어간다. 단순히 곁에 있어서가 아닌 평가를 이끌어 갈 만한 능력과 자격이 있어야 한다. 이런 능력이나 자격은 단숨에 생기는 것이 아니고, 별도의 교육과 훈련을 통해 개발해야 한다. 평가자 교육 외에도 평가 자체를 위해서는 다양한 비용이 발생한다. 때문에 평가 시기와 횟수도 생각해야 한다. 일반적으로 입사 직후 배치 직전, 승진, 이동, 교육 참가자 선발, 인센티브 책정, 상금자 교체 등과 같은 특수한 경우에 평가를 진행한다.

평가 자체는 주로 "일을 얼마나 잘 했는가?" 혹은 "일을 얼마나 잘 할 수 있는가?"를 다룬다. 이를 파악하기 위해 능력(지식, 기술, 자격), 태도(인간관계, 창의력, 리더십, 신뢰성), 행동(규정준수, 명령수행, 고객서비스), 업적(매출액, 생산량, 불량률 등)을 분석한다. 일반적인 평가는 주로 성과평가이다. 업무달성량, 정확성, 일정 완수, 원가절감 등의 양적 성과와 업무능력, 개선, 제안, 리더십 등의 질적 성과를 주로 분석한다. 성과평가 외에 특정 직무 적합성을 따지기 위한 능력평가, 태도평가가 있다.

전통적으로는 상급자가 하급자를 평가하기 위해 곁에서 지켜보는 관찰법, 피평가자들 간 순위를 매기는 서열법, 피평가자 한 사람을 두고 지표별 우수 척도를 매기는 평정척도법, 평가와 관련된 직무 내 사례들을 나열하고 가중치를 부여한 뒤 해당되는 것들을 점수화하는 체크리스트법 등이 있으나 대개 평가자 오류에 빠지기 쉽다는 단점이 있다. 이를 대체하고 더욱 공정한 평가를 위해 고안된 것들이 바로 오늘날의 평가방법들이다. 크게 세 가지가 있다.

첫째, 균형성과관리라고 하는 BSC(balanced score card) 평가법은 재무적 성과와 비재무적 성과 모두 균형있게 고려한다. 즉, 장/단기 성과관리를 동시에 관리한다는 의미도 내포되어 있다. 결과에만 초점을 두는 것이 아닌 성과를 발생시키는 원인과 과정을 면밀히 살펴 균형적인 성과평가를 가능케 하는 것에 의의가 있다. 더불어 BSC 평가법을 적용한 기업들의 경우엔 사원들의 개인 역량이 업무과정 중에 급격히 성장하거나, 사내 프로세스가 기업목적에 맞게 진행되는 성과를 얻고 있다. 둘째, 목표관리법이라고 하는 MBO(management by objective)는 상급자와 하급자가 미리 목표를 정하고 일정 기간 이후 성과와 비교/평가하는 방식이다. 목표를 세울 때 너무 일상적이거나 지나쳐서는 안 된다. 수시로 목표와 성과를 비교하면서 설정한 방향으로 관리할 수 있다는 장점이 있다. 모든 직무성과를 계량화할 수 없다는 한계도 있다. 마지막으로 행위기준평가법이라고 하는 BARS(behaviorally anchored rating scales)는 직무 관련 행위들을 리스트화하여 피평가자로 하여금 행위에 대한 척도를 매기도록 한 후 총점을 계산하는 방식이다. 좋은 점수를 받기 위해 구체적으로 어떤 행동들을 해야 하는지 제시하여 좋은 쪽으로 지도할 수 있다는 장점이 있다.

모든 평가법마다 특별한 적용 상황이 있는 것은 아니다. 굳이 나누자면 직무(일상~비일상), 사원(비독립~독립), 환경(안정~불안정) 세 가지 측면을 놓고 분류할 수 있다. 모호한 경우엔 목표와 성과를 비교하는 목표관리법을 적용한다. 직무가 일상적이며 다소 경직된 조직의 경우엔 직무표준과 성과를 비교하는 행위기준평가법이나 평정척도법을, 직무가 비일상적이며 사원의 독립성이 강조되는 유연한 조직의 경우엔 에세이법이나 자유서술법을 적용할 수 있다.

5. 다면평가제도

　　다면평가의 핵심은 두 가지이다. 첫째는 피평가자와 관계된 많은 사람들이 평가한다는 것이고, 둘째는 평가 결과를 직·간접적으로 피평가자에게 피드백하여 자기개발에 활용할 수 있다는 것이다. 기존의 상급자 위주 평가는 관대화 경향이 짙어 공정성에 문제가 제기되기도 했다. 때문에 다면평가는 평가자의 오류를 줄일 수 있으며, 피평가자도 동료나 상급자의 평가자가 될 수 있는 까닭에 평가 중 지적사항에 대한 저항이 적다. 조직구조와 직무가 고도화되고, 연공서열 위주이던 보상제도가 능력과 성과 위주로 변화되고, 사원들의 피드백과 자기개발 욕구가 강화되는 현실에 보다 적합한 평가방식이라고 할 수 있다.

　　평가문항과 척도는 직급, 부서마다 모두 다르게 적용할 수 있다. 또 중요한 측정치에 대해선 항목을 세분화하여 질문을 구성할 수도 있다. 일반적으로 평가요소로는 실적, 능력, 리더십, 태도 등으로 구성하되 실적을 제외하고서는 다시 세부항목으로 나눌 수 있다. 척도는 3~10점 안에서 구분하는데, 점수 차이가 적을수록 최우수로 몰리는 경향이 있어 주의해야 한다. 평가 이후 최고와 최저 평가를 제외하여 공정성을 높이도록 한다. 평가자는 보통 무작위로 선정하는데, 고위직의 경우 상급자를 반드시 포함하여 가중치를 부여하고 고객서비스 담당자를 평가할 때는 가점 항목을 추가하는 것이 효과적이다. 모든 직원이 평가자가 될 수 있으므로 모든 직원들에 대한 평가 교육이 필요하다. 결과 활용폭을 넓힐수록 구성원들의 태도 변화에 긍정적인 영향을 미치기도 한다. 다만, 평가 종료 후 다른 이(익명)들과의 비교를 통해 온정주의 혹은 엄격주의 오류를 시정할 수 있어야 한다.

그림 4-10 L그룹 인사평가 양식

육성평가표(하반기)

우리의 사명 (MISSION)

우리는 핵심가치 (고, 창, 협, 책, 열)를 통하여 新 Asset Innovation을 창조하는 세계적인 종합 부동산 기업으로 도약한다.

◆ 본 육성평가표는 개인의 육성을 위하여 다음의 자료로 구성되어 있습니다.
   ♣ 업적평가표 : 업무목표 대비 달성도 평가
   ♣ 역량평가표 : VISION 2018 핵심가치, 요구 역량을 기준으로 한 능력 평가

성   명 : 한 지 민

소   속 : 인사총무팀

직 급 / 직 책 : M1 / 매니저

업무수행기간 : 2015. 7. 1. ~ 12. 31

평 가 기 간 : 2015. 7. 1. ~ 12. 31

나는 피평가자(본인)의 능력개발과 발전을 위하여 피평가자(평가자)와 충분한 면담을 통하여 본 평가를 실시하였음을 확인합니다.

2015 년   월   일

피 평가자 :   한 지 민   서명(印)

1차평가자 :   이 순 신   서명(印)

2차평가자 :   강 감 찬   서명(印)

업적평가표 (Performance Evaluation) – 100점

<작성요령>

1. 주요업무 및 기대수준은 금년도 수행해야 할 주요 업무항목, 수행기간, 업적향상을 위한 목표치나 회사가 요구하는 수준을 구체적으로 기록합니다.

2. 배점은 업무별 경중, 업무량 등을 감안하되 30%이상을 넘지 않도록 하며 합계하여 반드시 100%가 되어야 합니다.

3. 수행실적은 업무목표 대비 달성한 정도, 업무의 신속정확도 및 개선도 등을 구체적으로 기술하여야 합니다.

4. 본인/상사평가는 업무의 양/질적인 측면을 감안하여 평가해야 합니다.
   – 목표달성도(계획대비 실적 달성도), 업무의 양(수행했던 업무양, 노력정도 등), 업무의 질(신속정확도, 개선도)
   – 평가결과는 평가등급별 점수 : EX(9점이상~10점이하) 목표를 월등히 초과, G(8점이상~9점미만) 목표를 초과, AV(7점이상~8점미만) 목표달성, NI(6점이상~7점미만) 목표미달, UN(6점미만) 목표에 현저히 미달로 표기합니다.

5. 본인 의견란에는 업무수행 과정에서 느낀 점, 잘된 점과 미흡한 점, 업무수행의 촉진 또는 장애요소가 되었던 환경적 요인 등에 대하여 기술합니다.

6. 상사 의견란에는 본인이 기술한 내용에 대한 의견, 평가등급의 정의에 기초한 상사의 평가 내용을 기술합니다.

주요업무 및 기대(목표)수준	배점 (%)	업무 수행실적	본인 평가	상사 평가
[예시] ■ **급여체계 구축** EX : 제도의 성공적인 정착 G : 제도 홍보 및 시행 AV : 합리적인 제도 성안 NI : 의견조율 및 제도 설계 UN : 결과 미도출	10	기존 급여체계를 통합하여 연봉체계를 구축하였으며, 임원 및 인사실과 협의를 거쳐 최종 급여체계를 설계. 직원 설명회 및 개별 연봉계약 체결을 진행함과 아울러 제도의 성공적인 정착을 위해 노력을 기울임.	EX 10	9
■ **채용 및 인원관리** EX : 사업계획 연동 인원 관리 G : 채용계획 수립 AV : 채용 규모/방법/소요예산 산출 NI : 서류심사,면접 등 행정절차 수행 UN : 결과 미도출	20	연간 인력운영계획을 바탕으로 정규 및 비정규직 채용 방법 및 절차를 결정하고 채용직종 및 직급에 따른 유관부서 협조사항을 정리, 인력수급의 적시성을 확보하는 데 조력함.	G 17	18
■ EX : G : AV : NI : UN :	30		AV 22	24
■ EX : G : AV : NI : UN :	10		G 8	8

> 본인 평가는 등급 및 점수 표기 평가등급 및 배점 구간에 따른 점수 배분 확인 후 기재합니다.

> 평가자-피평가자간 실적면담을 바탕으로 최종 확정된 평가등급에 기초하여 배점(가중치) 적용 점수 부여 범위내에서 평가점수를 입력하고 평가점수의 합계를 구하여 하단의 업적평가(평가점수)란에 기재합니다.

주요업무 및 기대(목표)수준	배점 (%)	업무 수행실적	본인 평가	상사 평가
■ EX : G : AV : NI : UN :	30		AV 23	26

배점의 합계는 100 이어야 합니다.

평가자–피평가자간 실적면담을 바탕으로 최종 확정된 평가등급에 기초하여 배점(가중치) 적용 점수 부여 범위내에서 평가점수를 입력하고 평가점수의 합계를 구하여 하단의 업적평가(평가점수)란에 기재합니다.

업적평가 점수	1차 평가		2차 평가	
	평가점수	60% 환산(A)	조정점수(B)	업적평가점수(A+B)
	(각 항목별 평가점수의 합)	점수*0.6		
	/100	/60	/40	

※ 점수 : 소숫점 1자리까지 표기

* 1차 평가 : 각 항목별 평가점수를 합산하여 1차 평가 점수란에 기입하고, 이를 60%로 환산하여 기재
* 2차 평가 : 업무수행시 촉진 또는 장애가 되는 환경적 요인, 배점이 미약하여 평가에서 제외된 사항을 포함한 전체적인 공헌 등을 고려하여 조정점수를 40점 범위내에서 부여하고, 1차 평가 환산점수와 합산하여 업적평가 점수를 기재

[업적평가 의견] – 100점

본인의견	1차 평가자 의견	2차 평가자 의견
(평가결과에 대한 사유를 구체적으로 작성)	(평가결과에 대한 사유를 구체적으로 작성)	(평가결과에 대한 사유를 구체적으로 작성)

※ 평가등급별 배점 선택 범위(평가자)

	배점	점수 부여 범위	Global Appraisal Index
EX	10	9 ~ 10	
	20	18 ~ 20	EX : Excellent
	30	27 ~ 30	
G	10	8	
	20	16 ~ 17	G : Good
	30	24 ~ 26	
AV	10	7	
	20	14 ~ 15	AV : Average
	30	21 ~ 23	
NI	10	6	
	20	12 ~ 13	NI : Need Improvement
	30	18 ~ 20	
UN	10	0 ~ 5	
	20	0 ~ 10	UN : Unsatisfactory
	30	0 ~ 15	

산출된 상사평가 점수를 업적평가 점수/등급의 "평가점수"란에 기입합니다.
1차 평가자는 피평가자의 평가점수를 바탕으로 환산(*0.6)점수를 산정, 환산점수(A)란에 기입합니다.
2차 평가자는 조정점수(B) 40점 범위내에서 집단내 평가순위 및 기여도 등을 종합적으로 고려하여 점수를 부여합니다.

전사역량표 (Basic Competency)-(30)

☞평가척도 (5단계) EX(100%) : 탁월 G(90%) : 우수   AV(80%) : 보통   NI(70%) : 미흡   UN(60%) : 부족
☞본인과 평가자는 평가항목별 구체적 행동지표를 토대로 해당 직급수준과 비교하여 5단계 척도로 평가합니다.
☞평가자는 면담을 실시하여 강 약점을 알려 주어야 하며 평가자 의견을 기술합니다.

■ 고객중심(Customer Focus)(6)
고객의 입장에서 이해하고 차별적 제품과 서비스를 제공하여 장기적으로 고객의 신뢰를 얻는 것

	자기평가	1차평가	2차평가
	EX G AV NI UN	EX G AV NI UN	EX G AV NI UN
	탁월 우수 보통 미흡 부족	탁월 우수 보통 미흡 부족	탁월 우수 보통 미흡 부족

● 자신의 의사결정이 고객에게 어떤 이익을 제공하는지 고려한다. [V] | 2.0 1.8 1.6 1.4 1.2 | 2.0 1.8 1.6 1.4 1.2
● 고객의 니즈를 업무에 반영할 수 있는 프로세스/시스템을 구축한다. [V] | 2.0 1.8 1.6 1.4 1.2 | 2.0 1.8 1.6 1.4 1.2
● 구성원 스스로 자신이 고객에게 어떤 가치를 제공하는지 생각하도록 한다. | 2.0 1.8 1.6 1.4 1.2 | 2.0 1.8 1.6 1.4 1.2

> 피평가자 자기평가 및 1차 평가자가 해당 항목에 체크 해 주십시오.

■ 창의성(Partnership)(6)
끊임없는 기술, 업무방식, 사업에 대한 혁신을 시도함으로써 새로운 사업기회를 추구하고 다양성이 존중 받는 조직을 만드는 것

● 구성원의 아이디어를 사업기회 및 실질적 가치에 연결시킨다. [V] | 2.0 1.8 [V] 1.4 1.2 | 2.0 1.8 1.6 1.4 1.2
● 구성원의 업무 추진을 저해하는 요소를 찾아내고 제거한다. [V] | 2.0 1.8 1.6 [V] 1.2 | 2.0 1.8 1.6 1.4 1.2
● 구성원의 의견을 리더 자신의 경험으로 판단하지 않는다. | 2.0 1.8 1.6 1.4 1.2 | 2.0 1.8 1.6 1.4 1.2

> 전사역량표의 각 응답 항목별 체크된 평가 점수를 합산하여 하단 1차 평가자 점수란에 기입합니다.

■ 협력(Partnership)(6)
장기적으로 이익을 가져올 수 있는 관점에서 이해관계자들과의 동반자적 관계를 형성하여 더 큰 시너지를 창출하는 것

● 시너지를 만들 수 있는 대내외 이해관계자 및 자원을 찾아내고 확보한다. | 2.0 1.8 1.6 1.4 1.2 | 2.0 1.8 1.6 1.4 1.2
● 이해관계자 간 서로의 입장과 기대를 명확히 할 수 있는 커뮤니케이션 채널을 만든다. | 2.0 1.8 1.6 1.4 1.2 | 2.0 1.8 1.6 1.4 1.2
● 공동의 목표달성 과정에서 이해관계자 각자가 얻을 수 있는 장기적 이익을 명확히 공유한다. | 2.0 1.8 1.6 1.4 1.2 | 2.0 1.8 1.6 1.4 1.2

■ 책임감(Responsibility)(6)
스스로의 일에 주인이라는 생각으로 주어진 업무를 정직한 방법으로 끝까지 완수함으로써 최상의 품질을 가진 결과물을 만들어 내는 것

● 일의 배경과 회사차원의 의의에 대해 명확히 커뮤니케이션 한다. | 2.0 1.8 1.6 1.4 1.2 | 2.0 1.8 1.6 1.4 1.2
● 구성원에게 기대하는 업무 결과, 기한, 품질에 대해 명확히 제시한다. | 2.0 1.8 1.6 1.4 1.2 | 2.0 1.8 1.6 1.4 1.2
● 위임한 업무에 대해서는 구성원을 끝까지 믿어주고 지원한다. | 2.0 1.8 1.6 1.4 1.2 | 2.0 1.8 1.6 1.4 1.2

■ 열정(Passion)(6)
불가능은 없다는 도전정신으로 더 높은 목표를 달성하기 위해 끝까지 추진하여 업계 최고 전문가와 글로벌 리더의 위치를 차지하는 것

● 가고자 하는 방향이 어렵거나 불가능해 보이더라도 할 수 있다는 확신을 심어준다. | 2.0 1.8 1.6 1.4 1.2 | 2.0 1.8 1.6 1.4 1.2
● 의미 있는 도전은 확실히 인정해 주고 실패에 대해서는 교훈을 찾게 한다. | 2.0 1.8 1.6 1.4 1.2 | 2.0 1.8 1.6 1.4 1.2
● 구성원이 자기 분야에서 최고가 될 수 있도록 코칭과 자원을 제공한다. | 2.0 1.8 1.6 1.4 1.2 | 2.0 1.8 1.6 1.4 1.2

전사역량 점수	1차 평가자 / 30	2차 평가자 / 30

[전사역량 평가 의견] - 30점

1차 평가자 의견		2차 평가자 의견	
강 점	향후개선/보완사항(능력개발 등)	강 점	향후개선/보완사항(능력개발 등)

직무역량표 (Technical Competency)-(70)

■ 리더십(Leadership)(30): 팀의 목표달성을 위해 팀원들에게 과제달성 방향을 제시하고 동기부여를 하는 행위

	자기평가	1차평가	2차평가
	EX G AV NI UN	EX G AV NI UN	EX G AV NI UN
	탁월 우수 보통 미흡 부족	탁월 우수 보통 미흡 부족	탁월 우수 보통 미흡 부족

● 팀원에게 팀의 목표와 방향, 업무방침을 정확히 제시하고, 매진하게 한다. — 1차: 6.0 5.4 4.8 4.2 3.6 — 2차: 6.0 5.4 4.8 4.2 3.6

● 팀원의 과업수행과정 및 목표달성에 대하여 공정하고 엄격하게 평가한다. — 1차: 6.0 5.4 4.8 4.2 3.6 — 2차: 6.0 5.4 4.8 4.2 3.6

● 회사의 중요정책 결정이나 진행상황을 적절히 전달한다. — 1차: 6.0 5.4 4.8 4.2 3.6 — 2차: 6.0 5.4 4.8 4.2 3.6

● 팀원에 대한 동기부여와 장기적 안목으로 팀원의 능력을 향상 시킴으로써 회사의 인재를 육성한다. — 1차: 6.0 5.4 4.8 4.2 3.6 — 2차: 6.0 5.4 4.8 4.2 3.6

● 비전과 공유가치 실현의 주체로서 조직 전체를 생각하며 경영관리 차원에서 내실을 기한다. — 1차: 6.0 5.4 4.8 4.2 3.6 — 2차: 6.0 5.4 4.8 4.2 3.6

리더십 점수   / 30   / 30

■ 직무수행능력(Job Skill)(20): 전문지식, 전략적 사고/기획, 의사결정력, 정보수집력, 결과지향의 직무수행행위

● 팀장으로서 알아야 할 실무지식을 갖추고, 담당 팀의 책임과 역할을 인식하고 업무를 수행한다. — 1차: 5.0 4.5 4.0 3.5 3.0 — 2차: 5.0 4.5 4.0 3.5 3.0

● 비전,전략과 연계된 업무과제에 도전적 목표를 설정하여 계획수립, 실행, 평가를 통해 사업의 장기적 가치를 높인다. — 1차: 5.0 4.5 4.0 3.5 3.0 — 2차: 5.0 4.5 4.0 3.5 3.0

● 업무수행에 필요한 다양한 정보를 제때 수집하여 효과적으로 대응한다. — 1차: 5.0 4.5 4.0 3.5 3.0 — 2차: 5.0 4.5 4.0 3.5 3.0

● 결과과정은 신중하되 시기 적절한 의사결정을 한다. — 1차: 5.0 4.5 4.0 3.5 3.0 — 2차: 5.0 4.5 4.0 3.5 3.0

직무능력 점수   / 20   / 20

■ 대인관계역량(Human Relation Skill))(20): 고객지향성,갈등해결/협력,조직내외관계형성,의사소통의 대인행위

● 상대방에 대한 통찰력과 커뮤니케이션 스킬을 통한 협상력을 갖추어 원만한 대안을 도출한다. — 1차: 5.0 4.5 4.0 3.5 3.0 — 2차: 5.0 4.5 4.0 3.5 3.0

● 업무추진에 있어 관련 부서간 또는 부서원과의 원만한 협조를 이끌어 낸다. — 1차: 5.0 4.5 4.0 3.5 3.0 — 2차: 5.0 4.5 4.0 3.5 3.0

● 상호 인간존중 정신을 바탕으로 조직구성원간 정보를 공유하고 상대방의 특성을 고려하여 의사를 전달한다. — 1차: 5.0 4.5 4.0 3.5 3.0 — 2차: 5.0 4.5 4.0 3.5 3.0

● 업무결과를 고객의 입장에서 생각하고 항상 고객의 니즈를 능동적으로 파악하여 최대한 만족시키려 한다. — 1차: 5.0 4.5 4.0 3.5 3.0 — 2차: 5.0 4.5 4.0 3.5 3.0

대인역량 점수   / 20   / 20

최종점수   / 100   / 100

> 피평가자 자기평가 및 1차 평가자가 해당 항목에 체크해 주십시오.

> 직무역량표의 각 응답 항목별 체크된 평가 점수를 합산하여 리더십, 직무능력, 대인역량 점수란에 각각 기입하고 최종점수에는 3가지 항목점수를 합산하여 기재합니다.

[직무역량 평가 의견] – 70점

1차 평가자 의견		2차 평가자 의견	
강 점	향후개선/보완사항(능력개발 등)	강 점	향후개선/보완사항(능력개발 등)

1. 전략적 보상관리

1) 보상관리의 필요성

우리가 직장생활에서 느끼는 가장 큰 보람은 바로 보상일 것이다. 보상은 임금이나 상여금, 제수당 등의 금전적 보상도 있지만 동료 혹은 상사로부터 인정감, 자기 성장감, 성취감 등 비금전적인 정신적인 보상도 있다. 노력과 공헌의 대가로 받는 보상을 우리가 어떻게 느끼고 평가하고 있는가는 다음 행동에 크게 영향을 준다. 자신이 공헌한 것에 비하여 상대적으로 받는 보상의 크기가 적다고 느끼면 상대적으로 직장생활 결과에 대한 불만을 느낄 것이고, 이로 인하여 임금을 올려 달라고 요구할 것이며, 이것이 여의치 못할 때에는 공헌도를 줄이려고 할 것이며, 또는 전직을 생각해 보기도 할 것이다. 단순히 보상은 공헌도에 대한 대가 이상으로, 임금소득에 의존하는 대부분의 종업원 입장에서 보면 생계를 유지하는 중요한 원천이며 나아가 생활수준을 결정하는 인자가 된다. 한편 기업 입장에서도 종업원에게 어느 정도 수준으로 어떠한 방식으로 지급할 것인가를 결정하는 것은 매우 중요하다. 종업원들에게 지급되는 금전적 혹은 비금전적 보상은 기업 입장에서 투자적인 성격과 비용적인 성격을 동시에 내포하기 때문이다. 역량있는 종업원들을 유입하여 그들이 최대한 조직성과를 발휘할 수 있도록 동기부여시킨다는 차원에서 살펴본다면 인적자산에 대한 투자의 입장이고 인건비, 복리후생비, 교육비 등 종업원에 대한 보상 지급은 분명히 비용 항목으로 처리되어 관리되어질 수밖에 없다. 특히 총비용 중 인건비가 차지하는 비중이 높은 서비스산업이나 노동집약적 산업에서는 총인건비 규모는 수입과 결부하여 고려할 수밖에 없는 중요한 요소이기 때문에 총비용 중 인건비 규모를 어느 정도 유지할 것인가는 중요한 전략적 판단과제이다. 또 한 가지, 기업에서 고민은 종업원들의 조직에 대한 기여도가 다르기 때문에 이러한 기여도의 차이를 어떠한 형태로 차별적으로 운영하는가이다. 지나치게 획일적으로 구성원에게 차이가 발생되지 않도록 보상설계를 할 경우 공헌도가 높은 사람이 상대적으로 불만을 가질 것이고, 지나치게 개인 차이를 반영하면 전체 조직의 화합과 구성원들의 단결에 문제를 야기하기 때문이다. 본 절에서는 조직과 개인 모두 만족할 수 있는 합리적이고 공정한 보상설계를 위해서는 어떠한 원칙이 요구되며, 어떻게 설계하는 것이 바람직한 것인지에 대하여 구체적으로 살펴보고자 한다. 또한 전통적 보상시스템의 한계와 새로운 변화에 부합되어 보상을 관리로서 판단하지 않고 전략실행의 중요한 도구로서 활용하는 전략적 보상관리의 개념을 살펴보고자 한다. 그리고 최근 관심을 불러일으키고 있는 연봉제나 스톡옵션제도 등 새로운 보상제도에 대하여 구체적으로 살펴보고자 한다.

2) 전통적 보상관리와 전략적 보상관리

첫 번째, 전통적인 보상관리는 인사관리의 한 기능으로서 기업의 지급능력과 구성원들을 동기부여시키고 유지관리하는 차원에서 취급되어 왔다. 따라서 전통적 보상관리에서 중시되는 핵심 가치는 공정성, 체계성, 합리성이라는 기준하에서 다루어져 왔다. 공정성이란 조직 내 구성원들이 연령, 근속연수, 학력 등의 속인적 요소와 직무의 상대적 가치, 개인의 능력과 자질, 업적 수준 등을 감안하여 모든 구성원들이 불만을 갖지 않도록 공정하게 설계하는가에 관한 사항이다. 체계성이란 임금을 구성하는 제반 요소들을 어떻게 체계적으로 설정할 것인가에 관련된 가치이다. 합리성이란 기업의 지급능력과 개인의 기대수준 간에 적절한 균형점을 찾아 적정한 임금수준을 결정하는 것에 대한 판단기준이다. 그러나 산업사회로부터 급격히 지식 정보화사회로 급진전하며, 전략 실행을 위한 핵심 역량이 개인역량에 의하여 결정됨에 따라, 단순히 보상은 인적 자원 유지관리 차원을 넘어선 전략실행의 중요한 과제로 대두되었다. 한 예로 프로구단의 경우 어떠한 선수가 팀원으로 있는가에 따라 팀 성과가 달라진다. 따라서 우수한 선수를 스카웃 하거나 다른 팀으로 빼앗기지 않으려면 이 선수의 가치에 상응하는 보상을 제공해야 한다.

중국의 한국 인재영입

중국이 한국 인재를 영입해 확보한 핵심 기술은 OLED 기판에 필름을 붙이는 고난도 라미네이션 공정 기술이다. 삼성전자는 이 기술에서 독보적 경쟁력을 가지고 있다. 전자업계 다른 관계자는 "중국 기업들은 삼성전자 부장급이면 연봉 5억원, 차장급에겐 3억~4억원 등 한국 기업 대비 3~4배에 달하는 연봉을 제시하면서 기술 인력 빼내기에 혈안이 돼 있다."고 말했다.

그는 "현재 중국 BOE에는 삼성전자 출신 50명과 LG전자·SK하이닉스 출신 50명 등 100여 명의 한국계 기술 인력이 근무하고 있다는 얘기가 파다하다."고 전했다.

출처: 매일경제(2018.6.26).

비단 스포츠 산업이나 영화산업뿐만이 아니라 모든 산업이 점차 고도화 됨에 따라 전략적 목표를 달성할 우수한 역량을 갖춘 종업원을 보유하고 있는지 여부가 조직성과에 큰 영향을 미치게 된다. 따라서 보상관리는 단순히 유지관리 차원을 넘어 전략 실행의 중요한 도구로서 인식되기 시작한 것이다. 두 번째, 전통적 보상관리는 내부 조직 구성원 사이의 공정성과 일관성을 유지시키려는 노력을 기울여 왔지만 전략적 보상관리는 외부 노동시장에서의 가치를 반영한다. 비교적 기업 간 노동력의 이동이 적은 전통적 노동시장에서는 외부보다는 내부에서의 공정성을 유지하는 것이 무엇보다도 우선이었다. 그러나 노동시장이 자유롭게 이전되고 개인 역량이 중요시되는 최근 첨단과학기술 분야나 전문직의 경우 외부로부터 자연스러운 시장가격이 형성된다. 따라서 조직에서 반드시 필요한 인재의 경우 이러한 인재를 조직 내 지속적으로 보유하기 위해서는 외부노동시장에서 형성된 가격을 반영하지 않을 수 없다. 따라서 내부 구성원 간의 공정성보다는 외부 노동시장에서의 형평성이 점차 중시된다. 세번째, 전통적 보상관리는 고정적인 성격이 강한 반면에 전략적 보상관리는 연동성이 강한 특징을 가지고 있다. 전통적 보상관리는 기본적인 베이스 라인이 정해져 있으면, 이러한 기준에 입각하여 큰 변화없이 고정적으로 결정된다. 예를 들면, A라는 종업원이 기본급 연간 2천만 원, 상여금 400만 원, 제수당 300만 원 등 총 연봉 2,700만 원이 정해지면 이를 바탕으로 차기 연도의 연봉이 일정한 비율로 증가한다. 본인의 업적이나 경상이익의 증가분이 반영되기는 하지만 대부분 예측 가능한 수준에서 일정한 비율로 증가되며 변동비율은 그렇게 높지 않다. 그러나 전략적 보상관리는 개인의 능력이나 업적에 따라 차별화되는 변동금액이 차지하는 비중이 높아지며, 구성원 간의 실적과 능력의 차이에 의한 변동금액의 차이가 상당히 높게 나타난다. 네 번째, 전통적 보상관리는 종업원들이 과거에 기여한 성과에 따라 차별적 보상을 제공하지만 전략적 보상관리는 과거 실적보다는 기업이 미래에 요구되는 전략적 목표를 달성할 수 있는 개인역량을 보유하고 있는지의 여부에 따라 보상의 크기가 결정된다. 따라서 보유역량에 대한 잠재적 가치가 보상의 크기를 결정하는 중요한 판단기준이 된다. 따라서 개인역량에 따른 조직역량 강화라는 차원에서 보상이 전략적으로 결정된다. 다섯번째, 전통적 보상시스템에서는 연봉이나 상여금 등 단기적 금전적 보상을 강조한 데 반하여 전략적 보상시스템은 스톡옵션이나 주식증여 등과 같은 장기적 금전적 보상 및 주택제공이나 차량제공 등의 복리후생제도, 교육훈련기회 제공, 해외시찰, 휴가제공, 직무자율 및 권한확대, 승진기회 부여 등 다양한 비금전적 보상과 연계하여 총체적인 보상시스템을 설계한다.

표 4-11 전통적 보상시스템과 전략적 보상시스템의 비교

	전통적 보상시스템	전략적 보상시스템
중심가치	공정성, 체계성, 합리성	전략실행으로서의 핵심역량 개발
보상수준의 결정요인	내부노동시장기준	외부노동시장기준
보상형태	고정급 성격	연동급 성격
보상금액의 결정기준	과거의 실적 중심	보유역량의 잠재적 가치
보상시스템의 특징	단기적 금전적 보상중심	단기적 금전적 보상+장기적 금전적 보상+비금전적 보상

3) 전략적 보상관리에 대한 주요 원칙

보상관리에서 바람직한 보상체계가 되기 위해서는 회사의 목적을 반영하면서 장기적으로 회사가치의 성장과 일치하도록 설계되어야 한다. 예를 들면 벤처기업이 향후 3년 이내에 대규모 자본이익을 목표로 하고 있다면 회사의 경영방식과 보상체계도 이러한 목표를 갖고 해당 기간 동안 최선의 노력을 통하여 가치를 증진시킬 수 있도록 설계되어야 한다. 보상방법은 기업의 시간 흐름에 따라 다양한 방법을 도입할 수 있지만 다음과 같은 원칙이 준수될 수 있도록 하여야 한다. 첫째, 차별화이다. 팀 멤버의 기여도와 개인적 위험 부담의 크기에 따라 차별적 보상을 하여야 한다. 일괄적으로 평등한 보상보다는 이러한 방법이 형평성에 더 부합된다. 둘째, 경제성이다. 보상의 규모는 기업의 지급능력 범위 내에서 지급하여야 한다. 보상은 손익계산서상 비용에 포함되므로 기업의 수익과 연계하여 지급하지 않는 한 지나친 보상규모는 기업경영을 악화하는 원인이 될 수 있다. 특히 벤처기업의 경우 시일 내에 매출액 증진과 안정된 수익구조를 갖게 되는 것은 매우 중요하다. 따라서 보상 역시 과정이나 노력보다는 성과의 기여도에 따라 보상을 제공하는 것이 중요하다. 셋째, 유연성 확보이다. 구성원의 상대적 기여도는 시간에 따라 상대적으로 변할 수 있다. 따라서 보상 패키지도 그러한 변화를 수용할 수 있도록 유연성이 보장되어야 한다. 넷째, 종합성이다. 보상시스템은 임직원의 노력의 정도, 객관적인 성과측정, 개인적인 가치기준 등이 종합적으로 반영되어야 한다. 다섯째, 외부시장과의 균형이다. 총체적인 보상 수준은 시장여건과 경쟁시장의 수준을 반영하여 절대적 기준과 준거집단의 상대적 비교를 동시에 고려하여 설계하여야 한다. 여섯째, 수용성이다. 평가방법과 보상액 결정 기준은 사전에 임직원에게 홍보를 통하여 충분한 동의를 받아야 한다. 일곱째, 자극성이다. 보상은 구성원들의 근무의욕을 고취시키고 강한 동기부여가 될 수 있도록 하여야 한다. 여덟째, 안정성이다. 보상을 통하여 종업

원들은 생계를 유지하고 심리적인 안정감을 찾을 수 있도록 하여야 한다. 안정적인 보상을 통해 종업원들은 심리적 만족감을 갖게 된다.

 **보상설계의 주요 원칙**

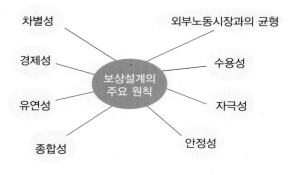

2. 보상관리의 체계

1) 보상관리의 전략적 선택과제

보상관리를 실시하는 데 있어서 보상관리자가 고려하여야 할 전략적 선택과제는 다음과 같다. 이러한 선택은 조직이 처한 환경적 특성과 전략방향과 함께 일관성 있게 시도하는 것이 바람직하다.

(1) 내부 공정성 vs 외부 공정성

내부 공정성이란 조직 내부에서 구성원들의 각자 공헌도나 연령, 근속연수, 직무 난이도, 능력 등을 감안하여 어떻게 공정하게 설계하였는가와 관련된 사항이다. 외부 공정성이란 담당 직무별 외부 노동시장과 조직 보상수준을 비교하여 어떻게 공정하게 할 것인가이다. 합리적인 보상설계를 위해서는 내부 및 외부 공정성을 동시에 유지시키는 것이 바람직하지만 이러한 원칙들이 상호모순에 처할 경우가 많다. 이 경우 조직이 처한 상황적 맥락에 입각하여 선택하는 것이 바람직하다. 조직규모가 크고 조직 구성원들의 전직이 비교적 적으며, 그 기업 특유의 독자적인 기술을 보유한 기업의 경우 내부공정성을 유지하는 것이 바람직하다. 반면에 벤처기업이나 e-

비즈니스산업, 스포츠산업이나 대중문화산업과 같이 외부노동시장에서 어느 정도 시장가격이 형성될 수 있고 전직이나 이동이 빈번한 산업에서는 외부노동시장과의 균형이 우선적으로 고려되어야 한다.

(2) 고정 vs 변동보상

보상을 정기적이고 주기적으로 제공할 것인가 아니면 필요시 불특정하게 제공할 것인가? 예측가능하고 안정된 금액을 제공할 것인가 아니면 성과에 따라 변동의 폭을 넓힐 것인가? 이것은 중요한 전략적 선택과제이다. 고정적으로 제공할 경우 구성원들이 예측 가능하며 안정된 생활을 유지하는 데 바람직하다. 그러나 고정적 보상은 구성원들을 매너리즘에 빠지게 할 가능성이 높다. 반면에 변동보상은 성과에 따른 강한 동기부여가 될 수 있지만 안정성이 결여되어 종업원들로 하여금 불안감을 초래할 가능성이 높다. 이상적인 보상 구성은 생계안정을 위한 기본급은 고정급 성격으로, 그리고 성과향상이나 업무촉진을 위한 동기부여 수단으로 변동급을 연계하는 것이 바람직 할 것이다.

(3) 직무 vs 능력, 성과보상

종업원들에게 차별적 보상의 기준을 직무수행자가 담당하는 직무의 상대적 가치에 입각하여 줄 것인지 혹은 개인의 능력이나 업적을 가지고 줄 것인가에 대한 전략적 선택이다. 직무중심의 보상기준은 조직 내 다양한 직무수행자들이 담당하고 있는 직무들에 상대적 중요도와 난이도가 있으며, 외부노동시장에서 직무성격에 따라 어느 정도 시장가치가 인정되어 있다. 예를 든다면 직무경험 4년차 웹디자이너는 연봉 3,000만 원이 평균 시장가격이라든지 하는 것이다. 그러나 지나친 직무급 위주는 조직 내 담당직무를 고착화 시켜 직무순환을 제대로 할 수 없는 문제를 야기한다. 직무급은 외부시장이나 기업 입장에서 직무의 상대적 가치에 입각하여 연봉이 책정될 뿐 개인의 능력이나 자질 및 성과가 반영된 임금이 아니다. 3년차 웹디자이너도 개인 역량에 따라 실력이 천차만별일 것이고 실제 그 사람이 발휘하여 나타난 성과와는 무관하다. 능력급과 성과급은 철저히 개인의 역량이나 업무수행결과에 입각하여 지급하는 보상방법이다. 직무급은 비교적 직무순환이 어려운 특정 전문직에 적합하며 전략적 순환보직이 요구되는 일반관리직에는 적절하지 못하다. 일반관리직은 개인역량이나 업무성과에 의하여 보상이 결정되는 것이 바람직하다.

(4) 개인 성과보상 vs 집단 혹은 멤버 보상

보상을 업무성과 향상을 목적으로 개인별 성과보상을 할 것인가 아니면 전체 구성원들의 조화를 연계하여 개인차는 존재하더라도 전체 구성원들에게 공평하게 지급하는 집단성과급을 채택할 것인가에 대한 논의이다. 개인 성과보상은 개별적인 종업원들의 성과증진을 위한 동기부여를 촉진하고 성과 지향적 문화를 창출할 가능성이 높지만 한편으로는 구성원의 화합과 단결을 저해시키고 이기적인 조직문화를 야기할 가능성이 높다. 반면에 멤버(집단) 보상은 고도의 협력을 요구하는 직무일 경우 구성원 간의 화합을 통하여 팀워크를 증진시킬 수 있으나 공헌도가 낮은 팀원의 무임승차 가능성도 배제할 수 없다.

2) 고정급(시간급)과 성과급

보상관리를 실시하는 데 있어서 보상관리자가 고려하여야 할 전략적 선택과제는 다음과 같다.

(1) 고정급(시간급)

고정급제(payment for time worked)는 근로자의 작업량이나 작업성과에 관계없이 단순히 근로시간을 기준으로 하여 임금을 산정, 지급하는 방식이다. 고정급은 시간급 형태로 지급된다. 시간급의 종류는 다음과 같다.

① 시간급

시간급이란 임금이 시간 단위로 결정되는 임금 형태로서 1시간을 단위로 하여 임금 지급률을 정하고 실제 근로시간을 곱하여 임금을 산정, 지급하는 형태이다. 시간급은 시간당 임금이 명확하고 임금계산이 가장 간단하기 때문에 미국에서 생산직 근로자나 파트타임 고용자들에게 주로 적용되고 있다.

② 일급제

일급제는 1일을 단위로 하여 임금 지급률을 결정하고 실제 근로일수를 곱하여 임금을 계산, 지급하는 형태이다. 일급제는 작업의 내용이 단순 반복적이고 작업의 성과가 1일 단위로 파악할 수 있는 생산직이나 판매직에 적합한 형태이다.

③ 주급제

주급제는 1주일을 단위로 하여 임률을 정하고 실제 근로주간 수를 곱하여 임금을 지급하는 임금형태이다. 구미에서는 사무직 근로자에게 1주일마다 임금을 지급하는 경우가 많으나 우리나라에서는 찾아보기 힘들다.

④ 시간당 월급제

시간당 월급제는 시간당 임률을 기준으로 월 일정액을 지급하는 것을 원칙으로 하되 결근, 조퇴 등의 이유로 빠진 근무시간만큼 월정 급여에서 공제하는 임금형태이다. 시간당 임금×240시간 등의 방식으로 지급하는 우리나라에서 생산 기능직의 임금형태가 여기에 해당된다.

⑤ 일당 월급제

일당 월급제는 임률이 월 단위로 결정되어 지급되는 것을 원칙으로 하되 결근 등의 이유로 빠진 근무일 수만큼 일할 계산하여 공제하는 임금형태이다.

⑥ 월급제

월급제는 임금이 월 단위로 정해져 있고 결근일수 등의 근로일수에 관계없이 고정적으로 월액이 지급되는 임금형태로 우리나라에서는 사무관리직이나 관리감독직에서 주로 적용된다. 우리나라에서는 월급제가 가장 일반화된 임금형태인데 그 이유는 월급제는 시간급이나 일급제와 비교할 때 우선 임금이 고정적이어서 근로자에게 안정감을 준다. 특히 최근 직능급 임금체계를 채택하는 기업이 증가되고 있어 월급제에 대한 관심은 더욱 높아질 것이다.

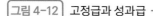 그림 4-12 고정급과 성과급

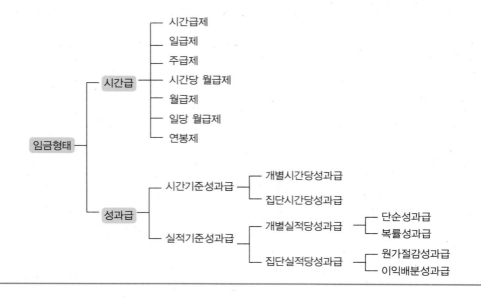

⑦ 연봉제

연봉제란 일정 기간, 보통 1년 단위로 임금을 능력과 실적을 기준으로 결정하는 임금 형태로서 근무년수에 따라 임금이 인상되는 자동승급 대신에 연봉평가나 협상에 의하여 매년의 연봉액이 결정된다. 연봉제는 임금을 구성하고 있는 제항목들을 통합한 연봉액을 계약에 의하여 결정함으로써 현재 우리나라의 임금체계에 일반화되어 있는 기본급, 제수당, 상여금의 구분이 없는 것이 특징이다.

(2) 개인성과급

개인별 성과급은 기본적으로 개인의 업무성과를 기초로 금전적·비금전적 보상을 제공한다. 개인별 성과급은 시간에 의한 성과급과 실적에 의한 성과급이 있다. 시간에 의한 성과급은 다음과 같다.

① 표준시간급제

업무성과를 표준시간에 기초하여 임금수준을 결정하는 방식이다. 예를 든다면 하루 시간당 표준 작업량이 30개이며, 이 때 시간임률이 만 원일 경우 240개를 생산한 작업자는 8시간 작업분으로 계산되며 8만 원을 받게 된다.

② 할시식 시간급제

할시가 개발한 방식으로 표준과업시간과 표준업무성과를 규정한 다음 초과 달성된 과업시간, 즉 절약된 시간에 상응하는 임금의 일정 비율(1/2 내지 1/3)을 추가로 지급하는 방식이다.

③ 비도식 시간급제

절약된 임금의 3/4을 종업원에게 지급하는 방법이다.

④ 간트식 시간급제

시간당 절약된 임금을 모두 개인에게 지급하고 추가로 보너스를 지급하는 방식이다.

실적에 의한 성과급은 테일러식 차별성과급제가 있다. 테일러식 차별성과급제는 표준과업량을 산정하고 표준과업량 이하를 달성할 경우에는 낮은 임률을, 그 이상을 달성하였을 경우는 높은 임률을 산정하여 생산실적과 연계하여 지급하는 방식이다. 개인별 성과급의 장·단점은 다음과 같다. 구성원들에게 성과달성에 대한 강한 모티베이션을 제공한다는 점에서 큰 장점을 가지고 있다. 그러나 지나친 개인주의로 흘러갈 가능성이 높으며, 구성원들의 협력이 요구되는 경우 구체적으로 개인의 성과를 측정하여 제시하기가 어렵다. 이 경우는 개인 성과급보다는 집단 성과급이 적절하다. 개인성과급을 적용하는 상황은 영업사원이나 서비스 기사와 같이 첫째, 개인별 실적이 명확하게 측정가능하고 둘째, 과업 성격상 팀워크보다는 개인 역량에 크게 의존하는 독립적인 성향이 강할 때 적합하다.

(3) 조직성과급

조직성과급(corporatewide pay-for-performance plan)은 조직이 시장에서 획득한 성과를 기초로 개별 구성원 및 집단을 보상하는 것이다. 조직이 달성한 성과에 의한 보상은 크게 두 가지 성과를 기준으로 한다. 하나는 종업원의 생산성 향상과 품질개선을 강조하는 생산이윤분배제(gainsharing)이고, 다른 하나는 조직이 시장에서 달성한 매출 이익에 의한 성과분배제(profitsharing)이다.

① 생산이윤분배제

생산이윤분배제는 종업원들이 조직의 과업성과를 향상시키기 위해 필요한 노력, 예컨대 생산원가의 절감, 생산품질 및 생산성 향상 등에 의해 발생한 이익을 개별 종업원들에게 금전적인 형태로 배분해 주는 것을 말한다.

• 스캔론 플랜(Scanlon plan)

1930년대 후반 스캔론(Joe Scanlon)에 의해서 종업원들의 경영참가를 위한 일환으로 개발되었다. 종업원들의 생산과 품질개선을 위한 제안시스템을 가동하여 회사의 예산 수립시 참여한다. 종업원들에 대한 보상은 제안시스템을 통해 달성한 생산성 및 품질향상으로 획득한 원가절감에 의해서 실시한다. 보너스는 일정기간 동안 종업원과 조직이 기대한 원가절감액에서 실제 절약한 비용을 뺀 나머지를 모든 구성원들에게 금전적 형태로 제공된다. 절약된 임금의 25%는 사내 적립금으로 유보하고, 나머지 75% 가운데 종업원이 50%를 조직이 25%를 갖는다. 이 비율은 조직에 따라 신축적으로 결정될 수 있다.

• 럭커 플랜(Rucker plan)

1932년 럭커(Allen W. Rucker)에 의해 개발된 것으로 조직이 창출한 부가가치 생산액을 종업원 인건비를 기준으로 배분하는 제도이다. 다시 말해 조직에는 규정된 인건비에 따른 생산량이 있다. 그러나 규정된 인건비에 비해 더 많은 부가가치를 창출할 경우 초과된 부가가치를 조직과 종업원이 나누어 갖는 것이다. 종업원들에 대한 보상은 스캔론 플랜과 같이 금전적 보너스 형태로 지급된다. 그러나 생산가치(production value)에서 총임금에서 차지하는 부가가치분배율(= 총임금 ÷ 생산가치 × 100)을 먼저 산출한다. 그리고 전체 부가가치에 부가가치배분율을 곱하여 종업원에게 배분할 몫을 구하게 된다. 즉, 종업원이 받게 될 임금액 = 총부가가치×부가가치 분배율이 된다.

② 성과이윤분배제

성과이윤분배제는 조직에서 획득한 영업이익의 일정비율을 금전적인 보너스나 보너스 누적의 형태로 종업원들에게 분배하는 것이다. 보상액은 조직이 달성한 수익률에 의해서 결정된다. 예컨대 조직수익률이 목표 대비 10% 상승하였다면, 종업원의 임금에서 10%에 해당하는 추가적 임금이 제공된다. 성과이윤분배제는 조직의 가시적인 성과를 기준으로 지급되기 때문에 종업원들의 적극적인 조직 목표달성을 유도할 수 있다. 집단적 응집력뿐만 아니라, 전체 조직 구성원들의 협동심을 배양할 수 있다. 주주들 또한 조직의 성과향상에 대한 기대와 투자공헌을 유도할 수 있다.

그러나 조직의 가시적 성과는 종업원들의 노력에 의해서만 결정되는 것이 아니다. 오히려 경기순환, 물가지수, 사회적 환경 등 다양한 외부 시장환경에 의해 영향을 받기 쉬워 종업원들의 공헌노력을 정확히 반영하기가 어렵다. 또한 한 해를 결산하고 배당금을 결정하는 데는 시간이 필요하기 때문에 즉각적인 동기부여 효과를 기대하기 힘들다. 배당수익률 역시 조직의 영업이익에 대한 회계처리로 발생되기 때문에 조직의 자의적인 조정이 가능하다는 단점이 있다.

3) 보상 결정 요인

(1) 보상의 결정 기준

임금체계는 종업원에게 어떤 기준으로 분배할 것인가라는 규칙이지만, 이 배분의 기준으로서는, ① 속인요소(학력, 연령, 성별, 인종별 등의 외재적인 것과 능력, 근무태도 등의 내재적인 요소), ② 직무 내지 직종수행능력, ③ 직무의 상대적인 곤란도나 기업 내에서의 가치(공헌도)가 있다.

(2) 연공급

연공급의 기본적인 구조는 연령, 근속, 학력, 남녀별 요소에 따라 임금을 결정해 나가는 것이다. 그 배후에 있는 기본 사고는 전술한 네 가지 요소를 중심으로 하여 결정하는 정기승급의 축적에 따라 연령별로 필요생산비를 보장해 준다는 데 있다. 연공급의 장점으로는 첫째, 정기승급을 실시함에 따른 생활의 안정감과 장래에 대한 기대를 가질 수 있고, 둘째, 위계질서의 확립, 실시가 용이하며, 셋째, 배치전환이 용이하고, 넷째, 평가의 객관성을 들 수 있다. 반면에 단점으로서는 첫째, 동기부여의 효과가 미약하며 소극적인 근무태도를 야기하고, 둘째, 비합리적인 인건비 지출을 하게 되며, 셋째, 전문 기술인력의 확보가 곤란하고, 넷째, 능력·업무와의 연계성이 미약하다는 문제점이 지적되고 있다.

그림 4-13 주요임금 결정요소

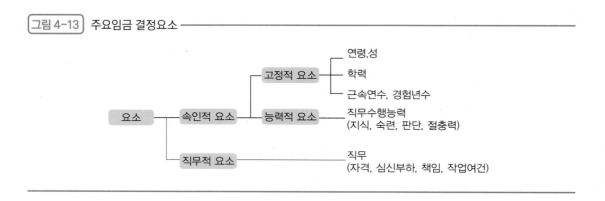

(3) 직무급

직무급은 직무분석, 직무평가를 기초로 직무의 중요성과 난이도 등 직무의 상대적 가치에 따라 개별 임금을 결정하는 것을 말한다. 그러므로 직무급은 연령, 근속연수, 학력 등 속인적인 요소에 의해 임금을 결정하는 속인급이 아니고, 노동자가 담당하는 직무를 객관적으로 분석·평가하여 결정하는 임금이므로 직무 중심형의 임금이라 할 수 있다. 따라서 직무급의 기본 사고는 동일한 직무에 대해서는 동일한 임금을 지급한다는 소위 동일직무 동일임금 원칙에 입각하고 있다고 하겠다. 직무급은 직무의 가치와 어떤 직무를 담당하느냐에 따라서 임금이 결정되므로 어떤 직무를 담당하느냐에 따라 개인의 임금도 달라진다. 이와 같이 직무급은 각 직무의 가치를 중심으로 하여 결정되는 임금이기 때문에 속인적 요소를 기초로 하는 연공급과는 전혀 다르다.

직무급의 장점으로서는 첫째, 동일직무에 대한 동일임금의 원칙에 입각하여 직무에 상응하는 임금지급이 가능한 점, 둘째, 직무분석, 직무평가가 객관적으로 이루어질 수 있다면 이상적인 임금형태라는 점, 셋째, 직무를 기준으로 한 임금이기 때문에 종업원의 납득이 용이하며, 따라서 직무 간 임금을 둘러싼 불평·불만을 제거할 수 있다는 점이다.

반면에 직무급의 단점으로는 첫째, 직무분석·직무평가를 실시함에 있어 많은 시간을 요하고 직무평가기준이 고정화 될 우려가 있다는 점, 둘째, 배치전환 등 인사제도의 탄력적 운영에 제약을 받는다는 점, 셋째, 직무가 동일하다면 능력에 차이가 있더라도 임금이 같다고 하는 데 대해 종업원의 납득을 얻기가 어렵다는 점, 넷째, 노조의 반대론을 유발하기 쉽다는 점 등이 지적되고 있다.

(4) 직능급

직능급은 직능(직무수행능력)을 기준으로 하여 각 근로자의 임금을 결정하는 임금체계이다. 다시 말하면 개개의 직무가 필요로 하는 능력, 즉 근로자가 직무를 수행하는 데 요구되는 능력을 기준으로 임금을 결정하는 제도로 직무수행능력의 발전단계에 대응한 임금결정방식이다. 직무급은 종업원이 담당하는 직무의 상대적 가치를 직무평가에 의해 평가하여 그 결과에 따라 임금을 결정하는 데 반해, 직능급은 종업원의 능력을 직능고과에 의해 평가하고 그 결과에 따라 임금을 결정하는 점에서 뚜렷한 차이가 있다.

직능급의 장점으로는 첫째, 본인의 직능개발에 대한 노력이 곧 직능등급의 상승으로 이어져 의욕을 가진 근로자에게 모티베이션을 가져다 준다는 점, 둘째, 연공 중시에서 능력 중시에 이르기까지 기업의 실정에 맞는 폭넓은 운영이 가능하다는 점, 셋째, 직위 승진을 보상받는 계층과 급여보상을 받는 계층으로 구분되어 보상의 기회가 확대되는 효과가 있다는 점, 넷째, 학력이나 화이트칼라, 블루칼라 구분 없이 근속에 따라 동일한 직능자격 등급을 부여받을 수 있는 기회가 확대됨으로써 노사 공동체 형성에 기여한다는 점, 다섯째, 어떤 직무에 종사하든지 최저생활 보장이 가능하다는 점, 여섯째, 능력에 의한 처우가 가능하다는 점이다.

반면에 직능급의 단점으로는 첫째, 직능파악과 평가방법의 어려움이 있다는 점, 둘째, 운용을 잘못하면 연공 본위가 될 가능성이 있다는 것이 일반적으로 지적되고 있다.

표 4-12 연공급, 직무급 및 직능급의 비교

종류	연공급	직무급	직능급
개요	학력, 근속연수 등의 연공에 기초해서 임금을 지급하는 형태로 일반적으로는 연공요소를 주로 하고 직무수행능력·업적·직무가치 등의 요소를 부가하여 평가기준으로 삼고 있다.	담당직무의 상대적 가치에 따라 일정급여액을 정하고 동일한 직무를 수행하는 경우 동일한 임금을 지급하는 제도	직무수행능력(현재능력＋잠재능력)을 고려하여 동일한 직무를 수행하더라도 개인의 직무수행능력을 판단하여 임금을 관리하는 제도
유형	• 연령급: 연공 요소 중 종업원의 연령이 주요 평가기준이 되는 것으로 생활급적 형태가 강한 임금형태 • 근속급: 당해 조직에 얼마나 오래 근무하였느냐 하는 근속연수 기준에 따라 임금을 지급하는 형태 (호봉제 급여)	• 평점별 단순직무급: 직무평가 결과 평점마다 그 직무의 급여액을 결정하는 형식으로 한 직무에 한 급여액을 적용 • 직급별 직무급: 직무평가에 따라 직무 등급화 －직급별 단일직무: 직무평가의 평점이 비슷한 몇 개의 직무를 일괄해서 직급을 만들고 각 지급마다 한 급여액을 결정 －직급별 범위 직무급: 한 직급에 대한 급여액에 폭을 갖게 하고, 그 폭 중에서 승급을 인정하는 형태	• 임금항목의 구성 형태에 따른 구분 － 순수형 직능급 － 병존형 직능급 • 직능급 결정방법에 따른 구분 － 직능등급별 직능급 － 능력평점별 직능급 • 실시절차 － 직능분류 － 직능등급 구분설정 － 개인 등급 부여 － 직능체계에 따른 급여체계 설정 － 인사고과·업적평가와의 연계
특징 (장단점)	• 조직의 안정화와 생활안정, 위계질서의 확립 실시가 용이하다는 장점이 있으나, 전문 인력의 확보 곤란, 인건비 부담의 가중, 소극적이고 종속적인 근무태도의 야기, 능력있는 젊은 층의 사기 저하라는 부정적 측면이 있음	• 직무에 상응하는 급여 지급, 개인별 임금차 불만의 해소, 동일노동 동일임금 원칙에 충실하다는 장점이 있음. • 직무내용이 명확, 직무의 안정, 고임금 수준, 적정한 직무평가방법 등의 직무급 실시의 전제조건이나 대부분 이러한 조건을 충족시키기 어렵고, 직무와 능력의 결합이 잘 되지 않는다는 점이 중요한 단점이다. • 특히 장기근속자에게 불리한 임금이다. • 이동(순환배치)과 다능화 요구를 충족시킬 수 없다.	• 직능구분의 명확화, 능력개발·능력평가를 어떻게 할 것인가 하는 점이 선결요건이고 계획적인 교육훈련, 적정배치가 뒤따라야 함. • 직위 승진을 보상받는 계층과 직능급상의 승격(급여보상)보상을 받는 계층으로 구분되어 보상의 기회가 확대되는 효과가 있다. • 학력이나 화이트 컬러, 블루컬러 구분 없이 근속에 따라 동일한 직능자격등급을 부여받을 수 있는 기회가 확대됨으로써 노사 공동체 형성에 기여할 수 있다.

(5) 연공급, 직무급, 직능급의 비교

직무급은 직무에 대한 임금이며 각각의 직무에 대해 임률이 설정된다. 직무는 분석, 표준화되어져 각각의 표준화된 직무는 상대적으로 평가되어 서열화된 다음 각 직급이 설정되어 직급마다 임률이 결정된다. 반면 직능급은(일에 대한 현재능력과 잠재능력을 포함) 종업원의 직무수행과정의 능력을 평가함으로써 실시되어지는 임금이고, 직무급과는 달리 상급 직무에 승진하지 않더라도 승급이 가능하다. 직무급과 직능급의 차이점은 간단히 말하면, 평가의 대상이 직무이냐 직무수행 능력이냐와 평가방법이 직무평가이냐 능력평가이냐 그리고 직무별 정원을 전제로 한 직무승진이냐 직무에 관계없이 능력승진이냐에 따라 구분된다.

3. 보상관리의 이슈

1) 단기적 보상과 장기적 보상

(1) 단기적 보상

단기보상제도는 기업의 장기적 전략이나 투자활동보다는 일상적이고 단기적인(보통 1년 이하) 성과에 초점을 맞추어 보상을 하는 제도이다. 단기적 보상에는 급여(salary), 상여금(bonus), 이익분배제도(profit-sharing plan) 등이 있다.

① 급여

급여는 고용자와 피고용자 간의 계약에 의하여 노동에 대한 대가로 받는 현금을 말하며 지급액수는 사전에 정해지며, 시장여건, 개인의 역량, 직무의 상대적 가치, 경제현황 등 다양한 요인에 의하여 결정된다.

② 상여금

상여금은 고용자와 피고용자 간의 명시적 계약에 의거 단기성과를 달성했을 때 지급되는 현금으로 변동급의 일종이며, 통상 일정기간의 성과에 근거해 일시적으로 지급된다. 성과지표는 매출, 순이익, 이익성장률 등 회계적 단기지표를 사용하거나 수량, 납기, 불량률 감소, 재고금액 감축 등 경영지표를 활용하는 것이 보통이다. 고정급 성격이 강한 우리나라의 상여금은 여기서는 제외된다.

③ 이익분배제도

이익분배제도는 고용자와 피고용자 간의 계약에 의거해 정규임금 이외에 추가적으로 협약된 기준에 따라 종업원이 이익분배에 참여하는 제도라고 정의된다. 종업원에 지급하는 보상은 기업 이윤에 한하며 보상의 크기를 결정하는 이윤의 비율은 사전에 협약과정을 거쳐 결정한다. 원칙적으로 종업원 2/3 이상에게 혜택이 부여되어야 한다.

• 장기보상제도

장기보상제도는 기업의 장기적이고 전략적인 성과에 초점을 맞춘 보상제도이며 1년 이상의 장기적인 관점에서 총체적인 기업가치의 증진 결과를 보상으로 제공하는 제도이다. 따라서 성과의 척도로 주식가치의 변화를 활용한다. 대표적인 것은 스톡옵션(stock option), 주식증여(common stock award), 종업원 주식취득제도(employee stock purchase plans: ESPP) 등의 제도가 있다.

• 스톡옵션

스톡옵션은 기업의 임직원에 대하여 근로 의욕을 고취시키고 또한 유능한 인적 자원을 확보하고자 임직원에게 일정기간 내에 미리 정해진 가격으로 당해 기업의 주식을 매입할 수 있는 권리를 부여하는 제도이다. 스톡옵션은 주식을 지급하는 것이 아니고 주식을 취득할 수 있는 권리를 제공하는 것이므로 종업원 주식취득제도나 주식증여제도와는 차이가 있다. 주식을 매입할 수 있는 권리를 부여하기 때문에 옵션을 부여 받은 사람은 옵션 행사시 일정한 자기자금을 투자하여야 한다. 스톡옵션의 종류는 행사시점에서 유리한 세금처리조건에 따라 보상형 스톡옵션(incentive stock option)과 비적격 스톡옵션(non-qualified stock option)이 있다.

• 주식증여제도

주식증여제도는 스톡옵션의 변형적인 방법으로 임·직원 연봉의 일정비율에 해당하는 주식을 무상으로 지급하는 일종의 주식보너스 제도이다. 스톡옵션의 경우 미래의 일정시점에 권리를 행사함으로써 주식을 취득할 수 있지만 자사 구매제도의경우 현시점에서 바로 주식을 취득할 수 있다는 데 차이가 있다. 이는 제한 주식을 무상으로 받는 것과 비슷하나 제한주식과는 달리 주식부여자는 즉시 완전한 주식의 소유권을 획득한다.

• 종업원 주식취득제도

종업원 주식취득제도란 종업원으로 하여금 자사 주식을 시세가격보다 낮은 가격으로 주식을 취득하게 하는 제도이다. 종업원에게 자사주를 취득하게 함으로써 종업원의 동기부여와 복리후생을 증진시키고, 안정된 주식을 보유기업 발전을 위한 인센티브를 도모한다는 측면에서는 스톡옵션과 유사한 성격을 지니고 있지만 종업원 주식취득제도가 모든 임직원을 대상으로 유상증자나 기업공개 시 일률적으로 지급하는 것에 반해 스톡옵션제는 제한된 임직원만 해당된다는 점에서 차이가 있다.

(2) 스톡옵션

미국 실리콘밸리의 성공비결 중의 하나는 주식에 근거한 보상, 그 중에서도 스톡옵션에 의한 보상이 무엇보다도 중요한 요인이었다. 우수한 인재를 유치할 만한 충분한 재원이 확보되지 못한 벤처기업에서 인재를 확보하기 위한 보상 수단으로 스톡옵션은 임직원이 회사의 미래가치에 대한 기대와 주주 입장에서 당장의 막대한 비용을 지급하지 않아도 주식을 매입할 수 있는 권리만으로 유능한 인재를 확보할 수 있어 상호간의 이해가 서로 맞아 떨어지기 때문에 가장 인기 있는 보상수단으로 활용되고 있다. 스톡옵션은 ① 기업의 단계적 경영성과와 중장기적인 성장 간의 균형을 도모하고, ② 경영자의 이해와 주주의 이해를 연계하며, ③ 기존 임직원은 인센티브를 통하여 주인의식을 고취시키고, ④ 창의성 있는 전문인력의 영입을 가능하게 하기 위한 도구로서 활용되어진다. 우리나라도 국회에서 우리 기업의 대외경쟁력 강화와 벤처기업의 육성을 통한 대기업 편중의 고비용, 저효율의 경제구조 개선을 위한 제도적 조치로 그동안 시행 근거가 없어 실시되지 못하였던 스톡옵션을 주식매입선택권이라는 명칭으로 제도화하였으며, 상법이 개정되면서 비상장주식회사에게도 주식매수선택권제라는 명칭으로 스톡옵션을 부여할 수 있게 되었다. 스톡옵션 부여 법인에 관한 주요 법령으로는 스톡옵션의 부여에 대한 근거 규정인 증권거래법이 있으며 스톡옵션과 관련된 조세 문제를 규정한 조세특례제한법이 있다. 그리고 벤처기업을 육성하기 위하여 벤처기업의 육성에 관한 특별법이 있다. 상법이 개정되어 모든 주식회사의 스톡옵션 제도에 관한 근거규정을 제공하고 있다. 부여 대상자는 벤처기업의 경우 당해 기업의 임직원뿐만이 아니라 기술 및 경영능력을 갖춘 관련 외부인에게도 스톡옵션을 부여할 수 있게 되어 있으며 부여대상자는 규정한 바와 같다. 법령에 규정된 옵션 부여방법은 신주인수권 발행방법, 자사주 취득 후 교부방법, 주식평가차액권 방식이 있다. 신주인수권발행방법은 옵션을 부여받은 피부여자가 그 옵션을 행사하여 그 행사가격을 납입할 경우 부여회사가 해당자에게 신주를 발행하여 교부하는 방식을 말한다. 신주발행은 신주인수권자가 신주인수시 신주의 대가를 납입하게 되므로 실질적인 회사의 자산증대효과를 가져온다. 스톡옵션의 경우에도 옵션권자가 옵션을 행사하여 주식을 취득하게 되면 상법상 신주발행과 같이 자산의 증대가 이루어지게 되며 스톡옵션의 모든 사항은 주주총회에서 결정하도록 되어 있다.

자사주취득방식이란 옵션부여회사가 옵션부여시에 자기주식을 시장에서 미리 사서 보유하고 있다가 옵션수혜자가 옵션을 행사하여 그 금액을 납입한 경우 보유하고 있던 자기주식을 교부하는 방식을 말한다. 원칙적으로 회사가 자사주식을 취득할 수는 없지만 스톡옵션을 행사하기 위한 목적은 예외로서 인정하고 있다. 주식평가차익권방식이란 약정된 주식매입시기에 주식을 실제로 매입하지 아니하고 주식매수선택권의 행사가격과 시가와의 차액을 현금 또는 자기주식으로 교부하는 방식을 말하며(벤처특별법 제16조 3항) 일본과 독일에 없는 우리나라의 독특한 도입방식이다.

(3) 주요 보상제도에 대한 비교

단기적 보상은 임직원 입장에서 살펴볼 때, 장기적 보상보다는 잠재적 수익성이 훨씬 낮다고 하더라도 미래에 대한 불확실성이 낮고 보상을 받을 때까지의 기간이 짧아 더 선호할 가능성이 높다. 그러나 기업의 임직원이 장기적 안목과 시야를 가지고 높은 공헌도를 유발하는 데에는 적절하지 않다. 또한 단기보상제도는 임직원으로 하여금 단기성과에 집착하게 만들 수 있으며, 벤처기업과 같이 전직이 빈번하게 발생되는 상황과 장기적으로 회사의 유능한 인재를 확보하는 측면에서는 부적절할 수가 있다. 반면에 장기적 보상은 임직원 입장에서 볼 때, 기업의 가치 증진 여부에 따라 상당한 보상규모를 받을 수 있는 기회를 제공하고 주주와 임직원 간의 공동의 이해를 도모하기에 용이하지만 보상을 받기까지의 기간이 너무 길고 불확실하다. 따라서 기업이 처한 상황적 맥락에 따라 회계적 가치를 증진하는 것이 바람직한가 혹은 기업가치를 증진시키는 것이 바람직할 것인가에 따라 보상방법을 달리할 수 있다. 앞에서 언급한 다양한 보상방법은 다음과 같은 기준에 따라 장단점이 다르기 때문에 이를 효과적으로 검토하여 기업의 보상전략을 수립할 수가 있다.

보상방법을 결정하는 기준으로 첫째, 주주와 임직원 간의 공동의 이해를 도모시키는 데 적합한 보상방법, 둘째, 회사에 반드시 필요한 인재를 확보하고 동기부여시키기 위한 유인책으로 적절한 보상방법, 셋째, 개인의 능력과 업적의 차이에 의한 차별적 보상의 정도, 넷째, 종업원 입장에서 볼 때 보상의 환급성, 다섯째 수혜자가 장기적으로 자본 형성에 도움을 줄 수 있는지의 여부를 결정하는 보상의 잠재적 가치의 크기, 여섯째 전체 구성원 입장에서 골고루 보상을 받을 수 있는지의 여부를 결정하는 보상의 범위 등에서 비교해보면 <표 4-13>과 같다.

표 4-13 단기적 보상과 장기적 보상의 비교

보상결정기준	단기적 보상		장기적 보상		
	상여금	이익분배제도	스톡옵션	주식증여제도	종업원주식 취득 제도
임직원과 주주들의 이해를 일치시킴	낮음	낮음	높음	보통	보통
우수한 인재를 확보	비교적 높음	낮음	보통	높음	낮음
성과에 따른 차별화	높음	낮음	높음	높음	낮음
보상의 환급성	높음	높음	낮음	보통	보통
보상의 잠재적 가치의 크기	낮음	낮음	높음	높음	높음
보상의 수혜 범위	보통	넓음	제한적	제한적	넓음

4. 보상관리 요약

전통적 보상관리와 전략적 보상관리의 차이점은 다음과 같다. 첫째, 전통적인 보상관리는 인사관리의 한 기능으로서 기업의 지급능력과 구성원들을 동기부여시키고 유지관리하는 차원에서 취급되어 왔다. 따라서 전통적 보상관리에서 중시되는 핵심가치는 '공정성, 체계성, 합리성'이라는 기준하에서 다루어져 왔다. 그러나 산업사회로부터 급격히 지식 정보화사회로 급진전하며, 전략 실행을 위한 핵심역량이 개인역량에 의하여 결정됨에 따라, 단순히 보상은 인적 자원 유지관리 차원을 넘어선 전략실행의 중요한 과제로 대두되었다. 둘째, 전통적 보상관리는 내부 조직 구성원 사이의 공정성과 일관성을 유지시키려는 노력을 기울여 왔지만 전략적 보상관리는 외부 노동시장에서의 가치를 반영한다. 셋째, 전통적 보상관리는 고정적인 성격이 강한 반면에 전략적 보상관리는 연동성이 강한 특징을 가지고 있다. 넷째, 전통적 보상관리는 종업원들이 과거 기여한 성과에 따라 차별적 보상을 제공하지만 전략적 보상관리는 실적보다는 보유역량에 대한 잠재적 가치가 보상의 크기를 결정하는 중요한 판단기준이 된다. 다섯째, 전통적 보상시스템에서는 연봉이나 상여금 등 단기적 금전적 보상을 강조한 데 반하여 전략적 보상시스템은 스톡옵션이나 주식증여 등과 같은 장기적 금전적 보상 및 다양한 비금전적 보상과 연계하여 총체적인 보상시스템을 요구한다. 보상설계의 주요 원칙으로는 차별성, 경제성, 유연성, 종합성, 외부노동시장과의 균형, 자극성, 수용성, 안정성 등이 있다. 보상관리를 실시하는 데 있어서 보상관리자가 고려하여야 할 전략적 선택과제는 첫째, 내부공정성을 유지할 것인가 혹은 외부공정성을 유지할 것인가, 둘째, 고정적 보상을 근간으로 할 것인가 혹은 연동적 보상을 중심으로 할 것인가, 셋째, 직무의 상대적 가치를 중시할 것인가 혹은 개인의 능력, 혹은 성과를 중시할 것인가, 넷째, 개인보상을 선택할 것인가 집단 혹은 팀보상을 선택할 것인가에 대한 이슈이다. 이러한 이슈들은 어느 것이 더 바람직하다고 말할 수 없으며 조직이 처한 상황적 맥락에 따라 선택의 기준이 달라져야 한다는 것이다. 보상관리를 실시하는 데 있어서 보상관리자가 고려하여야 할 전략적 선택과제는 '고정급을 지급할 것인가 성과급을 지급할 것인가'이다. 고정급제(payment for time worked)는 근로자의 작업량이나 작업성과에 관계없이 단순히 근로시간을 기준으로 하여 임금을 산정, 지급하는 방식이다. 성과급은 직무수행결과에 의한 급여제공방식으로 개인별 성과급과 조직 성과급이 있다. 개인별 성과급은 기본적으로 개인의 업무성과를 기초로 금전적, 비금전적 보상을 제공한다. 개인별 성과급은 시간에 의한 성과급과 실적에 의한 성과급이 있다. 조직성과급(corporatewide pay-for-performance plan)은 조직이 시장에서 획득한 성과를 기초로 개별구성원 및 집단을 보상하는 것이다. 조직이 달성한 성과에 의한 보상은 크게 두 가지 성과를 기준으로 한다. 하나는 종업원의 생산성 향상과 품질개선을 강조하는 생산이윤분배제(gainsharing)이고, 다른 하나는 조직이 시장에서 달성한 매출이익에 의한 성과분배제(profitsharing)이다. 보상을 결정하는 기준으로 ① 속인요소(학력, 연령, 성별, 인종별 등의 외재적인 것과 능력, 근무태도 등의 내재적인 요소), ② 직무 내지 직종수행능력, ③ 직무의 상대적인 곤란도나 기업 내에서의 가치(공헌도)가 있다. 이에 대응하여 연공급, 직무급, 직능급으로 구분된다. 연공급의 기본적인 구조는 연령, 근속, 학력, 남녀별 요소에 따라 임금을 결정해 나가는 것이다. 직무급은 직무분석, 직무평가를 기초로 직무의 중요성과 난이도 등 직무의 상대적 가치에 따라 개별 임금을 결정하는 것을 말한다. 직능급은 직능(직무수행능력)을 기준으로 하여 각 근로자의 임금을 결정하는 임금체계이다. 최근 벤처기업의 보상 형태로 스톡옵션제가 많은 관심을 보임에 따라 보상의 새로운 이슈로 단기적 보상과 장기적 보상제도에 대한 관심이 높아지고 있다. 단기보상제도는 기업의 장기적 전략이나 투자활동보다는 일상적이고 단기적인(보통 1년 이하) 성과에 초점을 맞추어 보상을 하는 제도이다. 단기적 보상에는 급여(salary), 상여금(bonus), 이익분배제도(profit-sharing plan) 등이 있다. 장기적인 보상제도는 기업의 장기적이고 전략적인 성과에 초점을 맞춘 보상제도이며 1년 이상의 장기적인 관점에서 총체적인 기업가치의 증진 결과를 보상으로 제공하는 제도이다. 따라서 성과의 척도로 주식가치의 변화를 활용한다. 대표적인 것은 스톡옵션(stock option), 주식증여(common stock award), 종업원주식취득제도(employee stock purchase plans, ESPP) 등의 제도가 있다. 보상방법에 대한 판단은 기업이 처한 상황적 맥락에 따라 회계적 가치를 증진하는 것이 바람직한가 혹은 기업가치를 증진시키는 것이 바람직할 것인가에 따라 보상방법을 달리할 수 있다. 스톡옵션은 임직원이 회사의 미래 가치에 대한 기대와 주주 입장에서 당장의 막대한 비용을 지급하지 않고도 주식을 매입할 수 있는 권리만으로 유능한 인재를 확보할 수 있어 상호간의 이해가 서로 맞아떨어지기 때문에 가장 인기 있는 보상수단으로 활용되고 있다.

SECTION 09 사원의 복지와 안전

1. 사원 후생복지

사원의 생활보장과 직장만족, 사용자와의 유대감 향상을 위해 노동의 대가 외에 추가적으로 인간적인 대우가 필요하다. 이를 복리후생이라고 한다. 가부장적 온정주의에서 시작된 복리후생은 오늘날 의무화 경향이 짙어지면서 복잡한 특성을 이해하는 것이 필요해졌다. 첫째, 복리후생은 의무(법정 복리후생)이면서도 자율(법정 외 복리후생)에 맡겨진 것이다. 둘째, 임금처럼 단순하지 않아서 그 유형이 매우 다양하다. 마지막으로 인간적 처우의 성격이 강하다.

복리후생은 왜 필요할까? 경제적으로는 사원들의 만족이 향상되면서 기업 성과가 개선될 수 있고, 사회적으로는 사원의 가족들을 보호할 수도 있기 때문이다.

직접보상인 임금을 제외한 나머지, 간접보상 일체를 복리후생이라고 한다. 복리후생의 유형에는 법정 복리후생(의료보험, 연금보험, 실업보험, 산재보험, 장애인 고용촉진기금, 연월차, 최저임금제, 퇴직금 등)과 법정 외 복리후생(급식비, 의료보건비, 경조비, 학비보조, 문화시설, 보육비, 보험료, 저축지원비, 주택보조비 등)이 있다. 그 외에 현물급여(통근승차권, 자사 제품 구입권), 교육훈련비, 기타 작업복 구매 등이 있다. 최근엔 다양한 유형들 가운데 사원들이 각자 골라 받는 카페테리아식(선택적) 복리후생과 육체와 정신적 삶을 고루 챙겨주는 통합적 복리후생, 연령대에 맞게 챙겨주는 라이프 사이클 복리후생 등이 운영되고 있다. 위 복리후생 유형들을 활용하여 회사가 운영되더라도 사원 입

그림 4-14 신세계푸드 복리후생 사례

풍요로운 생활

선물지급 / 경조제도 / 휴가제도 / 콘도비 지원

선물지급

설, 추석 등 명절 및 생일과 같은 기념일에 대한 다양한 선물이 제공됩니다.

경조제도

결혼, 수연, 고희, 조의, 출산 등의 경우에 경조금을 지원합니다.

휴가제도

법정휴가, 4박 5일의 연중휴가, 경조휴가, 공적이 현저하고 근무성적이 우수한 자에 대한 포상휴가 등이 있습니다.

콘도비 지원

업무의 효율성을 제고하고 사원의 여가생활 편의를 위해 전국의 유명콘도시설을 저렴한 가격으로 제공합니다.

장에서는 만족스럽지 않을 수 있다. 효율적인 복리후생 운영을 위해서는 합리성, 적정성을 따르는데 사원과 협력하여 계획하고 시행하며 공개가 필요한 부분은 공개해야 한다.

2. 산업재해와 안전관리

산업재해(안전, 보건위생)는 고용 중에 발생한 재해나 사고로 인해 사원이 사망하거나 질병에 걸리거나 상해를 입는 경우를 말한다. 산업재해 발생과 동시에 다양한 관계자들(가족, 동료 등)이 고통을 겪는다. 회사 입장에서 보면 직접적인 손실보다도 간접비용(부정적) 발생으로 인한 손실이 더 크다. 회사 이미지, 생산일정 차질, 업무량 조정, 대체 노동력 확보 등이 간접비용에 해당한다. 안전 및 위생보건 관리와 대책 강구를 위해 산업재해 원인을 파악해야 한다. 안전사고 원인은 주로 설비 노후화, 보호장치 부적절, 부주의, 피로 누적, 조명, 가스 등이 있다. 이를 예방하기 위해 선발, 교육, 제도, 조직 분위기 모두 일관성있게 안전을 위해 노력해야 한다. 경우에 따라 재해율이 낮은 부서 혹은 작업장에 대해 보상하는 방법도 있다.

10 사원의 이동과 방출

1. 승진

　　승진은 사원이 더 나은 직무 혹은 더 높은 지위로 이동하는 것이다. 단순히 지위급수가 높아지고 월급이 오르면 승급이다. 오랫동안 유교사회였던 우리나라의 사람들은 단순한 승급보다 승진에 더 많은 관심을 가졌다. 높은 지위에 오르고 싶어하는 상향의식 때문에 직급의 수는 선진국보다 다양해졌다. 기업은 중간지위를 만들어 승진시켜줌으로써 인건비 증가부담을 줄여왔다. 문화적 배경을 차치하더라도 승진은 많은 의미를 지니고 있다. 외부로부터의 인정, 권한 증대, 임금수준 향상으로 더 나은 경제생활, 직장안정 보장 등이 해당한다. 승진정책의 유형으로는 현재는 다소 무의미해진 직급승진, 능력이 출중해 자격조건을 충족시키면 직능급을 올려주는 자격승진, 승진욕구를 채워주기 위해 직급호칭만 바꿔주는 대용승진이 있다. 조직 내 인력풀이 고정되어 있다시피 한 경우에 무계획적인 승진은 조직 내 정체현상을 강화하게 되므로, 타 회사의 사례를 벤치마킹하는 등 적정 규모를 유지해야 한다. 더불어 공정성, 합리성 등의 기준을 준수해야 한다.

　　승진 혹은 승급과 같은 직무이동의 가장 큰 이유는 사원의 능력개발이다. 이외에도 유대관계 형성, 자극적인 분위기 등의 이유가 있다. 다만 관리원칙을 따라줘야 한다. 당사자의 의견을 반영한 적합한 이동, 경력관리와 연계된 이동이어야 한다. 회사에서는 비공식적으로 인적 자원 포트폴리오를 제작해 직무이동에 활용할 수도 있다. 공헌과 업적 모두 높은 인재(재물), 공헌은 적지만 장래가 촉망되는 인재(재목), 노력형으로 공헌할 인재, 있으나 마나한 인재(존재), 회사에 손해만 되는 인재(재앙) 다섯 단계로 관리할 수 있다.

> **직무이동경로 다섯 가지 유형**
> - T형: 같은 부서, 같은 업무만 시키다가 최상위 직급에서 고루 이동시키는 것(관리자, R&D 연구소)
> - I형: 평사원 시절 다양한 직무를 경험시키다가 한 직무에서 전문성을 쌓고서 상위직급에 오르면 다시 고루 이동시키는 것(전문가, 직군별 관리자)
> - L형: 평사원 시절 다양한 직무를 경험시키다가 한 직무에서 전문성을 쌓게 하는 것(인사, 회계)

- S형: 승진과 함께 고루 이동시키는 것
- +형: 초기에 전문성을 쌓다가 중견사원이 되면 고루 이동시키고, 다시 전문부서로 돌아오게 하는 것

'승진하고 싶지 않아요'

오늘날 미국의 직원들은 임원이 되고 싶어하지 않는다는 설문조사 결과가 나왔습니다. 커리어빌더(Career builder) 설문조사에 따르면, 34%의 직원만이 관리직으로 승진하고 싶어하며 7%만이 임원급(전무급 이상, C 레벨)이 되고 싶다고 대답했습니다. 좀더 자세히 들여다보면 남성(40%)이 여성(29%)보다 관리직으로 승진하고 싶어하며 흑인(39%)과 성소수자(44%)도 미국인 평균(34%)보다 승진 의욕이 컸습니다. 이 조사결과는 공공기관과 사기업의 3,625명 정직원을 대상으로 이뤄졌으며, 올해 처음 시행되어 시간대별 변화는 추적할 수 없으나 앞으로 매년 추적할 예정입니다. 더이상 승진하고 싶어하지 않는 사람이 이토록 많다는 것은 그리 놀랄만한 결과는 아닙니다. 이 추세는 꽤 오래 전부터 언급되었죠. 관리자는 어려운 일입니다. 회사의 이익과 직원의 이익 사이에서 균형을 맞추어야 하며, 갈등을 조정하는 역할을 맡고 싶지 않다는 의견이 많다는 것은 그리 놀랄만한 일이 아닙니다. 승진 야망을 보이지 않는 사람들 중에 대부분은(52%) 지금 위치로도 충분히 행복하다고 말합니다. 34%는 일과 삶의 균형이 중요하며 더 오래 일해야 하는 삶을 원치 않는다고 말하죠.

이게 모든 이유는 아닐지도 모르나, 기업은 많은 사람들이 일과 삶의 균형을 이토록 중시한다는 사실에 주의를 기울여야 합니다. 일과 삶의 균형을 갖추기 어려운 문화의 회사는 훌륭한 인재를 뽑고, 그들이 계속 머무르게 하는 데 어려움을 겪습니다. "너무 긴 업무시간"은 특히 여성 승진을 가로막는 큰 장벽 중에 하나입니다. 가족들과 보내는 시간에 가치를 두는 여성은 직업을 우선시하지 않는다고 대답한 경우가 많았고, 최근 MBA를 졸업한 여성들은 아이를 아예 가지지 않기로 결정하기도 합니다.

관리자가 되기 싫다는 게 꼭 야망이 없다는 걸 의미하지 않는지도 모릅니다. 기업의 정해진 승진 과정을 밟아 관리자가 되지 않아도 자기 분야의 전문가가 되는 것이 '성공' 하는 길일 수도 있지요. 게다가, 요즘의 기업은 점점 수평적인 문화로 변해갑니다.

출처: Harvard Business Review 2014.

그림 4-15 승진관련 서베이

WHO WANTS TO BE PROMOTED INTO LEADERSHIP?
A breakdown of the 34% of U.S. workers who aspire to land leadership roles.

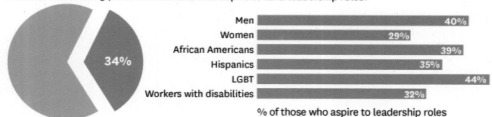

% of those who aspire to leadership roles

SOURCE CAREERBUILDER   HBR.ORG

WHY U.S. WORKERS AREN'T ASPIRING TO LEADERSHIP POSITIONS
Two-thirds of surveyed workers don't want to climb the corporate leader for these reasons:

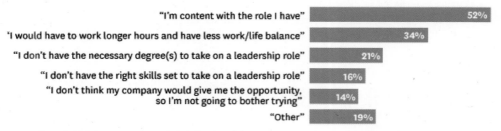

NOTE: ANSWERS WERE FROM A PRESELECTED LIST, AND RESPONDENTS COULD CHOOSE MULTIPLE ANSWERS.
SOURCE CAREERBUILDER   HBR.ORG

DO YOU ASPIRE TO BE IN A LEADERSHIP POSITION AT A COMPANY OR ORGANIZATION?

AGES OF "YES"
RESPONDENTS

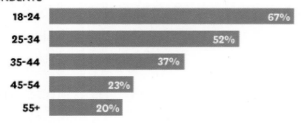

SOURCE CAREERBUILDER   HBR.ORG

그림 4-16 CJ 직급체계도

직급체계

성과에 의해 Top Performer에 대한 인정 및 보상, 보다 나은 경력개발 및 교육 기회를 제공합니다.
사내의 호칭은 '님'이지만 CJ는 직무가치에 따라 **총 7단계의 직급체계**를 운영하고 있습니다.
(CJ그룹 기준이며 계열사별로 다양한 직급체계를 운영하고 있습니다.)

		■ 3년 ▲ 2년 (대졸 신입사원)	■ 4년 ▲ 2년	■ 4년 ▲ 2년	■ 4년 ▲ 2년	■ 4년 ▲ 2년
G1	**G2**	**G3**	**G4**	**G5**	**G6**	**G7**
사원	사원	사원	대리	과장	부장	부장

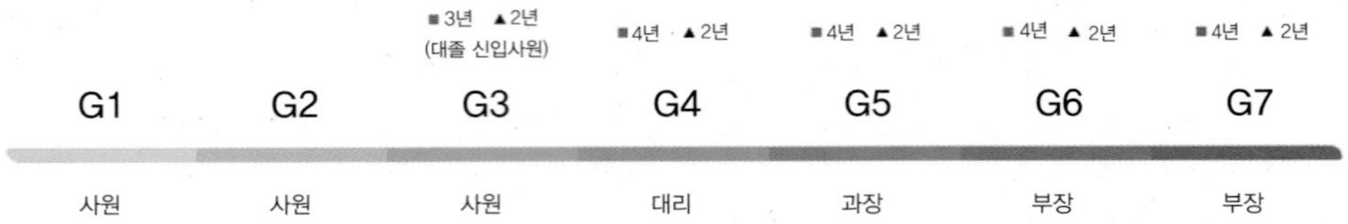

■ **표준년한** 직급별 승진기회가 부여되는 표준 승진 년한
▲ **최소년한** 성과 우수자에 대한 조기 성장 기회 부여를 위한 최소 승진 년한

2. 인적 자원의 유지와 방출

인력방출은 자발적인 것(사직, 전직)과 비자발적인 것(정년퇴직, 조기퇴직, 징계해고, 정리해고)이 있다. 방출을 통해 원가절감 효과를 보거나 조직 매너리즘 탈피, 잔류 사원들의 성장욕구 충족, 승진기회 확대 등의 기회를 얻을 수 있는 까닭에 남은 사람들의 입장을 최대한 반영할 필요가 있다. 방출 유형 중 가장 많은 비중을 차지하는 "이직"은 좁은 의미로서 사원이 기업 구성원 자격을 종결하고 조직을 떠나는 것인데, 자발적인 경우와 비자발적인 경우가 있다. 어떤 경우이든 신규채용이나 훈련비 등의 이직비용 발생, 경력자 상실, 조직 내 불안감 조성, 잔류사원 업무량 증가 등의 역기능이 발생한다. 때문에 조직이 감당할 수 있는 이직비용 수준(인력유지비용 < 이직비용)을 넘어서는 시점부터는 적정이직률 관리가 필요하다. 이를 위해선 이직원인들을 파악하고 있어야 한다. 대표적인 원인으로는 인간관계, 개발욕구, 경제적 책임 등이 있다. 사회적 관계를 위한 배치와 권한 위임 등 대책을 강구할 수 있는데, 직무불만으로 인한 이직은 대개 방출하는 편이 낫다. 직무만족도는 크게 개선되기 힘든 부분이기 때문이다.

"해고"에는 징계해고, 정리해고가 있다. 우리나라에서 그간 진행된 해고는 대개 인원과다, 사업정리, 기술발전에 의한 정리해고였다. 일시적인 해고를 경험한 사업장은 대부분 해고비용이 많이 발생하고, 조직 분위기가 와해되는 문제가 발생했다. 때문에 정리해고는 최후의 수단이 되어야 한다. 기업은 정리해고 이전 단계로 고령자 조기퇴직, 재배치, 채용동결. 임금동결, 임시휴가, 직무공유 같은 조치를 취할 수 있다. 방출의 또 다른 유형인 "퇴직"은 사원의 기능과 자질이 정지된 것이다. 정년퇴직은 사회에 미치는 영향도 크다. 고령층의 경제활동 참가율이 떨어지면서 경제성장률이 둔화되고, 당사자는 심리적 소외감을 겪을 수 있다.

노동조합과 노사관계

1. 노사관계의 기초지식

노사관계는 노동을 공급하는 근로자와 공급받는 사용자 간의 개별적 고용관계에 바탕을 두지만, 노동조합과 사용자 간 집단적 관계를 의미하는 것이 일반적이다. 즉, 문제 해결이나 요구 제시 등이 개별적이기 보다는 집단적 수준에서 행해진다. 때문에 노사관계의 주도자는 대개 노조 간부와 경영진이다. 이 관계는 협조하다가 대립하는, 개별적이면서도 집단적인, 경제에서 사회적 범주까지 다루는 특성을 지닌다. 종속적이면서도 대등한 관계 특성도 있다. 이런 데에는 전제적 관계에서 온정적 관계, 완화적 노사관계로, 나아가 민주적 노사관계로 변화를 거듭한 까닭이 크다. 노사관계에는 회사 내외 다양한 요소(경기상황, 조직분위기, 사회제도, 여론 등)가 영향을 미친다.

2. 노동조합

노동조합 주체는 임금 근로자이다. 노동조합의 최종 목적은 근로자의 노동조건 개선이다. 근로자들의 노동활동이 계속되는 한 공제, 정치, 경제(흥정, 교섭)적 역할을 하는 노동조합은 일시적으로 모였다가 해체하는 조직이 아닌 존속하는 조직이어야 한다. 현실에서는 부작용이 부각되는 노동조합이지만, 개별 근로자들의 의견을 수렴하고 주장하는 매체로서 효과적이라 할 수 있다. 그 형태로는 직종별 노동조합(숙련 노동자), 일반 노동조합(전 사원), 산업별 노동조합(산업 차원에서 사회정책적 변화 촉구), 기업별 노동조합이 있다. 각 노동조합은 단위별로 조합할 수 있고, 전국연맹을 결성하거나 중앙조직을 세워 활동할 수도 있다. 노동조합 활동이 많던 산업(제조, 금속, 탄광)의 비중이 줄어들고 기본권 보장 범위가 확대되는 등 다양한 원인들로 현재 노동조합은 감소하는 추세이다.

3. 단체교섭

단체협약은 임금, 노동시간, 노동조건을 놓고 노동조합과 사용자 간 협상을 통해 결정하고, 시행 및 관리하는 과정이다. 개별 근로자가 아닌 노동조합 차원에서 단체교섭권을 발휘해 사용자와 약속한 바를 요구할 수 있는 특징을 지닌다. 전통적으로는 사용자 측이 갑에 해당하는데, 노동조합의 교섭력은 어디서 올까? 바로 파업에서 온다. 파업은 사용자가 추구하는 목표를 방해할 수 있는 행동이기 때문이다. 반대측 사용자도 직장폐쇄, 노동대체, 재정능력 등에서 교섭력을 지니고 있다. 단체교섭은 근로자들의 요구를 수집하는 준비단계, 요구를 제시하며 상대 진의를 파악하는 협상단계, 결과를 문서화하는 타결, 결렬될 경우 교섭력을 발휘하는 쟁의, 단체교섭 이후의 평가, 중재와 조정 등의 절차를 따른다. 노동 3권으로는 단체교섭권, 단결권, 단체행동권이 있다.

4. 노사관계 개선전략

노사 간 공동번영을 위해 다양한 전략이 활용될 수 있다. 첫째, 고정처리제도는 고용조건에 대한 상호 간 공식분규 활동으로, 문제를 해결하기 위해 노사 간 토의절차를 제도화 한 것이다. 주로 제기되는 문제는 불공정한 대우, 해고, 노동시간, 휴가일수 등이 있다. 토의인 까닭에 무한정 길어질 수 있어 각 과정마다 시한을 두어 효과성을 높였다. 실제적인 개선이 있지 않은 이상 무용지물이라는 지적도 있다. 둘째, 경영참여는 노동조합이 의사결정(이사회 참여), 자본(출자), 이익(보너스 배분) 등 다양한 형태로 참여하는 것이다. 셋째, 인간관계 개선제도는 상담, 사기조사, 제안제도 등 간단해보이지만 인격적인 활동을 시행하는 것이다. 마지막으로 반강제에 의한 통제 혹은 협력관계 유지 등으로 비노조 전략이 구사될 수 있다.

Part 5

외식재무관리

외식재무관리

외식사업은 개인의 경험적인 직관에 의존하는 사업이 아니라 합리적이고 과학적인 기준을 가지고 경영을 해야 시장에서 성공할 수 있는 사업이다. 여기서 합리적, 과학적이라는 의미는 첫째, 치열한 외식업에서 생존하고 성장하기 위한 구체적인 목표 설정이 필요하고 둘째, 목표를 달성하기 위한 세부적인 계획 및 실행이 필요하며 셋째, 사업운영의 결과를 가능한 객관적으로 분석해야 한다는 의미이기도 하다.

사업의 본질은 이익을 내는 것이다. 예를 들어, 내가 투자할 수 있는 총 금액은 1억 원이라고 가정해 보자. 서울 강남이나 홍대에서 외식사업을 하고자 할 경우 월 매출 4000만 원을 기대할 수 있다 하더라도 만약 월 임대료가 600만 원, 800만 원일 경우 매출 대비 15%가 넘게 된다. 또한 매출원가가 35%가 된다고 가정하고, 인건비가 25% 정도 된다고 하면, 벌써 매출대비 세 가지 주요 핵심비용의 비중이 75%인데, 과연 기대하는 목표수익률을 달성할 수 있을까? 이러한 관점에서 볼 때 사업을 하기 전에 반드시 해야 할 핵심 업무는 사업이 매력적일 수 있는지를 수치적으로 분석하는 업무인 사업타당성 분석이다. 사업타당성은 넓게 보면 성공적인 사업을 위해 필요한 사업추진 능력, 기술성, 시장성, 상품성, 수익성, 안정성, 사업 위험 정도를 분석하고 평가하는 활동이다. 한편, 사업타당성 분석의 재무적 정의는 투자한 비용에 대해 목표하는 수익률이 달성 가능한지 여부를 분석하는 활동이다. 즉, 내가 투자한 혹은 투자할 수 있는 여력을 감안해, 매출에서 비용을 제외한 이익이 과연 2년 혹은 3년 이내에 회수할 수 있는 매력적인 수치인지를 확인하기 위해 투자비, 매출, 비용, 손익분기점 분석, 투자회수기간 등을 분석하는 과정이다.

SECTION 01 재무관리

재무관리(財務管理, financial management)는 조직의 자금을 조달하고 자금의 운용을 관리하는 행위를 뜻한다. 기업에게 있어 마케팅, 회계, 인사, 생산과 함께 수평적 관리기능을 구성하는 주요 분야의 하나로, 특정 조직에 있어서 필요한 자금의 조달 및 이의 사용과 관련된 일련의 관리행위를 다루는 학문이다. 재무관리의 관리적 기능을 초점으로 봤을 때 의사결정 과정상 재무관리는 조직의 경영목표를 효율적으로 달성하기 위한 계획—시행—통제 과정 중 재무관리기능에 대한 계획—시행—통제의 제반 과정을 다루는 학문이라고 할 수 있다. 즉, 경영목표를 달성하기 위한 특정 조직의 소요자금을 조달하고 이를 집행하는 데 있어 보다 효율적인 재무기능을 달성하고자 하는 과정에 관한 전반적인 내용을 다루는 학문이라고 할 수 있다.

1. 재무관리의 기능

이러한 재무관리의 기능을 기업의 활동 과정과 연관시켜 살펴보면 <그림 5-1>과 같다. 기업은 자사가 활동하고 있는 시장에서 지속적인 성장과 발전을 하기 위해 사업 계획과 경기 전망, 그리고 매출 계획 등을 통해 장래 일정 기간 동안의 소요자금을 예측하고 이에 따라 주식시장이나 금융기관을 통해 필요한 소요자금을 조달하게 된다. 이렇게 해서 조달된 자금을 경제적 가치 생산을 위한 생산시설이나 건물, 원자재, 노동 등의 구입을 위해 투자하고 영업 및 판매, 마케팅 활동을 통해 생산된 가치를 판매하여 수익을 얻게 된다. 이렇게 해서 얻게 된 수익은 필요에 따라 기업의 활동을 위해 재투자되고 일부는 주주나 이해관계자 집단에게 배당금이나 원리금의 지급 방식을 통해 제공된다. 이러한 일련의 과정은 지속적인 성장과 발전을 위해 순환되며, 재무관리는 이러한 기업 활동의 순환과정에서 효율적인 자금의 흐름을 담당하게 되는 것이다.

그림 5-1 기업의 자금흐름과 재무관리의 기능 연계도

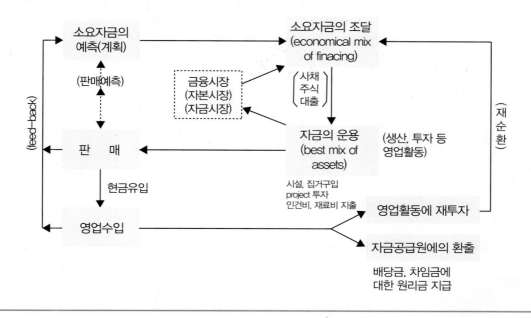

2. 주요 특성

재무관리의 기능을 자금의 조달과 그 운용이라는 기능으로 정의할 때 재무관리는 자금조달과 투자 및 그 운용을 위한 최적의 의사결정을 구하는 학문이라고 할 수 있다. 이러한 관점에서 볼 때 재무관리의 주요 특성은 다음과 같다.

- 재무관리는 기업의 마케팅, 영업, 인사, 회계, 생산기능 중 이들을 지원하기 위한 자금조달 및 운용과 관련된 영역을 연구대상으로 한다.
- 재무관리는 기업의 목표 달성을 위해 기업의 타 기능들과 연계하여 기업이 목표를 달성하는데 필요한 자금을 조달하고 운용하는 데 있어 그 계획과 실행, 통제 및 조정을 담당한다.
- 재무관리는 단지 자금조달과 운용에 관한 기능적 관점에서 연구되는 것이 아니라 중장기 전략경영 체제하에서 전사적인 관점에서 다루어지는 특징이 있다.

이상과 같은 내용을 중심으로 재무관리를 현대적 개념으로 재정의하면 "재무관리란 기본적으로 기업의 자금 흐름을 주 인식 대상으로 하여 기업 목표를 중심으로 한 전사적 관점에서 기업 활동을 소요자금의 조달 및 그 사용과 관련하여 계획하고 조정, 통제함으로써 기업 목표를 달성하려는 일련의 기업 활동"이라고 정의할 수 있다.

3. 역사와 발전

재무관리는 1950년대 중반 이후에 그 현대적 개념과 영역이 규정되었다. 이러한 재무관리의 역사와 발전단계를 미국과 한국의 역사를 나누어서 볼 수 있다.

1) 미국의 재무관리 발전단계

프레더릭 윈슬로 테일러
(Frederick Winslow
Taylor, 1856-1915)

과학적 관리법으로 유명한 프레더릭 윈슬로 테일러(Frederick Winslow Taylor, 1856-1915)를 기점으로 경영학(經營學, business management)이 현대적 의미의 경영학으로 학문적 틀을 형성하게 되었다. 이때가 1911년이었는데 이때까지 재무관리는 경영학의 한 분야가 아닌 경제학(經營學, business management)의 한 분야로 인식되었다. 즉, 독자적인 학문체계를 갖추지 못했으며, 주요 관심사는 사회적 관점과 제도적 관점에 학문의 초점이 맞추어져 있었다.

이후 1920년대에 접어들면서 미국의 산업 경제가 급속하게 진전되면서 기업 규모의 확대에 따른 효율적인 자금조달에 관한 수요가 증대되면서 어떻게 하면 효율적으로 자금조달과 운용을 가능하게 할 것인가의 문제가 대두되었다. 그러나 이때까지만 해도 자본시장(예: 주식시장)이 불완전한 상태로, 주식에 의한 자금조달이 투기적 성향으로 이루어지는 경향이 많아 기업은 자금 부족 현상에 대한 유동성문제에 보다 더 큰 관심을 나타내는 시기였다.

1930년대는 세계적인 경제 대공황으로 인해 기업이 자본을 조달해 왔던 자본시장이 무너지고 수많은 기업들이 파산지경에 이르게 되었다. 이로 인해 재무관리 연구는 기업 규모의 확대를 위한 자금조달에 관한 초점보다는 파산 방지를 위한 유동성 확보나 기업 생존을 위한 보수적인

▲ 나스닥(National Association of Securities Dealers Automated Quotation)

관리 활동을 주로 연구하게 되었다. 이러한 재무관리 연구의 경향은 1950년대 초반까지 크게 변화가 없었다.

1950년대 중반에 접어들면서 세계경제의 활황으로 인한 미국 기업들의 대형화, 대량생산체제의 확립에 따른 경쟁구조의 변화로 인해 재무관리에 대한 연구는 보다 관리 중심으로 바뀌어졌으며, 경제학 이론과 더불어 OR(operations reasearch) 등의 도입을 통한 계량적 접근법이 발전하기 시작하였다. 즉, 기업가치를 극대화시키기 위한 최적의 의사결정 기법이 재무관리에 도입되기 시작한 것이다. 재무관리에 대한 연구가 보다 분석적이고 계량적인 현대적 접근방법으로 전환된 것이다.

2) 한국의 재무관리 발전단계

한국에서의 재무관리에 대한 학문적 기초는 1960년대 중반, 경영학이라는 학문이 국내 대학에 개설된 이후부터라고 할 수 있다. 즉, 재무관리라는 학문이 독립된 학문으로 소개되기 시작한 것은 1970년대 후반으로 역사가 매우 짧다고 할 수 있으며, 그나마 내용상 회계학(會計學, accounting)의 일부분으로서 성격이 강했다고 할 수 있다. 주로 재무제표를 분석한다거나 자본조달을 위한 자금원(源) 분석방법 및 절차 등과 같이 서술적 내용들을 중심으로 한 학문이었다.

이와 같이 한국에서 독립된 학문으로 재무관리 연구가 부진한 배경에는 재무관리가 경영학의 일부분으로서의 실천적 성격과 기업환경으로서의 시대적인 상황을 고려할 때 다음과 같은 몇 가지 이유가 있다.

첫째, 한국 자본시장의 상대적인 원시성이다. 한국의 증권시장이 처음 개장된 날짜는 1956년 3월 3일이었다. 우리나라의 자본시장, 즉 주식시장은 1970년대 후반에 접어들어 투자인구 등이 늘어나면서 양적으로 팽창하기는 하였으나 아직도 일부 거액 투자자에 의한 투기성 투자가 성행할 만큼 상대적으로 영세성을 면치 못하고 있었다. 아울러 투자를 위한 각종 투자 정보의 이용 가능성도 보편화되지 못했기 때문에 투자대상 기업에 대한 투자자들의 평가가 자본시장에 합리적으로 반영되지 못한 측면도 있다.

둘째, 금리의 시장 기능이 상대적으로 무시된 점을 들 수 있다. 1960년대에 접어들면서 정부 주도하의 경제개발계획의 추진은 기업들로 하여금 새로운 이윤창출의 기회를 마련하게 해주었다. 그러나 이러한 기회를 살리기 위한 기업들의 규모확대를 위한 소요자금은 대부분 자기자본이 아닌 금융기관을 통한 차입이나 저금리 차관 등 타인자본을 활용하는 것이 대부분이었다. 특히 이들 기업이 차입한 공금리(公金利)의 수준은 시장금리보다도 훨씬 저렴한 수준의 금리로 시혜성에 가까운 자금이 분배됨으로써 자본시장이 왜곡되고, 기업은 투자의 효율성보다는 일단 가져다 쓰고 보자는 식의 자금관을 형성시켜 근본적으로 시장금리가 왜곡되는 현상이 나타나게 된 것이다.

셋째, 기업 경영이 가족경영 형태로 출발하여 권한이 중앙집권적이고 대외적 폐쇄성이 강해 투명한 재무관리가 발전할 수 있는 토대가 마련되지 못했다는 것이다. 즉, 학자들이 재무관리를 연구하기 위한 기업의 재무제표 등 필요한 자료의 이용이 극히 제한적일 뿐만 아니라 조직의 폐쇄성에 따른 분식회계 등 정보의 신빙성에 의문이 들기 때문에 재무관리가 학문으로 발전하는데 있어 지연이 되었던 것이다.

4. 접근방법 및 연구영역

1) 접근

재무관리에 대한 접근방법은 크게 전통적 접근방법과 현대적 접근방법으로 구분하여 볼 수 있다. 이는 재무관리의 학문적 발전단계와도 어느 정도 궤를 같이 하고 있다.

(1) 전통적 접근방법

재무관리에 대한 전통적인 접근방법은 주로 기업의 파산이나 재조직(reorganization), 합병과 관련된 법률적 문제, 주식, 사채 등 기업의 자금조달과 관련된 수단을 활용한 발행과 판매절차에 관한 문제, 자산의 감가상각에 따른 회계 처리 문제, 주주 및 투자자에 대한 배당 문제 등 주로 자금조달과 관련된 문제를 주로 다루고 있다. 또한 이를 분석하는데 있어서도 극히 서술적인 접근방법을 활용하고 있다.

전통적 접근방법은 현대적 접근방법과는 다음과 같은 차이가 있다. 첫째, 총체적인 투자 규모의 합리성이나 조달된 자본의 기업 자산에 대한 합리적 배분 문제에의 관심이 결여되었으며, 둘째, 자본의 조달에 있어서도 근본적으로 자본구조에 대한 인식을 소홀히 하여 현대 재무관리 이론의 핵심 분야의 하나인 자본비용과 자본구조 및 기업가치의 관계를 파악하지 못하고 있다는 결점을 가지고 있었다.

(2) 현대적 접근방법

재무관리를 연구함에 있어서 현대적인 접근방법은 1950년대 초반 기존 재무관리 연구에 대한 접근방법의 반성으로부터 시작되었다. 전통적인 접근방법이 내부적 관점보다는 외부적 관점에 보다 많이 치중하고 지나치게 서술적인 접근방법을 사용하고 있다는 점이었다. 이러한 비판적 시각에 따라 재무관리에 대한 연구는 새로운 전환점을 맞이하게 되었다. 즉, 기업 간 경쟁이 치열해지면서 기업은 생존과 지속적 성장을 위한 관리적 차원을 강조하게 되었고, 이로 인해 보다 효율적인 재무관리의 필요성이 대두되게 된 것이다.

재무관리 연구에 있어서 현대적 접근법은 관리적 기능의 중시로 인해 경제학의 제반 이론과 OR 등 계량적 기법의 도입을 통한 계량적 접근법을 주요 내용으로 하고 있다. 아울러 부채관리에서 자산관리로, 외부적 목적보다는 관리적·내부적 목적으로, 그리고 단순한 지식의 집합 같은 서술적 접근보다는 기업가치 극대화 목표를 달성하기 위한 최적의사결정의 해결(solution)을 구하는 분석적이고 계량적인 현대적 접근방법으로 연구방향이 옮겨졌던 것이다.

2) 주요 연구영역

현대적 의미의 재무관리에서는 자금조달 및 운용과 관련된 모든 분야를 연구대상으로 한다. 넓은 의미로 보면 기업의 지속적 성장과 발전을 위해 필요한 소요자금의 조달 및 운용과 관련하여 금융시장을 통한 자본의 창출과 그 시장의 균형 원리 등을 다루는 자본시장론과 유가증권, 즉 주식시장에서의 가격 형성 원리와 투자자들의 투자행태 및 투자기법을 다루는 투자론까지를 재무관리의 주요 영역으로 삼고 있다.

뿐만 아니라 타인자본을 조달하기 위해서는 저축—투자 간 중개기능을 담당하는 금융기관에 대한 각종 제도 등을 파악하고자 하는 금융제도론, 화폐금융론, 금융기관 경영론 등 거시경제학(巨視經濟學, macroeconomics)의 일부까지를 그 연구대상으로 삼고 있다. 에즈라 솔로몬(Ezra Solomon, 1920–2002)에 의하면 재무관리라는 학문은 세 가지의 기본과제를 중심으로 논의영역을 파악할 필요가 있다.

첫째, 총체적으로 기업에 얼마만큼의 자금을 투자하여야 할 것인가의 문제이다. 이는 기업이 예측한 환경과 향후 실현하고자 기업 규모 및 성장률을 어떻게 계획하고 있느냐의 문제와 연결된다.

둘째, 기업은 구체적으로 어떤 자산에 투자할 것이며, 이를 어떤 형태로 보유할 것인가의 문제이다. 이는 기업의 자산관리를 어떻게 할 것인가의 문제와 연관된다.

셋째, 소요자금을 어떠한 방법, 형태로 조달할 것인가의 문제이다. 즉, 자금조달과 관련하여 재무상태표상에 존재하는 부채 및 자본계정의 내용을 어떻게 구성할 것인가의 문제와 연결된다.

이와 같은 기본적인 논의를 중심으로 재무관리에서 다루고 있는 연구영역을 요약하면 다음 기업재무관리자의 기능으로 본 현대재무관리의 연구영역과 같다.

- 광의: 기업재무(Corporate Finance), 투자론(Investments), 금융기관론(Financial Institutions), 국제재무(International Finance) 등
- 협의: 기업재무(Corporate Finance)

5. 재무관리의 목적

재무관리의 목적은 기업가치를 극대화 하는 것이고, 기업가치란 미래 현금흐름을 화폐의 시간가치와 불확실성을 나타내는 위험을 고려하여 현재의 가치로 환산한 것을 말한다.

표 5-1 재무관리의 개념

사람	기업
건강관리	재무관리
건강검진	재무분석
건강검진결과표	재무제표

SECTION 02 재무제표

금융감독원 전자공시시스템 화면을 통해서 누구나 상장사의 재무제표와 각종 공시들을 확인할 수 있다.

1. '재무제표'란?

그림 5-2 주요 재무제표의 구성

재무상태표	재무상태	재무안정성 확보
손익계산서	경영성과	수익성 정보
현금흐름표	현금 증감내역	현금흐름 정보
자본변동표	자본 변동내역	주주지분 변동정보

재무제표(財務諸表, financial statements, financial reports)는 기업의 재무상태나 경영성과 등을 보여주는 문서이다. 이러한 재무제표는 기업의 성과 등을 파악하기 위해 내부적인 목적으로 사용되기도 하나, 상장기업의 경우 이러한 재무제표들을 매년 결산기에 일반대중에게 공개하게 되어 있다.

기본적인 재무제표로는 재무상태표, 손익계산서, 자본변동표, 현금흐름표가 있다. 재무상태표는 한 시점을 기준으로 작성되며, 손익계산서, 자본변동표, 현금흐름표는 일정 기간을 기준으로 작성된다. 포괄손익계산서는 발생주의에 따라, 현금흐름표는 현금주의에 따라 작성된다.

대한민국에서는 외부감사대상 회사의 재무제표를 금융감독원에서 제공하는 전자공시시스템을 통해 조회할 수 있다.

2. 재무상태표

재무상태표(財務狀態表, statement of financial position) 또는 대차대조표(貸借對照表, balance sheet: B/S)는 재무제표로서 특정 시점의 기업이 소유하고 있는 경제적 자원(자산), 그 경제적 자원에 대한 의무(부채) 및 소유주지분(자본)의 잔액을 보고한다. 재무상태표는 기업의 재무구조, 유동성과 지급능력, 영업환경변화에 대한 적응능력을 평가하는 데 필요한 정보를 제공한다. 그러나 자산에 대한 측정기준을 선택하여 적용할 수 있고(예: 유형자산에 대한 원가모형 또는 재평가모형의 선택적용), 가치가 있는 내부창출 무형자산을 비용으로 인식하며(예: 내부창출 브랜드 등은 즉시 비용 인식), 재무상태표에 인식되지 않은 부외 항목이 발생할 수 있는 한계점이 있다. 따라서 기업의 재무상태를 평가할 때 주석으로 공시한 사항도 함께 분석해야 할 것이다.

일반적으로 재무상태표에 표시되는 재무정보들의 기준일인 재무상태표일은 기업의 결산일이며, 때에 따라 반기 또는 분기별로 작성되기도 한다. 재무상태표를 통해서 제공되는 정보는 기업의 재무상태표일 현재의 자산과 부채, 자본의 총계와 그 과목별 내역을 확인할 수 있다. 재무상태표는 일반적으로 복식부기에 의해 작성된 회계정보를 통합하여 만들어지기 때문에 차변의 자산총액과 대변의 부채와 자본총액이 일치하게 된다. 이러한 원리를 대차 평균의 원리라고 한다.

재무상태표는 기업의 자산과 부채 및 자본을 표시하여 일정 시점에서 재무상태를 나타내는 재무보고서로써, 그 내용에는 회사의 명칭, 작성기준일, 금액 단위 등이 특정 시점을 기준으로 표시되어야 한다.

그림 5-3 재무상태표

재무상태표(12월 31일)

회사명: H기업 (단위: 억 원)

자산	금액	부채와 자본	금액
유동자산(current assets)	**42**	유동부채(current liabilities)	**35**
당좌자산(quik assets)	**31**	단기차입금	12
현금및현금성자산	10	매입채무	11
단기투자자산	1	기타유동부채	12
매출채권및기타채권	16	비유동부채(non-current liabilities)	**15**
기타당좌자산	4	사채	5
재고자산(inventories)	11	장기차입금	6
비유동자산(non-current assets)	**58**	기타비유동부채	4
투자자산(investments)	18	자본(equity)	**50**
유형자산(tangible assets)	39	자본금	10
토지	10	자본잉여금	14
설비자산	24	이익잉여금	8
기타유형자산	5	자본조정	-2
무형자산(intangible assets)	1	기타포괄손익누계액	0
기타비유동자산	0		
총자산	100	총자산	100

현금성이 높은 순서 ↑

1) 자산(assets)

(1) 의의

기업이 소유하고 있는 재화, 채권 및 법률상의 권리로서 화폐로 측정 가능한 것이다. 그 예로 유형자산, 매출채권이 있다.

(2) 분류

자산이 현금으로 전환하는 데까지 소요되는 기간을 기준으로 적용한다.

① 유동자산(current assets): 1년 내 현금화 또는 현금화 목적으로 소유하는 자산이다.

② 비유동자산(non-current assets): 1년 이후에 현금화 또는 영업활동에 활용할 목적으로 소유하는 자산이다.

2) 부채(liabilities)

(1) 의의

기업이 부담하고 있는 채무로서 화폐로 측정 가능한 것이고, 후에 현금을 지급하여 상환하거나 다른 자산 또는 서비스를 제공하여 변제한다. 그 예로 외상매입금(매입채무), 차입금, 선수금이 있다.

(2) 분류

① 유동부채(current liabilities): 1년 내 상환 기일이 도래하는 부채이다. 그 예로 외상매입금, 지급어음, 단기차입금, 단기미지급금, 선수금, 미지급비용이 있다.

② 비유동부채(non-current liabilities): 1년 이후에 상환기일 도래하는 부채이다. 그 예로 사채, 장기차입금, 장기매입채무, 장기미지급금, 퇴직급여충당부채, 이연법인세부채가 있다.

3) 자본(capital)

(1) 의의: 기업의 자산총계에서 부채총계를 차감한 잔액이다.

(2) 자본등식: 자산 - 부채 = 자본

(3) 분류: 자본금, 자본잉여금, 이익잉여금

그림 5-4　기초, 기말 재무상태표

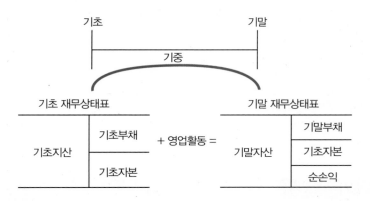

3. 손익계산서

손익계산서(損益計算書)는 그 회계기간에 속하는 모든 수익과 이에 대응하는 모든 비용을 적정하게 표시하여 손익을 나타내는 회계문서를 말한다(기업회계준칙 제64조 제1항). 이는 기업의 경영성과를 명확히 하기 위하여 작성하는 것이다. 손익계산서는 작성시기·제출·승인·공고와 비치·공시 등에서 다른 재무제표와 동일한 절차에 따른다. 손익계산서는 순이익·매출액·매출원

그림 5-5　손익계산서

손익계산서
Ⅰ. 매출액(①)
Ⅱ. 매출원가(②)
Ⅲ. 매출총이익(①-②=③)
Ⅳ. 판매비와 관리비(④)
Ⅴ. 영업이익(③-④=⑤)
Ⅵ. 영업외수익(⑥)
Ⅶ. 영업외비용(⑦)
Ⅷ. 법인세 차감전 순이익(⑤+⑥-⑦=⑧)
Ⅸ. 법인세 비용(⑨)
Ⅹ. 당기순이익(⑧-⑨=⑩)

손익계산서

매출액
　매출원가
매출총이익
　판매비 및 일반관리비
영업이익
　영업외수익
　영업외비용
법인세차감전순이익
　법인세
당기순이익

가 등의 정보와 수익력을 보여주므로, 재무상태표보다도 중요하게 인식되는 재무제표이다.

매출총이익 = 매출액 − 매출원가

영업이익 = 매출총이익 − 판매비와 관리비

법인세비용차감전 순이익 = 영업이익 + 영업외수익 − 영업외비용

당기순이익 = 법인세비용차감전 순이익 − 법인세비용

표 5-2 손익계산서 항목

항목	내용
1. 매출액	• 월 매출액은 영업가능 일수를 감안하여 산출하되, − '총매출＝음식매출＋주류 및 음료 매출' 혹은 − '총매출＝현금매출＋카드매출'로 구분
2. 매출원가(원재료 비율)	• 메뉴 제조에 소요되는 식재료(양념류 포함), 주류, 음료, 원가 • 원칙적으로 조리인력에 대한 인건비는 매출원가이나 편의상 판매비와 일반 관리비(인건비)로 분류 • 통상 음식점의 매출원가율(원재료비율)은 30% 내외임
3. 매출총이익	• 매출액에서 매출원가를 차감한 금액(1−2)
4. 판매비와 일반 관리비(판관비)	• 영업이나 관리에 소요된 모든 비용은 판매비와 일반관리비 • 임차료, 급여(인건비), 감가상각비, 연구개발비, 광고선전비, 수도광열비(수도, 가스, 전기료), 통신비(전화, 유선), 소모품비, 수선비, 각종 수수료, 세금과 공과금 등 • 신용카드 수수료
5. 영업이익	• 매출이익−판관비(3−4)
6. 영업외 수익	• 영업활동 이외의 수익으로 이자수익등이 해당됨 • 음식점에서 발생할 항목은 거의 없음
7. 영업외 비용	• 차입금액에 대한 이자비용
8. 경상이익(세전)	• 영업이익+영업외수익−영업외비용(5+6−7)
9. 법인세	• 법인은 법인세, 개인은 종합소득세
10. 월 당기순이익	• 경상이익−법인세 등(8−9)

그림 5-6 아이스커피의 원가구성 사례

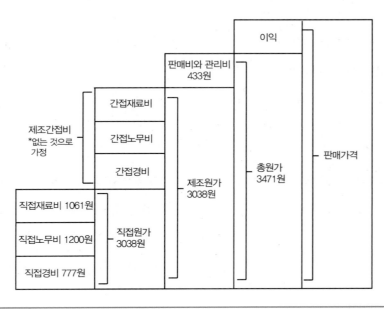

1) 손익계산서 작성원칙

(1) 현금주의(cash basis)

현금이 실제 오간 시점을 기준으로 회계에 반영하는 방식을 뜻한다. 회수기준 또는 지급기준이라고도 하며 발생주의와 대비되는 말이다. 반면 발생주의는 거래가 발생한 시점을 기준으로 한다. 예를 들어 보유 유가증권 가격이 하락했을 때 현금주의에서는 실제 매매가 이뤄져 현금이 오갔을 때 회계처리를 한다. 반면 발생주의는 현금 출납이 없더라도 가격 상승이나 하락분을 순자산 변동으로 처리해 회계에 반영한다.

(2) 발생주의(accrual basis, 發生主義)

발생주의는 현금주의(現金主義)와 상반된 개념으로, 현금의 수수와는 관계없이 수익은 실현되었을 때 인식되고, 비용은 발생되었을 때 인식되는 개념이다. 기업의 기간손익(期間損益)을 계산함에 있어서 수익과 비용을 대응시켜야 하고 이에 따라 수익과 비용을 경제가치량의 증가 또는 감소의 사실이 발생한 때를 기준으로 하여 인식하는 것을 말한다. 따라서 현금의 투자와 관계없이 수익의 경제적 사실이 발생한 때에 이에 관련된 가치의 희생이 발생된 사실에 입각하여 손익계산을 행하는 방법을 말한다. 수익(收益)이란 경영활동의 결과에 따라 창출된 재화나 용역을 뜻하므로 생산적 급부의 완성에 의하여 수익의 발생이 인식되어야 하며, 비용(費用)은 생산활동을 위하여 직·간접으로 감소 또는 희생된 경제적 가치를 뜻하므로 재화의 사용 또는 소비에 의하여 비용의 발생이 인식되어야 한다.

2) 손익계산서 항목

(1) 수익(revenue)

① 기업이 일정기간 동안에 고객에게 재화나 서비스를 제공하고 그 대가로 받은 것을 화폐가치로 표현한 것이다. 그 예로 상품매매기업은 상품의 판매액, 서비스업에서는 수수료수령액을 들 수 있다.

② 기업의 영업활동의 결과 자본을 증가시키는 요인이기도 하다.

(2) 비용(expense)

① 수익을 획득하는 과정에서 희생된 경제적 가치를 화폐가치로 표시한 것이다. 그 예로 상품판매액에 대한 원가(매출원가), 영업활동을 위한 경비를 들 수 있다.

② 기업의 영업활동의 결과 자본을 감소시키는 요인이기도 하다.

(3) 비용항목 중 감가상각비

① 감가상각비의 정의

감가상각(減價償却, Depreciation)이란 시간의 흐름에 따른 자산의 가치 감소를 회계에 반영하는 것이다. 경제학적으로는 자산의 가치 감소를 의미하나, 회계학의 관점에서 감가상각이란 취득한 자산의 원가(취득원가)를 자산의 사용기간에 걸쳐 비용으로 배분하는 과정(allocation)을 의미한다. 유형자산으로는 건물, 기계장치 등 유형 자산이 감가상각 대상이고, 무형 자산 중 광업권, 어업권이 감가상각 대상이며, 예외적으로 토지는 영구적으로 이용 가능하고, 건설중인 자산은 후에 건물로 전환된다. 따라서 이 두 종류의 자산에 대해서는 감가상각을 하지 않는다.

② 감가상각 방식

· 정액법

정액법(定額法, Straight-line Depreciation)은 각 기간마다 일정액을 감가상각하는 방법으로, 간

손익계산서

2015년 01월 01일부터 2015년 12월 31일까지
2014년 01월 01일부터 2014년 12월 31일까지

주식회사○○○   (단위: 백만원)

과목	2018년 실적		2017년 실적	
Ⅰ. 매출금		108,408		94,538
1. 제품매출액	68,450		51,322	
2. 상품매출액	36,414		40,578	
3. 반제품등매출액	3,544		4,077	
Ⅱ. 매출원가		97,687		85,042
1. 제품매출원가	61,118		46,806	
2. 상품매출원가	32,228		34,228	
3. 반제품등매출액	3,341		4,008	
Ⅲ. 매출총이익		10721		9,495
Ⅳ.판매와일반관리비		5434		4,090
1. 급여	1,844		1,607	
2. 수도광열비	5		9	
3. 운반비	538		660	
4. 감가상각비	83		55	
5. 지급수수료	523		187	
6. 세금과공과	26		13	
7. 지급임차료	107		28	
8. 보험료	153		123	
9. 복리후생비	207		231	
10. 여비교통비	23		20	
11. 기타	1,924		1,157	
Ⅴ. 영업이익		5287		5,406
Ⅵ. 영업외수익		1,781		1,389
1. 이자수익	170		149	
2. 유형자산처분이익	74		1	
3. 잡수익	1,537		11,239	
Ⅶ. 영업외비용		756		690
1. 이자비용	0			
2. 재고자산폐기손실	123		116	
3. 잡손실	632		574	
Ⅷ. 법인세차감전순이익		6,312		6,105
Ⅸ. 법인세등		1,352		1,328
Ⅹ. 당기순이익		1,960		4,777
1. 매도가능금융자산평가손익		(55)		205
ⅩⅠ. 포괄이익		4,905		4,983

단하다는 장점 때문에 가장 많이 쓰이고 있다. 정액법으로 감가상각하는 자산은 일반적으로 유형 자산이고, 특히 건물의 경우에는 세법상 정액법으로 감가상각하는 것을 원칙으로 하고 있다.

$$D = (Original\ Cost - Salvage\ Vaule)\ /\ Useful\ life\ of\ Asset(years)$$

D: 감가상각비   Original Cost: 취득가액   Salvage Value: 잔존가치   Useful Life of Asset: 내용연수

예시: 취득원가가 ₩5,000,000이고 10년간 사용 가능한 유형 자산의 경우는 다음과 같다.
(잔존가치는 없다고 가정)

경과연수	감가상각비	감가상각누계액	가치
신규취득	–	–	5,000,000
1년	500,000	500,000	4,500,000
2년	500,000	1,000,000	4,000,000
3년	500,000	1,500,000	3,500,000
4년	500,000	2,000,000	3,000,000
5년	500,000	2,500,000	2,500,000
6년	500,000	3,000,000	2,000,000
7년	500,000	3,500,000	1,500,000
8년	500,000	4,000,000	1,000,000
9년	500,000	4,500,000	500,000
10년	500,000	5,000,000	0

· 정률법

정률법(定率法, Declining-Balance Method)은 자산의 기초 장부금액에서 일정 비율을 감가상각비로 산출하는 방법이다. 감가상각 첫 해에 가장 많은 상각비가 계산되지만, 점차 상각비가 감소하여 감가상각 마지막 해에는 가장 적은 감가상각비가 계산되는 특징이 있다.

$$D = (Original\ Cost - Accumulated\ Depreciation \times Depreciation\ Rate$$

D: 감가상각비   Original Cost: 취득가액   Accumulated Depreciation: 감가상각 누계액
Depreciation Rate: 상각 비율

· 생산량비례법

생산량비례법(生産量比例法, Units-of-Production Depreciation Method)은 자산의 이용정도를 고

려하여 예상조업도나 예상생산량에 근거한 비율로 감가상각비를 계산하는 방법이다. 생산량비례법은 일반적인 유형자산보다 자연자원(광산, 유전 등)의 감모상각 방법에 적절하다.

$$D = (\text{Original Cost} - \text{Salvage Value}) \times \frac{\text{Units Produced of during the Year}}{\text{Total Units of Production}}$$

D: 감가상각비   Original Cost: 취득가액   Salvage Value: 잔존가치   Units Produced of during the Year: 당기 실제 생산량   Total Units of Production: 추정 총 생산량

· 연수합계법

연수합계법(年數合計法, Sum-of-Years' Digits Method)은 취득원가에서 잔존가치를 뺀 금액을 해당 자산의 내용연수의 합계로 나눈 후 남은 내용연수로 곱하여 감가상각비를 산출하는 방식이다. 급수법이라고도 한다. 기간이 지날수록 감가상각비가 감소하는 특징이 있다.

$$D = (\text{Original Cost} - \text{Salvage Value}) \times \frac{N}{1+2+3+\cdots+n}$$

D: 감가상각비   Original Cost: 취득가액   Salvage Value: 잔존가치 n: 내용연수 N: 잔존 내용연수

· 세법상 감가상각

세법에서는 특정 사업년도에 감가상각비를 많이 계상하여 소득금액을 조작하는 경우를 방지하기 위해 감가상각이 가능한 한도를 정해 놓고 그 이상은 손금(비용)으로 인정하지 않는다.

이익(profit, income) 또는 손실(loss)

1) 이익 = 수익 - 비용

2) 손실 = 비용 - 수익

· EBITDA

EBITDA는 Earnings Before Interest, Taxes, Depreciation and Amortization(법인세 이자 감

가상각비 차감 전 영업이익)이다. EBITDA는 '세전·이자지급전이익' 혹은 '법인세 이자 감가상각비 차감 전 영업이익'을 말하며, 이것은 이자비용(Interest), 세금(Tax), 감가상각비용(Depreciation & Amortization) 등을 빼기 전 순이익을 뜻하는 것이다. 일반적으로 영업이익에 순금융비용과 감가상각비를 더해서 계산한다. 이자비용을 이익에 포함하기 때문에 자기자본과 타인자본에 대한 기업의 실질이익창출 금액과 현금지출이 없는 비용인 감가상각비를 비용에서 제외함으로써 기업이 영업활동을 통해 벌어들이는 현금창출 능력을 보여준다. 따라서 EBITDA는 수익성을 나타내는 지표로, 기업의 실가치를 평가하는 중요한 잣대로 쓰인다. 또 EBITDA는 국가간 또는 기업간에 순이익이 상이하게 계산되는 요인(세제의 차이 등)을 제거한 후, 기업의 수익창출 능력을 비교할 수 있는 지표로 널리 활용된다.

4. 현금흐름표

현금흐름표는 일정기간 동안 해당기업의 현금이 어떻게 조달되고 사용되는지 나타내는 표로, 기간별 현금의 유입과 유출 내용을 표시함으로써 향후 발생할 기업자금의 과부족현상을 미리 파악할 수 있다. 재무상태표, 손익계산서와 함께 주요한 재무제표에 속한다.

현금흐름표는 현금과 3개월 내에 현금으로 바꿀 수 있는 요구불예금과 어음 등의 유출·입 규모를 나타내기 때문에 당장 기업이 보유하고 있는 현금상황이 어떤지를 확인할 수 있게 한다. 현금흐름은 영업활동 현금흐름, 투자활동 현금흐름, 재무활동 현금흐름 등으로 나뉜다.

- 영업활동을 통한 현금흐름: 기업 고유활동인 생산제품의 판매, 원재료와 상품의 구입에 따른 현금 유출입 상황을 나타낸다.
- 투자활동에 의한 현금흐름: 유가증권 및 토지의 매입 매각, 예금 등에 따른 현금 유출입 상황을 나타낸다.
- 재무활동에 의한 현금흐름: 단기차입금, 회사채 및 증자 등에 따른 현금 유출입 상황이다.

현금흐름표

1월 1일~12월 31일

회사명: A기업

(단위: 억 원)

과목	금액	
영업활동으로 인한 현금흐름		+45
당기순이익	+115	
현금유출이 없는 비용 등의 가산	+40	
현금유입이 없는 수익 등의 감산	−110	
투자활동으로 인한 현금흐름		−105
투자활동으로 인한 현금유입액	+25	
투자활동으로 인한 현금유출액	−130	
재무활동으로 인한 현금흐름		+30
재무활동으로 인한 현금유입액	+40	
재무활동으로 인한 현금유출액	−10	
현금증가		−30
기초현금		70
기말현금		40

5. 자본변동표

자본변동표(資本變動表)는 자본금, 자본잉여금, 자본조정, 기타포괄손익누계액, 이익잉여금의 변동내역을 나타내는 재무제표이다.

자본변동표

20X1년 1월 1일부터 20X1년 12월 31일까지

(단위: 원)

구 분	자본금	자본잉여금	이익잉여금	기타포괄손익누계액	기타자본요소	총 계
20X1년 1월 1일 현재 잔액	700,000	0	0	0	0	700,000
20X1년 자본변동						
유상증자	200,000	80,000				280,000
당기순이익			210,000			210,000
현금배당			(70,000)			(70,000)
매도가능금융자산평가이익				20,000		20,000
20X1년 12월 31일 현재 잔액	900,000	80,000	140,000	20,000	0	1,140,000

자본에 대한 청구권을 가진 주주들에게 한 해 동안의 자본 변화에 대한 정보를 제공하는 보고서이다. 이전에는 한 기업의 자본 변동내역을 보려면 재무제표를 일일이 확인하여야 하였으나, 2007년부터 자본변동표 작성이 의무화되었다. 자본변동표에는 자본의 기초잔액과 기말잔액을 모두 기록하기 때문에 재무상태표와 연결이 가능하고, 자본의 변동에 대해서는 손익계산서와 현금흐름표상의 정보와 연계하여 볼 수 있어 자본변동표를 잘 활용하면 각 재무제표 간의 관계를 명확하게 파악할 수 있다.

자본변동표는 자본을 구성하는 자본금, 자본잉여금, 자본조정, 이익잉여금, 기타포괄손익누계액 다섯 가지 세부 항목에 따라 기초잔액을 표시하고 당해연도의 변동사항을 가감한 후 기말잔액을 표시하는 형태로 작성된다. 여기서 자본금이란 발행된 주식의 액면 총액을 말하며, 유상증자, 무상증자, 주식배당 등에 의해 자본금의 변화가 발생한다. 자본잉여금은 납입자본(자본금 +자본잉여금) 중 자본금을 제외한 것으로 주식발행초과금(액면가보다 비싸게 유상증자를 했을 경우 발생하는 금액), 기타자본잉여금 등이 포함된다. 자본조정은 자기주식 취득 및 처분 등에 의해 발생한다. 이익잉여금은 발생한 이익 중에서 배당금으로 지급하지 않고 남아있는 유보이익을 말하며, 기타포괄손익누계액은 손익항목 중 당기순손익 계산에 포함되지 않는 항목을 말한다. 여기서 포괄손익이란 주주와의 자본거래를 제외한 모든 거래에서 발생한 자본의 변동을 일컫는다.

표 5-3 회계의 비교

구분	재무 회계	관리(원가) 회계	세무 회계
특성	결산 보고 회계, 기술 회계	의사 결정 회계, 업적 평가 회계	세무 조정 회계
회계 목적	재무제표를 통한 외부 이해 관계자에게 유용한 회계 정보를 제공	기업 경영에 필요한 기획 통제 및 기타 의사 결정을 위한 유용한 정보 제공	세무 조정을 통한 과세 표준 및 세액 산출을 위한 유용한 정보 제공
정보 이용자	투자자, 채권자, 거래처 등의 외부 정보 이용자	경영자, 종업원 등의 기업 내부 정보 이용자	국세청, 세무서 등의 정부 기관
성격	타율적, 소극적, 수동적	자율적, 적극적, 능동적	타율적, 소극적, 수동적
회계 대상	과거의 자료	현재 및 미래의 자료	과거 및 현재의 과세 관련 자료
정보 내용	화폐 단위의 측정 정보	비화폐적 정보 포함	화폐적 이익 또는 소득
임무	공적·일반적	사적·특수적	공적·일반적

1. 화폐의 시간가치(time value of money)

조삼모사는 아침에 세 개 저녁에 네 개라는 뜻으로, 눈 앞에 보이는 차이만 알고 결과가 같은 것을 모르는 어리석은 상황을 비유하는 말이다.

"얘들아, 밥 먹을 시간이다!" 저공이 도토리 열매가 가득 들어 있는 자루를 들고 나타나자 원숭이들이 그 앞으로 쪼르르 달려왔어요. 저공은 많은 원숭이를 일일이 안아 주며 먹이를 나눠 주었어요. "더 주세요. 더 주세요." 어린 원숭이가 폴짝폴짝 뛰며 먹이 자루를 가리켰어요. "배가 많이 고팠구나. 자, 여기 있다. 많이 먹고 오늘은 더 멋진 재주를 보여 다오." "걱정하지 마세요. 재미나게 보여 드릴 테니까." 옆에 있던 까불이 원숭이가 뒤로 재주를 넘으며 안심하라는 듯 가볍게 말했어요. 하지만 저공은 걱정이 가득했어요. 사실 이제는 살림살이가 어려워져 먹이를 살 돈이 없었거든요. '어휴, 가뭄이 심해 도토리 열매를 찾기도 힘들고, 벌이도 시원치 않으니…….'

저공은 돌아서서 긴 한숨을 내뱉었어요.

그날도 저공은 원숭이를 데리고 시장으로 갔어요. 사람들 앞에서 신이 난 원숭이들은 갖가지 재주를 부렸어요. 사람들은 신기한 구경거리에 발길을 멈추고 한참을 구경했어요. 하지만 흉년이 들어

모두 어려운 처지라 돈을 내는 사람은 몇 안 되었어요.

'이러다가 식구들도 굶게 생겼군. 안 되겠어, 뭔가 방법을 마련해야지.'

돈 항아리의 돈을 세어 보던 저공은 심각한 얼굴이 되었어요.

며칠 후, 저공은 반도 채 남지 않은 먹이 자루를 들고 원숭이 우리로 갔어요. 오늘도 원숭이들은 저공의 품에 폭 안기거나 재주를 보여 주며 애교를 부렸어요. 저공은 그동안의 시름은 잠깐 잊고 원숭이들과 즐겁게 놀았어요. 그때, 한 원숭이가 먹이 자루를 가리키며 배고프다고 조르기 시작했어요. "도토리 주세요. 배고파요." "그래, 배고프지? 그런데 요즘 먹이 구하기가 어렵단다. 그래서 말인데 오늘부터는 도토리를 아침에 세 개, 저녁에 네 개씩 주마. 그러니까 지금은 세 개씩만 먹자." 저공의 말에 원숭이들은 펄쩍펄쩍 뛰며 난리를 피웠어요. "말도 안 돼요. 이렇게 배가 고픈데 세 개만 먹으라니요?"

우리 안은 금방 아수라장이 되었어요. 저공은 잠시 생각에 잠긴 척하더니, 큰 결심이라도 한 듯 숨을 들이마셨어요. "그래, 좋아! 그러면 아침에 네 개, 저녁에 세 개를 주마. 어떠냐?" 저공의 말에 원숭이들은 그제야 소란을 멈췄어요. "그래, 그 정도는 돼야 먹고 힘을 쓰지." "후유, 배불리 먹게 되어서 정말 다행이야." 원숭이들은 신이 나서 빙글빙글 돌며 손뼉까지 쳤어요. 저공은 슬며시 미소를 지었어요. 이때부터 사람들은 잔꾀를 부려 남을 속이거나 당장의 차이에만 신경 쓰는 어리석은 상황을 '조삼모사'라고 말하기 시작했답니다.

자금관리의 기준이 바뀐 요즘 시대에는 원숭이들의 지혜가 더 뛰어났던 것으로 해석해야 맞을 것 같다. 즉, 원숭이들은 자원을 미리 확보하여 불확실성을 예방한 셈으로, '화폐의 시간적 가치'를 일찌감치 터득했던 것이다. 이렇게 볼 때 저공의 원숭이들은 탁월한 사업가의 자질을 갖고 있었던 게 분명하다.

일반적으로 기업의 재무의사결정은 현재시점에서 이루어지나 이로부터 얻어지는 수익은 미래의 시점에서 실현된다. 따라서 기업이 재무의사 결정을 할 때 화폐의 시간가치를 고려하여야 한다. 일반적으로 소비자들은 미래의 현금보다는 현재의 현금을 더 선호하는데 이를 유동성선호라고 한다. 소비자들이 이와 같이 미래의 현금흐름보다는 현재의 현금흐름을 더 선호하게 되는 이유는 크게 4가지로 설명할 수 있다. 첫째로, 소비자들은 미래의 소비보다는 현재의 소비를 선호하는 시차선호의 성향이 있다. 즉, 인간의 생명은 유한하기 때문에 현재소비가 가능한 현재의 현금흐름을 선호하게 된다. 둘째로, 미래의 현금은 인플레이션에 따르는 구매력 감소의 가능성이 항상 존재하고 있다. 즉, 인플레이션하에서 미래의 현금흐름은 동일한 금액의 현재 현금흐름보다 그 구매력이 떨어지게 된다. 셋째로, 현재의 현금은 새로운 투자기회가 주어질 경우 생산활동을 통하여 높은 수익을 얻을 수 있다. 마지막으로, 미래의 현금흐름은 미래의 불확실성으로 인하여 항상 위험이 존재하게 된다. 한편 이와 같은 소비자들의 유동성선호를 반영하여 화폐의 시간가치를 나타내는 척도가 시장이자율이다. 시장이자율은 시간이 다른 화폐의 상대적 가치를 나타내는 것으로서, 미래가치를 현재가치로 또는 현재가치를 미래가치로 평가하기 위한 기준이 된다. 따라서 시장이자율은 앞서 설명한 시차선호, 인플레이션, 생산기회, 위험 등을 반영하여 결정된다. 이와 같이 화폐란 시간이 지남에 따라 그 가치가 달라지는 것이므로 현금흐름의 발생시점이 다를 경우 화폐의 시간가치를 고려하여야 한다. 예를 들어 기업이 투자결정을 할 경우 투자가치의 평가는 투자에 현금유출과 현금유입의 발생시기가 다르기 때문에 이들을 동일시점의 가치로 환산해 주어야 한다. 이를 위해서는 현재 또는 미래에 발생하는 현금흐름을 미래 일정시점의 가치, 즉 미래가치(FV)로 환산해주어야 한다.

1) 단일 현금흐름의 미래가치와 현재가치

(1) 단일 현금흐름의 미래가치

미래가치(Future Value; FV)는 현재시점에 발생한 현금을 미래시점의 가치로 환산한 것이다.

매기 적용되는 이자율이 r로 일정할 경우 현재시점의 일정금액(P_0)에 대한 n기간 후의 미래가치(P_n)는 다음과 같다.

$$P_1 = 원금 + 이자 = P_0 + P_0 * r = P_0(1+r)$$
$$P_2 = P_1 + P_1 * r = P_0(1+r)(1+r) = P_0(1+r)^2$$
$$P_n = P_0(1+r)^n = P_0 \times CVIF(r, n)$$

$(1+r)^n$은 이자율이 r로 일정할 때 현재 1원의 n기간 후의 가치를 의미하는 값으로 복리이자요소(Compound Value Interest Factor; CVIF) 또는 미래가치요소(Future Value Interest Factor; FVIF)라고 한다. 따라서 미래가치는 현재의 금액에 미래가치요소를 곱하여 구할 수 있다.

예) 원금 10,000원을 연리 8%로 정기예금하였을 때 5년 후의 미래가치는 얼마인가?

$$FV5 = 10,000 \times (1+0.08)^5 = 14,693원$$

(2) 단일현금흐름의 현재가치

현재가치(Present Value; PV)는 미래의 일정금액을 현재시점에서 평가한 가치로서 미래의 일정금액과 동일한 가치인 현재의 금액이다. 이와 같이 미래의 금액을 현재가치로 환산하는 것을 할인이라고 하며, 이자율을 할인율이라고 한다. 매기 적용되는 이자율이 r로 일정한 경우 n기간 후의 일정금액(P_n)에 대한 현재가치(P_0)는 다음과 같다.

$$P_0 = P_n/(1+r)^n = P_n \times 1/(1+r)^n = P_n \times PVIF(r, n)$$

여기서 $1/(1+r)^n$은 이자율이 r로 일정할 때 n기간 후의 1원의 현재가치를 나타내는 값으로 현가 이자요소(Present Value Interest Factor; PVIF) 또는 현재가치요소라고 한다. 따라서 현재가치는 미래의 금액에 현재가치요소를 곱하여 구할 수 있다.

예) 4년 후 500만 원을 받을 수 있는 채권의 현재가치는 얼마인가?

(기간 중 이자지급은 없으며, 할인율은 연 20%라고 한다)

$$PV = FV_n/(1+r)^n = 500만/(1+0.2)^4 = 2,411,265원$$

2) 연금의 미래가치와 현재가치

(1) 연금의 미래가치

연금(Annuity)이란 반복되는 일정한 현금흐름을 말한다. 그리고 연금의 미래가치는 각각의 현금흐름의 미래가치를 구하여 합하면 된다. 연금은 여러 기간에 걸쳐 매기간 동일한 현금흐름이 발생하는 경우를 말한다. 연금도 일정의 다기간 현금흐름이므로 각 시점별 현금흐름을 미래가치 또는 현재가치로 환산하여 모두 더해줌으로써 미래가치와 현재가치를 계산할 수 있다. 그러나 연금의 경우에는 미래가치와 현재가치를 계산하는 과정이 등비수열의 합을 계산하는 과정과 같기 때문에 이를 응용하면 더욱 쉽게 계산할 수 있다.

연금의 미래가치(Future Value of Annuity; FVA)는 동일한 현금흐름이 일정기간 계속하여 매기 반복발생할 경우 매기간 현금흐름의 미래가치를 모두 합한 금액이 된다.

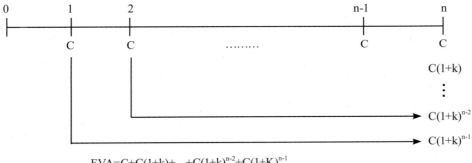

$$FVA = C \times \frac{(1+k)^n - 1}{k}$$

예) 현재 30세인 당신이 매년 1,000만 원씩 연 5%의 금리를 저축할 경우 60세에 얼마의 돈을 모을 수 있는가?

$$1{,}000만\ 원 \times \frac{(1+0.05)^{30} - 1}{0.05} = 6억\ 6{,}439만\ 원$$

(2) 연금의 현재가치

연금의 현재가치는 각각의 현금흐름의 현재가치를 구하여 합하면 된다.

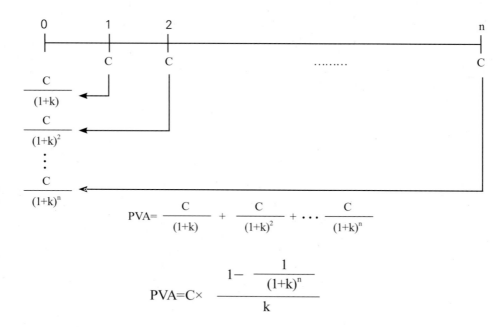

$$PVA = \frac{C}{(1+k)} + \frac{C}{(1+k)^2} + \cdots \frac{C}{(1+k)^n}$$

$$PVA = C \times \frac{1 - \dfrac{1}{(1+k)^n}}{k}$$

예) 근무하는 회사로부터 주택마련자금으로 1억 원을 연 3%의 저리로 차입하여 10년 동안 매년 일정액씩 갚기로 한 경우 그 금액은 얼마가 되는가?

$$C \times \frac{1 - \dfrac{1}{(1+0.03)^{10}}}{0.03} = 1억 원$$

$$\rightarrow C = 1,172만 원$$

미래 일정기간 동안 매년 일정금액을 받는 경우 미래에 받게 될 금액들 전체의 현재가치를 연금의 현재가치(Present Value of Annuity; PVA)라고 한다. 연금의 미래가치는 연금수령이 끝나는 미래시점을 기준으로 계산한 금액인 데 반하여, 연금의 현재가치는 미래에 받을 현금을 현재시점에서 평가한 금액이다. 연금의 현재가치는 초항이 $C/(1+r)$이고 공비가 $1/(1+r)$이며, 항의 개수가 n개인 유한등비수열의 합이다.

1995년 10월 노태우 전 대통령이 4,000억 원의 비자금을 조성했다는 보도가 나가면서 대한민국 전체가 커다란 충격에 휩싸이게 되었다. 이때 언론들은 4,000억 원이란 돈이 얼마나 큰 돈인지 전 국민이 느끼게 하기 위해 만원짜리 지폐를 몇 톤짜리 트럭에 실어야 할 양이라거나 전 국민이 자장면을 몇 그릇씩 먹을 수 있는 돈이라는 식으로 표현하며 국민들의 분노를 부채질하였다.

이에 편승하여 당시 야당인 평민당의 대변인은 4,000억 원을 일반 서민의 경우 단군 할아버지 때부터 매년 1억 원씩 모아야 만들 수 있는 돈이라고 표현하였다. 매년 1억 원씩 모으는 것도 불가능한데 그것도 4,000년을 모아야 만들 수 있는 돈을 전직 대통령은 임기인 5년동안 조성하였다고 생각하면 참으로 분개하지 않을 수 없는 일인 것이다.

그러나 4,000억 원을 만들기 위해 매년 1억 원씩 4,000년을 모아야 한다는 것은 돈을 차곡차곡 창고에 쌓아둔다는 의미이다. 은행에 저축하여 모은다고 생각하면 보다 짧은 시간이 걸릴 것이다. 대한민국 건국 이후 당시까지 은행 금리가 12~16% 정도임을 감안하여 12%의 세후 이자율로 매년 1억씩 저축하면 4,000억 원을 만드는데 몇 년이나 걸릴까?

우리가 앞에서 배운 공식을 이용하면 다음과 같이 계산할 수 있다.

$$4,000억\ 원 = 1억\ 원 \times \frac{(1+0.12)^x - 1}{0.12} \rightarrow X = 55$$

연 12%의 금리만 적용해도 매년 1억씩 55년 동안만 저축하면 4,000억 원이 된다. 다시 말해서 원금 55억 원에 이자만 3,945억 원이 붙는 것이다. 복리의 위력을 다시금 실감하지 않을 수 없다.

2. 자본예산의 개념

자본예산(Capital budgeting)이란 투자효과가 장기적으로 나타나는 투자의 총괄적인 계획과 평가의 과정을 뜻한다.

자본예산은 단기적인 전략과 장기적인 전략으로 나눌 수 있으며, 기업의 장기적인 경영전략과 자금조달계획, 미래상황에 대한 분석을 토대로 신중하게 이루어져야 한다. 뿐만 아니라 미래의 자금수요와 투자효과에 대한 합리적인 예측을 바탕으로 이루어져야 한다. 이는 기업의 존폐와 직접적으로 연결되므로 다각적이고 광범위한 자금수급계획이 필요하다. 최근에는 하루가 다르게 변하는 경제환경의 변화, 소비자 취향의 변화, 국가정책의 변화 등 여러 요인을 계획성 있게 분석하여 투자결정을 해야 한다.

투자안 가치평가 방법에는 크게 세 가지가 있다(자세하게 나누면 다섯 가지가 있다). 이 중 한 가지는 화폐의 시간가치를 고려한 방법이고 나머지 두 가지 방법은 화폐의 시간가치가 고려되지 않은 방법이다. 투자안 평가 방법의 종류는 다음과 같다.

현금흐름 할인법(Discounted Cash Flow Method; DCF Method)은 화폐의 시간가치를 고려한 방법으로, 회계적 이익율법, 회수기간법(PP, Payback Period), 순현재가치법(NPV, net present value), 내부수익율법(IRR, internal rate of return), 수익성지표법(PI, Profitability Index)이 있다.

1) 회계적 이익율법(평균이익율법)

1년 단위로 평균 투자액 대비 회계적 이익이 얼마가 났느냐를 보는 것으로, 과거 성과를 평가하는 방법이다.

$$회계적\ 이익율\ =\ 회계이익/평균투자액$$

회계적 이익율법에 속하는 판단 지표에는 자기자본수익율(ROE; Return On Equity), ROA(Return On Asset) 등이 있다. ROE는 한 기간의 당기순이익을 자기자본으로 나눠준 것이고 ROA는 당기순이익을 자산총액으로 나눈 값이다. 전자는 자기자본에 대해서 어느 정도 거두어 들였느냐이고 후자는 자산 전체 대비 회계적 이익이다. ROE, ROA 둘 다 회계 장부상의 데이터를 단순 계산하는, 화폐의 시간가치가 고려되지 않은 방법이다.

한편, 투자수익율 ROI(Return On Investment)는 [자기자본＋부채] 전체에 대한 수익율이다. ROE가 자기자본 대비 수익율을 파악하는 것과 달리 ROI는 레버리지 효과까지 감안한 수익율이다. 그러므로 ROI는 기업 경영자의 관점에서 투자안을 판단하는 것이고, ROE는 주주의 관점에서 투자안을 평가하는 것으로 볼 수 있다.

예컨데, 자기자본 1,000만 원인 비즈니스가 500만 원을 차입해서 투자를 했을 때 1년 동안 150만 원의 수익을 기록했다면 그 해의 ROI는 (150/1000＋500)=10%이다. 이 때, ROE를 계산해 보면 자기자본은 1,000만 원이므로 (150/1000)=15%이다. 이처럼 차입을 통한 지렛대 효과를 이용해서 훨씬 더 높은 ROE를 기록할 수 있다. 물론, 차입금 500만 원에 대한 금융비용을 고려해야 한다. 금융비용을 제하고도 더 높은 ROI를 기록할 수 있다면 레버리지 효과에 의해 ROE는 증폭된다. 하지만 ROI가 마이너스인 경우 손실 역시 증폭되므로 리스크는 그만큼 더 커진다.

2) 회수기간법(Payback Period Method)

투자 후 '얼마만에 투자액을 되찾게 되는가'를 생각하는 방법이다. 투자 금액을 되찾는 데 걸리는 기간으로 투자안의 가치를 평가한다. 회수기간법은 이해하기 쉽고 간편하기 때문에 기업 현장에서 자주 쓰인다. 계산하는 법은 다음과 같다.

'100억을 투자하면 1년째 20억이 들어오고, 2년째 30억, 3년째 40억...'으로 예상되는 프로젝트가 있다고 하자.

투자액	1년째	2년째	3년째	4년째	5년째
−100	20	30	40	50	60

100억 투자액을 되찾는 데는 3.2년이 걸린다. 왜냐하면, 3년 째까지 총 90억이 들어오고, 4년째 벌어들일 액수 50억의 1/5인 10억만 더 들어오면 되므로, 1년을 1/5로 나누면 0.2년, 따라서 3.2년이 된다.

회수기간법에 의해 투자안을 채택할 것인가 말것인가 결정하는 기준은 특별히 없습니다. 개별 기업의 선택에 달려 있다. 투자 후 4년 안에 투자액을 회수하기를 원한다면 위 투자안의 경우 회수기간이 3.2년이므로 채택한다. 회수 기간을 길게 잡는 것은 그만큼 더 리스크를 안겠다는 의미이다.

회수기간법은, 위와 같이 간단하게 계산해 볼 수 있는 데다가 현금흐름을 감안한 투자안 평가 방법이며, 리스크가 고려된 방법이라는 장점을 갖는 대신 화폐의 시간가치가 고려되지 않고 있다는 점과 PP 이후의 현금흐름에 대해 고려하지 않는다는 단점이 있다. 예를 들어, 똑같이 투자액 10억, 회수기간이 10년인 두 프로젝트일지라도 매년 1억씩 들어오는 프로젝트와 10년후에 10억이 들어오는 프로젝트의 가치는 많이 다르지만 회수기간법으로는 둘 다 10년으로 똑같다. 또한 회수기간 이후의 현금흐름을 고려하고 있지 않기 때문에 위의 프로젝트가 6년 째 140억의 적자가 나는 것이더라도 투자안 채택 쪽으로 결정될 수 있다. 반대로, 6년 이후에도 계속 로열티가 지급되는 어떤 프로젝트의 경우는 6년째 이후 부분을 감안할 수 없게 된다.

그런 단점이 있지만 매우 명쾌하고 쉽기 때문에 현장에서는 많이 쓰이는 경향이 있다.

3) 현금흐름 할인법(Discounted Cash Flow; DCF Method)

투자안 가치평가 방법 중 가장 많이 쓰이고 중요한 방법은 현금흐름 할인법이다. 현금흐름 할인법은 이름에서 볼 수 있듯이 어떤 투자안에 의해 창출되는 현금흐름(현금유입, 현금유출)을 바탕으로 투자안의 가치를 평가한다. 따라서 현금흐름 추정이 정확하지 않으면 투자안 가치평가도 옳게 할 수 없다. 이 방법이 상대적으로 더 중요하고, 많이 쓰인다. 유일하게 화폐의 시간가치를 고려하고 있는 방법이기 때문에 가장 과학적인 방법이다. 현금흐름 할인법에는 크게 세 가지가 있다.

4) 순현재가치법(NPV Method; Net Present Value; 순현가법)

화폐의 시간가치 개념만 잘 파악하고 있다면 간단하다. 모든 예상되는 현금유입의 현재가치에서 모든 현금유출의 현재가치를 빼주면 된다.

$$NPV = -Inv \times \frac{CF_1}{(1+r)} + \frac{CF_2}{(1+r)^2} + \cdots + \frac{CF_t}{(1+r)^t}$$

CF는 현금흐름, r은 할인율이다. 미래의 모든 현금 유입의 현재가치에서 미래의 모든 현금 유출의 현재가치를 뺀 값이 바로 순현재가치(NPV)이고, 이때 판단 기준은 NPV가 0보다 크면 투자안 채택, 0보다 작으면 투자안 기각이다. NPV=0인 경우도 투자안 채택이다. 할인율만큼은 보상되면서 기업 활동을 통한 다른 가치 창조가 일어나기 때문이다.

어떤 프로젝트가 45000을 투자하면 다음과 같은 현금 흐름이 예상되고 할인율은 15%라면,

기간	0	1	2	3	4	5
현금흐름	−45,000	5,000	10,000	15,000	20,000	40,000

NPV는 다음과 같이 구할 수 있다.

$$NPV = -45,000 + 5,000/(1.15) + 10,000/(1.15)^2 + 15,000/(1.15)^3 + 20,000/$$
$$(1.15)^4 + 40,000/(1.15)^5 = 8,094$$

따라서 위 투자안은 재무관리 관점에서는 충분히 채택할 수 있는 투자안이다. 만약 같은 방식으로 계산된 또 다른 프로젝트의 NPV=7,000이라면 재무관리 관점에서는 NPV=8,094인 쪽이 더 매력적이다.

그런데 할인율은 어떤 의미일까? 할인율은 문자 그대로 할인되는 비율이다. 할인율이 높아지면 NPV가 작아진다. 미래 현금의 현재가치가 줄어들기 때문이다. 그러므로 할인율은 리스크의 크기로 볼 수 있다. 똑같은 현금 흐름이 발생하더라도 할인율이 20%인 프로젝트는 할인율이 15%인 프로젝트보다 NPV가 더 작아진다. 이렇게 NPV법은 프로젝트의 리스크 정도에 따라 적절한 할인율을 넣어서 계산해 볼 수 있다는 장점을 갖는다.

5) 내부수익율법(IRR Method; Internal Rate of Returns)

내부수익율법은 어떤 투자안의 NPV가 0이 되게 하는 할인율(=내부수익율)을 구해서 시장에서 평가된 회사의 자본비용보다 크면 투자안 채택, 그렇지 않으면 기각한다. 투자안 자체에 내포된 수익율이 자본 조달에 소요되는 금융비용보다 조금이라도 크면 투자하겠다는 의미이다. 그러므로 내부수익율법에서 투자안 채택과 기각의 판단기준으로 사용하는 할인율을 '자본비용' 또는 '기준수익율'이라고 한다. 자본비용을 구하는 방법은 다음에 자세하게 다룬다. IRR은 NPV=0인 할인율이므로 이렇게 계산한다.

$$\text{NPV} = -\text{Inv} \times \frac{\text{CF}_1}{(1+\text{IRR})} + \frac{\text{CF}_2}{(1+\text{IRR})^2} + \cdots + \frac{\text{CF}_t}{(1+\text{IRR})^t} = 0$$

현금 유입(Cash Inflow)의 현재가치 합과 현금 유출(Cash Outflow)의 현재가치의 합이 같게 되는 할인율, 즉 NPV=0이 되게 하는 할인율이 내부수익율이다.

위의 NPV에서 예를 들었던 프로젝트의 IRR을 구해보면,

$$-45,000/(1+\text{IRR})^0 = 5,000/(1+\text{IRR})+10,000/(1+\text{IRR})^2+15,000/(1+\text{IRR})^3$$
$$+20,000/(1+\text{IRR})^4+ 40,000/(1+\text{IRR})^5$$

$$\text{IRR} = 20.38\%$$

구하는 방식은 쉽게 이해가 되지만 직접 계산하는 것은 고차방정식을 풀어야 하므로 사실상 불가능하다. 그래서 대개 엑셀(Excel)을 이용해서 계산한다. 엑셀의 재무함수에 IRR이 있고, 이를 이용하여 구할 수 있으며 식은, IRR(B1:B6)이다.

NPV 함수 역시 지원하므로 NPV도 엑셀을 이용해서 구해볼 수 있다. 식은 NPV(할인율,시작셀: 마지막셀) 형태이다. 엑셀을 이용해서 위 투자안의 IRR과 NPV를 구해 보면,

	A	B	C	D
1	0	-45000		
2	1	5000		
3	2	10000		
4	3	15000		
5	4	20000		
6	5	40000		
7				
8	IRR =	IRR(B1:B6) =	20.38%	
9	NPV =	NPV(15%, B2:B6)+B1 =	₩8,094.14	
10				
11				
12				
13				
14				
15				

C9 `=NPV(15%, B2:B6)+B1`

엑셀을 이용해서 NPV를 구할 때 한 가지 주의할 점이 있다. 위 식을 보면 B1이 아닌 B2에서 시작했다는 것을 볼 수 있다. 엑셀의 NPV함수는 투자가 기말에 이뤄지는 것을 가정하고 있다. 그러므로 위 투자안처럼 기초에(0시점) 투자가 이뤄지는 경우는 투자액을 뺀 나머지의 NPV를 구한 다음, 그 값과 투자액을 따로 합해야 하는 것이다. 기말에 투자가 이뤄진다면 공식 그대로 시작 셀을 투자 시점으로 잡으면 된다. 위의 경우 1기간, 2기간, … 5기간까지의 NPV를 구한 다음 기초 투자액 −45,000과 합쳐서 NPV=8,094가 구해진 것이다.

(1) NPV법과 IRR법의 비교

분명 같은 공식에서 나온 개념이지만 여러 가지 면에서 NPV법이 IRR법보다 더 합리적이고 유용한 이유가 몇 가지 있다.

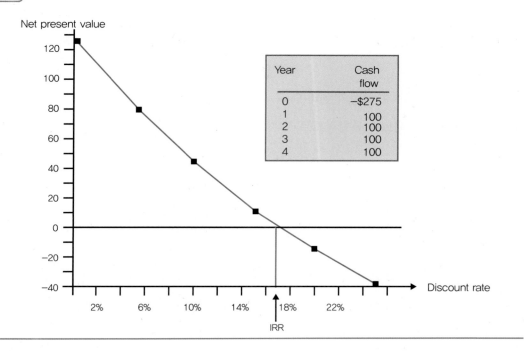

그림 5-7 NPV Profile: NPV vs. IRR

Year	Cash flow
0	−$275
1	100
2	100
3	100
4	100

- 할인율이 커질수록 순현가는 작아지므로 우하향하는 그래프가 그려진다.
- 할인율이 0%이면 NPV=125가 되고 NPV=0이 될 때의 할인율이 IRR이 된다.

첫째, IRR은 여러 개 존재할 수 있다. 여러 차례에 걸쳐 현금유입, 현금유출이 발생하는 경우 2차, 3차 이상의 고차방정식이 되고 여러 개의 해를 갖는다. 그리고 어떤 해도 특별히 틀렸다고 할 수 없다. IRR법을 통해 투자안 가치평가를 하는 경우 여러 개의 IRR 중 어떤 것을 택하느냐에 따라 투자안 선택 여부가 달라지게 되므로 유용성이 떨어진다.

둘째, 재투자 수익률 문제가 있다. NPV법에서는 처음 결정한 할인율을 갖고 있는 투자안에 재투자하는 것을 가정하고 있다. 첫 현금유입이 생겼을 때 이것을 다시 그 프로젝트에 투자하는 것이 아니고 객관적으로 주어진 할인율만큼 이익을 남겨 줄 프로젝트에 재투자하는 것을 상정한다. 하지만 내부수익률법은 할인율 자체를 구하므로 발생한 현금을 다시 동일한 투자안에 재투자하는 것을 가정하고 있다. 시장 상황에 따라 그 투자안의 수익률이 더 나빠지는 경우에도 동일 투자안에 재투자되었을 때의 수익율을 구하게 되서 비합리적이다. 순현가법은 할인율을 객관적인 자본 비용에 의거해서 구하는 반면 내부수익율법은 시장 상황과 관계없이 같은 곳에 재투자하는 것을 가정하고 있으므로 자본의 기회비용을 고려하고 있지 못하다는 측면에서 덜 합리적인 것이다.

셋째, IRR법은 가치 가산성의 원리(Value Additivity Principle)가 성립하지 않는다. 가치 가산성의 원리란 여러 프로젝트를 복합적으로 평가한 값이 각각의 프로젝트를 따로 평가한 값의 합과 같다는 원리이다.

$$NPV(A+B) = NPV(A) + NPV(B)$$
$$IRR(A+B) \neq [IRR(A) + IRR(B)]/2$$

IRR법의 경우, 두 투자안의 수익율 평균이 두 투자안을 합쳐서 구한 수익율과 달라진다. NPV법은 여러 투자안을 동시에 평가할 때도 개별 투자안을 독립적으로 판단해볼 수 있는 반면, IRR법을 사용하게 되면 전체와 각각을 따로 평가할 수가 없다.

넷째, 투자 규모가 현격하게 차이가 나는 경우 IRR법은 이를 제대로 반영하지 못한다. 1,000원 투자해서 1기간 후 3,000원이 들어오는 프로젝트와 15,000원 투자해서 1기간 후 27,000원이 들어오는 프로젝트가 있을 때, IRR은 전자가 200%, 후자가 80%로 전자 쪽이 크지만 상식적으로 두 번째 프로젝트가 더 매력적이다. 3,000원의 수익과 27,000원의 차이가 매우 크기 때문이다. NPV법은 이 경우에도 정확하게 현실을 반영한다.

하지만 IRR법도 분명한 장점이 있어서 기업 현장에서는 매우 많이 쓰이고 있다. IRR법은 우리가 자주 사용하고 있는 수익율의 형태이기 때문에 친숙하다는 큰 강점을 갖고 있다. '이 투자안은 내부수익율이 25%입니다'라고 하면 다른 투자 기회에 비해 수익율이 큰 지 작은 지 쉽게 판단할 수 있다.

6) 수익성지표(PI, Profitability Index)

일명 현재가치 지수법이라는 것으로, NPV법과 똑같이 구한 미래의 현금흐름을 투자액으로 나눠준 것이다.

$$PI = 미래 현금 흐름의 NPV / 초기투자$$

회계적 이익율법과 비슷한데, 분자에 NPV를 사용하므로 화폐의 시간가치가 고려되어 있다. 판단기준은 PI가 1보다 크면, 즉 미래 현금 흐름의 현재가치 합이 투자액보다 크면 프로젝트 채택, 그렇지 않으면 포기이다. 그런데 이 PI도 위의 IRR법처럼 투자규모를 고려하지 못하고 있다는 단점이 있다. 1억을 투자해서 2천만 원을 벌어들이는 프로젝트와 10억을 투자해서 1억을 벌어들일 수 있는 프로젝트가 있고, 이 때 r은 매우 작다고 가정해 보자. 전자는 PI가 대략 1.2이고 (1억+2천/1억) 후자는 약 1.1이지만 1억의 수익을 가져 올 프로젝트에 투자하는 것이 상식적으로 더 유리하다. NPV는 순수하게 프로젝트로 벌어들일 돈의 현재가치를 구하는 것이므로 이 경우도 정확하고 합리적인 평가를 할 수 있다.

하지만, 여러 개의 프로젝트를 동시에 평가할 경우 PI법이 아주 유용하다. 각 프로젝트의 NPV를 구해서 합한 다음 그것을 초기 투자로 나눠주면 여러 프로젝트를 한데 묶었을 때 어느 정도 수익성이 있는지 쉽게 판단할 수 있기 때문이다. A투자안의 NPV가 1000, B는 2000, C는 1000이고 초기투자액이 3000이라면,

$$PI = (1000 + 2000 + 1000)/3000 = 1.33 > 1$$

이므로 충분히 채택할 수 있다.

손익분기점 분석

1. 손익분기점 분석이란?

손익분기점 BEP(Break-Even Point)는 자본, 시간, 원자재 등 수많은 투자 활동에 적용할 수 있는 매우 유용한 경영 분석 도구이자 투자 분석 도구이다. 손익분기점 계산을 통한 손익분기점 분석은 자본을 얼마나 지출해서 투자해야 하는지와 어느 정도의 수익을 기대해야 하는지 알려준다. 투자가를 비롯해 기업 경영자와 실무진, 그리고 자영업자와 같은 개인사업자 역시 손익분기점 분석을 주기적으로 실시해 투자와 사업, 경영 환경의 변화를 점검하고 이에 상응한 대응 전략으로 생존 전략을 찾아나가야 한다. 손익분기점 계산 공식과 그래프는 비교적 간단하지만 그

의미를 생각하면 생각할수록 현 시점에서 필요한 경영 방법과 대응 방안이 무엇인지 쉽게 알려 준다는 점에서 쉽게 간과할 수 없다.

손익분기점이란 일정 기간 동안의 지출과 수익이 일치하는 지점으로써 손해와 이익이 전환 되는 지점을 의미한다. 손익분기점의 손익은 손해와 이익을 의미하는 것이며, 분기점은 전환이 일어나는 지점을 의미한다. 손익분기점은 손해와 이익이 전환되는 지점으로써 손익분기점 이전 은 비용(지출)이 과다해짐으로써 손해가 발생하고, 손익분기점 이후에는 비용 대비 이익이 커지 게 됨에 따라 이익이 증가하게 된다.

다음은 손익분기점 계산 공식과 손익분기점을 표현한 그래프이다.

$$손익분기점 = \frac{고정비}{1-\dfrac{변동비}{매출액}}$$

그림 5-8 손익분기점 그래프 ────────────────

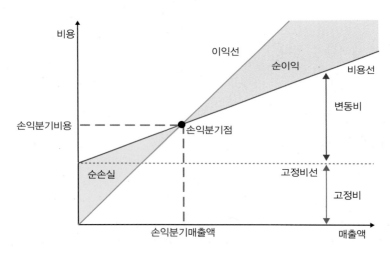

손익분기점 계산 공식과 손익분기점 그래프를 정확하게 이해하는 것이 손익분기점의 의미를 제대로 이해하고 이를 활용할 수 있는 지름길이다. 손익분기점 계산 공식은 "과연 비용이 이만 큼 들어간다면 과연 매출은 얼마나 발생해야 하는가?"라는 질문을 풀어주는 공식이다.

손익분기점에서 비용은 "고정비(고정적인 비용)", "변동비(변화 가능성이 있는 비용)"로 구성된다. 일반적으로 비용이라면 고정적으로 발생하는 비용인 "고정비"와 상품/제품을 생산산하는 양에 따라 변하는 비용인 "변동비"로 구성된다. 예를 들어, 공간 임대료, 전기요금, 가스요금, 수도요금, 인건비 등은 고정비에 속하고, 상품 생산에 들어가는 비용에 속하는 원료비나 원자재비, 운송료 등은 변동비 성격이 강하다.

고정비라는 것은 매출액이 발생하던 발생하지 않던 지출되는 항목인 반면, 변동비는 상품 제조 시점부터 발생하며 매출이 증가할 때 이에 비례해서 같이 증가하게 된다. 따라서 손익분기점 그래프에서 비용선은 고정비용을 포함한 채 그 위부터 출발한다. 반면, 손익분기점 그래프에서 이익선은 매출이 발생하면 이에 비례해서 증가하게 된다.

변동비	– 매출의 증감에 따라 증감하는 비용 – 식재료비, 아르바이트 인건비, 수도광열비, 소모품비, 수선비, 통신비, 광고선전비, 신용카드 수수료 등
고정비	– 매출 발생과 관계없이 발생하는 비용 – 정규직 인건비, 정규직 복리후생비, 임차료, 감가상각비, 이자, 보험료, 수도광열비 기본요금, 통신비 기본요금 등

앞서 설명한 바와 같이, 손익분기점을 기점으로 해서 그 이전은 순손실 영역이 되며, 그 이후부터 발생되는 매출은 순이익 영역이 된다. 그럼, 이제 손익분기점 분석을 위해 손익분기점 공식을 분해하며 그 의미를 상세히 알아보도록 하자.

손익분기점이란 매출액이 그 이하가 되면 손실이 나고, 그 이상이 되면 이익이 나는 기점을 의미한다. 따라서 손익분기점이란 이익이 제로(0)가 되는 매출액이나 매출수량을 의미한다. 이를 다시 표현하면 매출액과 레스토랑의 총비용이 같아지는 지점을 말한다.

일반적으로 손익분기점 매출액이나 매출수량을 구하기 위한 공식이 제공되지만 본서에서는 기본적인 손익계산 공식을 이용하여 손익분기점 매출수량을 먼저 구해 보기로 한다.

순이익 = 매출액 – 총비용으로 손익분기점이란 순이익 = 0이 되는 기점이므로

매출액 = 총비용

매출액은 매출수량과 단위당 가격을 곱하여 계산되고, 총비용은 변동비와 고정비를 합하여 구할 수 있다. 따라서 위 공식을 다음과 같이 구할 수 있다.

$$\text{매출수량} \times \text{단위당 가격} = \text{변동비} + \text{고정비}$$

다시 변동비는 단위당 변동비에 매출수량을 곱하여 구할 수 있으므로,

$$\text{매출수량} \times \text{단위당 가격} = (\text{단위당 변동비} \times \text{매출수량}) + \text{고정비}$$

위 식을 매출수량을 기준으로 다시 정리하면 다음과 같다.

$$\text{매출수량} \times (\text{단위당 가격} - \text{단위당 변동비}) = \text{고정비}$$
$$\text{매출수량} = \text{고정비} / (\text{단위당 가격} - \text{단위당 변동비})$$

여기서 (단위당 가격 − 단위당 변동비)를 단위당 공헌이익이라고 한다. 따라서,

$$\text{손익분기 매출수량} = \text{고정비} / \text{단위당 공헌이익}$$

아래와 같은 정보가 주어진다면, 이를 기초로 손익분기 매출수량을 구해보자.

메뉴 판매가격(단위당) = 10,000원
메뉴당 변동원가(단위당) = 3,000원
레스토랑의 고정원가(1개월) = 7,000,000원

공헌이익은 10,000 − 3,000 = 7,000(원)이 된다 따라서 손익분기 매출수량은

$$7,000,000 / 7,000 = 1,000$$

레스토랑은 한 달에 1,000개의 메뉴를 판매하면 손익분기점에 도달하게 된다. 또한 여기에

단위당 가격을 곱하면 손익분기 매출액을 구할 수 있다.

$$1,000개 \times 10,000원 = 10,000,000원$$

즉, 한 달에 10,000,000원의 매출을 올려야만 최소한 손실은 면할 수 있다는 의미이다.

여기서 일정한 목표이익을 달성할 수 있는 매출수량과 매출액을 구할 수도 있다. 예를 들어, 위 레스토랑이 한 달에 순이익 7,000,000원을 달성하려는 목표를 세울 경우 이런 목표를 달성하기 위한 매출수량과 매출액은 다음과 같이 산출 가능하다.

매출액 − 총비용 = 7,000,000원

매출액 = 7,000,000원 + 총비용

(매출 수량×단위당 가격)=7,000,000원+(매출수량×단위당 변동비)+고정비

매출 수량(단위당 가격 − 단위당 변동비) = 7,000,000원 + 고정비

매출 수량 = (7,000,000 + 고정비) / 공헌이익

위의 사례를 그대로 적용하여 목표이익 달성을 위한 매출수량을 계산하여 보면 다음과 같다.

목표 이익 달성을 위한 매출 수량 = 14,000,000 / 7,000 = 2,000

한 달에 2,000개의 메뉴를 판매하면 목표이익 7,000,000원을 달성할 수 있다는 결과를 얻을 수 있다.

1) 손익분기점 분석 어떻게 해야 하나?

가맹본부와 가맹점 모두 사업을 지속적으로 유지하기 위해서는 이익은 없더라도 적자는 면해야 한다. 이 때 적자를 면할 수 있는 매출액 수준을 손익분기점이라 하고, 손익분기점 분석을 좀 더 구체적으로 살펴보면 다음과 같다.

- 사업의 매출액과 총비용이 같아지는 지점을 의미한다(매출액=총비용).
- 이익이 제로(0)가 되는 매출액이나 매출수량이다.
- 손익분기 매출액은 '고정비/(1-변동비율)' 공식으로 산출한다.
- 손익분기점을 낮추는 것이 가맹점 성공의 핵심이다.

손익분기점의 정의를 다양하게 살펴보면서 가장 눈이 가는 항목이 있다. "손익분기점 낮추기가 가맹점 성공의 핵심"이라는 내용이다.

이 말의 의미는 손익분기점은 낮을수록 좋다는 것이다. 예를 들면 투자규모와 수익률이 같은 동일 브랜드의 두 점포가 있다고 가정한다. A점포는 월 매출액 1,000만 원만을 달성하면 손익분기점에 이르는데, B점포는 1,500만 원이 되어야 손익분기점이 된다면 어떤 점포가 더 좋은 점포라고 할 수 있을까? 당연히 손익분기점이 낮은 A점포가 좋은 점포이다. 왜냐하면 A점포는 월 매출액이 1,000만 원을 초과하면 그때부터 이익이 발생하지만, B점포는 1,500만 원이 넘어야 이익이 발생하기 시작하기 때문이다.

2) 손익분기점 계산 사례

가맹점의 손익분기점을 계산하기 위해서는 선행되어야 하는 작업이 있다. 슈퍼바이저가 관리하는 점포를 대상으로 다음과 같은 항목에 대한 계산을 미리 해야 한다.

1. 방문고객의 객단가: 고객의 평균 결제액 / 평균 동반자의 수
2. 점포의 월 고정비: 매출의 발생과 관계없이 매월 고정적으로 지출해야 하는 비용의 합계
3. 단위당 변동비: 객단가를 기준으로 매출이 발생하는 상황에서 고정비를 제외하고 추가로 발생하는 비용의 합계

여기에서 예시한 내용은 실제 가맹점마다 다르게 적용해야 할 수도 있으므로 실제 발생하는 비용항목을 조사하여 매출이 발생하지 않아도 고정적으로 지출해야 하는 비용과 판매가 일어날 때 동반해서 발생하는 변동비를 구분할 수 있어야 한다.

슈퍼바이저가 가맹점의 손익분기점 분석을 위해서 계산해야 하는 항목 중 '객단가'가 있다.

실제로 현장에서는 평균 객단가를 산출하는 것도 중요하지만 어떤 메뉴의 조합으로 그런 객단가가 나오는지를 아는 것이 필요하다. 왜냐하면 단위당 변동비에서 '단위당'이란 의미는 제품 한 단위를 의미하는 것이 아니라 객단가 달성을 위해 판매된 메뉴 조합과 그 조합을 생산하기 위해 소모된 비용이기 때문이다.

예를 들면 자장면 전문점인 A 브랜드의 B 가맹점에 평균 2명의 고객이 방문해서 3,000원의 자장면 하나, 4,000원의 짬뽕 하나, 8,000원의 탕수육 하나를 주문한다고 가정해 보자. 이때 자장면의 변동비는 1,000원, 짬뽕의 변동비는 1,500원, 탕수육의 변동비는 3,000원이 발생한다고 가정한다.

고객들의 1회 결제금액은 15,000원이 되고, 객단가는 7,500원이 된다. 이제 단위당 변동비는 어떻게 산출되어야 할까? 총변동비가 5,500원이므로 이를 2명으로 나누면 단위당 변동비는 2,750원이 된다.

가맹점은 고정비(정규직 인건비, 정규직 복리후생비, 임차료, 감가상각비, 이자, 보험료, 수도광열비 기본요금, 통신비 기본요금, 고정 로열티 등)가 월 20,000,000원 지출된다고 가정하고 손익분기점을 계산해 보면 다음과 같다.

객단가 = 7,500원
단위당 변동원가(단위당) = 2,750원(식재료비, 판매비와 일반관리비 등)
음식점의 고정원가(1개월) = 20,000,000원(임차료, 인건비, 지급이자, 보험료, 감가상각비 등)

이상의 가정을 기초로 가맹점의 단위당 공헌이익을 산출한다. 공헌이익은 '객단가 − 단위당 변동비' 공식으로 산출한다.

단위당 공헌이익 = 7,500 − 2,750 = 4,750(원)

이제 손익분기 매출수량을 구할 수 있다. 공식은 '고정비/단위당 공헌이익'이다.

− 20,000,000 / 4,750 = 4,210

가맹점은 한 달에 약 4,210명의 고객이 방문하면 손익분기점에 도달하게 된다. 그리고 여기에 객단가를 곱하면 손익분기 매출액을 구할 수 있다.

$$- 4,210개 \times 7,500원 = 31,575,000원$$

즉, 한 달에 31,575,000원의 매출을 달성해야 손실은 면할 수 있는 구조임을 알 수 있다.

이상의 내용을 정리하면 가맹점의 손익구조를 확인할 수 있다. 이런 상황에서 슈퍼바이저는 가맹점이 개설 당시 달성하고 싶었던 이익을 고려한 매출목표를 수립해야 한다.

예를 들어, 가맹점 점주가 창업 당시 한 달에 순이익 5,000,000원을 달성하고 싶다는 의사를 표명했고 본부에서 가능하다고 설득하였다면 이를 기준으로 한 매출 수량과 매출액은 산출해야 한다. 목표이익을 추가하여 계산하는 공식은 다음과 같다.

매출액 − 총비용 = 5,000,000원
매출액 = 5,000,000원 + 총비용
(고객수 × 객단가) = 5,000,000원 + (고객수 × 단위당 변동비) + 고정비
고객수(객단가 − 단위당 변동비) = 5,000,000원 + 고정비
목표 매출 수량 = (5,000,000 + 고정비) / 공헌이익

위의 사례를 그대로 적용하여 목표 이익 달성을 위한 매출수량을 계산하면 다음과 같다.

목표 이익 달성을 위한 매출 수량 = 25,000,000 / 4,750 = 5,263
목표 이익 달성을 위한 매출액 = 5,263 × 7,500 = 39,472,500

가맹점은 한 달에 약 5,263명의 고객이 방문하고 각각의 고객은 약 7,500원의 객단가를 지불해 주어야 목표 매출액 39,472,500원을 달성하고, 목표 이익 5,000,000원을 달성할 수 있다.

목표 매출액과 목표 이익을 달성하려면 어떻게 해야 할까?

손익분기점 분석을 아무리 잘 하더라도 실제 목표 매출액과 이익을 달성하는 것은 별개의 일이다. 즉, 아무리 계산을 잘 하고 계획을 잘 세워도 실제 행동으로 옮겨지고 목표를 달성하는 것은 적절한 통제가 이루어졌을 때 가능하다.

슈퍼바이저가 다음과 같은 노력을 해야 하는 이유가 여기에 있다.

- 고정비와 변동비 항목을 일별, 주별, 월별로 관리해야 한다.
- 목표 매출액을 시간대별, 요일별, 월별로 계획된 비율에 따라 달성되고 있는지 조사해야 한다.
- 식재료 가격 등의 등락으로 비용이 증가할 경우 임시메뉴나 특별메뉴 등을 투입하고 기존 메뉴의 품질이 현상유지를 할 수 있는 수준에서 레시피 조정, 메뉴믹스 조정 등을 실시한다.
- 매출이 계획된 비율대로 달성되지 않거나 경기하락 등으로 객단가가 떨어지는 경우 yield management, menu marketing을 적절히 활용하고 촉진활동을 실시한다.

슈퍼바이저의 가맹점 손익분기점 관리 활동이 개인적인 노력으로 가능하지는 않다. 본부의 관리시스템이 이를 지원할 수 있도록 구조화 되어 있어야 한다. 그리고 본부와 슈퍼바이저가 노력하더라도 가맹점주와 가맹점 직원이 협조를 하지 않으면 모든 활동은 무용지물이 되고 만다. 계획과 목표는 본부와 슈퍼바이저가 조사와 분석을 통해 수립하고 관리할 수 있지만 실행은 가맹점이 스스로 해야 하기 때문이다. 그래서 가맹본부는 가맹점주를 대상으로 지속적인 재무관리 교육을 할 필요가 있다.

SECTION 05 재무비율분석

재무비율은 기업의 재무적 건전성과 효율성 등을 나타내기 위한 방법이다.

기업의 건전성은 단기 지급 능력과 장기 지급 능력을 나타내고 효율성은 자산의 효율성과 비용의 효율성을 나타낸다. 단기지급능력을 유동성이라고 하고, 장기 지급능력을 안정성, 자산의 효율성을 활동성, 비용의 효율성을 수익성이라고 한다. 각 비율은 여러 가지가 있으나 다음에 예시하는 것들만 알면 충분하다. 괄호는 통상 이상적인 기업의 재무비율 기준이다.

유동성은 유동비율과 당좌비율이, 안정성은 부채비율과 이자보상비율이, 활동성은 매출채권회전율, 재고자산회전율, 자산회전율, 그리고 수익성은 매출액영업이익율, 매출액순이익율, 자산순이익율, 자기자본순이익율이 있다.

유동성 비율

유동비율 = 유동자산/유동부채(150%)

당좌비율 = 당좌자산/유동부채(100%)

안정성 비율

부채비율 = 부채/자기자본(200% 이하)

이자보상비율 = 영업이익/이자비용(3배)

활동성 비율

매출채권회전율 = 매출액/평균매출채권잔액(6회)

재고자산회전율 = 매출원가/평균재고자산잔액(18회)

자산회전율 = 매출액/평균자산잔액(1회)

수익성 비율

매출액영업이익율 = 영업이익/매출액(10%)

매출액순이익율 = 당기순이익/매출액(5%)

자산순이익율 = 당기순이익/평균자산잔액(5%)

자기자본순이익율 = 당기순이익/평균자기자본잔액(10%)

위의 재무지표 이외에 경영성과와 주식시장의 반응을 나타내는 PER(주가이익배수, KOSPI 평균 10) 등 가치 평가비율이 있다. 위의 건전성 대신 유동성과 안정성을 함께 안정성이라 통칭하면서 사용되기도 하고, 이자보상비율을 수익성의 범주에 넣기도 하고, 자산순이익율(ROA)과 자기자본순이익율(ROE)을 종합평가비율이라고 하기도 한다. 이런 재무비율을 계산하거나 공식을 암기하는 것보다 재무비율에 대한 해석과 응용이 중요하며, 절대적인 수치가 아니라 상대적인 수치이므로 항상 비교 대상 기업 또는 실적이 있음을 주의하자.

1. 재무비율분석

1) 재무비율분석의 의의

재무상태표, 손익계산서, 현금흐름표 등과 같은 재무제표를 살펴보고, 이를 분석하면 기업의 재무상태와 경영성과를 파악할 수 있다. 그러나 재무제표 자체는 기본적으로 친절하지 않다.

이는 재무제표 자체가 단순히 수입과 지출을 기록하는 것이 아니라 차변과 대변으로 이루어진 복식부기의 방식으로 작성되고, 각 재무제표의 각 계정에 대한 이해를 필요로 하기 때문이다.

이에 더하여, 재무제표를 이용하는 사람들은 경영자로부터 채권자, 금융기관, 주주, 신용평가기관, 정부에 이르기까지 매우 다양하기 때문에 재무제표는 일반적으로 인정된 회계 원칙에 따라 작성, 기록될 뿐 재무제표를 통해서 얻고자 하는 정보와 이를 통해 의사결정을 내리는 것을 어디까지나 재무제표를 이용하는 개별주체들의 몫이라고 할 수 있다.

이에 재무제표에 포함된 유용한 정보를 쉽게 파악할 수 있는 수단이 필요한데, 이를 위해 고안된 것이 재무비율이다.

재무비율(financial ratio)이란 경제적 의미와 논리적 관계가 분명한 재무제표의 두 항목을 상대적 비율로 나타낸 것이다. 따라서 재무비율분석은 각각의 재무비율이 가지는 경제적 의미를 분석하여 기업의 재무 상태와 경영성과를 평가하는 기법이라 할 수 있는데, 경영자로부터 채권자, 금융기관, 주주, 신용평가기관 등 기업의 다양한 이해관계자는 재무비율의 분석을 통하여 각각의 목적에 적합한 정보를 찾는 한편, 의사결정에 필요한 정보를 얻게 된다.

2) 재무비율의 분류와 표준비율

(1) 재무비율의 분류

재무비율을 경제적 의미에 따라 유동성비율, 자본구조비율, 효율성비율, 수익성비율, 성장성비율, 생산성비율, 시장가치비율 등으로 분류할 수 있다.

표 5-4 재무비율의 분류 및 경제적 의미

분류	경제적 의미	관련 비율
유동성비율	단기채무지급능력을 측정	유동비율, 당좌비율, 순운전자본구성비율 등
자본구조비율	부채의존도를 나타내는 것으로 기업의 장기 채무지급능력을 측정	부채비율, 자기자본비율, 고정비율, 이자보상비율
효율성비율	보유자산의 이용효율성을 측정	매출채권회전율, 재고자산회전율, 유형자산회전율, 총자산회전율 등
수익성비율	매출 또는 투자에 대한 수익성을 나타내는 것으로 경영의 총괄적 효율성을 측정	총자산순이익율, 자기자본순이익율, 매출액순이익율 등
성장성비율	외형 및 수익의 성장가능성을 측정	총자산증가율, 매출액증가율, 순이익증가율 등
생산성비율	생산요소의 성과를 측정	부가가치율, 노동생산성, 자본생산성 등
시장가치비율	주식시장에서의 평가를 측정	주가수익비율, 주가장부가치비율, 토빈의 q비율 등

(2) 표준비율

어느 한 기업의 재무제표를 통하여 재무비율을 얻게 되었을 지라도 이를 통해 해당 기업의 재무상태와 경영성과를 '좋다', '나쁘다'라는 결과가 당연히 또는 자연스럽게 도출되지는 않는다. 이는 해당 기업이 처한 경제적 여건과 상황이 모두 다르고 개별기업과 그 기업이 속한 산업분야의 특수성이 존재하기 때문이다. 따라서 주어진 재무정보와 재무비율을 통하여 해당 기업을 평가할 수 있는 비교기준이 필요하게 된다. 이런 비교·평가의 기준이 되는 재무비율을 표준비율(standard ratio)이라고 하는데, 이들 표준비율로는 분석 대상기업의 과거 재무비율, 경험적 재무비율, 산업평균비율, 경쟁기업의 재무비율 등이 있다.

① 분석기업의 과거재무비율

현재 개별기업의 재무비율을 계산한 후 이에 대한 경영상태를 평가하고자 할 때 그 기업의 과거 재무비율을 표준비율로 선택할 수 있다. 대상기업의 과거 재무비율을 표준비율로 사용함에 따라 대상기업의 현재의 재무비율을 과거의 재무비율과 비교함으로써 경영성과의 변동추이와 변동원인, 변동비율 등을 파악할 수 있다.

② 경험적 재무비율

경험적 재무비율은 오랜 기간에 걸쳐 경험적으로 터득된 이상적 재무비율을 의미한다.

예컨대 금융기관에서 장기간의 경험을 통해 기업의 유동비율이 200% 이상 되어야 단기채권 회수의 안정성이 보장된다는 것을 알게 되어 기업의 유동비율이 200% 이상 되어야 유동성이 양호하다고 평가하는 경우 '유동비율 200% 이상'이라는 기준이 바로 경험적 재무비율인 것이다.

그러나, 경험적 비율은 특정국가의 정치·경제·사회·문화적 특성, 금융시장의 특성과 환경, 대상 기업이 속해 있는 산업, 기업규모 등에 따라 영향을 받기 때문에 절대적인 기준에 따라 경험적 비율을 설정하는 것 자체가 적합하지 않을 수도 있다.

③ 산업평균비율

산업평균비율은 분석 대상기업의 영위하는 산업을 미리 정의된 일정된 산업분류 기준에 따라 분류한 후, 해당 산업에 속해 있는 기업들의 재무비율을 평균한 값이다.

산업평균비율은 재무비율의 비교기준인 표준비율로 가장 널리 사용되고 있다. 왜냐하면 동일한 산업 또는 유사한 업종 간에는 원가구조, 사업의 수행방식 등이 상당 부분 유사하거나 비슷하기 때문에 분석대상기업이 산업평균으로부터 어느 위치에 있는지를 파악함으로써 산업평균과 비교하여 분석 대상 기업의 재무상태와 경영성과 등을 평가할 수 있기 때문이다.

④ 경쟁기업의 재무비율

분석대상 기업의 제품의 종류가 다양하거나 여러 가지 업종에 걸쳐 사업을 운영하고 있는 경우 특정산업의 평균비율을 표준비율로 이용하는 것이 적합하지 않다. 이런 경우 산업평균비율이 아닌 사업의 특성, 규모 등 여러 가지 면에서 유사한 경쟁업체의 재무비율을 표준비율로 이용하는 것이 훨씬 더 적합하다.

대부분의 기업들은 산업을 선도하는 기업으로 성장하기를 원하기 때문에 해당 기업이 속한 산업의 선도기업의 재무비율을 기준으로 자사의 재무비율을 분석할 수도 있다. 이렇게 함으로써 대표기업 대비 자사의 강, 약점 등을 쉽게 파악할 수도 있고, 산업을 주도하는 대표기업으로 성장하는 데 필요한 경영전략 수립에 대한 정보를 얻을 수 있다.

이렇게 경쟁기업 또는 산업 내 대표적인 기업의 재무비율을 표준비율로 이용할 수도 있다.

3) 주요 재무비율의 경제적 의미

(1) 유동성비율

유동성비율(liquidity ratios)은 단기채무를 상환할 수 있는 능력을 측정하는 재무비율로 단기채무지급능력비율(short-term solvency ratios)이라고도 한다. 유동성이란 어떤 자산이 가진 가치를 그 가치의 손상 없이 단기간에 손쉽게 현금화시킬 수 있는 정도를 의미한다. 이 때 단기(short-term)란 기업의 통상적인 영업주기(operating cycle), 즉 원재료조달, 제조, 판매, 대금회수 등의 활동이 이루어지는 기간으로서 보통 1년 이하의 기간을 의미한다.

유동성비율에 가장 많은 관심을 갖는 이해관계자는 운영자금을 대출해 주는 금융기관, 외상으로 원재료 등을 공급하는 공급업체 등이다. 그러나 현금 및 현금등가물, 단기금융상품, 단기매매증권, 매출채권, 재고자산 등과 같은 유동자산은 판매활동을 지원하거나 직접 판매에 제공되는 자산이기 때문에 유동성은 높은 반면에 수익성이 낮은 특징을 지니고 있다(사실 이는 대부분의 자산이 가진 상충관계이기도 하다).

만약 어떤 기업이 유동성을 높일 목적으로 유동자산을 과다하게 보유하는 경우 반대로 수익성은 낮아지게 되는 결과를 초래하므로 기업은 유동성 부족으로 인한 손실(또는 위험)과 높은 유동성의 확보로 인한 수익성 감소의 두 측면을 충분히 고려하여 적절한 유동성수준을 유지하도록 하여야 한다.

① 유동비율

유동비율(current ratio)은 유동자산을 유동부채로 나눈 비율로 기업의 단기채무지급능력을 나타내준다. 흔히 은행가비율(banker's ratio)이라고도 한다.

즉, 유동비율은 단기채권자의 채권(청구권)이 유동자산에 의해 어느 정도 충당될 수 있는지를 보여주는 지표이다.

$$\text{유동비율}(\%) = \frac{\text{유동자산}}{\text{유동부채}} \times 100$$

유동비율이 높을수록 단기채무지급능력이 양호한 것으로 평가되며 일반적으로 유동비율이 200% 이상인 경우 바람직한 것으로 평가된다.

단, 앞에서 설명하였듯이 유동비율의 적정수준에 대한 판단은 입장에 따라 상이해질 수밖에 없다. 공급업체, 금융기관과 같은 단기채권자의 입장에서 보면 유동비율이 높을수록 채권의 회수가능성이 높아지기 때문에 좋은 것으로 평가된다.

반면에 높은 유동비율은 주주나 경영자의 입장에서 볼 때 현금이나 단기자산을 비효율적으로 운용하고 있음을 의미한다. 즉, 유동성은 높지만 수익성이 낮은 자산을 과다하게 보유한, 경영의 비효율성을 나타낸다고 할 수도 있다.

② 당좌비율

당좌비율(quick ratio)은 산성시험비율(acid-test ratio)이라고도 하는데, 유동자산에서 재고자산을 차감한 당좌자산을 유동부채로 나눈 비율이다.

$$당좌비율(\%) \ = \ \frac{당좌자산}{유동부채} \ \times \ 100$$

재고자산은 판매과정을 통해서 현금으로 전환되는 속도가 비교적 늦을 뿐만 아니라 경우에 따라 현금화되지 못할 가능성도 있다. 만약 기업이 청산(liquidation) 절차를 밟을 경우 100% 현금화 되지 않는 경우가 보통이다.

따라서 당좌비율은 재고자산의 처분을 고려하지 않고 단기채무를 상환할 수 있는 능력을 측정하기 때문에 유동비율보다 유동성이 더욱 강조되는 비율인 셈이다.

유동비율과 마찬가지로 당좌비율이 높을수록 단기채무지급능력이 양호하다고 평가되며, 일반적으로 당좌비율이 100% 이상이어야 바람직한 것으로 평가된다.

당좌비율은 재고자산 또는 단기간에 쉽게 진부화 될 수 있는 위험을 안고 있는 재고자산을 보유하고 있는 기업의 단기채무지급능력을 평가하는 데 유용한 지표이다.

유동비율이 양호함에도 당좌비율이 좋지 않은 경우는 재고자산을 과다하게 보유하고 있기 때문인 것으로 추정해 볼 수 있을 것이다.

③ 순운전자본구성비율

순운전자본(net working capital)은 유동자산에서 유동부채를 차감한 금액으로 측정된다.

순운전자본이 양(+)의 값을 갖는다는 것은 유동자산으로 유동부채를 모두 상환하고도 추가적으로 자산을 보유하고 있다는 것을 의미하고, 순운전자본이 음(−)의 값을 갖는다는 것은 유동자산을 모두 다 처분하여도 유동부채를 상환할 수 없음을 의미한다.

기업규모와 사업의 특징에 따라 적절한 순운전자본의 규모가 달라질 수 있기 때문에 총자산에서 순운전자본이 차지하는 비율인 순운전자본구성비율(net working capital to total assets)로 단기유동성을 측정할 수 있다. 유동부채가 유동자산보다 많거나 순운전자본구성비율이 낮다는 것은 기업이 단기채무에 대한 상환부담이 크다는 것을 의미하기 때문에 이를 통해 기업의 도산의 위험성을 예측해 볼 수 있고, 실제로도 도산의 위험성을 예측하는 데 많이 이용되는 것으로 알려져 있다.

$$순운전자본구성비율(\%) \; = \; \frac{순운전자본}{총자산} \; \times \; 100$$

(2) 자본구조비율

자본구조비율(capital structure ratios)은 기업의 장기채무지급능력을 나타내는 비율로 타인자본의존도에 의해 측정된다.

기업이 경영활동에서 부채를 이용하는 것을 레버리지 (leverage)라 하기 때문에 자본구조비율을 레버리지비율(leverage ratios)이라고도 한다.

부채의 비중이 높을수록 채무에 대한 원리금상환능력이 낮아지거나, 부채상환의 부담이 그만큼 커지게 된다.

채권자의 입장에서 보면 기업의 부채의존도는 채권회수에 대한 위험성이 커지는 것을 의미하기 때문에 기업의 부채의존도가 낮을수록 안전하다고 평가하게 된다. 즉, 자본구조비율은 기업의 장기채무에 대한 안전도를 평가하는 데 중요한 정보를 제공한다.

그러나 주주 입장에서 보면 타인자본의 비중이 커질수록 소규모의 자본으로 기업에 대한 지배권과 경영권을 행사할 수 있는 기회가 커지게 된다. 또한 금융비용 역시 정당한 비용항목으로 인정받기 때문에 법인세를 절감할 수 있다는 이점이 있고, 차입을 통한 경영활동의 결과 기업이 부담해야 할 원리금보다 더 큰 부가가치 내지는 이익을 창출할 수 있다면 부채가 반드시 좋지 않은 것이라고 볼 수만은 없다.

그러나 기업의 장기채무의 상환부담과 법인세 절감의 효과, 차입을 통한 기업의 성장과 부가가치의 창출과 극대화라는 점을 모두 고려하여 적정 부채규모를 결정하여야 한다는 점을 잊어서는 아니 된다.

① 부채비율

부채비율(debt ratio, debt to equity ratio)은 기업의 부채(부채총계)를 자기자본으로 나누어 다음과 같이 계산된다.

$$부채비율(\%) \ = \ \frac{부채}{자기자본} \ \times \ 100$$

부채비율이 낮을수록 장기채무지급능력이 양호하며, 일반적인 기준으로 부채비율이 100% 이하이어야 바람직한 것으로 평가된다. 채권자 입장에서는 부채비율이 낮을수록 채권회수의 안전도가 높아지기 때문에 낮은 부채비율을 선호한다.

반대로 주주의 경우 높은 부채비율이 반드시 나쁜 것만은 아닌데, 그 이유는 앞에서 설명한 것과 같다.

② 자기자본비율

자본구조비율은 부채비율과 자기자본비율(stockholders' equity to total assets)이다. 자기자본비율은 총자본(부채와 자본총계) 중에서 자기자본이 차지하는 비중을 나타내는 비율로 다음과 같이 계산된다.

$$자기자본비율(\%) \ = \ \frac{자기자본}{총자본(자본총계+부채)} \ \times \ 100$$

자기자본은 금융비용에 대한 부담이 없기 때문에 자기자본비율이 높을수록 기업의 재무안전성이 높아진다. 일반적으로 50% 이상일 경우 바람직한 것으로 평가된다.

③ 고정비율

고정비율(fixed ratio)은 기업자산의 고정화 위험을 측정하는 대표적인 비율이다 고정비율은 자기자본이 고정자산에 어느 정도 투입되어 운용되고 있는가를 보여주는 지표이다. 고정자산은 투하자본의 회수기간이 길기 때문에 상환에 대한 필요가 없는 자기자본을 고정자산에 대비시켜 봄으로써 자본배분의 적절성과 기업의 장기적인 지불능력을 파악해볼 수 있다.

고정자산에 대한 투자는 장기적으로 안정성 있는 자금으로 조달하여 사용하는 것이 바람직하므로 100% 이하를 이상적인 비율로 삼고 있다.

즉, 고정비율이 100% 이하라는 것은 자기자본을 고정자산에 투자하고 나머지 차액 부분에 해당하는 자기자본 부분을 유동자산의 구입에 사용한 것이므로 장기지불능력이 매우 양호한 상태가 되는 것이다. 만약 고정비율이 100%를 초과할 때는 자기자본보다 고정자산이 더 커 기계와 장치 같은 고정자산에 과대투자 되었다고 판단할 수도 있다. 그러나 고정자산에 대한 투자를 통하여 기업이 더 큰 수익을 내는 경우라면 고정비율이 100%를 넘었다고 해서 특별히 문제가 될 것은 없다. 즉, 고정비율은 반드시 고정자산에 대한 투자를 통해 얻을 수 있는 수익, 즉 수익성과 함께 고려되어야 한다.

$$\text{고정비율(\%)} = \frac{\text{고정자산}}{\text{자기자본}} \times 100$$

④ 이자보상비율

이자보상비율(times interest earned, interest coverage ratio)은 경상이익과 이자비용을 합한 금액, 즉 이자비용 및 법인세차감전순이익(earnings before interest and taxes: EBIT)을 이자비용으로 나눈 비율이다.

$$\text{이자보상비율(배)} = \frac{\text{EBIT}}{\text{이자비용}} = \frac{\text{경상이익 + 이자비용}}{\text{이자비용}}$$

이자보상비율은 이자지급에 필요한 수익을 창출할 수 있는 능력을 측정하기 위한 지표로 기업의 이자부담능력을 판단하는 데 유용한 지표이다. 즉, 이자보상비율은 이자비용 및 법인세차감전순이익으로 이자비용의 몇 배까지 지급할 수 있는가를 측정하는 비율이기 때문에 일정 수준 이상의 이자보상비율을 유지해야만 이자비용에 대한 지급능력이 양호한 것으로 볼 수 있다.

만약 이자보상비율이 1이하인 경우에는 기업이 자사의 영업활동에 의해 창출된 이익 또는 현금흐름으로 타인으로부터 조달한 차입금에 대한 이자를 지급하지 못함을 의미한다. 따라서 어느 기업의 이자보상비율이 1이하라는 것은 해당 기업이 한계기업이라는 것을 의미하는 것이기도 하고, 통상 "돈을 벌어서 이자도 못 내는 기업"이라는 것으로 이를 표현하기도 한다.

(3) 활동성비율

활동성비율(activity ratios)은 자산의 이용상태, 즉 자산을 얼마나 효율적으로 활용하고 있는가를 보여주는 지표이다. 효율성비율(efficiency ratios) 또는 자산관리비율(asset management ratios)이라고도 부른다.

기업의 수익은 매출로부터 발생하는 것이기 때문에 자산의 효율적 이용 여부는 매출액을 자산항목으로 나눈 비율로 측정되고, 이는 계산기간(회계기간) 동안 자산을 몇 번이나 회전시켜 매출액을 달성했느냐를 나타내는 것이 된다.

$$회전율(회) = \frac{매출액}{자산항목}$$

회전율이 높을수록 투자자산에 대비하여 매출액이 높다는 것을 의미하는데, 이는 달리 말하면 적은 자산을 투입하여 많은 매출을 실현하고 있다는 것을 의미하고, 자산을 그만큼 효율적으로 이용하고 있다는 증거가 된다.

① 매출채권회전율, 매출채권평균회수기간

매출채권회전율(receivables turnover)은 매출액을 매출채권으로 나눈 비율로서 매출채권의 현금화 속도를 측정한다.

매출채권회전율은 매출채권이 1년 동안 몇 번 회전되었는가를 나타내기 때문에 매출채권관리의 효율성을 알아 보는 데 이용된다.

$$매출채권회전율(회) = \frac{매출액}{매출채권}$$

매출채권회전율이 높을수록 매출채권이 현금화되는 속도가 빠르다는 것을 의미하는데, 신용거래의 확대, 고객의 지급불능, 매출채권의 부도 등으로 인한 채권의 회수부진이나 지연 등이 매출채권회전율을 떨어뜨리는 원인이 되기도 한다.

매출채권의 현금화 속도는 매출채권평균회수기간(average collection period of accounts receivable)을 통해서도 알아볼 수 있는데, 매출채권평균회수기간은 매출채권을 회수하는 데 걸리는 평균기간으로 매출채권회수율의 역수에 365(일)를 곱하거나 매출채권을 일 평균매출액으로 나누어 계산한다.

$$\text{매출채권평균회수기간(일)} = \frac{365}{\text{매출채권회전율}} = \frac{\text{매출채권}}{\text{1일 평균매출액}}$$

$$\text{1일 평균매출액} = \frac{\text{매출액}}{365}$$

일반적으로 매출채권평균회수기간이 짧을수록 매출채권이 효율적으로 관리되고 있음을 보여준다. 다만, 객관적인 평가를 위하여 기업의 목표회수기간이나 판매조건 등을 함께 고려하는 것이 합리적인데 외상거래가 주된 판매방식이거나 신용공여를 통하여 부가가치를 창출하는 것을 주된 사업모델로 하는 기업도 있기 때문이다.

② 재고자산회전율, 재고기간

재고자산회전율(inventories turnover)은 매출액을 재고자산으로 나눈 비율이다. 이는 재고자산이 현금화되는(또는 당좌자산으로 변화하는) 속도를 나타낸다.

$$\text{재고자산회전율(회)} = \frac{\text{매출액}}{\text{재고자산}}$$

재고자산회전율이 낮다는 것은 매출에 비해 재고자산이 과다하다는 것을 의미한다.

반면에 재고자산회전율이 높다는 것은 적은 재고자산으로 생산 및 판매활동을 효율적으로 수행하고 있다는 것을 의미한다. 그러나 적정재고수준을 유지하지 못한 결과 재고자산회전율이 과도하게 높은 경우, 재고부족으로 인한 기회비용(재고부족으로 인한 판매기회와 고객의 상실, 생산의 지연 등으로 인한 손실)이 문제가 될 수 있다.

일반적으로 8회가 적정한 재고자산회전율로 알려져 있으나 기업 및 산업의 특성에 따라 달라질 수 있음은 물론이다.

재고기간(days to sell inventory)은 재고자산을 판매하는 데 걸리는 평균기간으로 재고자산회전율의 역수에 365를 곱하거나 재고자산을 1일 평균매출액으로 나누어 구할 수도 있다.

$$재고기간(일) \ = \ \frac{365}{재고자산회전율} \ = \ \frac{재고자산}{1일 \ 평균매출액}$$

③ 유형자산회전율

유형자산회전율(tangible assets turnover)은 유형자산이 1년 동안 몇 번 회전되어 매출을 실현하고 있느냐를 측정하는 것으로서 매출액을 유형자산으로 나누어 계산된다.

$$유형자산회전율(회) \ = \ \frac{매출액}{유형자산}$$

유형자산회전율은 유형자산의 효율적 이용 여부를 평가하는 지표이다.

유형자산회전율이 높다는 것은 보유하고 있는 유형자산에 비해 높은 매출을 실현하고 있음을 의미하므로 유형자산이 효율적으로 이용되고 있다고 해석할 수 있다. 그러나 고정설비의 장기간 이용에 따른 과다한 감가상각 때문에 유형자산이 낮게 계상되어 유형자산회전율이 높게 나타날 수도 있다. 그러므로 이 비율이 높은 원인이 어디에 있는지를 면밀히 검토한 후 유형자산에 대한 이용효율성을 평가해야 한다.

④ 총자산회전율

총자산회전율(total assets turnover)은 매출액을 총자산(자산총계)으로 나누어 구하는 비율로 기업이 보유하고 있는 전체 자산의 효율적 이용도를 측정하는 지표이다.

$$총자산회전율(회) \ = \ \frac{매출액}{총자산}$$

총자산회전율이 높을수록 총자산에 비하여 상대적으로 높은 매출을 실현하고 있음을 뜻하므로 총자산이 효율적으로 이용됨을 의미한다. 반면에 총자산회전율이 낮을수록 자산규모에 비하여 매출액이 상대적으로 낮다는 것을 의미하기 때문에 자산이 비효율적으로 이용되고 있음을 의미한다. 이 경우에는 매출액을 증대시키는 방안을 모색하거나 불필요한 자산을 매각하여 총자산 규모를 줄일 필요가 있다.

(4) 수익성비율

수익성비율(profitability ratios)은 기업의 이익창출능력을 나타내는 지표로서 기업활동의 결과를 집약한 경영성과를 측정하는 재무비율이다. 수익성비율은 기업이 주주와 채권자로부터 조달한 자본을 영업활동, 투자활동, 재무활동 등에 투자하여 얼마나 효율적으로 이용하였는가를 나타내므로 이해관계자들의 의사결정에서 가장 중요한 정보원 중 하나이다.

경영자는 사업의 확장이나 신규사업에 대한 의사결정을 위한 정보로, 투자자는 투자종목의 선택기준으로, 채권자는 장기적 안정성의 판단기준으로, 직원은 수익에 대한 기여로서 임금(협상)을 위한 기준으로, 세무당국은 담세능력에 대한 평가의 기준으로 활용한다.

그러나 수익성비율은 손익계산서상의 회계상의 이익에 기초하여 측정되기 때문에 기업의 실질적인 현금흐름에 관한 정보가 반영되지 않는다. 순이익이 큰 경우에도 일시적인 유동성의 부족으로 흑자도산이 발생할 수 있기 때문에 수익성분석을 통하여 이와 같은 위험을 피하거나 미리 이를 예측하기도 어렵다.

따라서 경영활동의 결과로서 기업이 얼마만큼의 수익을 벌여 들었는지도 중요하지만 기업의 단기채무지급능력을 나타내는 유동성분석, 현금흐름에 대한 분석이 병행되어야 할 필요성이 있다.

① 총자산순이익율(ROA)

총자산순이익율(return on total assets)은 총자산을 수익창출에 얼마나 효율적으로 이용하였는가를 측정하는 비율로서 흔히 ROA로 불린다.

$$\text{총자산순이익율}(\%) = \frac{\text{순이익}}{\text{총자산}} \times 100$$

② 자기자본순이익율(ROE)

자기자본순이익율(return on equity)은 자기자본의 성과를 나타내는 비율로서 순이익을 자기자본으로 나누어 계산된다.

$$\text{자기자본순이익율}(\%) = \frac{\text{순이익}}{\text{자기자본}} \times 100$$

자기자본순이익율은 주주들이 요구하는 투자수익율을 의미한다. 자기자본순이익율이 주주들의 기대에 미치지 못하는 경우 주주들이 자금을 더 이상 투자하지 않을 것이기 때문에 기업의 경영활동의 위축과 더불어 주가하락의 원인으로 작용하게 된다.

기업의 신규사업과 설비투자와 같은 대규모 투자가 필요한 경우 차입을 통하여 자금을 조달할 수 있고, 자기자본을 통하여도 이를 조달할 수 있는데, ROE가 높다는 것은 그만큼 유가증권시장(자본시장)에서 높은 가격으로 주식을 발행할 수 있는 가능성이 높아지게 된다. 통상 유상증자와 같은 경우 주식의 할증발행이 이루어지는데, 액면가액과 실제 주식의 인수가격과의 차액은 주식발행초과금(또는 증자차익)이라는 명칭으로 기업으로 유입되어 고스란히 기업의 자본금이 된다.

따라서 ROE는 기업의 재무관리와 경영성과의 측정이라는 측면에서 가장 중요한 지표인 동시에 주주의 관점에서 진정한 성과의 측정이며, 기업의 입장에서도 수익성을 측정하는 가장 중요한 지표라 할 수 있다.

③ 매출액순이익율

매출액순이익율(net margin on sales)은 순이익과 매출액의 관계를 나타내는 비율이다.

$$\text{매출액순이익율(\%)} \quad = \quad \frac{\text{순이익}}{\text{매출액}} \times 100$$

매출액순이익율은 기업의 경영성과를 가장 총괄적으로 나타내 주며, 높을수록 경영성과가 양호하다.

(5) 성장성비율

성장성비율(growth ratios)은 기업의 경영규모와 경영성과가 얼마나 증대되었는가를 나타내는 비율로서, 재무제표 각 항목에 대한 일정기간 동안의 증가율로 측정된다. 성장률을 측정하는 대표적인 항목으로는 총자산, 매출액, 순이익 등이 있다.

산업의 성장률은 해당 기업이 속한 산업이 성장과 쇠퇴의 어느 단계에 있는 산업인지를 알 수 있도록 해준다. 또한 기업의 외형적 성장과 실질적 성장에 관한 정보는 산업 내의 상대적 지위와 경쟁력을 나타낸다.

성장성비율을 분석할 때 유의하여야 할 사항은 인플레이션에 대한 고려가 반드시 포함되어야 한다는 사실이다. 인플레이션 상황하에서는 명목성장률보다 실질성장률을 통해 성장성을 판단할 수 있으며, 일반적으로 성장성이 높은 기업은 유동성 부족의 문제에 봉착하게 되므로, 높은 성장성 속에 숨어있는 유동성 리스크를 적절하게 고려하여야 한다.

① 총자산증가율

총자산증가율(growth rate of total assets)은 일정기간 동안 총자산이 얼마나 증가하였는가를 나타내는 비율로 기업의 전체적인 성장규모를 측정하는 지표이다.

$$\text{총자산증가율}(\%) = \frac{\text{기말총자산} - \text{기초총자산}}{\text{기초총자산}} \times 100$$

총자산증가율이 높다는 것은 투자활동이 적극적으로 이루어져 기업규모가 빠른 속도로 증가하고 있다는 것을 의미한다.

② 매출액증가율

매출액증가율(growth rate of sales)은 일정기간 동안 매출액이 얼마나 증가하였는가를 나타내는 비율로 기업의 외형적인 성장세를 나타내 준다.

$$\text{매출액증가율}(\%) = \frac{\text{당기매출액} - \text{전기매출액}}{\text{전기매출액}} \times 100$$

매출액은 기본적으로 '매출액 = 가격 × 판매수량'이라고 할 수 있다. 그런데 가격과 수요와의 사이에는 일반적으로 역의 관계에 있으므로 판매단가의 인상을 통한 판매량의 증가에 의해서도 매출액이 증가하기 때문에 매출액 증가의 원인이 가격효과에 의한 것인지 실제 판매수량의 증가에 의한 것인지 이에 대한 분석이 필요하다.

경우에 따라 매출액이 증가하여도 순이익이 감소하는 경우가 있으므로 실질적인 성장지표인 순이익증가율에 대한 분석이 병행되어야 한다.

③ 순이익증가율

순이익증가율(growth rate of net income)은 일정기간 동안 순이익이 얼마나 증가하였는가를 나타내는 비율로 실질적인 성장의 지표가 된다. 그러나 일정기간 동안 자본금의 변화가 있는 경우에는 순이익증가율이 왜곡될 수 있다. 따라서 주주에게 귀속되는 주당순이익의 증가율이 더 바람직한 실질적인 성장지표라 할 수 있다.

$$\text{순이익증가율(\%)} = \frac{\text{당기순이익} - \text{전기순이익}}{\text{전기순이익}} \times 100$$

$$\text{주당순이익증가율(\%)} = \frac{\text{당기주당순이익} - \text{전기주당순이익}}{\text{전기주당순이익}} \times 100$$

(6) 생산성비율

생산성비율(productivity ratio)은 기업활동의 성과 및 효율을 측정하여 개별 생산요소의 기여도 및 성과배분의 합리성 여부를 평가하는 지표이다. 생산성에 관한 지표는 경영합리화의 척도인 동시에, 생산성 향상을 통해 증가된 성과에 대한 분배기준이 된다.

생산성이란 산출량(output)을 투입량(input)으로 나눈 것이다. 이는 기업의 자본, 노동, 경영 등의 생산요소의 결합모습에 따라 산출량이 어느 정도 달성되었는지를 측정하는 데 이용된다.

생산성을 측정하는 지표로는 매출액에 대한 부가가치의 비율을 나타내는 부가가치율과 생산요소별로 생산성을 측정하는 노동생산성, 자본생산성 등이 사용된다.

생산성비율의 분석 시 유의해야 할 점은 부가가치율이 증가한 경우에도 이익은 변하지 않고, 임금, 임차료, 금융비용 등이 생산성의 증가를 초과하는 경우에 반드시 기업의 성과가 개선되었거나 향상되었다고 볼 수는 없다는 점이다.

따라서 생산성에 대한 평가는 수익성과 연계되어야 보다 정확한 판단이 가능하다.

① 부가가치율

부가가치율(value added ratio)은 일정기간 동안 기업이 창출한 부가가치를 같은 기간 중의 매출액으로 나눈 비율이다. 이 비율은 매출액 중 생산활동에 투입된 생산요소에 귀속되는 소득의 비율을 나타내므로 소득률이라고도 한다.

$$\text{부가가치율(\%)} = \frac{\text{부가가치}}{\text{매출액}} \times 100$$

② 노동생산성

노동생산성(productivity of labor)은 노동력 1단위당 성과지표로서 종업원 1인당 부가가치(value added per employee)를 의미한다.

$$\text{노동생산성} \ = \ \frac{\text{부가가치}}{\text{종업원 수}}$$

노동생산성이 높다는 것은 노동력이 효율적으로 이용되어 부가가치를 보다 많이 창출했음을 의미하며, 인적 자원이 생산성 향상과 기업의 경쟁력에 중요한 역할을 하고 있는 것으로 평가할 수 있다.

③ 자본생산성

자본생산성(productivity of capital)은 자본의 1단위당 투자효율을 나타내는 것으로서 대표적인 자본생산성비율은 총자본투자효율이다. 총자본투자효율은 기업에 투자된 총자본이 1년 동안 어느 정도의 부가가치를 창출하였는가를 나타내는 비율로 다음과 같이 계산된다.

$$\text{총자본투자효율(\%)} \ = \ \frac{\text{부가가치}}{\text{총자본}} \ \times \ 100$$

자본생산성이 높다는 것은 총자본이 효율적으로 운용되었음을 의미하며, 이 경우에는 대체로 노동생산성도 높게 나타난다.

(7) 시장가치비율

시장가치비율(market value ratios)은 기업의 시장가치를 나타내는 주가와 주당순이익, 장부가치 등의 관계를 분석하는 비율로 시장에서 특정기업의 과거성과 및 미래전망이 어떻게 평가되고 있는지를 보여주는 지표이다. 기업의 유동성, 안정성, 효율성, 수익성, 성장성 등에 대한 과거성과가 양호하다면 시장가치비율도 높아지기 때문에 주가상승과 더불어 기업가치도 높아질 것으로 기대할 수 있다.

① 주가수익비율

주가수익비율(price−earnings ratio: PER)은 주가를 주당순이익(earnings per share: EPS)으로 나

눈 것으로 P/E비율이라고도 한다. PER은 주가가 주당순이익의 몇 배인가를 나타내는 것으로서 기업의 주당순이익 1원에 대한 질적인 가치 또는 시장에서의 평가를 의미한다.

$$주가수익비율 \ = \ \frac{주가}{주당순이익}$$

일반적으로 PER은 성장성이 높거나 위험이 낮을수록 높아진다.

② 주가장부가치비율

주가장부가치비율(price−book value ratio: PBR)은 주가를 주당순자산(장부가치)으로 나눈 비율로 주가순자산비율이라고도 한다.

$$주가장부가치비율 \ = \ \frac{주가}{주당순자산}$$

기업의 미래 수익전망이 밝고 경영이 효율적일수록 주식의 장부가치와 시장가치 사이의 차이가 커져서 주가장부가치비율이 높아진다. 따라서 주식의 장부가치보다 시장가치가 훨씬 높게 평가되고 있는 기업은 시장에서 기업에 대한 미래 성장전망이 크거나 밝은 것으로 기대하고 있다는 것으로 해석할 수 있다.

(8) 토빈의 q비율

토빈의 q비율(Tobin's q ratio)은 기업이 보유하고 있는 자산의 시장가치를 그 자산에 대한 대체원가(replacement cost)로 나눈 비율이다.

$$q비율 \ = \ \frac{자산의 \ 시장가치}{자산의 \ 대체원가}$$

토빈의 q비율은 주가장부가치비율과 유사하다. 그러나 q비율의 경우 분자가 주식과 부채 모두를 시장가격으로 평가한 값이며, 분모는 그 기업의 보유자산을 장부상의 취득원가가 아닌 대체원가로 측정한 것이라는 점에서 주가장부가치비율과 다르다.

인플레이션을 고려한다면 대부분의 경우 대체원가가 취득원가를 초과하게 되기 때문에 토빈의 q비율은 대체원가를 추정하는 것이 중요한 문제로 대두된다.

일반적으로 q비율이 1보다 큰 경우에는 자본설비(capital equipment)의 시장가치가 대체원가보다 큰 가치를 가지므로 투자에 대한 유인(incentive)을 갖게 된다. 반대로 q비율이 1보다 적으면 투자유인이 없다고 할 수 있다. 이는 q비율을 투자결정기준으로 활용할 수 있음을 시사한다.

4) 비율분석의 한계점

재무비율분석은 재무제표를 이용하여 기업의 이해관계자들이 합리적 의사결정을 내리는 데 유용한 정보를 제공한다. 또한 이용자의 분석목적에 따라 재무제표상의 두 항목을 선택하여 다양한 종류의 비율구성이 가능하고, 재무제표에 대한 정보를 얻는 것도 비교적 용이하다.

또한 계산방법과 이해가 쉽다는 장점이 있는 반면에 다음과 같은 한계점을 가지고 있기도 하다.

첫째, 재무비율분석은 재무제표를 근거로 하여 과거 일정기간 또는 특정시점의 경영성과와 재무상태가 미래에도 계속될 것이라는 가정을 전제로 한다.

재무비율분석의 실질적인 목적은 재무비율의 분석을 통한 미래의 재무상태와 경영성과를 예측하거나 경영활동에 대한 전략을 수립하는 데 있다. 그러나 과거의 자료에 기대어 미래를 예측한다는 점에 근본적 한계가 존재한다.

둘째, 개별기업마다 회계처리방법이 서로 다르기 때문에 비율분석을 통하여 상호 비교하는 것만으로 충분하지 않다.

셋째, 재무비율분석은 재무제표를 근간으로 하여 분석되는데, 이 중 재무상태표는 일정시점을 기준으로 작성되어 회계기간 동안의 계절적 변동에 따른 영향이 큰 산업에 대한 고려뿐만 아니라 인플레이션에 의한 가치변동 등이 반영되지 않기 때문에 이를 기계적으로 적용하는 경우 정보의 왜곡이 발생한다.

넷째, 특정한 재무비율이 양호한지 또는 불량한지에 대한 일반적이고 일관된 기준을 설정하는 것은 거의 불가능하다. 기업의 유동비율이 높다는 것은 유동성 측면에서는 양호한 상태로 평가될 수 있으나, 과도한 현금의 보유는 수익성 측면에서 오히려 비효율적일 수도 있는데, 이는 채권자, 주주, 금융기관 등 기업의 이해관계자가 각자의 입장에서 재무비율을 평가하게 되고 궁극적으로 관심을 갖는 분야가 제각기 다르기 때문이다.

다섯째, 특정기업에 있어서 일부 재무비율은 양호하고 다른 재무비율은 불량한 경우 그 결과를 종합적으로 판단하기가 어렵다. 이 경우에 재무비율들의 순효과(net effect)를 분석하기 위해서는 다른 추가적인 분석방법을 이용하여야 한다.

　여섯째, 비율분석에서 비교기준이 되는 표준비율로 어느 것을 선택하느냐에 따라 평가가 달라질 수 있다. 선택된 표준비율이 특정기업에 가장 적합한 최선의 비교기준이라고 판단할 뚜렷한 근거가 없다. 또한 서로 다른 산업에 속하는 사업부를 운영하는 경우에는 특정산업의 평균비율을 적용할 수 없기 때문에 이에 적합한 산업평균값을 산출하는 것도 어렵다.

찾아보기

참고문헌

본 QR 코드를 스캔하면 『외식경영학개론』의
참고문헌을 참고하실 수 있습니다.

부록1

인식의 진화

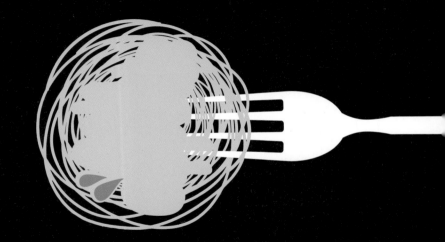

Jaffle Chutes (재플 슈츠)

컨셉	샌드위치 전문점 - 고객의 즐거움에 초점을 맞춘 판매방식 혁신 * 제품은 샌드위치의 호주식 슬랭 + 슈츠는 낙하산
오픈	2014년 초
위치	호주 멜버른 00빌딩 7F
운영방식	인터넷 주문 / 결제 → 비닐로 만든 낙하산에 달아 샌드위치 낙하 → 정해진 시간에 x자 표시에서 수취
가격	샌드위치 5~6불
운영	아담그랜드, 데이비드 맥도널드, 휴 파킨슨

Craft Beer

"한국맥주는 북한 대동강맥주보다 맛이 없다" _ 영국 이코노미스트紙 기자(2012)

양강 구도 → **춘추 전국시대**

맥주시장 진입장벽 완화

하이트진로
감질논란

롯데 클라우드
(2014년 4월)

오비맥주
한강물 공짜사용, 소득역냄새 논란

Craft Beer, House Beer

2010 크래프트웍스 (3개)
2011 세븐브로이 (4개)
2012 맥파이 (2개)
2013 더부스 (6개)
2014 대블소도어 (1개)
2015 카브루 (진주햄 인수)

에일맥주(상면발효방식), 깊은 향

가스맥주(하면발효방식), 톡 쏘는 맛

"일상의 작은 사치"

_ 불황형 소비행태로 집구매와 같은 큰 소비가 아닌 주변의 작은 사치를 통해서 만족감을 얻으려는 행위

| 생크림롤 | 별집 아이스크림 | 초콜릿 | 마카롱 |

문슈(2014, 신세계백화점) 소프트리(2013, 가로수길) 고디바(2012, 가로수길) 라뒤레(2012, 신세계백화점)

40192롤 (청담동) 밀크카우 길리안초콜릿카페 피에르에르메

8B돌체 (신사동) 밀키비 메종드쇼콜라 파리바게트

달롤 (한남동) 달콤허니 레더라

미스랄라(이촌동) 스위트릭 레오니다스

카카오빈

* 프리미엄김밥 : 바르다김선생(강남역), 로봇김밥(이태원), 킹콩마더스김밥(홍대), 고봉민김밥人, 김뽀이김밥

Coffee Shop

"테헤란로 31개 → 136개 … 커피숍 지금 내도 될까요?"

2006.2월   2015.2월

- 커피시장 3조원, 인스턴트 포함시 6조원
- 커피전문점 15,000개
- 주당 섭취 빈도 12.3회
  cf. 배추김치 11.8회, 쌀밥 7회

바리스타 커피숍

카페리브레, 모모스커피, 보헤미안, 테라로사,
전광수커피하우스, 하헌만커피숍

자가형 커피숍

2013 이디야커피 1,000호점 돌파

프랜차이즈 커피숍

2008 카페베네
2001 커피빈, 탐앤탐스, 이디야커피
2000 엔제리너스
1999 스타벅스(이대점)
1998 할리스커피

2006년 vs 2015년 테헤란로 일대의 대형 커피전문점 변화

한식 Buffet

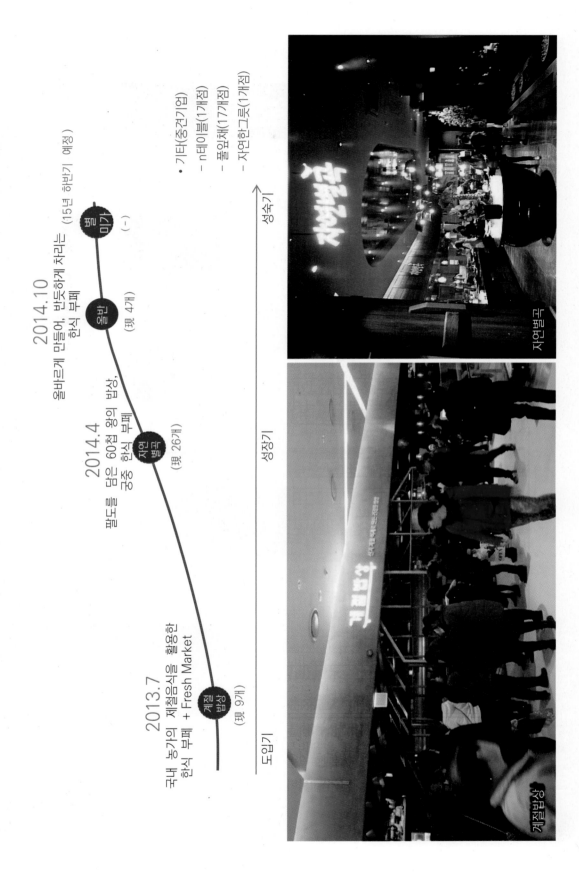

2013.7
국내 농가의 제철음식을 활용한
한식 부페 + Fresh Market

계절
밥상
(現 9개)

도입기

2014.4
팔도를 담은 60첩 왕의 밥상,
궁중 한식 부페

자연
별곡
(現 26개)

성장기

2014.10
올바르게 만들어, 반듯하게 차리는
한식 부페

올반
(現 4개)

(15년 하반기 예정)

뿔
미가
(-)

성숙기

• 기타(종건기업)
- n테이블(17개점)
- 풀잎채(17개점)
- 자연한그릇(17개점)

자연별곡

계절밥상

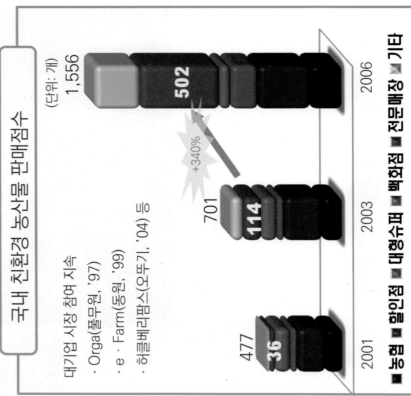

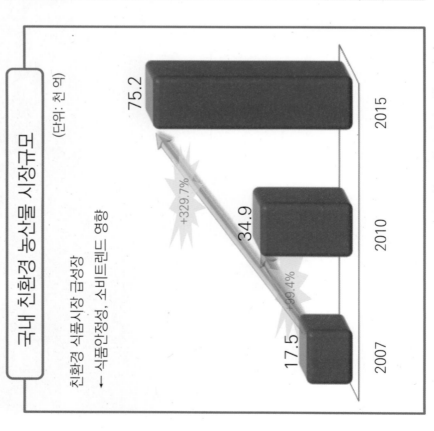

친환경 식품시장 동향

국내 친환경 농산물 판매점수

(단위: 개)

대기업 시장 참여 지속
· Orga(풀무원, '97)
· e · Farm(동원, '99)
· 하늘베리팜스(오뚜기, '04) 등

1,556 / 502
701 / 114
477 / 36
+340%

2001 2003 2006

■ 농협 ■ 할인점 ■ 대형수퍼 ■ 백화점 ■ 전문매장 ■ 기타

(자료원: 농림부, 2007)

국내 친환경 농산물 시장규모

(단위: 천 억)

친환경 식품시장 급성장
└ 식품안정성, 소비트렌드 영향

17.5 34.9 75.2
+99.4% +329.7%

2007 2010 2015

(자료원: 농촌경제연구원, 2008)

自然食 Buffet (日)

'03년: 태동

· 地産地消 / 미용·건강
· 농수산물 이력관리
· 농업 재활성화

08년 가짜 식품 파동

'09년~현재: New Organic Rest. 탄생

· 다양한 업종 업태 파급
 - 일식, Buffet → 프랑스食, 이태리食, Ethnic Cusine 등
· 식자재 생산, 유통에 참여: 성공의 핵심 Point

	Open	점포수	주요 점포
노노부도	2001	18	이온몰, 라라포트 요코하마
산무	2003	31	소고백화점, 세이부백화점
나노하	2005	3	치바, 마쿠하리
히나노	2008	42	라라포트 신미사토

ひな野

旬の素材を使った約50種類のお料理と、20種類のお飲み物を
お楽しみいただけます。

	大 人	小学生	4歳~小学生未満	4歳未満
ランチ	¥1,575	¥840	¥420	無料
ディナー	¥2,100	¥1,050	¥525	無料

※全て税込み価格となっております。
※地域や店舗によっては料金システム・コース・フェアが若干異なります。詳しくは
各店舗までお問い合わせください。

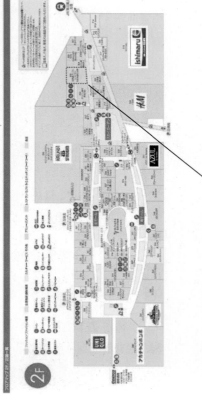

· 자연식 부페
· 700여 가지 메뉴(요리 50, 음료 20)
 - 유기 재배야채, 조미료 무첨가
· 42개점(직영 4, 가맹 38)
· 라라포트 신미사토점
 - 140석
 - 영업시간: 11시~22시
· 운영: (주)히나노
 - 본사: 仙台
 - 2008년 설립
 - 자본금 500만円
 - 매출 60억円 (09)

ひな野

월별 식자재 산지 소개

Tea Corner

일체적 Display

Dessert

ひな野

식자재에 대한 친절한 설명

목재를 활용한 Interior

신선함을 느낄 수 있는 Interior

야채 모형 연출

ひな野

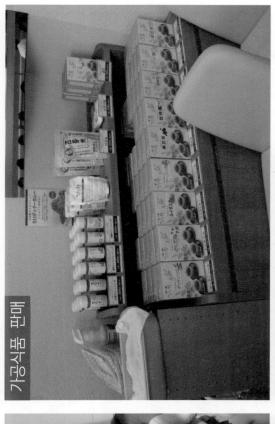

가공식품 판매

그날의 특별요리 소개

산지 농장 소개

야채 소개, 명인 대결

부록 1 외식의 진화

서울서울 3080

경성 Kyungsung
서울 Seoul

1970~80
"서울의 대표거리"
꿈과 낭만을 꽃피우던 추억 속의

1930
조선인들의 삶의 보습과 애환을 담는
"경성의 대표거리"

[영상 연출]

광장

컨셉	· 격변의 경성과 서울을 잇는 시간의 플랫폼
	
	* 6F: 1960~80 낭만의 거리, 명동
	  - 네온사인의 화려함과 이국적 모던이 공존하는 낭만적 공간
	  - 꿈과 낭만을 꽃피우던 추억 속의 서울의 대표거리
	
	* 5F: 1930 삶의 거리, 종로통
	  - 아날로그적 감성을 살린 고풍스러운 근대 공간
	  - 조선인들의 삶의 모습과 애환을 담는 경성 대표거리

오픈	· 2014.10.
규모	· 26개점, 1,612평
타깃	· Family, 외국 관광객, Office Worker
영업시간	· 10:30~24시
설계/시공	· ㈜MBC 미술센터 / ㈜ATM인테리어

홍대맛집 거리 **HONG STREET**

※ Hong Street
롯데월드몰 수원점 3F
5개점, 실 122평
상표권은 출원 진행中 → 다점포化

※ Hong Ground
홍대 食文化 발산기지
롯데월드몰 3F
7개점, 실 136평

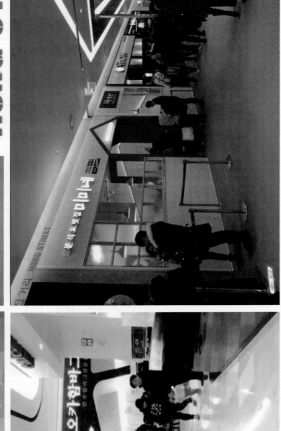

부록 1 외식의 진화

컨셉	· 피맛골에 위치한 한식문화 교류의 장 : 음식만화「식객」에 소개된 100여 개의 한식업체 집결
오픈	· 2014. 8.
위치	· 서울 종로구 청진동 그랑서울 건물 B1F~2F
규모	· 9개점, 약 300평
구성	· B1F: 수하동(곰탕), 한옥감(한우) · 1F: 전주밥차(함바식당), 무명식당(백반), 　부산포어묵(수제어묵), 만족오향족발(족발), 　오두산메밀가(메밀면) · 2F: 봉우리한정식(한정식), 녹제갈비(갈비)
타깃	· 외국 관광객, Office Worker
영업시간	· 11:30 ~ 22:00 (Break Time 15:00~17:00)
운영	㈜식객촌(대표 서대경) - 식객촌의 B/D화, 5개점 오픈 후 해외진출 계획

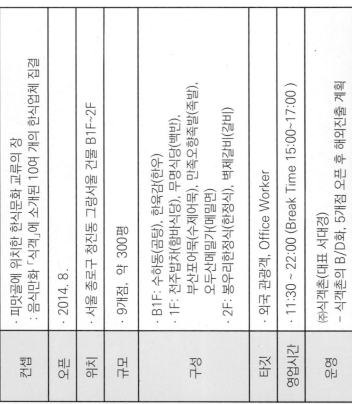

AVENUE FRANCE

컨셉	· 유럽형 프리미엄 다이닝 Street Mall
오픈	· 2013. 1.
위치	· 경기 성남시 분당구 판교 호반 써밋플레이스
규모	· 부지 4,460평 / 영업면적 3,700평 / 연 8,340평
구성	· Retail (B1~2F) : 제이헬렌, 디팩토리, 캐스키드슨 等 26개점 · F&B (1F~2F) - F&B 시설이 전용면적의 70% 차지 - 계절밥상, 생어거스틴, VIPS 等 45개점 * 1F: 주민들을 위한 근생 성격의 판매, 식음, 서비스 시설 구성 * 2F: 상권을 확장시킬 수 있는 고급 식음 및 서비스 시설, 퇴근 직장인을 위한 저녁 위주의 식음 및 Ent.시설 구성 · Service (B1F~3F) - 박승철헤어, 키즈카페 等 10개점 - 총 81개 Tenants
타깃	· 20~30대 여성,주부
운영시간	· 11:30 ~ 22:00 (연중무휴)
운영	호반건설(직영) - 15년 4월, 아브뉴프랑 광교 2호점 오픈 예정

Food Street

컨셉	·동서양이 하나로 어우러진 무드테마파크 -수원 70~80년대 분위기 재현
오픈	·2015. 1.
위치	·수원시 팔달구 AK&수원점 B1F
규모	·영업면적 1,000여평
구성	·K-Food Street (12개점) :70년대 수원거리를 재현한 먹거리 골목 (김밥, 라면, 빈대떡, 통닭, 어묵, 비빔밥 等) ·W-Food Street (5개점) :SPC가 운영하는 세계 각국음식을 테마로 한 Theme Zone (디퀸즈(브런치), 베라피자(피자&파스타), 라그릴리아(버거), Teppan&Noodle(철판, 면류))
타깃	·Family, 10~20대, 주부
운영시간	·10:30 ~ 22:00 (월 2회 휴무)
운영	·AK그룹 -2018년 內 AK& 2개점 추가 출점 예정

ⓒ Theme 食堂街 (日)

'93 大阪 瀧見小路
'94 新横浜 Ramen 博物館

'00 台場小香港
'02 なにわ食いしんぼ 横丁, 池袋餃子 Stadium,
台場一丁目商店街
'03 浪花 麺だらけ Noodle City
'04 浪花餃子Stadium, 札幌Ramen共和國, 神戸
Sweets Harbor, 道頓堀極樂商店街, 横浜 おもしろ 水族館
'05 Ramen 国技館, 心斎橋筋商店街
'06 LaLaport 豊州 Nostalgia Shop

胎動 ┈┈┈▶ Boom ┈┈┈▶

Theme: 1945年~65年 日本 經濟 復興期

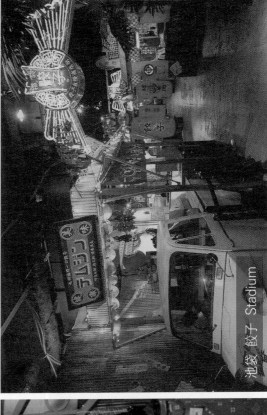

新横浜 Ramen 博物館

池袋 餃子 Stadium

台場一丁目商店街

Namco Team Nanja (日)

□ ㈜Namco의 기획 · 설계 집단
- ㈜Namco: 55년 설립, 자본금 270억円, 총업원 2,200명/ 주요사업: Coin 게임기기 및 Home 비디오게임 Software 개발, 생산, 판매
□ Food Theme Park 실적

區 分	Concept (Interior / Menu)	Open	位 置	施設 面積 (坪)	總投 資費 (円)	年訪問 客數 (萬)
横浜 Curry Museum	인도풍 분위기 / 카레 7개	01. 1월	横浜市 Piastation 7~8F	484	15억	168
博多 Ramen Stadium	과거 일본 / 라면 9개	01. 12월	福岡 Canal City 5F	484	3억	170
池袋 餃子 Stadium	45~55년대 일본거리 / 교자 12개	02. 7월	東京 Sunshine City 2~3F	750	4억	218
なにわ 食いしんぼ 横丁	60년대 오사카거리 / 관서명물 12개	02. 7월	大阪市 天保山 M/P 2F	455	4억	192
池袋 Ice Cream City	동화적 분위기 / Ice Cream 9개	03. 7월	東京 池袋 Sunshine City 2F	200	3억	254
浪花 麺だらけ Noodle City	일본풍 / 면요리 10개	03. 10월	大阪市 Namba Parks 7F	368		150
自由が丘 Sweets Forest	Pink & Orange Forest/ Sweets 12	03. 11월	東京 La Cool 自由が丘 3F	427		230
浪花 餃子 Stadium	昭和 20년대 大阪 /교자 9, 주먹밥 1개	04. 2월	大阪市 OS B/D 1~3F	356		150
SueCream 畑	이태리 거리 / 슈크림 6개	04. 7월	東京 池袋 Sunshine City	310	4억	100
札幌 Ramen 共和國	昭和 20년대 札幌 / 라면점 8개	04. 10월	札幌 ESTA 10F	400	4억	120
神戸 Sweets Harbor	明治,大正期 Kobe 항 / Sweets 22개	04. 12월	神戸 Bee's Kiss B1F	860	10억	200
東京 パン屋 Street	복유럽의 시골마을 /빵집 8개	05. 2월	千葉 LaLaport East 1F	302		150
福岡 Dessert Forest	행복의 새 森 연출 / 디저트 5000여종	05. 8월	福岡 Hawks Town 내 2F	251		100

※ 丹青社가 Curry Museum과 餃子 Stadium를 施工함
※ 일본 최초의 Food Theme Park: 横浜 Ramen 박물관 – 94. 3월 Open/ 사업주체 및 운영주체: ㈜新横浜 Ramen 박물관

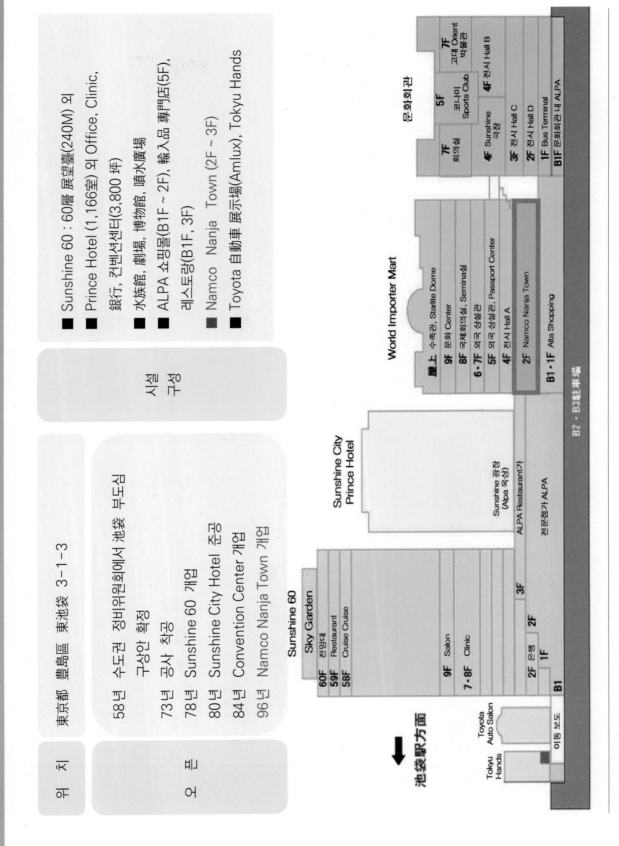

Shower 效果

母體施設의 集客 및 賣出 Up

① 池袋 餃子 Stadium
　▲ Nanja Town : 來場者 전년비 208%
　　　　　　　　　매출 전년비 191%

② 横浜 Curry Museum
　▲ 伊勢佐木 Mall : 來街者 전년비 130%

③ 博多 Ramen Stadium
　▲ Canal City : 來街者 전년비 130%

④ なにわ 食いしんぼ 横丁
　▲ 天保山 M/P : 來場者 전년비 131%,
　　　　　　　　　매출 전년비 129%

Namco Nanja Town 入園客 推移

入園客數 (名)

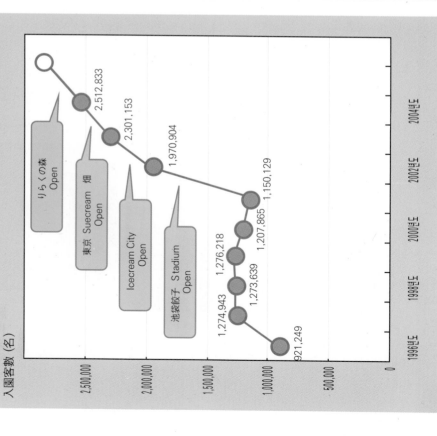

集客 效率 比較

업 태	시설 명칭	면적 (坪)	年집객수 (萬名)	집객효율 (名/年, 坪)
Theme Park	Disney Resort Japan	48만	2,547	53
	Universal Studio Japan	16만	988	60
	Lotte World	1.65만 (연 3만평)	800	485
	Everland	21만	750	35
Cinema Complex	日 도시형 Cinema 시설(10스크린)	2,000	100	500
	Lotte Cinema 부산(11스크린)	2,233석 (영업 2,257평)	263	1,178
	CGV 강변(11스크린)	1,917석	335	1,740
Food Theme Park	新横浜 Ramen 博物館	702	150	2,137
	横浜 Curry Museum	484	168	3,471
	博多 Ramen Stadium	484	172	3,554
	池袋 餃子 Stadium	749	218	2,910
	なにわ 食いしんぼ 横丁	455	192	4,220
	自由が丘 Sweets Forest	180	230	12,777

부록 2

CASE STUDY

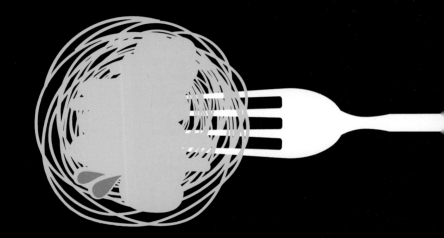

롯데월드몰 F&B 現況

층별 F&B 계획案

5~6F Theme Zone 計劃

Seoul Seoul 3080

29 Street

롯데월드몰 Floor Concept

	Image	Concept 및 主要 MD	
6F (23 個) 1,634 坪)		**Food Theme Zone & Beauty Zone** • Restaurants & Cafes • Grocerant / Beauty Service shop	4~6F ***DRAW UP*** 수익 + 집객 Balance MD
5F (40 個) 1,624 坪)		**Lifestyle Street & World Restaurant** • Theme Zone(Seoul3080, 29 Street) • Brand Cosmetics / Rest. & Café	
4F (33 個) 2,627 坪)		**Fun Place for Family, Kids & Adult** • Kids Park, Kids Fashion, Sea food Rest. • Bookstore, Living, Hobby, Lifestyle	
3F (44 個) 1,397 坪)		**Urban Street azit for Young & Men** • Global Sports B/D / Himart • Men's Street Zone, 홍대 맛집 테마존	B1~3F ***DRAW IN*** 고수익 패션중심 MD
2F (27 個) 2,399 坪)		**Young Urbanites space for Women** • Global Fashion, SPA, Shoes & Acc.	
1F (35 個) 2,854 坪)		**The Origin of Global Tasted Fashion** • Global Fashion, SPA, Street Café • Premium Cosmetics, ACC., Car showroom	
B1F (59 個) 3,436 坪)		**Young Street & Family Life** • Young Lifestyle Total Shop • Street multi shop / Theme Food Court	

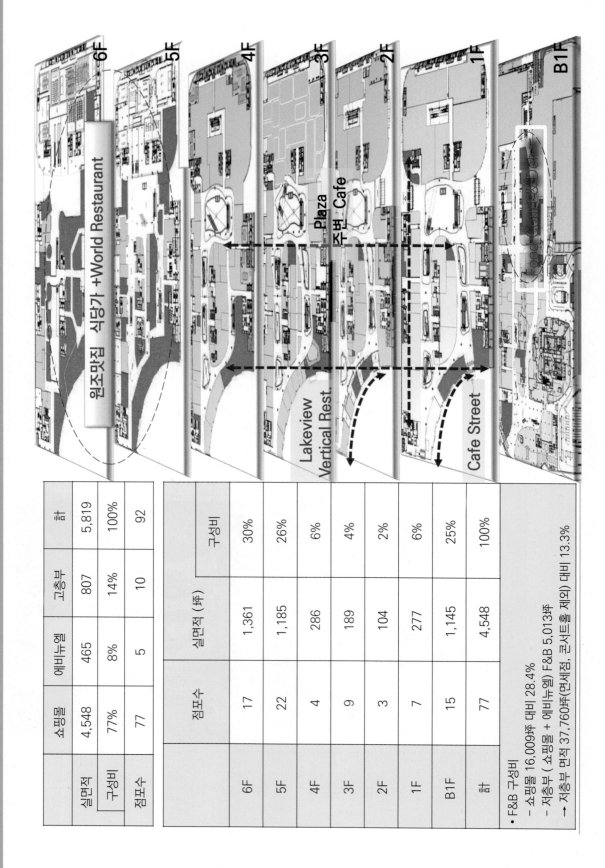

롯데월드몰 F&B 배치 계획

	쇼핑몰	에비뉴엘	고층부	計
실면적	4,548	465	807	5,819
구성비	77%	8%	14%	100%
점포수	77	5	10	92

	점포수	실면적 (坪)		구성비
6F	17	1,361		30%
5F	22	1,185		26%
4F	4	286		6%
3F	9	189		4%
2F	3	104		2%
1F	7	277		6%
B1F	15	1,145		25%
計	77	4,548		100%

• F&B 구성비
  - 쇼핑몰 16,009坪 대비 28.4%
  - 저층부 (쇼핑몰 + 에비뉴엘) F&B 5,013坪
  - 저층부 면적 37,760坪(면세점, 콘서트홀 제외) 대비 13.3%
  → 저층부 면적 37,760坪(면세점, 콘서트홀 제외) 대비 13.3%

F&B Zoning別 가격대

Zone	무드캐피탈 왕궁	홍 그라운드	Seoul Seoul 3080	29 Street	Avenuel 식당가	롯데월드타워
위치	B1F	3F	5~6F	5~6F	6F	–
실면적	520평	133평	1,025평	1,531평	465평	807평
테넌트수	1	7	21	18	5	10
객단가 10만원 이상						■
객단가 4만원			■	■	■	■
객단가 2만원			■	■	■	
객단가 1만원	■	■				
주고객 오피스 거주자	●	●	●	●		
주고객 영·커플		●		●		
주고객 비지니스		●	●	●	●	●
주고객 관광객	●	●	●	●		●

쇼핑몰 F&B 층별 計劃案 (77개소, 4,548평)

6F		5F		4F		3F		2F		1F		B1F	
테이스팅룸(복)	41	테이스팅룸(복)	63	바이킹스워프	251	이바꼬	26	길리안초콜릿 카페(복)	30	길리안초콜릿 카페(복)	31	무드노트 왕콩	521
HRC(복)	116	HRC(복)	218	40192 룸	13	가모메	14	오설록	43	포숑	59	빌라드샬롯	230
AID 카페(복)	27	AID 카페(복)	36	아이스팩토리	10	크로크벤또	13	비스켓	22	빌즈	79	라이스앤파스타	46
언더바	103	PF Chang's	198	마이뮤즐리	12	홍대뚜부리	21	스페로스페라	10	보헤미안(미정)	22	미초아도제켄	15
깅가	48	갓덴스시	69			부탄츄	22			AIU	52	라니소	37
리틀사이공	52	크리스트렐라&헛	25			후쿠오카함바그	18			르빵(미정)	13	KKD	65
스페인클럽	38	7부즈이펌	20			카페방방	18			나뚜르	21	롯데리아	79
로이즈	18	퀴즐리	10			롯데리아 2	43					AIU	38
CPK	127	빨라쪼벨로레도	13			누요핫도그앤커피	13					스무디킹	25
팜그릴	44	홍밥셋	36									가레팜군	17
샤리반	121	논현삼계탕	91									나무루	18
두런 W	52	오정성미	147									윗즐스프레즐	18
Natural Soul Kitchen	221	원할머니보쌈&칼국수	51									소프트토리	16
신정	85	한국집	49									공차	13
봉추찜닭	43	서래냉면	54									미스앤미스터 포테이토	6
오뎅식당	51	수하동	53										
Lamen's	48	오가다	24										
카페이성당	86	삼보당(호떡)	2										
미미네떡볶이	25	달고구마별밤	3										
명동할머니국수	14	황남빵	23										
		강남봉이빵 / 콘타래(기오스크)	2										
17개점	1,361	22개점	1,185	4개점	286	9개점	189	3개점	104	7개점	277	15개점	1,145
30%		26%		6%		4%		2%		6%		25%	

쇼핑몰 F&B 메뉴별 計劃案 (777개소, 4,548평)

		업종	실(평)	업종	실(평)	업종	실(평)	계	구성비	점포수
Full Service	한식	논현삼계탕	91	수하동	53	신성	85	859	19%	13
		오정성미	147	사리원	121	봉추찜닭	43			
		엽합마니보쌈&칼국수	51	두란 W	52	오엔식당	51			
		한국집	49	Lamen's	48	명동할머니국수	14			
		서래냉면	54							
	중식	PF Chang's	198					198	4%	1
	일식	갓덴스시	69	크루로벤또	13	아비꼬	26	243	5%	9
		미초이도제맨	15	홍대든부리	21	카모메	14			
		펍그릴	44	부탄준	22	후쿠오카 함박그	18			
	동양식	강가	48	리틀사이공	48			96	2%	2
	서양식	테이스팅룸(북)	104	라이스앤파스타	46	온더보더	103	788	17%	7
		HRC(북)	344	크쿠스트레일러&핫	25	스페인클럽	38			
		CPK	127							
				FSR 소계				2,184	48%	32
	Fast Food	롯데리아(B1F)	79	롯데리아 2	43			123	3%	2
Take out	카페 베이커리 델리	빌즈	79	AIU(B1F)	38	KKD	64.8	967	21%	33
		길리안초콜릿카페(북)	60	AIU(1F)	52	나두루(B1F)	18.0			
		카페베네	18	보헤미안	22	나두루(1F)	21.5			
		마이뮤즐리	12	오설록	43	소프트리	15.8			
		르빵	13	오가다	24	아이스팩토리	9.9			
		AID카페(북)	63	공차	13	빨라쪼	12.5			
		포숑	59	퀴플리	10	스페로스페라	10.4			
		이성당카페	86	폴바셋	36	윗즐스프레즐	18.0			
		리나스	37	스무디킹	25	가레땅끄	17.2			
		7브로이팜	20	비스켓	22	미스앤미스타	6.7			
		마이뮤즐리	12	로이즈	18	뉴욕핫도그앤커피	12.8			
				소계				1,090	24%	35
	주전부리	황남빵	23	호떡	2	강남봉이빵	2	55	1%	6
		미미네떡볶이	25	달고구마별밤	3	홀타래	0			
				소계				1,145	25%	41
복합 컨셉		푸드코트 왕궁	521	발디너롯	230	바이킹스워프	251	1,223	27%	4
		Natural Soul Kitchen	221							
종계								4,548	100%	77

Full - Service Rest.: 48%   Take-out : 25%   기타: 27%

F&B 영업시간 현황

시설 / 상품군		쇼핑몰 Main 영업시간 (10:30~22:00)				Avenuel Main 영업시간 (10:30~20:00, ~21:30)					
		07:00	08:00	09:00	10:00	11:00 ~19:00	20:00	21:00	22:00	23:00	24:00	01:00~
F&B	5~6F	A									24	2
	5~6F HRC	B										
	2F~4F	C			10/3			22				
	B1F~1F F&B	D								24		
Ser.	B1F~6F	E			10/3			22				
Ent.	공연장	~7		9	10/3				23			2~
	시네마							22				
	수족관											

빌스 (79 평)
일~목 08:00 23:00
금~토 08:00 24:00

6F
5F
1F

Bill's
cafe restaurant store
bills

하드락카페

롯데월드몰 F&B

층별 F&B 계획

5~6F Theme Zone 計劃

Seoul Seoul 3080

29 Street

■ 빌라드 샬롯(韓)

- Villa de Charlotte: 샬롯의 빌라(샬롯이 빌라에 초대된 그녀들의 이야기)

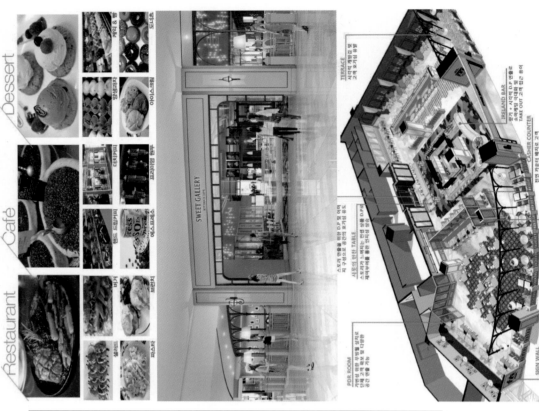

컨셉	Premium Casual Dining & Cafe(New Concept) 롯데리아 5개 B/D 유기적 조합 + 신제품 Test Shop
특징	상징적 디자인으로 롯데리아 브랜드 가치 향상 차별화된 디자인으로 시장 경쟁력 확보
타겟	20~40대 여성, Family, 관광객
시설구성	229席 / Dessert, Cafe, Restaurant Zone
메뉴/가격	레스토랑: 수제버거, 스테이크, 파스타 등 156종 카페: 커피, 드링크, 파니니 등 37종 디저트: 델리·제과, 제빵, 아이스크림 등 77종
객단가	10천~40천원
	업체 현황
업체명	㈜ 롯데리아
전개형태	직영 (일부 전대: 케익, 베이커리, 치즈류)
국내외 주요매장	HAND MADE & OPEN KITCHEN 경쟁사 - BRCD(신라명과) / MIX & BAKE(삼양그룹) - H450(현대 업구정) / VECCHIA & NUOVO(신세계 청담)

동대문 피트인점

■ 크리스피 크림도넛(美)

- Krispy Kream: 도넛의 바삭한 겉 부분을 뜻하는 크리스피(Crispy) + 말랑한 속을 뜻하는 크림(Cream)

컨셉	도넛을 제조하는 시설을 갖추고 제조하는 과정을 고객에게 보여줌으로써 도넛에 대한 생생한 경험을 할 수 있게 함		
특징	無인공색소 및 CO2배출이 없는 생산방식 해바라기유 사용하여 트랜스 지방과 포화지방 함량 낮춤		
타깃	10~40대 어린이, 학생, 직장인, 외국인 관광객		
시설구성	70席		
메뉴/가격	도넛: 1.8천원 / 음료: 3.5천원		
객단가	7.5천원		
업체 현황			
업체명	(주)롯데리아		
전개형태	직영		
GLOBAL 현황	런칭	2009年 12月(중국상해)	
	매출/점포수	-	
국내 영업현황	런칭	2004年 12月(신촌점)	
	매출	年 715億	
	점포 수	82 EA	
국내외 주요매장	L점삼점	롯데몰 김포공항점	타임스퀘어점
	실면적(평) 67.6	65.7	95.7
	※ 코엑스점, 강남 신세계 미임점		

■ 스무디킹(美)

- 스무디: 과일을 갈아서 주스를 만든 다음 단백질, 비타민, 무기질이 함유된 영양 파우더를 넣고 얼음을 섞은 음료

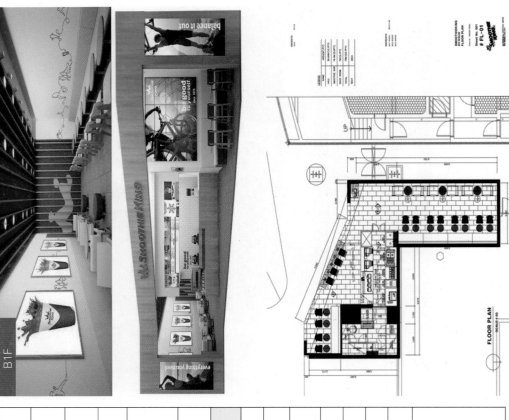

B1F

컨셉	Beauty & Healthy			
특징	칼로리는 ↓, 과일의 비타민, 미네랄, 프로틴 등 영양소를 첨가한 스무디를 최초로 개발			
타깃	20~30대 학생 및 직장인			
시설구성	30席			
메뉴/가격	스무디 26종, 과일티 4종, 라떼 5종, 주스 4종 외 / 4.9천원~6.9천원			
객단가	7천원			
업체 현황				
업체명	스무디킹코리아(주)			
전개형태	직영 43개점, 가맹 73개점			
GLOBAL 현황	런칭	1973年 미국 뉴올리언즈		
	매출/점포수	19,000달러 / 542개점		
국내 영업현황	런칭	2003年 02月		
	매출	年 500억		
	점포 수	116EA		
국내외 주요매장		코엑스점	김포몰	강남역점	여의도 IFC
	실면적 (평)	43	30	64	38

※ C1, 강남 신세계 미입점

■ 공차(貢茶)

- 공차(貢茶): 차를 마시다, 최상품 차

B1F

컨셉	음료에 토핑을 넣어 먹는 건강하고 재미있는 음료
특징	버블티 : 1980년대 대만에서 유행하던 차로 차갑게 해서 마시는 티(=타피오카밀크티), 無방부제 및 無색소 중국 왕실만이 즐길 수 있던 프리미엄 퀄리티의 얼차(茶)를 신선하게 우려내어 만든 밀크티
타깃	20~40대 직장인, 가족, 외국인 관광객
시설구성	8席
메뉴/가격	블랙밀크티 w펄 / 하우스스페셜그린티 3.9천원 / 초콜렛밀크티 / 그레이프루트즈그린티 3.9천원
객단가	4.3천원

업체 현황		
업체명	(주)공차코리아	
전개형태	직영 38店, 가맹 126店	
GLOBAL 현황	런칭	2006년 대만 카오슝
	매출/점포 수	~ / 527개점
국내 영업현황	런칭	2012 年 4月
	매출	年 280億
	점포 수	164EA

국내외 주요매장	점실(C1)	코엑스	센트럴시티	여의도점
	실면적 (평)	8		27.64

■ 미츠야도제면(日)

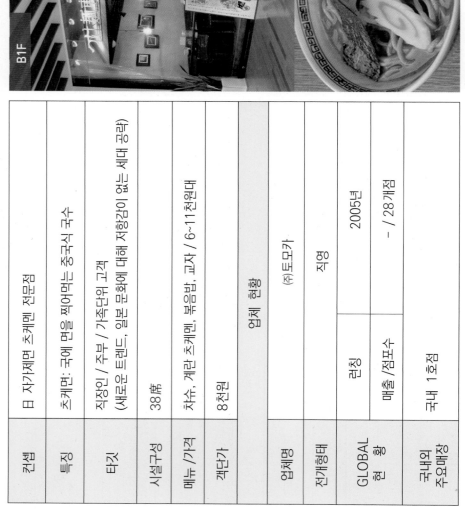

B1F

컨셉	日 자가제면 츳케멘 전문점
특징	츳케멘 : 국에 면을 찍어먹는 중국식 국수
타깃	직장인 / 주부 / 가족단위 고객 (새로운 트렌드, 일본 문화에 대해 저항감이 없는 세대 공략)
시설구성	38席
메뉴 / 가격	챠슈, 계란 츳케멘, 볶음밥, 교자 / 6~11천원대
객단가	8천원

업체 현황		
업체명	(주)토모카	
전개형태	직영	
GLOBAL 현황	런칭	2005년
	매출 / 점포수	– / 28개점
국내외 주요매장	국내 1호점	

■ Wetzel's Prezels(美)

– 프레즐: 독일어로는 브레첼(Bretzel)이라고도 하며 반죽을 가늘게 해서 둥글게 꼬아서 만든 과자

B1F

컨셉	즉석에서 오븐에 구운 소프트 프레즐		
특징	30분 내에 만들어서 판매하는 것이 핵심 서비스 전략		
타깃	20~40대		
시설구성	36席		
메뉴/가격	프레즐 10종류(2.5~3천원) 생과일 주스, 커피 외 음료 (2~7천원)		
객단가	3천원		
업체 현황			
업체명	낙산 테크놀로지		
전개형태	직영		
GLOBAL 현황	런칭	1994년 캘리포니아	
	매출/점포수	– / 300개점	
국내외 주요매장	국내 1호점 (05年 韓 D&S프레즐 社 美 햇즐스 프레즐과 독점 계약 후 국내 체인점 확장 시도 중 사업 종료) 일본: 2012.4 진출, 8개 매장 운영(쇼핑몰 위주)		

■ 엔제리너스(1). (2)

- Angle In Us: '우리 안의 천사'라는 뜻, 천사가 전하는 신의 선물을 마시는 최고의 공간'이라는 의미

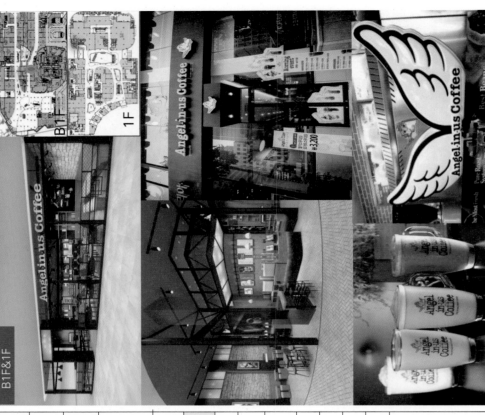

B1F&1F

컨셉	Craft 한 디자인, 천사가 전해주는 신의 선물			
타깃	20~40대 직장인과 대학생			
시설구성	B1F 40席 / 1F 60席			
메뉴/가격	아메리카노 3.9천원 / 라떼류 4.3천원 케이크류 5.5천원			
객단가	7~6천원			
업체명	(주)롯데리아			
전개형태	직영 121개점 / 가맹 736개점			
GLOBAL 현황	런칭	2008年 3月 중국		
	매출/점포수	年 17億 / 9개점		
국내 영업현황	런칭	2000年 6月		
	매출	年 3,418億		
	점포수	857EA		
국내의 주요매장				

업체 현황

	L잠실점	롯데몰	김포공항점	서울역사점
실면적 (평)	20.7	40.7		59.8

※ 코엑스 미입점

■ 리나스

- Lina's: 이탈리어로 빛이라는 의미

컨셉	프랑스 정통 오더 메이드 샌드위치 카페
특징	12종 샌드위치와 타르트, 브라우니 등 디저트 메뉴 충실
타깃	20~40대 여성, Family
시설구성	76席
메뉴 / 가격	샌드위치 12종(6.5~7.9천원), 샐러드(7천원) 수프(5.5천원), 커피외 음료(2.5~9천원)
객단가	15.5 천원

업체 현황		
업체명	㈜ 파리크라상	
전개형태	전점 직영	
GLOBAL 현 황	런칭	1989 年 5月 (프랑스 파리)
	매출 /점포수	- / 30개점
국내 영업현황	런칭	2002 年 4月
	매출	年3億
	점포 수	8 EA
국내외 주요매장	※ C1, 강남 신세계 미임점	

■ 라이스앤파스타(韓)

– LOTTERIA: 'LOTTE + CAFETERIA'의 합성어

컨셉	Casual Italian Cuisine(오므라이스 중심) – 이태리 시골집 분위기의 온화한 인테리어
타깃	20~30대 및 오피스 레이디
시설구성	58席
메뉴 /가격	생면파스타 14~25천원 / 오므라이스 10~22천원 나폴리 화덕피자 17천원 / 스테이크 34~42천원
객단가	14.5천원

업체 현황				
업체명	(주)울가니푸드			
전개형태	전점 직영			
국내 영업현황	런칭	2004 年 2月		
	매출	年 80億		
	점포 수	6EA (롯데 백화점 6EA)		

국내의 주요매장	L잠실점	L노원점	L영등포점	L영동 본점
실면적 (평)	54	60	41	60

※ 코엑스, 강남 신세계 미입점

■ 나뚜루 (1),(2) (韓)

– Natuur: 자연을 뜻하는 Nature에 복수형의 신비하고 깨끗한 이미지를 상징

컨셉	트렌디하고 새로운 아이스크림 디저트
	– 스무실의 아이스크림 디저트 카페
특징	나뚜루POP: 나뚜루 확장 브랜드(2012年)
	– 1724세대의 톡톡 튀는 감성과 다양한 기호에 맞춘
	트렌디하고 새로운 아이스크림 디저트 카페
타깃	10~30대 여성
시설구성	B1F 20 席 / 1F 25 席
메뉴 /가격	음료 : 4천원 / 아이스크림 : 3.5천원~11천원
	아이스크림 케이크 : 25천원
객단가	8.3천원

업체 현황			
업체명	(주) 롯데리아		
전개형태	직영 26개점, 가맹 178개점		
국내 영업현황	런칭	98年 3月	
	매출	年 278億	
	점포 수	204 EA	
국내의 주요매장	L점실점	롯데몰	감포공항점	비고
	5.9	15.2	실면적 (평)	

※ 코엑스, 강남 신세계 미임점

■ Garrett Popcorn(美)

– Garrett: 시카고의 Garrett家에서 개발

미하리주쿠역 앞 Gap 플래그십   싱가폴 매플스 지역 citylink mall

컨셉	64년 전통의 Handmade Artisanal Popcorn		
특징	주문에 따라 맞춤 케이스 제작 판매, 선물용으로 인기		
타깃	20~40대 여성		
시설구성	좌석 無		
메뉴/가격	7종류 (플레인, 치즈, 카라멜, 시카고믹스 외) - Bag S/M/L: 280엔~1,450엔 - Tin(캔): 1,000~3,800엔		
객단가	10~15천원		
	업체 현황		
업체명	㈜가렛코리아		
전개형태	직영		
GLOBAL 현황	런칭	1949 년 시카고	
	매출/점포수	– / 31 개점	
국내외 주요매장	전 세계 31개점 - 미국 12, 싱가폴 7, 일본 2, 쿠웨이트 2, 방콕 1, 말레이시아 2, 두바이 2, 홍콩 1, 영국 1, 브라질 1		

■ 미스엔미스터포테이토(韓)

구분	내용
컨셉	포테이토 전문점
특징	바삭한 포테이토 및 16가지의 소스와 토핑
타깃	20~30대 젊은 고객
시설구성	2席
메뉴/가격	포테이토: 3.0 ~ 3.5천원 / 핫도그: 3.0 ~ 4.0천원 / 커피: 2.5 ~ 3.8천원
객단가	5~6천원

업체 현황

업체명	(주)연엔프엔씨
전개형태	직영 2개점 / 가맹 52개점
국내 영업현황	런칭 2009 年 12 月 / 매출 年 62億 / 점포 수 54 EA

국내 주요매장

	롯데청량점	이천아울렛점	김해아울렛점	진해아울렛점
실면적 (평)	6	12	12	12

※ C1, 코엑스, 강남 신세계 미입점

B1F

바베큐맛	사워크림	몰라본치즈	소프트케이준	스마트어니언	스위트칠리

치즈핫도그	플레인핫도그	초코페소	페소	베이컨맛	칠리갈릭

■ 롯데리아(1),(2)(韓)

– LOTTERIA : 'LOTTE + CAFETERIA'의 합성어

강남 우성사거리점

B1F

3F

컨셉	글로벌 스탠다드 카페유형
특징	가장 많은 점포수를 보유한 패스트푸드점 cf) 맥도날드(3067개점), KFC 4.버거킹(1547개점)
타깃	10~40대 학생, 직장인, Family, 외국인 관광객
시설구성	80席(B1F) / 40席(3F)
메뉴 / 가격	불고기버거세트: 5,2천원 유러피언프리고치즈버거세트: 6,3천원 한우불고기버거세트: 7,2천원
객단가	7, 8천원

업체 현황

업체명	㈜ 롯데리아			
전개형태	총 1,163개점 (직영 121개점)			
GLOBAL 현황	런칭	2004年 (베트남)		
	매출 / 점포 수	年 1,300 億 / 298 개점		
국내 영업현황	런칭	79年 02月		
	매출	年 10,427 億		
	점포 수	1,163 EA		
국내외 주요매장	실면적 (평)	L잠실점	김포몰점	서울역사점	비고
		76.9	59.8	51.2	

※ 강남 신세계 미임점

■ 소프트리(韓)

- Softree: Soft + Tree의 합성어

컨셉	자연 친화적 소프트 아이스크림
특징	매일유업 유기농 우유로 만든 아이스크림 / 야생 벌집 꿀을 토핑으로 사용
타깃	Main: 10대~30대 / Sub: 전연령층
시설구성	10席
메뉴 / 가격	소프트리(콘, 컵) 3.5~4.8천원 / 모찌 2.4천원, 반숙 카스테라 6~8천원 / 기타 음료 (주스, 티) 4.3~5.3천원
객단가	3.5~16천원

업체 현황

업체명	㈜ 케이씨그린트레이딩	
전개형태	전점 직영	
국내 영업현황	런칭	2013年 6月
	매출	年 14億
	점포 수	15 EA

국내의 주요매장	신림삼성점	강남 신세계	신사점	홍대점
실면적 (평)	18	7	15	8

※ 코엑스 미엄점

■ 푸드캐피탈 왕궁(韓)

- 왕궁 : 광화문, 근정전, 경회루, 향원정 Motif

내부

분식코너

회전초밥

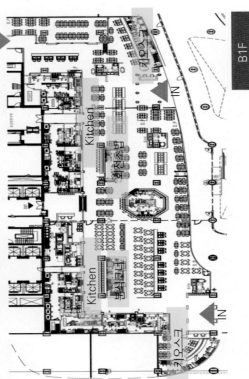

컨셉	王宮 테마의 국내 최대 Food Court	
특징	호패시스템 사용(선주문 후결제, 관료문화)	
타깃	Family, 관광객	
시설구성	620 席	
메뉴 /가격	14개 코너, 200가지 메뉴(Menu Develop 中) - Main : 한식5(탕, 냉면, 찌개, 비빔밥, 한상차림), 일식2(초밥정찬), 중식, 베트남, 멕시칸 - Sub : 델리2, 전, 디저트外	
객단가	8 ~ 8.5천원(기존 대비 1.5천원 Up)	
업체 현황		
업체명	㈜이모제	
전개형태	전점 직영	
국내 영업현황	런칭	2008 年 10月
	매출	年 217億
	점포 수	21 EA (百10, 아울렛 4, 기타 7)

	L점실점	L청량리점	인천공항점	비고
실면적 (평)	89.4	49.2	332	

※ 코엑스, 강남 신세계 미영점

국내외
주요매장

IN

IN

IN

Kitchen

Kitchen

회전초밥

분식코너

키오스크

키오스크

B1F

48

부록 2 CASE STUDY

■ 길리안초콜릿카페(白)

– Guylian: 회사 설립한 부부 이름을 조합 1,150, 가이 푸베르트(Guy Foubert) + 릴리안느(Liliane)

컨셉	식사와 초콜릿 디저트를 동시에 즐길 수 있는 Cafe		
특징	국내 1호점		
타깃	20~40대 여성, 커플		
시설구성	84 席		
메뉴 / 가격	초콜릿 메뉴 - 초콜릿 음료 $8 (8.8천원) - 조각 Cake $11 (12천원) - 아이스크림, 과일과 조화된 디저트 外 식사 메뉴 (3star미슐랭쉐프 Peter Goossens 레시피) - 샌드위치 $12.8 ~ $14.8 (14천~16천원)		
객단가	12천원		
	업체 현황		
업체명	(주) 롯데제과		
전개형태	직영		
GLOBAL 현황	런칭		2013年 9月
	매출 / 점포수		年 1조6천億 / 3개점
국내외 주요매장	Sydney　3개점 – Circular Quay / The Rocks / Darling Harbour		

■ 토요타(日)

– Tyota: 창업주(토요타 기이치로)의 성(姓)인 とよた

컨셉	Toyota 자동차의 문화 및 미래를 보여주는 전시공간
특징	국내 최초 복합 전시공간, Only One Place
타깃	20~40대 (Toyota 점제고객 20대, 실구매자 30~40대)
시설구성	Multi Space(20席) : 자동차 문화 영상 상영 갤러리 쇼케이스 : 자동차 3~4대 전시 – 전 세계 50대 있는 슈퍼카 'LFA' 등 전시 Seating존(170席) : 음료 구매 가능(Cafe겸용)
메뉴/가격	쇼룸内 미니카페운영 : 커피 및 Tea (3.3~4.0 천원)
객단가	3.7 천원

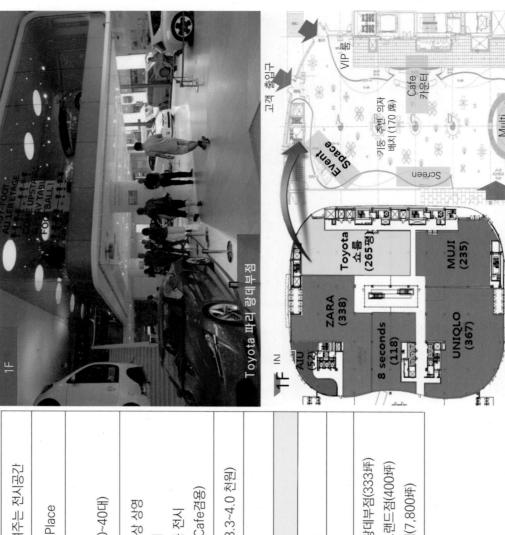

Toyota 파리 랑데부점

1F

업체 현황	
업체명	(주)토요타코리아
전개형태	직영
국내외 주요매장	– Toyota Showroom 5개점: 파리 랑데부점(333坪) 방콕 스타일점(302坪), 나고야 미드랜드점(400坪) 도쿄 암룩스(8,682坪), 도쿄 메가웹(7,800坪)

■ Bills(濠)

– Bill: 호주 출신 오너이자 셰프인 Bills Granger의 이름

1F

컨셉	호주 Brunch 전문 레스토랑
특징	국내 1호점
타깃	20~40대 여성, Family, 커플
시설구성	89席
메뉴/가격	리코타 핫케익 14천엔 / 스크램블에그 12천엔 / 샌드위치류 12~15 천엔 / 파스타 13천엔 / 음료 7백엔
객단가	객단가 2천엔(약 22천원)
업제 현황	
업체명	㈜서니사이드업코리아
전개형태	직영
국내외 주요매장	- 호주 3개점 Sydney('93), Surry Hills, Woollahra - 일본 4개점 카마쿠라('08) Weekend House Alley 2F / 90席 오다이바 : Decks Tokyo Beach 3F / 222席 오모테산도 : Tokyu Plaza 7F / 120席 요코하마 : Red Brick Warehouse 2F / 120席 - 런던 2개점 bills 상호명 旣등록, Granger & Co로 운영

포숑(佛)

- Fauchon: 창업자 A. Fauchon의 이름

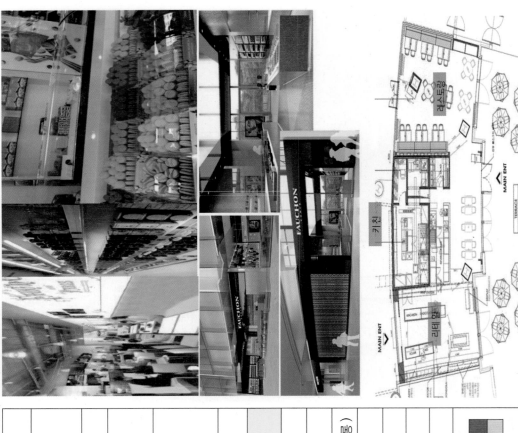

컨셉	프랑스 고급 베이커리 + 식료품 전문점			
특징	Fauchon 청담 Road Shop 오픈(14.5월) 220평, B1F~1F(복층), 포숑 식품점 컨셉 강화			
타깃	20~40대 여성, Family, 관광객			
시설구성	59席 / 프랑스 마들렌 본점 Mad Mar 컨셉 구현 Fauchon Boutique급으로 고급화			
메뉴/가격	베이커리, 케익, 카페 초콜릿 16천원, 마카롱 2.2천원, 잼 16천원 티 36~48천원: 에프터눈티, 홍차			
객단가	15천원			
업체명		(주)본만제		
전개형태		직영		
GLOBAL 현황	런칭	1898 年 파리 (마들렌 광장 티 살롱)		
	매출/점포수	- / 650 개점 (19개국)		
국내 영업현황	런칭	1997 年 05 月		
	매출	年 100億		
	점포 수	7 EA (百7)		
국내외 주요매장	실면적 (평)	L갤러리점 / 84	L영등포점 / 78	L노원점 / 51	L본당 / 34
	※ 코엑스, 강남 신세계 미입점			

■ GK네일(美)

– GK네일: 청엽주 그레이스 켈리(모나코 왕비)의 약자

컨셉	美 매니큐어 브랜드 Orly(올리)로 관리하는 네일살롱
타깃	20~40대 직장여성, 주부
시설구성	손관리 4席, 발관리 스파 4대, 웨이팅 공간
메뉴/가격	네일케어, 페디케어, 젤아트, 왁싱, 속눈썹연장
객단가	50천원(가격대 25천 ~ 120천원)

업체 현황		
업체명	㈜GK (최유리 대표)	
전개형태	47개점 (직영 19개점, 가맹 14개점 / 중국 14개점)	
GLOBAL 현황	런칭	중국 북경
	매출/점포수	月 2.5億 / 14
국내 영업현황	런칭	05年 (현대백화점 목동점)
	매출	年 100億
	점포 수	33 EA

국내의 주요매장		현대 목동	현대 중동	
	실면적 (평)	12	15	15	12.5

※ C1, 코엑스, 강남 신세계 미임점

■ 스페로스페라(韓)

– Spero Spera: '숨을 쉬는 한 희망은 있다.'라는 라틴어

롯데몰 김포공항점

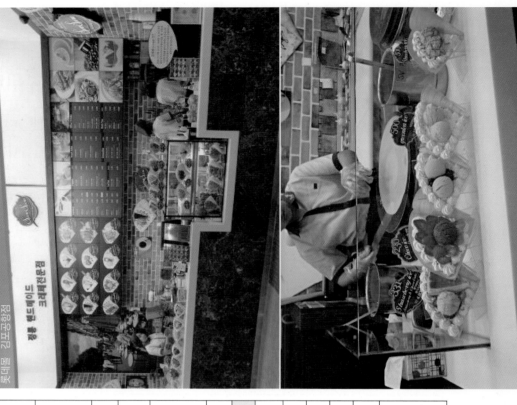

정통 벤드메이드
크레페전문점

컨셉	크레페 전문점
특징	크레페: 프랑스 전통요리로 실크 같은 얇은 반죽에 아이스크림과 과일, 햄, 야채 등 다양한 재료를 넣어 싸먹는 요리
타깃	20대 여성 / 5~10세 자녀를 둔 부모
시설구성	8席 / 테이블 (4개)
메뉴 / 가격	아이스크림, 과일, 케익이 들어간 스위트 크레페 햄, 야채가 들어간 세이버리 크레페
객단가	5천원(크레페 6.5천원, 음료 3.3천원)

업체 현황

업체명	(주)디파이언스코리아		
전개형태	7개점 (직영 3개점, 가맹 4개점)		
국내 영업현황	런칭	06年(홍대점)	
	매출	年 7.8億	
	점포 수	7 EA	

국내의 주요매장		롯데몰 김포	신세계 센텀시티	홍대점	비고
	실면적 (평)	5.6	3	10	

※ C1, 코엑스, 강남 신세계 미엽점

■ O'Sulloc Teahouse(韓)

컨셉	녹차 테마의 카페 녹차를 주스, 스무디, 음료 등의 퓨전음식과 함께 제공
특징	(주)아모레퍼시픽 : 06년 설립 / 화장품 업계 선두 국내 녹차시장(2천억원)의 55% 점유
타깃	20~30대 젊은 여성
시설구성	63 席 / 테이블(26개)
메뉴 /가격	그린티(그린오렌지, 그린키위 등) 4,500원~9,000원 차(우롱차/얼그레이 등) 6,000원~ 퓨전디저트(케익/녹차빙수 등) 3,500원~
객단가	10천원

업체 현황					
업체명	(주)아모레퍼시픽				
전개형태	전점 직영				
국내 영업현황	런칭	01年 09月 (제주도)			
	매출	年 2조 8,495 億			
	점포 수	7 EA (로드샵 중심으로 전개)			
국내외 주요매장		제주점	명동점	대학로점	인사동점
	실면적 (평)	500	180	50	130

※ C1, 코엑스, 강남 신세계 미임점

55

부록 2 CASE STUDY

■ 비스켓(Beesket)(韓)

- 비스켓(Beesket): Bee(꿀벌) + basket(바구니)
꿀벌이 벌집을 날아들며 꿀을 모으듯, 고객들이 좋아하는 과일을 골라 담아 자신만의 음료를 만든다는 의미

70여 가지 과일과 야채 중 3가지를 마음대로 골라 조합

Customizing Manual
Step 1 / Step 2 / Step 3 / Step 4

*이용방법:
1. 스무디, 에이드, 요거트 중 선택
2. 세가지 과일 /야채를 골라 비스켓에 담기
3. 비스켓을 카운터에서 골라 내고 결제
4. 선택한 조합의 칼로리, 영양상 효과 등 확인

컨셉	나만의 DIY 건강 주스 전문점
특징	-70여 가지 과일, 야채 중 3가지 캡슐을 비스켓에 조합 -비스켓을 넣고 결제(캡슐 내 RFID 장착, 스캔) -과일과 야채에 대한 칼로리, 영양 정보 등 확인 ⇒ 플랫폼 및 영양정보 시스템의 특허, PCT, 디자인 출원
타깃	2030 여성, 3040 직장인, 아이 동반 부모
시설구성	24席 / 테이블(8개)
메뉴/가격	천연과일 스무디 및 요거트
객단가	4.9~6.9천원

업체 현황

업체명	(주)비스켓 글로벌 (2012년 (주)이온씨드에서 변경)	
전개형태	해외 마스터 프랜차이즈 등 파트너쉽 MOU진행	
국내 영업현황	런칭	11年(종로점)
	매출	年 6億 (월평균 매출 5~8천만원)
	점포 수	1EA (종로점 폐점 .3.14 DDP점 오픈 예정)

국내의 주요매장		종로점	동대문 디자인 플라자지점	비고
	실면적(평)	29.0	16.3	

※ C1, 코엑스, 강남 신세계 미임점

■ 뉴욕핫도그앤커피(美)

3F, 12 坪
인천스퀘어원

컨셉	뉴욕 정통 핫도그 전문점		
특징	홍보 마케팅 활동 활발 (세계 핫도그먹기대회 한국예선 개최 럭페스티벌 후원)		
타깃	10 ~ 30대 여성		
시설구성	24 席 (테이블 12개)		
메뉴 / 가격	불고기 프리미엄 핫도그 4.5천원 클래식 뉴욕 칠리 핫도그 3.3천원 아메리카노 / 라떼 1.5천원~3천원 스무디 에이드 3천원~4천원		
객단가	6~7천원		
업체명	㈜스티븐스		
전개형태	250개점 (직영 25개점 , 가맹 225개점)		
GLOBAL 현황	런칭	미국 맨하탄점	
	매출 /점포수	25억~35억 / 5개점 (중국, 미국)	
국내 영업현황	런칭	02年 08月 (대치동)	
	매출	年 110億	
	점포 수	250 EA	
국내외 주요매장		롯데월드	롯데캐슬	코엑스	반포 지하상가
	실면적 (평)	10	12	24	10

3F 홍그라운드 개요

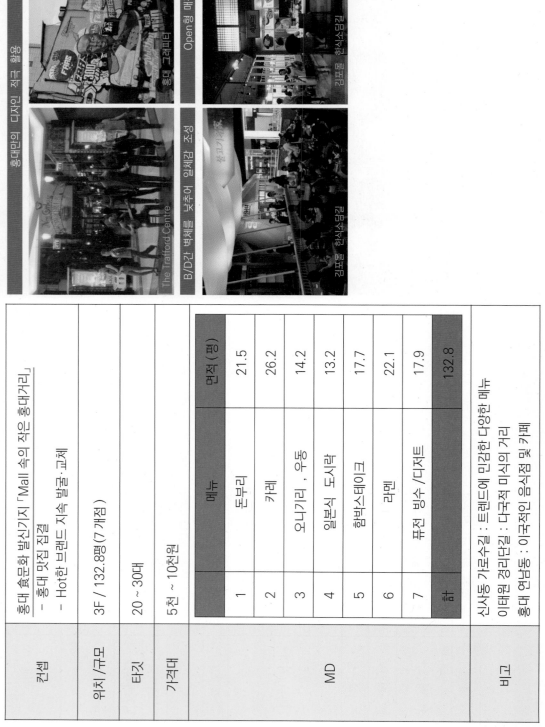

홍대만의 디자인 적극 활용
홍대 그래피티
The Trafford Centre
Open형 매장 구성
김포물 한식수담길
B/D간 벽체를 낮추어 일체감 조성
김포물 한식수담길

컨셉	홍대 食문화 발신기지 「Mall 속의 작은 홍대거리」 - 홍대 맛집 집결 - Hot한 브랜드 지속 발굴·교체		
위치 /규모	3F / 132.8평 (7 개점)		
타깃	20 ~ 30대		
가격대	5천 ~ 10천원		
MD		메뉴	면적 (평)
	1	돈부리	21.5
	2	카레	26.2
	3	오니기리 , 우동	14.2
	4	일본식 도시락	13.2
	5	함박스테이크	17.7
	6	라멘	22.1
	7	퓨전 빙수 /디저트	17.9
	計		132.8
비고	신사동 가로수길 : 트렌드에 민감한 다양한 메뉴 이태원 경리단길 : 다국적 미식의 거리 홍대 연남동 : 이국적인 음식점 및 카페		

58

부록 2 CASE STUDY

3F 홍그라운드 Lay-out

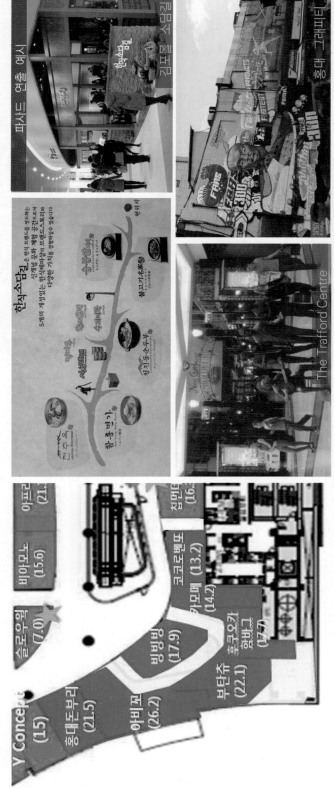

Y Concept (15)
홀근우힝 (7.0)
홍매드부리 (21.5)
아베포 (26.2)
빔빔밤 (17.9)
부티츠 (22.1)
홍큐옷가 햄바그 (17.7)
카모매 (14.2)
클로근벨모 (13.2)
정민티 (16.)
비이모노 (15.6)
이프르 (21.)

파사드 연출 예시
김포몰 소담림
한식소담림
홍대 그래피티

The Trafford Centre

Open형 매장 구성

B/D간 벽체를 낮추어 일체감 조성
불고기名家

■ 코코로벤또(韓)

- 코코로벤또: 마음(こころ) + 도시락(べんとう)

컨셉	정통 일식 벤또 전문점		
타깃	직장인, 20~30대		
시설구성	20席(테이블 6개)		
메뉴/가격	벤또 12종: 6천원~14천원 미니벤또 3종: 4천원~7천원		
객단가	9천원 ~ 10천원		
업체 현황			
업체명	(주)카모메 호스피탈리티그룹		
진개형태	11개점(직영 9개점, 가맹 2개점)		
국내 영업현황	런칭	09年 03月(홍대점)	
	매출	年 26億	
	점포 수	11 EA	
국내 주요매장	홍대점	현대 압구정	디큐브시티
	15	5	7

실면적(평)

※C1, 강남 신세계 미입점

■ 카모메(韓)

- 카모메: 갈매기(かもめ), 일본 영화 카모메 식당에서 유래

컨셉	일본식 수제 오니기리 전문점 ※ 오니기리 : 일본식 주먹밥		
타깃	20~30대 여성		
시설구성	20席 (테이블 10개)		
메뉴/가격	오니기리 10~20종: 2천원~3천원 우동 10종: 3천원~6천원 세트(오니기리+우동): 5천원~12천원		
객단가	4천원 ~ 6천원		
업체 현황			
업체명	㈜카모메 홋스피탈리티그룹		
전개형태	50개점 (직영 2개점)		
국내 영업현황	런칭	08年 05月 (홍대점)	
	매출	年 86億	
	점포 수	50 EA	
국내의 주요매장		홍대점	디큐브시티	한양대점
	실면적 (평)	7	7	8
	※ C1, 코엑스 미입점		

■ 후쿠오카함바그(韓)

- 후쿠오카함바그: 후쿠오카(지명) + 함바그(함박 스테이크)

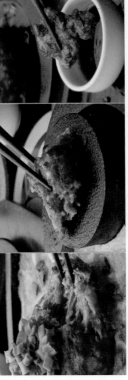

홍대점

강남교보점

컨셉	황성 한우를 직접 돌에 구워 먹는 즉석 스테이크 ※日 키와미야 함박스테이크 모델(후쿠오카 파르코 쇼핑몰)			
타깃	20 ~ 30대			
시설구성	32 席 (테이블 15개)			
메뉴 / 가격	• 110g, 130g, 170g, 220g 기준 • 후쿠오카 함바그: 8/10/13/16천원 • 에그 함바그: 9/10/13/16천원 • 새우 &그린빈 함바그: 12/14/16/20천원 • 육회: 5.5 천원 (50g)/8.5(90g)천원 • 런치세트(2인): 24/28천원 (함바그, 비빔밥, 음료)			
객단가	12천원			
업체 현황				
업체명	무드 리퍼블릭			
전개형태	5개점 (직영 1개점, 가맹 4개점)			
국내 영업현황	런칭	12 年 11月(홍대점)		
	매출	年 21億		
	점포 수	5 EA(2.24 부산 서면점 오픈)		
국내외 주요매장		홍대점	강남교보점	인천논현점	대구점
	실면적 (평)	18	15	20	20
	※ C1, 코엑스 , 강남 신세계 미입점			

■ 부탄츄(韓)

- 부탄츄 : 돼지인간(豚人)

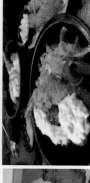

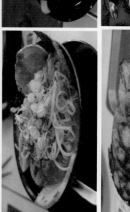

컨셉	일본 라멘 전문점 / 일본 교토 3세 운영
	국물농도, 면 종류 등 양과 맛을 기호에 따라 조절
특징	라멘 전체 나카오 료우스케, 0규 요시오 오픈 지원
	(全일본 돈코츠라멘부문 1등 수상)
타깃	20 ~ 30대
시설구성	28席 (테이블 8개)
메뉴 / 가격	라멘류 : 7천원(돈코츠/시오돈코츠, 쇼유, 시오)
	카레아게 5천원, 볶음밥 6천원, 돈부리 6천원
	세트 : 9 ~ 9.5천원(교자, 카라아게, 볶음밥, 돈부리)
객단가	요리 10천원 / 음료 1천원

업체 현황

업체명	(주)돌로어 7 / 마지모토 유카 (제일교포 3세)
전개형태	전점 직영

국내 영업현황	런칭	12年 09月 (홍대점)
	매출	年 14億
	점포 수	2 EA

국내외 주요매장		홍대점	신촌점	비고
	실면적 (평)	20	34	

※ C1, 코엑스, 강남 신세계 미입점

■ 아비꼬(韓)

– 아비꼬: あびこ, 일본의 역 이름

컨셉	매운 일본식 카레 전문점, 기호에 맞춰 토핑 선택
특징	카네마아제면소(일본식 우동전문점) – 5개점(홍대, 롯데 영플라자, 이대, 숙대, 센트럴시티)
타깃	20~30대, 가족
시설구성	36席 (테이블 8개)
메뉴 /가격	기본 6천원 / 타임 7천원~9천원(치킨, 버섯等) 토핑 14종류: 5백원~4천원(대파, 치즈, 낫또等) 세트메뉴 6종류: 10천원~13천원
객단가	10.2천원

업체 현황

업체명	쿠산코리아 ㈜		
전개형태	35개점 (직영 8개점)		

국내 영업현황	런칭	08年 07月(홍대점)
	매출	年 61億
	점포 수	35 EA

국내외 주요매장		IFC점	강남점	분당 서현점	명동점
	실면적 (평)	42	37	43	23

※ C1 , 코엑스 , 강남 신세계 미입점

■ 카페 빙빙빙(韓)

홍대점

컨셉	퓨전 빙수/디저트 카페			
타깃	20 ~ 30대 여성, 가족			
시설구성	40席 (테이블 20개)			
메뉴 /가격	팥빙수 7.7천원, 밀크빙수 5.5천원 녹차빙수 6.6천원, 요거트빙수 7.7천원 시즌 7.7천원 : 벚꽃, 수박, 레몬, 홍차, 조근 당근케익, 밀크푸딩, 양갱, 레몬에이드			
객단가	빙수/음료 14.5천원, 디저트 15천원 (2인)			
업체 현황				
업체명	컴퍼니 F			
전개형태	15개점 (직영 5개점, 가맹 10개점)			
국내 영업현황	런칭	12年 05月 (홍대점)		
	매출	年 10億		
	점포 수	14 EA		
국내외 주요매장		롯데 파주아울렛	홍대점	부산 서면	롯데영점
	실면적 (평)	28	20	30	18
	※ C1, 코엑스, 강남 신세계 미입점			

■ 홍대돈부리(韓)

- 돈부리: 일본식 덮밥

컨셉	일본 가정식 덮밥 전문점 / 소스, 밥 무한 리필
타깃	20~30대
시설구성	32席 (테이블 12개)
메뉴 / 가격	덮밥(27종류) : 7.5천원 ~ 16천원 면류(5종류) : 5천원 ~ 8.9천원 고로케 5~6천원, 가라아게(5개) 5천원 타코야끼 5천원, 낫또 4천원
객단가	7천원~ 10천원

업체 현황

업체명	(주)홍대돈부리
전개형태	21 개점 (직영 1개점)
국내 영업현황	런칭 　08年 07月(홍대점) 매출 　年 80億 점포 수 　18 EA

국내의 주요매장	홍대점	코엑스점	수원 AK	마리오아울렛
실면적 (평)	15	20	40	24

※ C1, 강남 신세계 미입점

■ 40192 Roll(韓)

- 40192 Roll: 지구둘레 40,192km

컨셉	롤케익 전문 디저트 카페(쌀가루 100%)			
타겟	20~40대의 여성 및 가족단위 고객			
시설구성	20席(테이블 5개)			
메뉴/가격	Roll 5,500(1 piece/5종류), 음료 3,000~4,500 롤플레인 눈꽃방수 8,000(시즌메뉴) 등			
객단가	6천원			
영제 현황				
영제명	(주)하브컴			
전개형태	전점 직영			
국내 영업현황	런칭	13年 09月 (삼성동)		
	매출	年 5億		
	점포 수	1 EA		
국내의 주요매장		삼성동점	롯데 본점	롯데 건대스타시티	현대 무역센터
	실면적 (평)	16	3月 오픈	4月 오픈	5月 오픈

※ C1, 코엑스, 강남 신세계 미입점

■ 마이뮤즐리(獨)

– 뮤즐리: 곡물, 너트, 과일 등을 자연상태로 건조 가공한 건강 영양식

컨셉		100% 유기농 프리미엄 시리얼 카페 (곡류, 과일, 너트, 씨앗류 믹스 제품 판매)
타깃		20~30대 여성(미용, 다이어트), 가족단위
시설구성		좌석 無
메뉴/가격		컵(85g) 1.9천원 / 대용량(575g) 4.5천원
객단가		30천원
업체 현황		
업체명		(주)한마음 네트웍스 (3F 부티크 운영업체)
전개형태		직영
GLOBAL 현황	런칭	독일
	매출/점포수	유럽 전역(카페 9, shop 63, 호텔, 슈퍼마켓 1,000여곳) 입점
국내 영업현황	런칭	13年 12月(명동 KM 플라자 팝업)
	매출	月 0.4億
	점포 수	1EA(롯데월드몰 1호점)
국내외 주요매장		※ C1, 코엑스, 강남 신세계 미입점

■ 헬로그래피스튜디오(韓)

키즈 / 성인 사진촬영

헬로그래피 신촌점 (실 30 평 / 12.4 月오픈)

인스탁스 및 사진 관련 액세서리 제품 판매

기존 키즈포토 '포토이즈' (마트 임점)

컨셉	즉석카메라 인스탁스 안테나샵
타깃	헬로그래피 - 20~30대, Office Worker ※ 포토이즈 - Kids / 주로 돌기념 앨범 촬영
시설구성	사진 촬영존, 사진 맨시 판매존(인스탁스, 앨범)
메뉴 / 가격	인스탁스, 액자, 카메라 액세서리
객단가	증명사진 20천원 / 4x6 사진인화비(1매) 400원 / 앨범 촬영 200천원(10매) / 액자용 촬영 350천원

업체 현황

업체명	한국후지필름A (주) / 62년 설립(80년 롯데그룹 편입)		
전개형태	전점 직영		
국내 영업현황	런칭	12年 04月(신촌)	
	매출	年 5億	
	점포 수	1 EA	
국내외 주요매장	헬로그래피 신촌점		비 고
	실면적(평)	30	

※ C1, 코엑스, 강남 신세계 미임점

■ 아이스팩토리(韓)

컨셉	수제 스틱 아이스크림 전문점			
특징	수제방식으로 하루 생산 수량 한정 (1일 약 1,500개) 제조과정 공개로 볼거리 제공, 어린이용 제품 개발			
타깃	키즈파크 이용 3~12세 어린이 및 20~30대 고객			
시설구성	8席 (테이블 3개)			
메뉴/가격	젤라또 스틱 3.2천원~3.6천원 통과일 레몬 셔베트 2.8천원 과일 셔베트 2.3천원			
객단가	3.5천원			
	업체 현황			
업체명	㈜아이스팩토리			
전개형태	전점 직영			
국내 영업현황	런칭	13年 01月 (롯데 미아)		
	매출	年 40億		
	점포 수	7 EA		
국내의 주요매장		롯데월드	롯데 미아	롯데 영등포	롯데 평촌
	실면적(평)	10	5	10	10
	※ 코엑스, 강남 신세계 미입점				

■ Teddy's Animal Kingdom(韓)

Teddy Bear Kiddler park
Teddy Bear Village(Jungle)

컨셉	장거리행기 여행 중 불시착한 정글마을에서 펼쳐지는 모험과 축제의 세계		
특징	Jungle Quest: 놀이 + 교육 + 자연 접목		
타깃	어린이 / 연간 40만명 추정		
시설구성	Zone, Theater, 터치 스크린, Cafeteria, Shop ※ 다양한 미션 수행을 통한 스탬프 찍기, 선물 증정		
메뉴/가격	- Jungle Zone: 정글 놀이터, 움직이는 동물(악어等) - Play Zone: 에어바운스, 트램폴린, 볼풀 - Education Zone: 정글 교실, 춤 배우기		
객단가	小(12개월~12세): 15천원 / 大: 8천원 예정(2시간) ※ 초과시 추가 비용 발생		
업체 현황			
업체명	JS&F(테디베어뮤지엄 운영사)		
전개형태	테디베어 뮤지엄(5개점), 제주 테디밸리 리조트 ※ 기존 키즈테리아 실적 1개점 (센트럴시티, 350 평) - 月108 백만, 年 10만명 / 13년 폐점 (계약만료)		
GLOBAL 현황	런칭	12年 11月(중국 청두)	
	매출 / 점포수	집계 中 / 1	
국내 영업현황	런칭	2001 年 04月(제주 중문단지)	
	매출	年 100 億	
	점포 수	5 EA	
국내외 주요매장	- 제주: 3천평 규모, 국내 최초 테디베어 박물관 - 설악: 세계일주 테마, 대명리조트 內 - 경주: 1500평, 공룡 및 신라시대 테마		

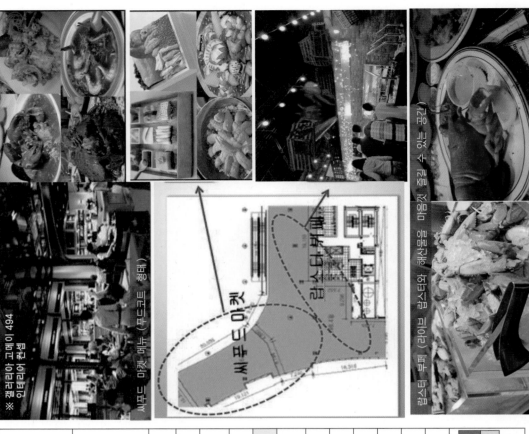

※ 갤러리아 고객이 494
인테리어 컨셉

씨푸드 마켓 메뉴 (푸드코트 형태)

씨푸드 마켓

랍스터 마켓

랍스터 뷔페 (라이브 랍스터와 해산물을 마음껏 즐길 수 있는 공간)

■ Viking's Wharf(韓)

– Wharf : 선착장, 부두의 의미로 새로운 컨셉의 바이킹스 매장

컨셉	랍스터 뷔페(116 席) + 씨푸드마켓(46 席) ※ NY 첼시마켓 'Lobster Place' 지향 - 1974년 설립된 뉴욕 최고의 해산물 Grocery - 일평균 600~800마리 랍스터 판매
특징	랍스터 뷔페 : 100천원 (2시간服 예정) ※ 라세느 점심 평일 런치 78천원 / 디너 및 주말 89천원 씨푸드 마켓 8~50천원 (평균 객단가 20천원) - 6개국 대표요리 Section별 동시 경험
타깃	20~30대, 가족, 회사단체, 관광객
시설구성	160 席 (테이블 45개)
메뉴/가격	메뉴 리뉴얼 中(기존 B/D와 다른 최고급 메뉴 선정)
객단가	100~120천원

업체 현황

업체명	아시안키친(주)	
전개형태	전점 직영	
GLOBAL 현황	런칭	10年 06月(베트남 호치민)
	매출/점포수	집계 中 / 1
국내 영업현황	런칭	04年 11月(롯데마트 일산점)
	매출	年 569億
	점포 수	28 EA

국내의 주요매장		센트럴시티	영등포점	분당 서현점	롯데 중동점
	실면적 (평)	250	213	257	245

※ C1, 코엑스 미입점

■ 박승철 헤어스튜디오(韓)

타임스퀘어점

아이파크몰점

동판교점

박승철 원장

컨셉	C2 Casual + Kids 컨셉으로 6F 뷰티존과 차별화				
특징	최다 지점수를 보유한 프랜차이즈 헤어살롱				
타깃	20~40대 여성 / 남성 고객 증가 추세				
시설구성	대기실, 락커룸, 헤어존, 메이크업존				
메뉴 / 가격	컷 25천~40천원, 펌 90천~250천원, 염색 90천~130천원				
객단가	60천원				
업체명	업체 현황				
	㈜PSC 네트웍스				
전개형태	250 개점 (37개점 직영)				
GLOBAL 현황	런칭	05年 12月 미국 시카고			
	매출 / 점포수	10億 / 8(미국 3, 중국 5)			
국내 영업현황	런칭	81年5月 (명동)			
	매출	年 62億			
	점포 수	250 EA			
국내의 주요매장		청담 홈플러스	코엑스	타임스퀘어	아이파크몰
	실면적 (평)	31	40	66	40

※ 강남 신세계 미엉점

롯데월드몰 F&B

총별 F&B 계획

5~6F Theme Zone 計劃

Seoul Seoul 3080

29 Street

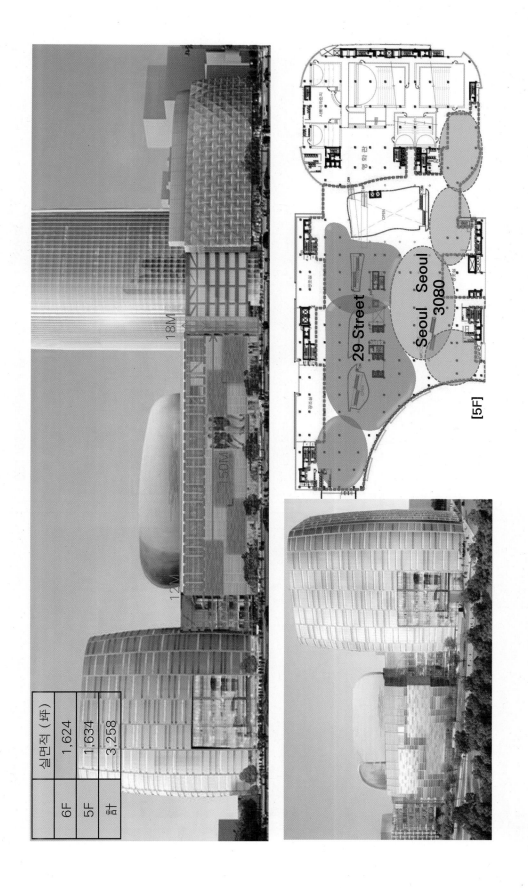

	실면적 (坪)
6F	1,624
5F	1,634
計	3,258

[5F]

29 Street

Seoul Seoul
3080

쇼핑몰 디자인 方向

World 1st Airing Space

5F ~ 6F 테마존

Seoul Seoul 3080

29 Street

- 5F : 1930년대 종로거리
- 6F : 1960~1980년대 명동거리
- 시간여행을 테마로 서울거리를
  모던하고 세련되게 재해석

- Modern + West Vintage
  Street
- 감성 + healing space
- 친환경 airing space

B1F ~ 4F

- The City 컨셉의 글로벌 감성 환경디자인 추구
  · Timeless
  · Premium
  · Contemporary

76

부록 2 CASE STUDY

롯데월드몰 F&B

층별 F&B 계획

5~6F Theme Zone

Seoul Seoul 3080

29 Street

5~6F_Seoul Soul 3080 (1.576坪, 25個店)

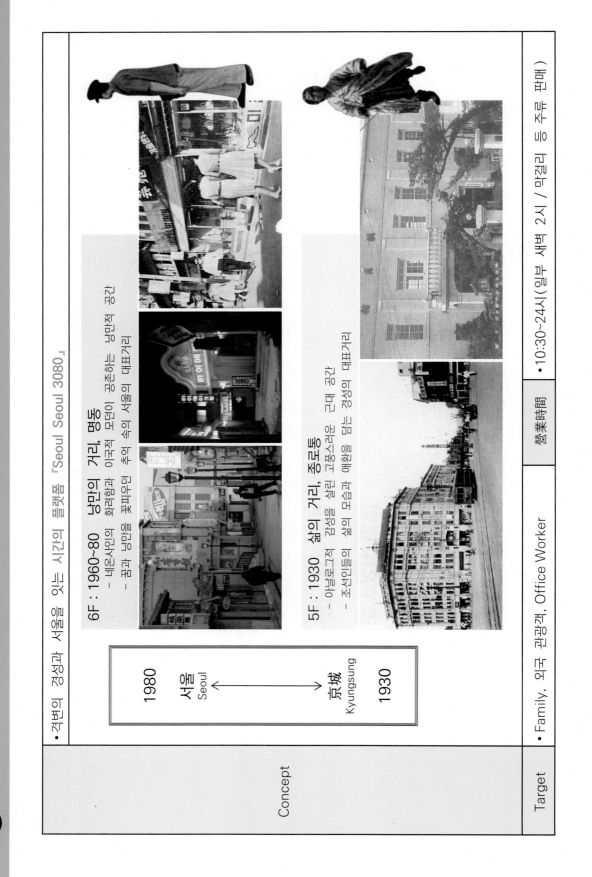

• 격변의 경성과 서울을 잇는 시간의 플랫폼 「Seoul Seoul 3080」

Concept

1980
서울
Seoul

京城
Kyungsung
1930

6F : 1960~80 낭만의 거리, 명동
- 네온사인의 화려함과 이국적 모던이 공존하는 낭만적 공간
- 꿈과 낭만을 꽃피우던 추억 속의 서울의 대표거리

5F : 1930 삶의 거리, 종로통
- 아날로그적 감성을 살린 고풍스러운 근대 공간
- 조선인들의 삶의 모습과 애환을 담는 경성의 대표거리

營業時間	• 10:30~24시(일부 새벽 2시 / 막걸리 등 주류 판매)
Target	• Family, 외국 관광객, Office Worker

SPACE	TARGET	CONTENTS	INTERIOR
제 2롯데월드 내 2개의 층을 다양하고 흥미롭게 활용	내국인, 외국인 모두가 즐기며, 공감할 수 있는	서울의 100 년의 역사 속에 깃든 우리들의 이야기	다양한 모티브를 통한 시대의 재해석과 현대적 트렌드가 조화를 이룬

서울의 새로운 중심, 제 2 롯데월드의 건립과 함께
서울 100년 – 과거, 현재, 미래가 공존하는 공간,

"새로운 개념의 푸드 테마공간 마련"

서울(경성)을 대표하는 주요 거리 선정

1. 경성의 모습과 정서를 잘 묘사한 1930년대 모더니즘 소설가 박태원의 《소설가 구보씨의 일일》의 서울산책 동선

2. 서울의 역사적, 상징적 이미지가 깊은 거리

• 종로통(종로)
일제강점기 시대의 조선인의 삶과 애환이 담겨있는 거리

명치정(명동)
근대화의 물결 속에 모던걸들의 거리

• 본정(혼마찌, 충무로)
상업시설과 금융기관 등 근대시설 등이 집중된 거리

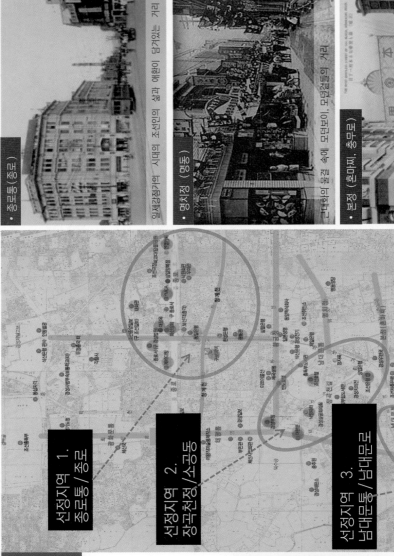

선정지역 1.
종로동/종로

선정지역 2.
장곡천정/소공동

선정지역 3.
남대문동/남대문로

역사적 발자취 : 집 – 종로 – 화신상회 – 동대문행
전차 – 조선은행 앞 – 장곡천정의 다방 – 경성부청
앞 – 남대문 – 경성역 – 조선은행 앞 – 다방 – 종로
네거리 – 종로 경찰서 부근 다료 – 광화문통 – 다방
– 조선호텔 앞 – 황금정 – 종가 뒤 술집 – 낙원정의
카페 – 종로 네거리 – 집

구보의 발자취
역사적 발자취
구보의 거리

• 장곡천정(소공동)
예술인과 지식인들이 모이던 유행문화의 거리

• 남대문통(남대문로)
서울로 들어오는 인구이자 근대화의 발판이 된 경성역거리

공간도출을 위한 레퍼런스

경성(서울) 거리 대표 건축물 선정 → "1930년대부터 1980년대까지 동시에 존재했던 주요 건축물 우선 선정"

남대문통
- 경성역 & 남대문 & 전차 근대화의 상징

종로네거리(종로)
- 영월관, 태화관
  - 경성 최고의 고급 요리집
- 동일은행
  - 민족계 은행
- 화신백화점
  - 조선인 상권의 대표
- 보신각
- 우미관
  - 검무한 근거지, 영화관
- 종로야시장
  - 현재까지 전통을 이어옴
- YMCA
  - 황성기독교청년회
- 광통관 (은행)
  - 현 우리은행 종로지점
- 한성전기회사
  - 종로경찰서로 사용됨
- 미쓰콥
  - 오랜 정취의 막자골목
- 낙원회관
  - 최고급 카페
- 엠멜가메
  - 구보와 이상이 들른 카페

장곡천정 (소공동)
- 조선호텔
  - 최초의 양식당, 카페
- 경성우편국
  - 우체국
- 반도호텔
  - 현 롯데호텔
- 경성부청
  - 현 서울시청
- 경성상공회의소
  - 경제계 단체
- 조선은행
  - 현 한국은행
- 한성은행
  - 최초의 조선인자본은행
- 본정양복점
  - "구보' 소설에 등장

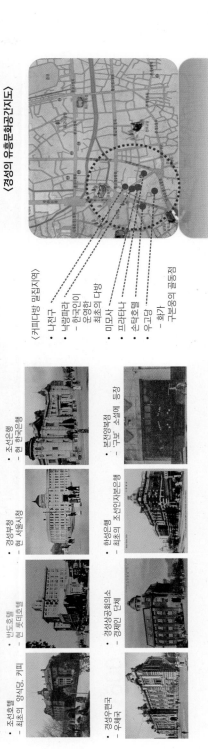

〈경성의 유흥문화공간지도〉

〈커피다방 밀집지역〉
- 낙선구
- 낙랑파라
  - 한국인이 운영한 최초의 다방
- 미모사
- 프라타나
- 손탁호텔
- 우고당
- 화가
  - 구본웅 금동점

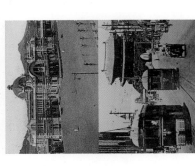

1900 개화기

"추억의 근현대 풍경"

- 근대화의 물결
- 경성의 번화가 거리
- 경성 사람들의 생활상

▶ 역사를 향유하다

역사 속에, 기억 속에 살아있는 100년의 서울 재조명

1980 민주화, 경제발전기

"우리네 살았던 이야기"

- 힘을 합쳐 일구어낸 발전기
- 삶이 터전인 거리
- 추억을 되살리는 콘텐츠

▶ 향수를 느끼다

역사 속에, 기억 속에 살아있는 100년의 서울 재조명

2012~ 현대

"우리의 일상"

- 살아있는 오늘에서 만나는 전통과 현대의 조화
- 새로운 문화체험·향유

▶ 새로운 추억을 만들다

일상 재발견

단절된 과거와 현재의 소통의 공간

"경성의 경성과 서울을 잇는 시간의 플랫폼"

역변의 경성과 서울을 잇는 시간의 플랫폼

플랫폼서울5/6
PLATFORM SEOUL

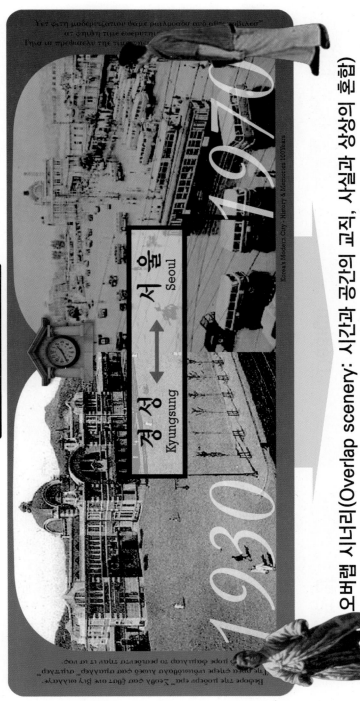

오버랩 시너리(Overlap scenery): 시간과 공간의 교직, 사실과 상상의 혼합)

같은 공간, 다른 시간 속의 '경성, 서울'

Seoul Seoul 3080

개발 방향

- 1930년대~80년대 경제 발전기를 배경으로 서울 변화가 再現
- 전시공간과 상업공간의 조화를 통해 자연스런 고객의 시간여행 유도

Design

- 고급스러운 인테리어 연출
- 명월관, 화신백화점 등 당시대 유명건축물 Motif
- 진품과 Imitation의 조화를 통해 고객이 감동하는 공간 구성
- 인공하늘 연출
- 인테리어 조명 연출

MD

- 전국 원조 맛집 유지
- 전시공간과 상업공간의 조화 (F&B, Retail)

추억의 거리, 외국관광객의 필수 방문코스

Seoul Seoul 3080 사례

Edo Market Place

- 에도시대 거리를 재현한 상점가 / 하네다공항 4F / 800 坪
- Made in Japan~Haneda Only One 상품
- 에도시대 인테리어를 재현한 7개의 식당

인천국제공항 전망라운지

- 한국 전통가옥 재현한 전망라운지 / 인천국제공항 4F / 延1,359 坪
- 한식당, 가게, 기념품 Shop 外 / 2012 년末 Open

新橫兵 Ramen 博物館

- 1950 年代의 동경 주택가 분위기를 재현 / 2,000 坪
- 라멘전문점 9개점, 전시공간 (라멘역사 연출, 시연), Shop

김포몰 한식 소담길

- 1970~80년대 전통 먹자골목 재현 / 207 坪(190 석)
- 한식 5개: 전주옥, 함흥냉가, 청진동 순두부, 공릉 닭지미, 불고기 명가
- 주전부리 4개점: 떡복이, 전통떡, 수제어묵, 호떡

New York–New York Hotel & Casino

내부사진

FLOOR MAP

전통 건축물(식음시설)

고등주옥 / 1910년대

태화관(명월관 분점) / 1919 / 인사동 (연 670坪)

명월관(유흥음식점) / 1909 / 종로구 종로 2가

풍미반점(중식당) / 1925 / 인천

대창반점(중식당) / 1925 / 인천

공화춘(중식당) / 1905 / 인천

전통 건축물(관람시설)

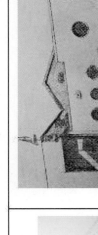

 제일극장 / 1920년대 / 종로구 종로 4가	 단성사 / 1935 / 종로 3가 / 350여 席	우미관 / 1912 / 종로 2가 / 1,000여 席
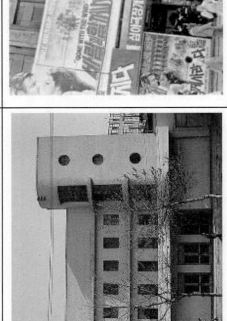 국도극장 / 1935 / 중구 을지로 4가	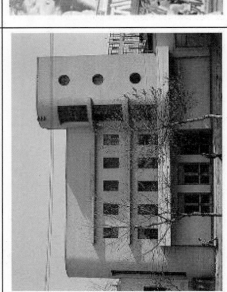 동양극장 / 1935 / 서대문구 충정로	 국립극장 / 1936 / 명동

전통 건축물(백화점 / 상가시설)

화신 百 /1931 설립 / 1937 재건축 / 종로1가

미쓰코시 百 / 1926 / 명동 / 연 2,000여 坪

조지야 百 /1921 설립 / 1939 신축/남대문로

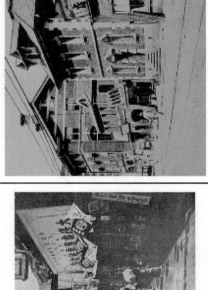

조선인상가 / 1920년대 / 종로구 종로 2가

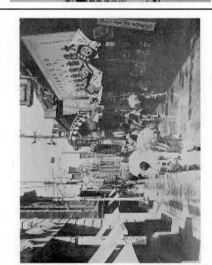

종무로 상가 / 1930년대

종무로 입구 / 1930년대

우미관(優美館)

컨셉	• 우리나라 최초 영화관 - 단성사(團成社), 조선극장(朝鮮劇場)과 더불어 당시 일류극장 중 하나
준공	• 1912.12 신축(고등연예관) - 1915 '우미관'으로 개칭 - 1959 6·25 전쟁으로 전소 - 1959 화신백화점 옆으로 이동 - 1982 폐업 (적자)
위치	• 종로구 관철정 89번지
규모	• 2F벽돌 건물(1,000여 명 수용)
소유/운영	• 일본인 하야시다 긴지로

■ 상표권

등록	• 1992.08.12 등록 출원서 제출 → 1993.11.19 출원 등록 → 존속기간 만료
출원인	• 권경만

• 저명한 상호이므로 지정상품을 영화관으로 하여 상표권 등록 불가, 누구나 사용할 수 있음
• 건축물 저작권은 건축가 사망 후 50년 인정
• 우미관 복원 後 영화관을 포함한 다양한 용도로 영업 가능

1930 년대

화신백화점(和信百貨店)

건설	● 민족자본으로 설립된 국내최초 백화점
준공	● 1937. 11월 신축 - 1931년 설립 → 1935년 화재로 전소 - 1987년 서울시 화장계획에 따라 철거 - 1999년 종로타워 준공 (33층)
위치	● 종로사거리 (現 종로타워 자리)
규모	● 연면적 3,011坪 (B1F~6F) - E/V, E/S 구비, 당시 서울 최고 높이 건물
소유/운영	● 박흥식 - 선일지물 사장
설계자	● 박길용(1898~1943) - 경성제대학 본부, 혜화전문학교 본관, 민가다헌 등 건축

■ 상표권

등록 시도	● 1987.6.9 등록 출원서 제출 → 1988.08.30 거절 결정
출원 시도인	● 이재인

● 저명한 상표(예. 청와대)이므로 상표권 등록 불가. 누구나 사용할 수 있음
● 건축물 저작권은 건축가 사망후 50년 인정
● 화신백화점 복원 後 화신백화점이라는 상호로 판매행위 가능

1930 년대

1980 년대

敷地地圖

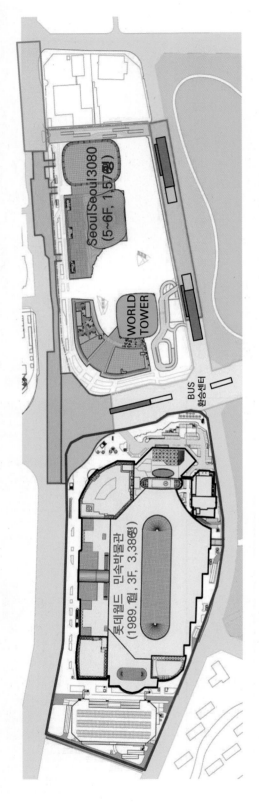

SeoulSeoul3080
(5~6F, 1,57평)

WORLD
TOWER

BUS
환승센터

롯데월드 민속박물관
(1989. 렐, 3F, 3,38평)

1930~80년대 서울
5F 1930 종로 → 6F 1960~80 명동

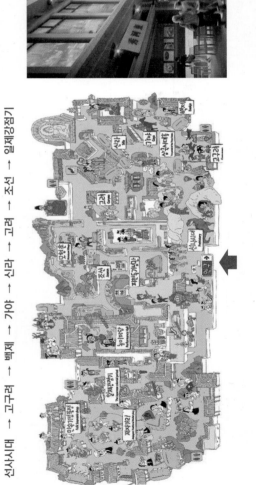

구석기시대~일제강점기(~1945년)
선사시대 → 고구려 → 백제 → 신라 → 가야 → 고려 → 조선 → 일제강점기

5~6F_서울서울 3080 MD案

식음 (23개점)		5F		6F		計
		MD	실면적 (坪)	MD	실면적 (坪)	
Full - Service	원조 한식당 (13개점)	논현삼계탕	91	사리원	121	859 (57%)
		오정심미	147	두란W	52	
		역삼함나보쌈&칼국수	51	Lamen's	48	
		한국집	49	봉추찜닭	43	
		서래냉면	54	오행식당	51	
		수하동	53	명동함나국수	14	
	월드 레스토랑 (2개점)	하드락카페	344	신정	85	471 (32%)
	카페 & 베이커리 (2개점)	오가다	24	카페이성당	86	110 (7%)
Take - out	주전부리 (6개점)	황남빵	23	미미네떡볶이	25	55 (4%)
		호떡 (삼보당)	2			
		닭고구마 별밤	3			
		강남콩어빵	2			
		꿀타래	–			
판매 (1개점)		리틀파머스	59			59
위락 (1개점)		Fun It	21			21
計 (25개점)		15개점	923	10개점	652	1,576

메뉴	Tenants	오픈일	특징
경양식당	쭉그릴	1925년	우리나라 최초 경양식당
불고기	사리원	1938년	역사가 오래된 불고기 전문점(함경도)
특선물	황남빵 + 경주 특산물	1939년	경주 황남빵의 원조(경주)
전통빵	이성당	1945년	한국에서 가장 오래된 빵집(군산)
굼탕	수하동	1949년	굼탕의 원조(서울)
비빔밥/콩나물국밥	한국집	1952년	역사가 오래된 전주 비빔밥(전주)
잔치국수	명동할머니국수	1958년	잔치국수의 원조(서울)
라면요리	(假)삼양식당	1963년	삼양식품의 新規 런칭 B/D(서울)
부대찌개	오뎅식당	1963년	의정부 부대찌개의 원조(의정부)
국수전문	신정	1965년	역사가 오래된 국수전골 전문점(서울)
칼국수	원할머니 국수 · 보쌈	1975년	원앤원의 新規 런칭 B/D(서울)
냉면	서래냉면	1988년	지역 맛집(서울)
호떡	삼보당	1997년	인사동 명물 호떡집(인사동)
꿀타래	꿀타래(세종)	1998년	꿀타래 전문점(인사동)
찜닭	봉추찜닭	2000년	인기 찜닭 전문점(서울)
삼계탕	논현삼계탕	2001년	지역 유명 삼계탕(서울)
순두부	두린w	2005년	청작 유명 전문점(서울)
떡복이	미미네	2009년	홍대 떡복이 맛집(서울)
전통카페	카페 오가다	2009년	Korean Tea Caf 6(서울)
붕어빵	강남 붕어빵(이자부)	2011년	붕어빵 전문점(서울)
궁중요리	오정상미	2012년	교방음식 전문점/궁중요리 재현(서울)
군고구마	달고구마·별밤	2012년	군고구마/옥수수 전문점(서울)

■ Hard Rock Café (美)

– 버자야 그룹 1984년 설립, 연 매출액 90억 달러, 부동산개발을 필두로 리조트, 호텔, 각종 유통업 진출

컨셉	American Casual Dining + 락/팝공연			
타깃	20~40대 직장인, Family, 외국인 관광객			
시설 구성	• Dining Hall, VIP 룸 (가라오케 8석) • Rock Shop(30평) : 티셔츠 기념품 판매 (35%) • 좌석수 326 席(5F 196 席/6F 130 席)			
공연 내용		정기공연		Special 공연
	Rock 밴드	• 아시아 투어밴드 月1~2 회 • 국내 유명 밴드 月 3회		• 세계적 밴드 공연 年2회
	K-pop	• 신인그룹 소개 月 4회 • 인디밴드, 언더그라운드 뮤지션 매주 수요일		• 유명 뮤지션 분기당 2~3 회
	이벤트	방송매체 오디션 프로그램의 Live 진행 신제품 출시, 패션쇼, 영화시사회, 파티(크리스마스 / 신년)		
C2 차별화	• 국내 1호점 / 정기적 공연 프로그램 활성화			
업체현황				
업체명	㈜버자야 HRC 코리아 –말레이시아 Berjaya 그룹계열			
전개형태	본사 직영			
	국내		국외	
런칭	1996 년		1971 년(美 올랜도)	
점포 수	청담, 이태원 2개점 (現 폐점)		53개국 172 개점	
국내외 주요매장		위치		운영
	96. 12月	청담동 (B1F) 320坪		HRC Holdings -싱가폴 법인
	08.4月	이태원 (B1F) 이전 /300坪		Mega Holdings -HRC 한국판권 보유 - 대표 신성철
	09.4月	상기 2개 점포 영업 중단		

■ 오점심미(韓)

- 궁중음식과 사대부집 음식이 융합된 진주교방 음식 차림상: 오정(正, 淨, 貞, 姃, 訂)三미(味, 美, 嵋)

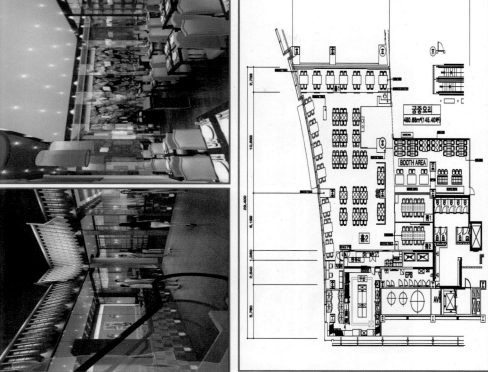

컨셉	유기농 교방(궁중)음식 전문점 : C2 궁중요리 재현
타깃	Family, 외국인 관광객
시설구성	• 좌석수 202 席(Room 2개)
상품 가격	• 점심: 한정식 단품 요리 (20~30천원) - 한우 불고기 담반, 한우 육계장 • 저녁: 궁중요리 코스 (48/98/200천원) - 칠보화반 진주꽃밥 정식 28천원 객단가: 정식류 28,000/ 코스류 90,000~150,000
C2 차별화	• 한국음식문화재단 한식 세계화(궁중요리)관련하여 몰 초죠 드임

업체현황

업체명	개인 (박미영)
전개형태	N/B
	국내
런칭	2012.09
점포 수	1개(신사점)
비고	• 박미영 이사장(한국음식문화재단), 오나세프 - 임상병리학 전공, 한국음식문화재단 이사장 • MBC와 대장금 상호사

■ 논현삼계탕(韓)

- 20년간 100% 생닭과 서울 국물을 첨가하여 만든 삼계탕 전문점

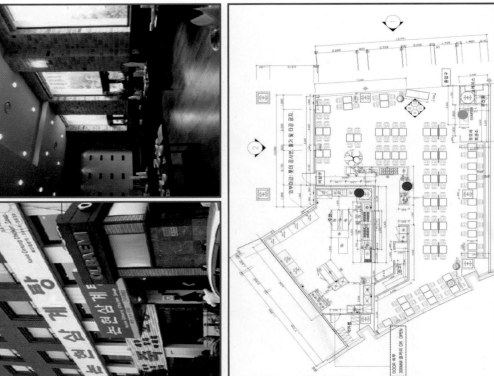

컨셉	삼계탕 전문점			
타깃	Family, 20~40대 직장인			
시설 구성	• 테이블 30여 석, 좌석 수 118 席			
상품 가격	• 삼계탕 14阡, 전복삼계탕 28阡, 전기구이 14阡 영양죽 10여 가지(9~23阡) 탕/죽 캔으로 판매 • 예상매출: 1억 7천 / 객단가: 2만원			
C2 차별화	• 강남 대표 삼계탕 복합쇼핑몰 최초 입점			
업체현황				
업체명	NH (주)논현			
전개형태	N/B			
런칭	국내			
런칭	2001 년			
점포 수	6개 (논현, 대치, 삼성 등)			
국내의 주요매장		논현점	방이점	대치점	여의도점
	실면적 (평)	170	180	120	120

■ 한국집(韓)

– 1952년 대한민국 최초로 전주비빔밥을 판매, 故이분례 여사를 필두로 3대째 이어오고 있는 전주비빔밥의 최고 식당

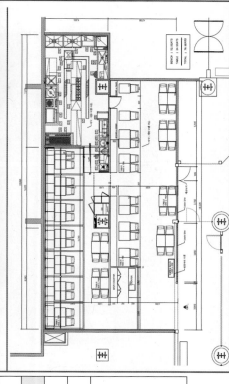

컨셉	전주 비빔밥 전문점(전주 비빔밥의 원조)
타깃	20~40대 직장인, Family, 외국인 관광객
시설 구성	• 테이블 수 23개, 좌석수 90席
상품 가격	• 전주 비빔밥 10천원, 육회비빔밥 12천원, 돌솥비빔밥 10천원 • 육회 30천원, 불고기 14천원, 백반정식 7천원 • 객단가 12,000원
C2 차별화	• 복합쇼핑몰 최초 입점
	업체현황
업체명	개인(장지혜, 1대 설립자의 따님)
전개형태	N/B
	국내
런칭	1952년
점포 수	1(전주/300 석)
비고	• 롯데본점, 갤러리아 압구정점, 청담점을 오픈 하였으나, 현재 폐점 • 2011 미슐랭가이드 한국편 소개됨 • 2012 여수 엑스포 공식 지정 업체

■ 수하동(韓)

- 70년 동안 곰탕 전문점으로 서울 북촌 할머니 3대가 이어온 한국 전통 탕반 문화의 정점으로 '구·하동관에서 분리된 브랜드

컨셉	곰탕의 원조
타깃	20~40대 직장인, Family
시설 구성	• 테이블수 24~25, 좌석수 98席
상품 가격	• 곰탕 10,000/ 특 12,000 (본점기준) 예상 식재비 40~45% 추후 메뉴 보강 작업 예정 객단가: 11,000 원
C2 차별화	• 복합쇼핑몰 최초 입점
업체현황	
업체명	수하동 개인 (장석철, 3째 이틀)
전개형태	N/B 국내
런칭	1949 년
점포 수	3 (본점, 현대점, 강남점 /20억)
비고	• 식객 소개 대표 맛집 • 장석철 대표 현대 무역 센터점 수하동 운영 • 49년, 중구 수하동, 100석 → 07. 6. 1, 명동으로 이전 (간판과 대문 복원) • 상표권 분쟁으로 '하동관' 사용 금지 처분

■ 원할머니보쌈·족발(韓)

-1975년 정계 87가 황학동 보쌈집으로 시작하여 품질 높은 돈육과 족발 부문 HACCP 지정 받은 보쌈 전문점

컨셉	보쌈, 족발 전문점
타겟	전 연령층(젊은 세대 및 패밀리층)
시설 구성	테이블 13개, 단체 테이블 포함 70석
상품 가격	• 보쌈 25/33/41 阡, 모듬보쌈 32/42/52 阡 • 족발 31/42 阡, 매운 火족발 26阡 • 주메뉴: 보쌈칼국수정식 10阡, 순두부찌개 7阡 等 객단가: 25,000 원
C2 차별화	• 다양한 1인 메뉴 개발 예정, 브랜드 파워 트래픽 활성화
업체현황	
업체명	㈜원앤원 (원할머니보쌈·족발)
전개형태	N/B
	국내
런칭	1975 년
점포 수	274 개 (직영 1개)
비고	• 보쌈 전문점 원조 • 대표 박철희 (2 대), 브랜드 다양함 (박가부대, 모리사브, 보쌈, 족발 등 350 여 개) 중국 3개점 진출 예정) • 황학동 본점 년간 25~30억 • 을지점 연간 11 억~13 억

■ 서래냉면(韓)

– 상서러움 '瑞'/올 '來'로 오시는 모든 분들께 좋은 일이 많이 일어나길 바라는 마음의 냉면 전문점

컨셉	함흥냉면 전문점
타깃	20~40대 직장인, Family
시설 구성	• 테이블 20석(4인용 기준), 좌석 수 75~80 席
상품 가격	• 물냉면, 비빔냉면 8(6)阡 / 회냉면 9(7)阡 • 만두 6(5)阡 / 국밥 9阡 (떡 만두국, 설렁탕 6阡) – 냉면사리 추가 3阡 (클로즈는 舊 메뉴 및 가격 표시) – 객단가 7,500~8,500원
C2 차별화	• 복합쇼핑몰 최초 입점
	업체현황
업체명	서래냉면 / 개인 (한복선)
전개형태	N/B
	국내
런칭	1988년 (C1)
점포 수	현재 폐점
비고	• 1988년 C1 롯데월드 B1F 입점 현재 폐점 (20년간 운영) – 월평균 1억~1.5억(년간 12억~18)

■ 오가다(韓)

- '다섯 오, 아름다울 가, 차 다'의 의미로 '거리나 길을 오가다 누구나 편히 쉴 수있는 공간'을 이미하는 전통차 전문 브랜드

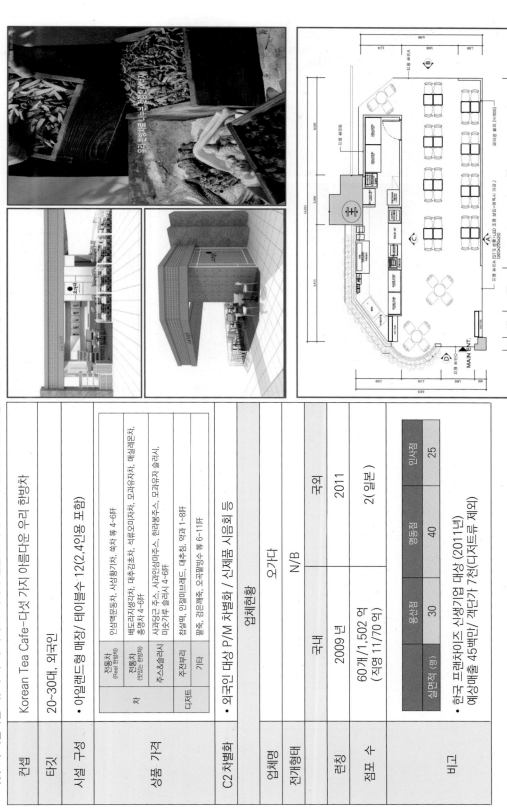

컨셉	Korean Tea Cafe-다섯 가지 아름다운 우리 한방차			
타깃	20~30대, 외국인			
시설 구성	• 아일랜드형 매장/ 테이블수 12(2,4인용 포함)			
상품 가격	차	전통차 (Real 한방차)	인삼맥문동차, 사심황기차, 쑥차 等 4~6形	
		전통차 (맛있는 한방차)	배도라지생강차, 대추감초차, 석류오미자차, 모과유자차, 매실레몬차, 총명차 4~6形	
		주스&슬러시	사과모근 주스, 사과인삼매주스, 한라봉주스, 모과유자 슬러시, 미숫가루 슬러시 4~6形	
	디저트	주전부리	찹쌀떡, 인절미브레드, 대추칩, 약과 1~8形	
		기타	팥류, 검은깨죽, 오곡밥반수 6~11形	
C2 차별화	• 외국인 대상 P/M 차별화 / 신제품 시음회 등			
엽체현황				
엽체명	오가다			
진개형태	N/B			
	국내		국외	
런칭	2009년		2011	
점포 수	60개/1,502 억 (직영 11/70 억)		2(일본)	
비고	• 한국 프랜차이즈 신생기업 대상 (2011년) 예상매출 45백만/ 객단가 7천(디저트류 제외)			

실면직 (명)	용산점	명동점	인사점
	30	40	25

황남빵(韓)

- 1939년 경주 최씨 최영화옹이 처음 만들어 국내산 팥豆을 사용하여 2003년 경주 명품로 인정 받음, 황남동에서 만든다 하여 붙여진 브랜드

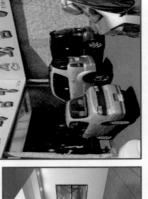

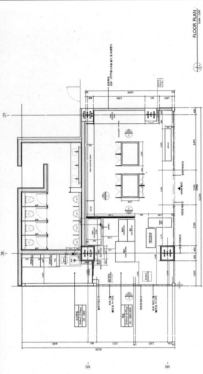

FLOOR PLAN

컨셉	황남빵(경주빵)의 원조
타겟	전 연령층(특산물 선물용품)
시설 구성	• 황남빵 판매대 경주 독특산물 판매장 (경주 특산물 소개 스크린 설치)
상품 가격	• 1호 (20 개) 16천원, 2호 (30개) 24천원 • 예상매출: 년 15억 예상 • 객단가 18,000원 이상
C2 차별화	• 복합쇼핑몰 및 본점 이외 최초 입점 (행사제외)
업체명	업체현황 황남빵 (경주시청, 최진한 개인 공동명의)
전개형태	N/B
	국내
런칭	1939 년
점포 수	1개 (년간 110억)
비고	• 3대째 운영중 • 경주빵은 황남빵의 장인이었던 김준경이 독립해 차린 브랜드 (경상북도 명품 지정) 주 2~3회 배송 계획(베이스 및 식재료, 특산물 상품)

■ 삼보당(韓)

- 인사동 참옥수수 베이스로 만들어 기름에 튀겨낸 호떡 전문점

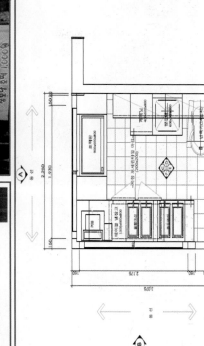

컨셉	인사동 명물, 주위의 찹쌀호떡
타깃	전 연령층
시설 구성	•좌석 없이 스탠드 매매 형성
상품 가격	•참옥수수호떡 1,000 원 •호두 과자 3,000~10,000원 •객단가 2,500 원
C2 차별화	•복합쇼핑몰 및 본점 이외 최초 입점
업제현황	
업제명	삼보당 (전병탁 개인)
전개형태	N/B
	국내
런칭	1997 년
점포 수	1(년4억)
비고	•본점 (인사동) 주 고객 구성비 : 외국인 50%, 내국인 50% 자가 점포 3py/ 월 3.3 백만 (평효율 11 백)

■ 닥고구마 별밤(韓)

– 훗밤고구마로 열조리(직화구이가 아님)하여 내부에서 조청 맛이 강하게 나타남

컨셉	옛날식 군고구마, 옥수수
타깃	전 연령층
시설 구성	• 1~2 坪 정도의 포장마차의 형태로 구성
상품 가격	· 고구마 1,500원(100g) · 옥수수 2,000원(1ea) ※ 판매비율 고구마 : 옥수수 = 8:2 · 객단가 2,000 원
	업체현황
업체명	닥고구마 별밤 (웰빙코리아)
전개형태	N/B
권침	국내
런칭	2012 년
점포 수	2 (백화점 2/ 4.2 억)
비고	

	롯데百 본점	롯데百 강남점
실 면적 (평)	1	2

• 예상매출 15 백만 / 년180 백만

■아저부

- 100년 전통의 일본의 타이야끼빵을 1969년 정금순 할머니가 이케부쿠로역에 가게를 내면서 명물로 자리잡음. 2009년 국내 최초로 타이야끼 가게를 오픈

컨셉	타이야끼(도미빵) 전문점
타깃	전 연령층
시설 구성	• 카페형태 스탠드형 지점 (신세계 강남점 5평)
상품 가격	• 도미빵(팥, 팥 호두, 팥 크림치즈 等) 2,000~4,000원 • 모나카(녹차,바닐라, 오리지날) 4,200원 • 팥빙수 6,000원, 팥죽 7,000원 • 기타 카페류, 유기농 티루 등 • 객단가 5,500원
C2 차별화	소형 매장으로 줄서기 메뉴 활성화

업체현황		
업체명	아저부
전개형태	N/B
	국내
런칭	2009 년
점포 수	18(직영 5개/년12억)

실면적(평)	S-강남	매장분점	정자동
	5	60	25

비고:
• 1909 日 도쿄 시내 아자부에서 시작
• 4대째 운영 중

■ 꿀타래(韓)

–꿀과 맥아당을 8일 동안 숙성하여 만든 다음 직접 손 작업으로 명주실처럼 가늘고 고운 16,384가닥 이상 꿀실로 엷아 만들어 낸 다과

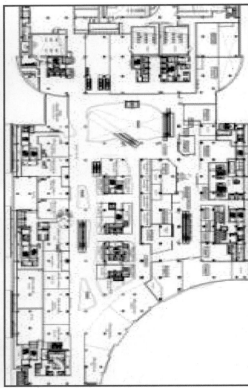

컨셉	궁중 다과음식 (자신이나 귀한 손님이 오면 대접하던 다과)
타깃	외국인 관광객, Family, 젊은 층
시설 구성	• 1평~2평으로 좌석은 없고 제조과정을 오픈
상품 가격	• 꿀타래(땅콩, 아몬드 고명) 10pcs 5,000원 • 녹차, 백년초, 초코렛타래 10pcs 7,000원 • 객단가: 선물포장용 6,500 원
C2 차별화	• 외국관광객 및 선물용 세트 집중 홍보
업체현황	
업체명	세종무드 (꿀타래)
전개형태	N/B
	국내
런칭	1989 년
점포 수	30여 개(년20억)
비고	

	인사동점	김포몰점
실면적 (평)	2	1
비고	임대 매장	수수료 매장

• 2012 년 꿀타래 사용상표권 취득
• 가맹사업 전개 / 일본 진출

■ Fun It(추억의 게임)

– 추억의 게임 컨셉으로 다양한 게임을 보유한 게임 전문점. 80~90년대 근현대 서울을 연상시키는 디자인 구성

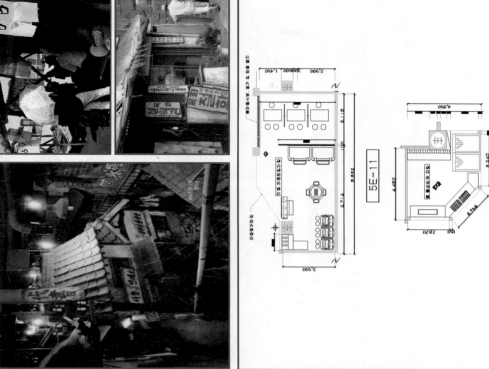

컨셉	추억의 아케이드 게임센터 + 점점
타깃	패밀리, 커플, 키즈
시설 구성	• 추억의 뽑기존 : 뽑기 게임 , 다트 카니발 • 추억의 아케이드 게임존 : 테트리스, 스트라이크 • 점점 : 전통점, 타로점(연애술사 제휴)
상품 가격	• 게임 500 ~ 2,000 원 • 점점 10,000 ~ 20,000원 • 객단가 : 2,500원 (점점 예상 불가)
C2 차별화	• 향수를 불러일으키는 게임존 + 점점 운영
	업체현황
업체명	A&A 엔터테인먼트(Fun it)
전개형태	L/C (日 Sega 한국 공식 라이선스)
	국내
런칭	2010 년
점포 수	16개 (직영 11개 / 년 38억)
비고	• 현금 비중 90% 이상 • 주 1회 입회 下 정산

실면적 (평)	구로 CGV	송파가든파이브
	130	46

■ 신정(韓)

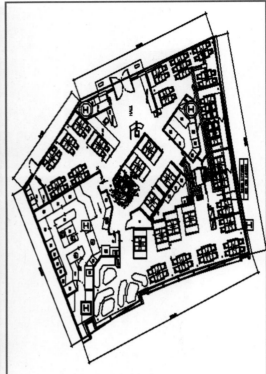

– 1963년 명동점(200석)부터 시작, 삼국시대 토렴으로부터 유래 (사브사브: 일본식, 휴커: 중국식)

컨셉	정통 샤브샤브 전문점
타깃	30~40 대 직장인, Family, 외국인 관광객
시설 구성	• 월드점: 130 석, 역삼점: 250 석, 명동점: 200 석
상품 가격	• 징기스칸 25,000원, 오리구이 46,000원 • 대표메뉴: 오리구이, 등심구이, 양갈비, 궁중전골, 징기스칸 등 (원산지 국내한우) • 객단가 45,000원
C2 차별화	• 기운영 메뉴 일부 대중 메뉴로 전환 예정
업체현황	
업체명	(주)신정 (대표 박승문)
전개형태	N/B
	국내
런칭	1963 년 (명동)
점포 수	1개(년 54억)
비고	• 한국식 샤브점(유래: 삼국시대 토렴)

실면적 (평)	역삼점	명동점
	420	170

■ Natural Soul Kitchen(韓)

– 식음공간과 식재료가 유기적으로 결합된 컨셉. 한 곳에서 먹고 즐기고 소통하는 새로운 식문화 공간

컨셉	F&B(레스토랑, 델리, 베이커리카페) + Market이 결합된 Farm to Table 복합 공간
타겟	20~30 대, Family, Couple
시설 구성	• F&B(60%) : 기본 식재료의 조리과정을 보여주는 Craft Kitchen • Market(40%) : 엄선된 상품으로 구성된 편집형 MD ex) HMR, 가공상품, 라이프스타일 잡화 等
상품 가격	• 이탈리안: 화덕피자, 파스타 • 오리엔탈: 누들&라이스 샤브: 죽석사브, 썸요리 • 카페&베이커리: 도시락, 셀러드바 • Retail: Health&Beauty / Fresh Product 신선, 와인&치즈 등 1,200여 개 품목
C2 차별화	• ECMD 최초 시험 및 적용 매장 (복합 마켓시설 입점)

업체현황		
업체명	㈜ECMD	
전개형태	N/B	
	국내	
런칭	2014 년 월드몰	
점포 수	–	
비고	• 품목원 ECMD 외식사업부 - 유기농 Grocery+레스토랑(Dining, Deli) 2007년 이태리 토리노 1호점 오픈 • 전 세계 147개점	

■ 사리원(韓)

– 황해도 사리원이 고향인 할머니의 전통 손맛을 3대째 이어가고 있는 불고기 전문점. 설탕, 조미료는 넣지 않고 12가지 종류 과일/야채로만 소스를 만듦

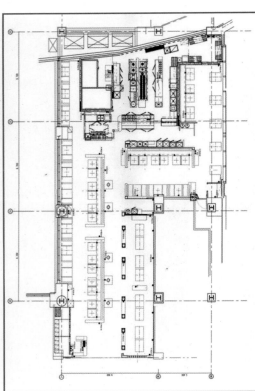

컨셉	황해도 사리원식 불고기 전문점		
타깃	직장인, Family, 외국인 관광객, 연인		
시설 구성	•도곡점: 150석, 서초점: 300석, IFC: 90석		
상품 가격	•불고기 쌈밥정식 15천원 불고기 전골 15천원 사리원 등심 33천원, 육수불고기 15천원 객단가: 35,000원 예상매출: 3억6천		
C2 차별화	•정통 불고기 전문점으로 월드몰 명소화 주력 테넌트		
업체현황			
업체명	사리원 (개인 라성윤)		
전개형태	N/B		
	국내		국외
관점	1938 년		2013 년
점포 수	5개 (년 95억)		필리핀 2호점 (졸리비 그룹)
비고	실 면적 (평)	도곡점 160 / 서초점 500	IFC 점 85
	•1938년, 황해도 → 1982 년 낙산가든 → 1992년, 도곡 개점 (사리원) •3대째 운영		

■ 봉추찜닭(韓)

- 경상북도 안동 시장골목의 찜닭 아이템을 2000년 혜화동 대학로에 1호점 오픈

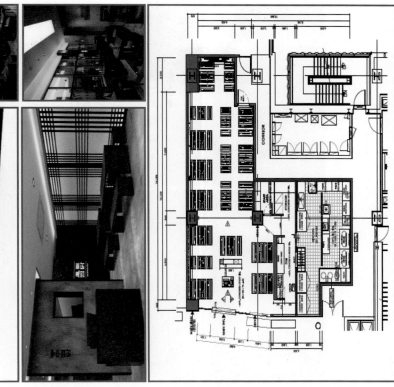

컨셉	안동 찜닭의 원조		
타깃	모든 연령대		
시설 구성	·좌석수 60석		
상품 가격	·봉추찜닭 20(소) / 28(중) / 38(대) 천원 ·사리 1,500~3,000 원 ·봉주 비빔밥 2,000원 ·예상매출 : 1억 / 객단가 :13,000원		
C2 차별화	·대규모몰 기준 직영점 최초입점		
업체현황			
업체명	(주)봉추 푸드시스템		
전개형태	N/B		
런칭	국내	국외	
	2000년	2012년	
점포 수	170 개 (직영 3개)	3개 (일본 , 중국 , 베트남)	
비고	실면적 (평)	디큐브시티점 45	센트럴시티점 20
	·해외 점포 지속적 오픈 예정		

■ 오뎅식당(韓)

- 1960년 허기숙 할머니가 53년째 부대찌개 전문점을 운영하고 있으며, 현재 손자가 3대째 가업을 이어가고 있음 (오뎅을 파는 포장마차로 시작)

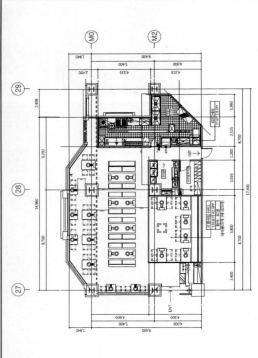

컨셉	의정부 부대찌개의 원조
타깃	20~30대 젊은 고객(관광객), 외국인
시설 구성	• 테이블 15여 개(부스 포함), 좌석수 65여 석
상품 가격	• 부대찌개 8천원 • 사리(햄, 소시지) 5천원 / 모듬사리 7천원 • 사리(치즈, 라면, 당면) 1천원
C2 차별화	• 복합 쇼핑몰 최초 입점

업체현황

업체명	오뎅식당
전개형태	N/B
	국내
런칭	1963 년
점포 수	3개(의정부)

	본점	별관	S-의정부점
실면적 (평)	40	80	50
비고	자가건물		수수료

비고
• 3대째 운영 (사장 김민우 / 손자)
• 식객(부대찌개 편) 소개됨

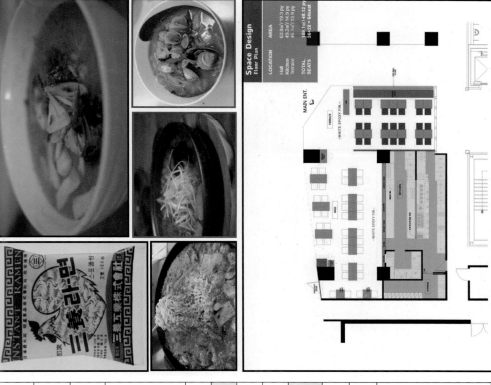

■ Lamen's / 홍면당(韓)

– 홍면당은 면을 좋아하는 사람들이 모이는 공간이라는 뜻으로, 세계 면 요리를 한국인의 입맛에 맞게 풀어낸 뉴컨셉의 브랜드임

구분	내용
컨셉	Premium 라면 요리 전문점 - 삼양식품의 역사를 접목한 '라면 요리' 전문점
타깃	20~40대 직장인, 젊은 세대
시설 구성	• 테이블 15석 / 좌석수 70여개
상품 가격	• 자돌된장라면(8斤), 해물순두부라면(7.5斤) 한우사골라면(8.5斤), 삼양도시락(7.5斤) 等 • 예상매출: 1억3천 / 객단가: 9,500원
C2 차별화	• 뉴 컨셉 런칭으로 복합 쇼핑몰 최초 입점
업체현황	
업체명	(주)홍면당 / 삼양 식품 계열사
전개형태	N/B
	국내
런칭	1961 년
점포 수	11개(년 90억)
비고	• 삼양식품에서 처음 런칭하는 브랜드 홍면당 점포 10개 / 홍면당 팔1개(중정점) • 2002 년 청담점 1호점 (현대백화점 위주 입점) (압구정, 미아, 목동 등 평균 1억~1억2천) • 2010 년 삼양 식품 인수

Space Design
Floor Plan

LOCATION	AREA
Hall	63.8㎡/19.3 py
Kitchen	49.2㎡/14.9 py
Terrace	46.1㎡/13.9 py
TOTAL SEATS	159.1㎡/48.12 py 36+28 = 64seat

■ 명동할머니국수(韓)

-1958년 명동 외환은행 본점 뒤(3평)에서 시작한 브랜드로 '고무줄가게-서서 먹는 국수집'이라고 소문이 난 전국 체인의 국수 전문점임

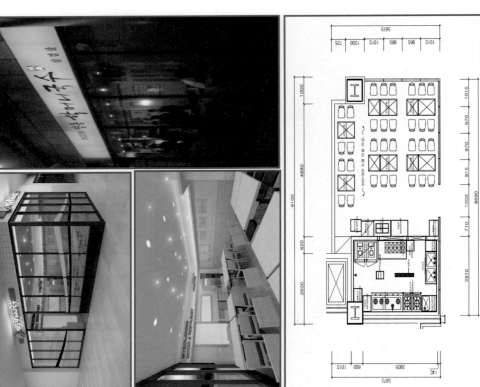

컨셉	잔치국수, 비빔국수 전문점			
타깃	20~40대 직장인, Family, 외국인 관광객(명동본점)			
시설 구성	• 좌석수 32 席			
상품 가격	• 국수류(두부국수, 비빔국수, 잔치국수 등)4~6 阡 • 밥류(김치복음밥, 오징어덮밥, 비빔밥 등) 4阡~ • 분식류(김밥, 순대, 떡복이, 라면, 쫄면 등) 2.5 阡~ *국수류 비중 50~60%, 밥류 30%, 분식류 15%			
C2 차별화	• 젊은 층 트래픽 활성화 (가격 저항 없음)			
업체명	업체현황	(주)봉원무드		
전개형태		N/B		
		국내		
런칭	1958 년			
점포 수	110개(직영 4/년간 95억)			
비고		T/S점	수원점	용산점
	실면적 (평)	18	20	20
	월매출	90백	90백	60백
	• 체류 시간 짧음 (높은 회전율) • 58년, 명동 1기, 서서 먹는 할머니국수로 시작 (3 평 → 90년 6평 → 93년 명동 할머니국수로 교체)			

■ 두란 W(韓)

– 위런(집 뒤 울타리의 안)의 강원도 방언으로 유기농 콩을 사용하여 콩 고유의 맛을 살린 두부 전문점.

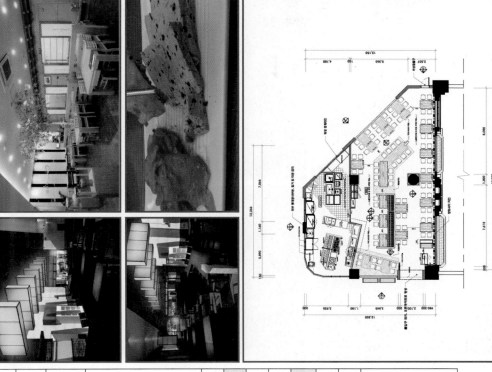

컨셉	창작 순두부 전문점
타깃	20~40 대 직장인, Family, 외국인 관광객
시설 구성	• 테이블 22개 / 좌석수 80석 (단체석 포함)
상품 가격	• 콩비지, 들깨순두부 8~8,500원 • 두란 쌈밥정식 12전원, 강원장 정식 9,000원 • 두부전골 30,000/50,000원 • 홍태구이, 곤드레돌솥밥 10,000원 • 예상매출 : 1억 5천 / 객단가 : 13,000원
C2 차별화	• 창작 두부 전문점으로 매니아층 적극 공략
업체현황	
업체명	(주)무르만을 / 대표 정인기
전개형태	N/B
	국내
런칭	1997 년
점포 수	4개(년간 24억)
비고	<table><tr><td></td><td>롯데 영등포점</td><td>현대 울산점</td><td>현대 충청점</td></tr><tr><td>실면적 (평)</td><td>50</td><td>35</td><td>45</td></tr></table> • 2005 년 롯데 百 본점 입점 • 두부마을, 풀잎채 한성, 풀잎재 두부사랑, 바베 등

■ 카페 이성당(韓)

- 전북 군산시 중앙로에 위치한 국내 현존하는 가장 오래된 빵집. 1920년대 '이즈모야'라는 화과점으로 영업해오다가 해방 이후 상호명 변경

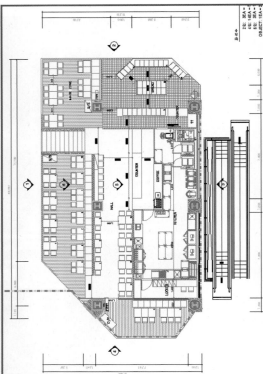

컨셉	대한민국에서 가장 오래된 빵집
타깃	모든 연령층
시설 구성	• 주 베이스 - 공급 C1 공장 / 테이블 25개 (120 여 석)
상품 가격	• 200 여종 이상, 하루 약 15,000개 판매 - 인기제품 : 앙금빵 1,200원, 야채빵, 불루빵 - 기타: 모닝세트 5,000 원, 토스트 2,500원 • 예상매출 : 2.4억 / 객단가 : 12,000 원
C2 차별화	• 복합 쇼핑몰 최초 입점(카페형 1호점)

업체현황		
업체명	(주)이성당	
전개형태	N/B	
런칭	국내	
	1945 년	
점포 수	1개 (군산, 년간 80억)	
특이사항	• 군산 직영점 (150py) 2011: 56억, 2012: 80억, 2013: 120억 • 제빵왕 김탁구의 모델로 알려짐 60% 이상 설기로 제조 • 롯데백화점 행사시 29박만 (4 일 기준 일평균) • C1 (공장포함, 63py) open 예정일 : 2014.05월 초 - 예상매출 2억 이상 예상 / 평효율 3,174 천원	

■ 미미네 떡볶이(韓)

– 젓가락이 이닌 숟가락으로 떠먹는 국물 떡볶이와 새우 머리까지 튀겨낸 떡볶이 전문점으로 한국, 일본에서 특허 획득

컨셉	국물떡볶이, 새우튀김 전문점		
타깃	10~30대, 커플고객		
시설 구성	• 테이블 15 여 개(부스, 2인용 多) 좌석 수 60 여 석		
상품 가격	• 국물 떡볶이 3,500원, 반조리 떡볶이 3~4人/9,000원 • 새우 튀김 세계 특허(한, 일, 중, 미) 직영브랜드: 미미네(새우튀김 판매) 가맹브랜드: 우리동네 미미네(새우튀김 판매X) • 예상매출: 75백만 객단가: 7,500원		
C2 차별화	• 젊은 층 대상 트래픽 활성화 기여		
업체현황			
업체명	(주)제이제이홀딩미디어		
전개형태	N/B		
런칭	국내		
	2009년		
점포 수	5개(직영2, 가맹3)		
특이사항	실면적 (평)	홍대점	디큐브시티점
		40	20
	• 세계 맛점 블로그 '더테스투랑' 선정 • (주)제이제이홀딩미디어와 프랜차이즈 업무 제휴		

펍 그릴(Pub'grill, 韓)

- 1925년 국내 최초 경양식당. 스테이크와 다양한 식, 음료를 겸비한 양식당

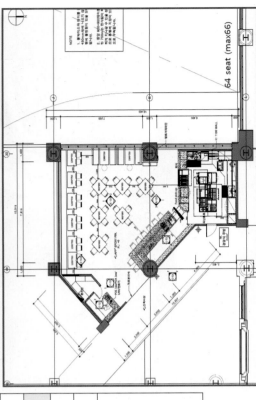

64 seat (max66)

컨셉	국내최초의 경양식당
타겟	Family, 중/장년층, 젊은 세대
시설 구성	• 테이블 12개, 좌석수 60~70석
상품 가격	• 돈까스 12 천원, 생선까스 13 천원 • 오므라이스 11천원, 해물볶음밥 12천원 • 그릴정식 20천원 • 예상매출 : 76 백만, 객단가 : 13,500 원
C2 차별화	• 복합 쇼핑몰 최초 입점

업체현황	
업체명	(쥐담 / 대표자 권오기
전개형태	N/B
	국내
런칭	1925년
점포 수	17개(년간 19억)
특이사항	• 1925년 최초 설립 - 서울프라자호텔 • 1987년 1차 이전 - 서울역 민자역사 • 2004년 2차 이전 - 서울역사 4F

실면적(평) | 본점 109평

Seoul Seoul 3080 오픈 마케팅 IDEA

[6F]

29 Street

하늘 영상 활용

전자 활용

전통 축제 사인 (롱년제)

	대상	idea
3080 컨셉 issue 化	F&B 이용고객	Photo time 이벤트 (전자 앞 photo zone 마련 / 교복, 책가방 준비) 3080컨셉 사진촬영 / 즉석인화
3080 컨셉 Issue 化	전 고객	24절기 전통 문화 사인 (롱년제, 단오제, 모내기축제外)
단체 고객 유치	10인이상 단체고객	원하는 문구, 사진 하늘영상에 성영
영화관 이용고객 유치	당일 영화표 지참고객	영화 상영전 - 게임 코인 증정 → 주역의 게임 이용 유도
관광객 유치	외국인 고객	여권 제시 외국인고객 추가 할인 또는 별도 메뉴 증정
계열사 연계	외국인 고객	유명 프랜차이즈 테넌트 (하드락카페, PF Chang's 外) 홍보 게시물 게재 – X배너, 스탠드 POP 外
계열사 연계	JTB 단체 관광객	SeoulSeolu 3080 투어를 포함하는 외국인 대상 여행 프로그램 개발

롯데월드몰 F&B

층별 F&B 계획

5~6F Theme Zone

Seoul Seoul 3080

29 Street

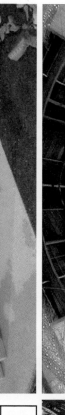

Christmas Decoration

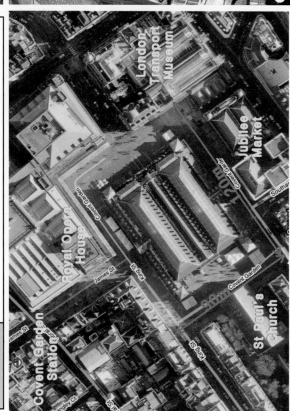

유럽 최초 Specialty S.C

Location	英 Covent Garden Area의 중심부
Open	1980 S.C로 리뉴얼 Open ← 1649 청과물 Market으로 Open
규 모	부지 3,200평(90m×120m), 건축 1,000평
방문객수	45百萬/年
운 영	Capital & Countries: 부동산 회사

3.2M

12M

3.6M

5~6F_29 Street 計劃

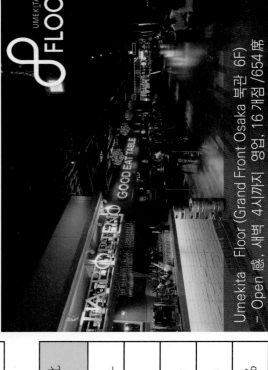

Umekita Floor (Grand Front Osaka 북관 6F)
- Open 感, 새벽 4시까지 영업, 16 개점 /654 席

컨셉	• 도심 속 오아시스: Another Prime Floor 조성
	- New Lifestyle을 제안하는 친환경 Airing Space
	- Fun & Fresh / Art & Culture
	※ Naming 의미
	- 타깃 연령층(20~30대)과 C2 단지 주소인 숫자
	"29"를 활용하여 주목력과 기억 용이성 도모
타깃	• 20~30대 Office Lady, Couple
營業時間	• 10:30~24시(일부 새벽 4시, 와인 등 주류 판매)
設計業體	• 日 노무라공예(NODE)

■ MD 構成

		店鋪數 (個)	實面積 (坪)	構成比 (%)
食飲	월드 레스토랑	12	1,049	58%
	카페 & 베이커리	5	138	8%
서비스		7	273	15%
販賣		15	359	19%
計		39	1,819	100%

5~6F_ 29 Street MD案

구분			5F MD	5F 실면적(坪)	6F MD	6F 실면적(坪)	計
식음 (147개점)	Full - Service	월드 레스토랑 (10개점)	테이스팅룸(복)	63	테이스팅룸(복)	41	878 (56%)
			PF Chang's	198	강가	48	
			갓덴스시	69	리틀사이공	52	
			코코스트레일러 & 헛	25	내츄럴 소울 키친	221	
			7브로이펍	20	온더보더	103	
					스페인클럽	38	
	Take - out	카페 & 베이커리 (4개점)	AID 카페(복)	36	AID 카페 (복)	27	130 (8%)
			빨라조델프레도	13	로이즈	18	
			풀바셋	36			
서비스 (7개점)	근린	아카데미 (1개점)	ABC 쿠킹 스튜디오	62			273 (17%)
	스파 (3개점)				더풋샵	24	
					줄리크스파	61	
					유스트스파	33	
	Beauty	헤어 (1개점)			준오헤어	61	
		플라워숍 (1개점)			소호앤노흐	16	
		네일 (1개점)			루미가넷	16	
리테일 (15개점)	화장품		종가화장품 + 룹스 + CVS	297			297(19%)
計 (367개점, 1,578평)			24개점	819	12개점	759	

■ Tasting Room(韓)

- 와인창고에서 방문객들이 와인과 음식을 즐기는 공간
- 건축가 낭뱅이 개발한 요리와 조명 디자이너 아내가 고른 와인을 함께 경험할 수 있는 공간

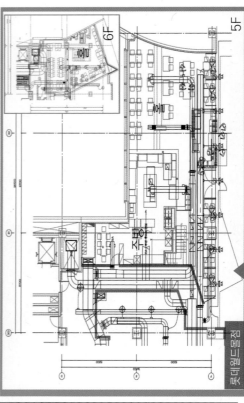

롯데월드몰점

5F
6F

컨셉	· 뮤전 이태리 비스트로 (와인과 음식을 제공하는 카페) · 실험적이고 특이한 메뉴로 인기 (섬섬샬 파스타, 꿈창 잠뱅라야)
타깃	20~30대 여성
시설구성	테이블: 60EA / 좌석 : 120 席
메뉴/가격	샐러드/애피타이저: 16~21천원 플랫브레드: 19~25천원 파스타/리조토: 18~25천원 디저트류: 6~15천원 / 와인, 음료
객단가	25~30천원
C2차별화	롯데월드몰 단독 메뉴 개발

업체현황

업체명	비안 어소시에이트
전개형태	N/B
런칭	국내 09年 5月(청담점)
매출	年 45億
점포 수	5 EA (코엑스, 압구정 갤, 로드 3)

국내의 주요매장		코엑스 (14.3.10)	갤 압구정 (13.5)	청담점 (09.5)	서래점 (12.12)	이태원점 (11.10)
	실면적(평)	130 (테라스별도)	100 (테라스 100평)	110	50	130

■ Paul Bassett(韓)

- 월드 바리스타 챔피언 "폴 바셋" 합작 브랜드
- 2003 월드바리스타 챔피언십 최연소 우승

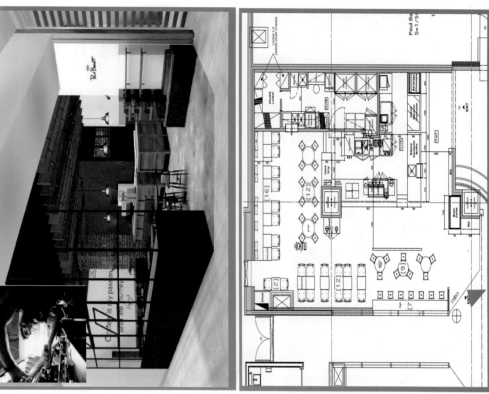

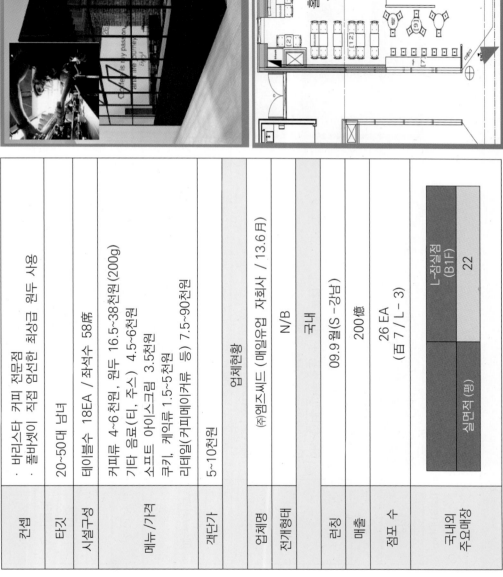

컨셉	· 바리스타 커피 전문점 · 폴바셋이 직접 엄선한 최상급 원두 사용
타깃	20~50대 남녀
시설구성	테이블수 18EA / 좌석수 58席
메뉴/가격	커피류 4~6천원, 원두 16.5~38천원(200g) 기타 음료(티, 주스) 4.5~6천원 소프트 아이스크림 3.5천원 쿠키, 케익류 1.5~5천원 리테일(커피메이커류 등) 7.5~90천원
객단가	5~10천원

업체현황	
업체명	(주)엠즈씨드 (매일유업 자회사 / 13.6月)
전개형태	N/B
런칭	국내 09.9월(S - 강남)
매출	200億
점포 수	26 EA (百 7 / L - 3)
국내외 주요매장	실면적(평)　　L-잠실점(B1F) 　　　　　　　　　22

■ AID Cafe(韓)

– Aquitecture Interior Design Cafe: 건축 인테리어 디자인 카페

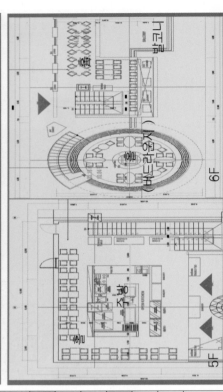

컨셉	Bakery Café + Design Gallery 복합공간 (건축가 겸 동양화가 김백선 디자이너 컨셉 매장)
타깃	20~40대 여성 / 건축 · 디자인 관계자
시설구성	· 베드라운지: Lighting 소품 + 고객 공간 · 6F: 인테리어 소품 + 고객 공간 · 5F: Library + 고객 공간 · 국내작가 150명과 컬레버레이션(단독 상품, 작품전시) · 디자인 작품 매장 사용 및 판매 병행(20~300천원) · 테이블: 34EA / 좌석: 91席
메뉴/가격	베이커리 /케익류: 2~10천원 - 佛 에이릭케제로 베이커리 (30 종류, 한화호텔&리조트) 샌드위치류: 5 ~ 20천원 요거트류 / 카페류: 5~10천원
객단가	10~15천원
업체현황	
업체명	백선디자인
전개형태	N/B
	국내
런칭	2013年 12月
매출	月 약 1억원(900천원)
점포 수	1 EA (논현점) 113평(B1F 51평 + 1F 63평)

■ ABC Cooking Studio(日)

- 일본 최다 점포 쿠킹 스튜디오

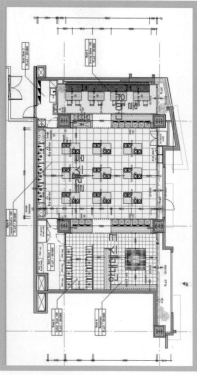

컨셉	쿠킹 스튜디오		
타깃	20~30대 오피스 레이디 / 주부		
시설구성	Class room, Dining, Locker		
프로그램	· 日 5~6회 강좌, 1회 2시간 · 1회 최대 45명 참여(적정 30명), 日250명 · 강좌비 회당 35천~40천원 예상(재료비 포함) 　- 요리(40%): 빵(40%): cake(20%) 　cf) 롯데문화센터 요리강좌 1회 19천원(재료비 포함) · 수강권: 1/6/12/24회 · 1회 최대 18명 참여		
C2차별화	· 국내 1호점 · 원격 Lesson(도쿄에서 Video 생중계 레슨)		
업체현황			
업체명	㈜ABC cooking studio 코리아		
전개형태	직진출		
		국내	국외
런칭		-	1985년
회원수		2천~3천명 목표	수강생 총 96만명(월 2천명) (정원50名 x 월85강좌 x 점유율 50%)
점포 수		-	일본 1277개 / 중국 5개점

■ 갓덴스시(日)

- "갓덴" 고객을 대접하는 마음
- 전 세계 110개점 운영(日 100개, 中 4개, 美 6개)

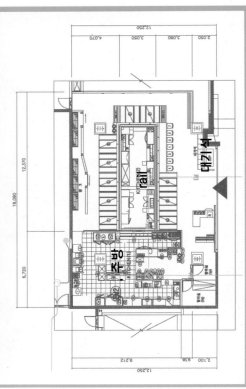

컨셉	합리적인 가격의 일본 정통 회전초밥 전문점		
타깃	20~40대 직장인, Family		
시설구성	좌석수 47석		
메뉴/가격	초밥류 : 3,800/4,700/6,200 원 튀김류 : 3,700/4,600/8,500 원		
업체현황			
업체명	(주)갓덴코리아		
전개형태	직영점		
런칭	국내	2010年 11月(강남점)	국외 1986年
매출	국내	年 32億	국외 年 156億엔
점포 수	국내	4 EA (로드샵 4)	국외 약 200 EA

국내외 주요매장	갓덴스시			스시히로바		
	강남	종로	서현	신사	김포공	L-점실
실면적(평)	109	56	160	38	40.1	52.0

■ 퀄퀄클리(대만)

- 중국어 콰이콜리를 빠르게 발음

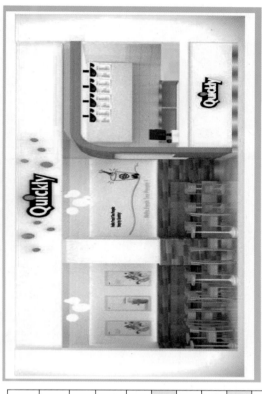
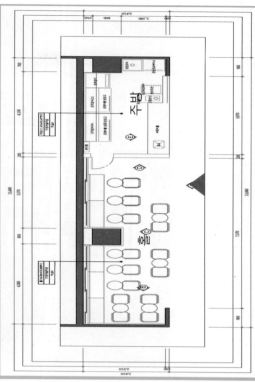

컨셉	대만 버블티 전문점
타깃	20~30대 여성, 외국인, 어린이
시설구성	테이블: 10EA / 좌석수: 20席
상품 가격	40여종 3.5~5천원
C2차별화	롯데월드몰은 인테리어 고급화

업체현황

업체명	(주)퀄클리코리아	
전개형태	L/C	
	국내	국외
런칭	2010年 2月(명동)	1992년
매출	年 15億	-
점포 수	17 EA (百 2, SM 1, 아울렛 1)	2000 여개

국내외 주요매장	타임스퀘어 (B1F)	수원 AK (B1F)	L-이천
실면적 (평)	8	5	키오스크

■ P.F.Chang´s(美)

– 창업주 폴 플레밍의 P.F.과 필립창 Chiang의 성을 따옴

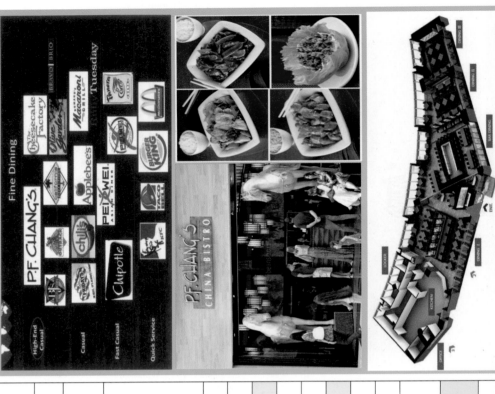

컨셉	• 美 Casual Dining Restaurant(퓨전 중식당) • 美 대표적 High –End Casual Rest.		
타깃	20~40대 직장인, Family, 외국인 관광객		
시설구성	테이블 : 68개(바 1개) / 좌석수 278席 평균좌석수 200석(125~150 평매)		
상품 가격	50여 가지 메뉴 – 닭고기, 오리고기, 쇠고기, 돼지고기, 해물요리 – 양상추쌈, 춘권, 튀김, 에그롤, 국수, 볶음밥 – 수프, 샐러드, 채식요리 주류 (매출 구성비 20%): 칵테일, 사케, 와인, 맥주		
객단가	런치 20 ~ 25천원, 디너 35 ~ 40천원		
C2 차별화	국내 1호점		
	업체현황		
업체명	ELX 애프앤비 (주) / 423億		
전개형태	L/C		
	국외		
런칭	1993년(애리조나)		
매출	–		
점포 수	204개점 (美 183개점, 기타 21개점)		
	면적 (坪)		
국내외 주요매장	200평이상		

■ COCOS Trailer & Hut(韓)

- 신규 컨셉

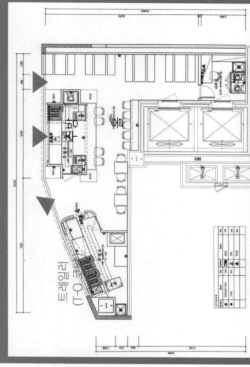

컨셉	Take-out 형식의 Asian Street Food
타겟	20~30대 젊은고객, 시네마 방문객
시설구성	테이블 / 좌석수 20席
상품 가격	누들류: 쌀국수, 볶음국수, 팟타이, 라볶이, 라멘 等 볶음밥: 비프, 치킨, 새우, 채소 等 분식류: 김밥, 교자, 소프트콘等 디저트류: 와플, 소프트콘류 음료: 소다, 과일 주스류
객단가	10천원
C2 차별화	신규 런칭 테넌트

업체현황

업체명	개인 (김정진)	
진개형태	L/C	
	국내	국외
런칭	N	N

기존 운영 점포	누들로드	냉명	포베이	AIU
컨셉	Noodle	냉면	쌀국수	커피전문점
점포수	1개 (롯-본 B1F)	1개 (롯-영 B1F)	1개 (롯-평 B1F)	1개 (롯-구리 8F)

■ 7brau Pub(韓)

- 로스팅한 보리 6가지 + 정성을 더함
- 강원도 횡성 지하 450m에서 뽑은 천연 암반수를 5마이크론, 1마이크론 필터에 두번 걸러 만든 맥주

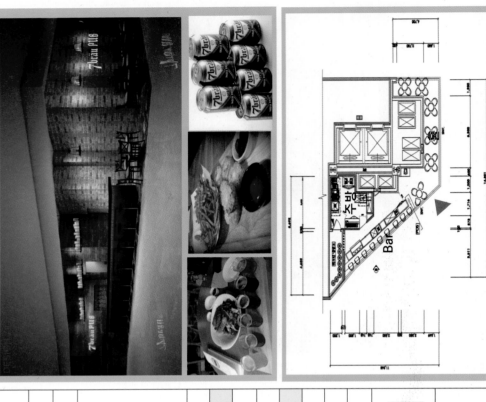

컨셉	크래프트 맥주 전문점 크래프트맥주 : 소규모 양조업체가 독립적으로 소량 생산하는 맥주				
타깃	20~40 대 직장인				
시설구성	테이블: 6개(바 1개) / 좌석: 33席				
상품 가격	세븐브로이 생맥주 8종 - 425ml 7,000원, 600ml 9,000원 - unfiltered: P.A, Philsner - Filtered: IPA, Mild ale, Fake Lager 샘플러 4잔 10천원, 6잔 15천원 타코 18천원, 플래터 30천원				
C2 차별화	맥주를 필터링하지 않은 넌필터방식 공급				
업체현황					
업체명	㈜비어원				
전개형태	N/B				
	국내				
런칭	2013 年 9月				
매출	N/B				
점포 수	2 EA(여의도점 , 강남점)				
국내외 주요매장	실면적 (평)	여의도점 (13.9)		강남점 (13.12)	
		50		140	
비고	맥주제조 일반면허 1호 취득 11년 횡성공장 설립(400 坪, 투자비 100억) 백화점 /마트 , 강남 /홍대 /이태원 식당 맥주 납품				

■ Palazzo del Fredo(이태리)

- 이태리어로 얼음궁전을 의미
- 이태리에서 가장 오래된 아이스크림 매장(130년 역사)
- 영화 로마의 휴일에서 오드리햅번이 먹었던 젤라또

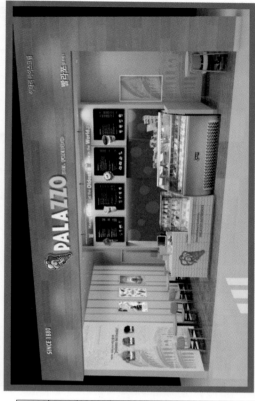

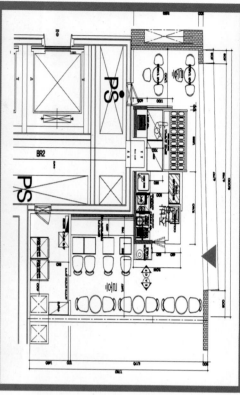

컨셉	이태리 정통 젤라또 전문점		
타겟	20~30대 여성 및 10대		
시설구성	테이블: 9EA / 좌석: 20席		
상품 가격	젤라또 (17가지 맛 3,500원~7가지맛 25,000원) 커피류 (이태리의 KIMBO 커피 사용)(3~6천원) 기타 와플(2.5~5.5천원), 빙수(5~8천원) 등		
업체현황			
업체명	(주)빨라쪼		
전개형태	L/C		
	국내		국외
런칭	2002年		1880년
매출	年 40億		-
점포 수	61 EA (直 8, 로드숍 53)		전세계 100여개국

■ On the border(美)

– 국내 최다 점포 멕시칸 레스토랑

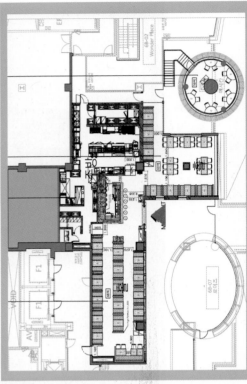

컨셉	멕시칸 음식 레스토랑				
타깃	Family, 외국인, Couple				
시설구성	테이블: 34EA / 좌석: 130席				
상품 가격	식사류 50~60 여종 - 화이타(7종): 27~33천원 - 부리또 &타코(10종): 20~26천원 - 퀘사딜야 &엔칠라다(6종): 19~25천원 음료류 200여종: 9~15천원 - 마가리타, 데낄라, 맥주, 와인, 에이드류				
C2 차별화	Pub 메뉴 강화				

업체현황

업체명	㈜제이알더블유	
전개형태	L/C	
	국내	국외
런칭	2007年 10월(신촌)	1982 년(텍사스)
매출	年 146億	-
점포 수	8 EA (百 1, SM 2, 로드숍 5)	200개점

국내외 주요매장	코엑스 (매점)	T/S (B1F)	IFC몰 (B2F)	김포몰 TGI.F	캐슬골드 TGIF
실면적(평)	154	140	151	177	166

■ Spain Club(日)

- 일본의 스페인클럽의 한국지점

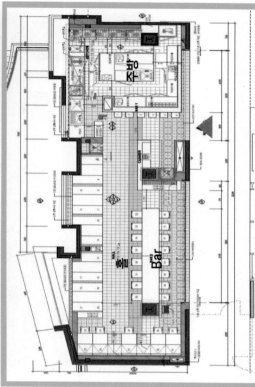

컨셉	스페인 정통 레스토랑		
타깃	20~40대 직장인, Family, Couple		
시설구성	테이블: 10EA(바 2개) / 좌석: 47席		
상품 가격	빠에야 (5종)30~35阡, 샐러드(5종) 16~20阡, 타파스(15종/핑거푸드) 5~10阡, 하몽 32阡, 냄비요리(5종) 14~20阡, 구이요리(10종) 30~40阡, 수제소시지 모듬 18阡		
C2차별화	플라밍고, 클래식기타 정기 공연		

업체현황

(주)스페인클럽

	국내	국외
업체명	L/C	
전개형태		
런칭	2009年 7月	2006년(동경)
매출	年 29億	-
점포 수	4 EA (신사, 홍대, 이태원, 해운대)	4(일본)

국내외 주요매장		신사점	홍대점	이태원점	해운대점
	실면적(평)	76	25	55	24
	비고	정통 디자인		모던 디자인	

■ Ganga(韓)

- 인도 갠지스강을 상징하는 여신
- 국내 최다 점포 인도 요리 전문점

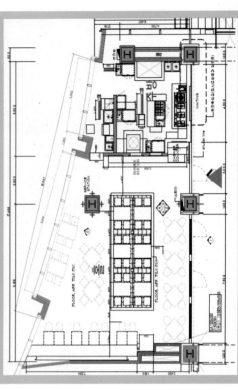

컨셉	정통 인도요리 전문점
타깃	메인: 20~30대 오피스 레이디, 외국인 서브: Young & 패밀리
시설구성	테이블: 21EA / 좌석: 70席
상품 가격	애피타이저(7종/튀김,샐러드,스프): 4 ~ 20천원 BBQ(14종/치킨,씨푸드,양): 19 ~ 56천원 커리(30종/야채,육류): 20 ~ 25천원 빵 & 라이스(12종/난, 밥): 3 ~ 17천원 음료 & 디저트: 5~9천원

업체현황	
업체명	(주)강지
전개형태	N/B
	국내
런칭	2000年 3月
매출	年 130億
점포 수	10 EA

국내외 주요매장	SFC (B2F)	삼성전자 (B1F)	여의도점 (2F)
실면적(평)	75	100	80

■ Little Saigon(韓)

- 자갓서베이 11년, 12년 맛집 선정
- 블루리본 서베이 09년~12년 맛집 선정

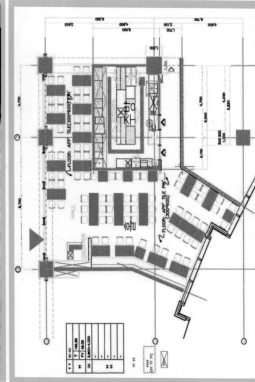

컨셉	베트남 쌀국수 전문점
타깃	저칼로리음식을 원하는 여성, Couple
시설구성	테이블: 42개 / 좌석: 81席
상품 가격	애피타이저: 6,000원 ~ 8,500원 쌀국수: 9,500원 ~ 12,500원 라이스: 10,500원 ~ 11,500원 누들: 11,000원 ~ 12,500원
업체현황	
업체명	개인(박항상)
전개형태	N/B
런칭	국내
런칭	1998年 03月(압구정)
매출	年 45億
점포 수	4 EA (압구정, 가로수점, 강남, 김포롯데물)

국내외 주요매장		압구정점	가로수길	강남점	김포물
	실면적(평)	30	30	28	30

■ California Pizza Kitchen(美)

컨셉	오픈키친, 화덕을 이용한 미국식 피자전문점
타깃	20~40 대 직장인, Family, 외국인, Couple
시설구성	도면 작업 진행 중 / 미국 본사와 협의 중
상품 가격	피자 13종: 18,900~22,900원 스파게티 9종: 16,300~17,900 원 스테이크 2종: 28,900 / 36,900원 샐러드 6종: 13,900원 ~ 17,900원 애피타이저 6종: 3,900 ~ 8,500 원

업체현황

업체명	(주)서울랜드	
전개형태	L/C	
	국내	국외
런칭	07年 12月	1985년 美 비버리힐즈
매출	年 450億	-
점포 수	5 EA (百 1, SM 1, 로드숍 3)	12개국, 250개점

국내외 주요매장		강남점	명동점	청량리 약사점	김포물 매드포갈릭
	실면적 (평)	67	130	90	117

■ ROYS(韓)

- 주사용 과일 색상인 Red, Orange, Yellow 이니셜

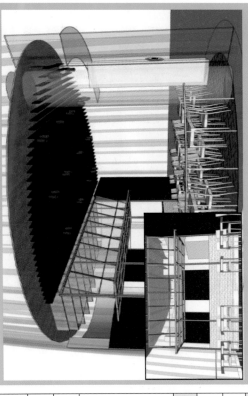
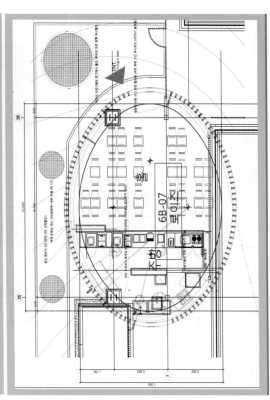

컨셉	프리미엄 생과일 음료 / 디저트 전문점
타겟	20대 ~ 50대 여성층 / 아동 ~ 청소년
시설구성	테이블: 22EA / 좌석: 44席
상품 가격	망고/레몬자스민/땅콩/밀크티 빙수(8~16천원) 망고쥬스/스무디 등 생과일 음료(4~5천원) 커피류(3.5~5.5천원) 허니브레드(6~8천원)

업체현황	
업체명	㈜아이콘즈
전개형태	N/B
런칭	국내 2012年
매출	年 11億
점포 수	2EA (무교점, 판교 아브뉴프랑점)

국내외 주요매장	실면적(평)	판교점	김포몰 잠비쥬스
		10	22

뷰티존 計劃案

■ 6F 뷰티존 位置

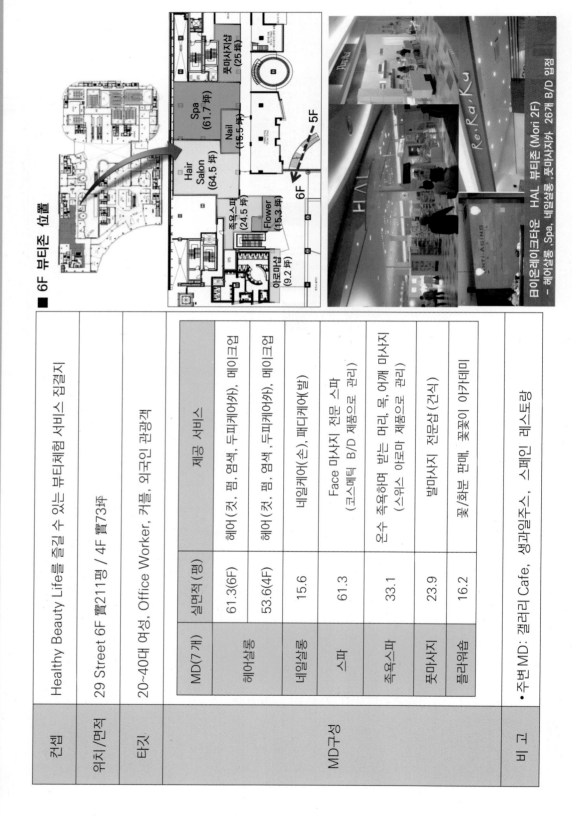

컨셉	Healthy Beauty Life를 즐길 수 있는 뷰티체험 서비스 집결지		
위치/면적	29 Street 6F 賣211평 / 4F 賣73坪		
타깃	20~40대 여성, Office Worker, 커플, 외국인 관광객		
MD구성	**MD(7개)**	**실면적(평)**	**제공 서비스**
	헤어살롱	61.3(6F)	헤어(컷, 펌, 염색, 두피케어外), 메이크업
		53.6(4F)	헤어(컷, 펌, 염색, 두피케어外), 메이크업
	네일살롱	15.6	네일케어(손), 페디케어(발)
	스파	61.3	Face 마사지 전문 스파 (코스메틱 B/D 제품으로 관리)
	족욕스파	33.1	온수 족욕하며 받는 머리, 목, 어깨 마사지 (스위스 아로마 제품으로 관리)
	풋마사지	23.9	발마사지 전문샵 (건식)
	플라워샵	16.2	꽃/화분 판매, 꽃꽂이 아카데미
비 고	• 주변MD: 갤러리 Cafe, 생과일주스, 스페인 레스토랑		

■ The Foot Shop(韓)

- 발관리 전문점

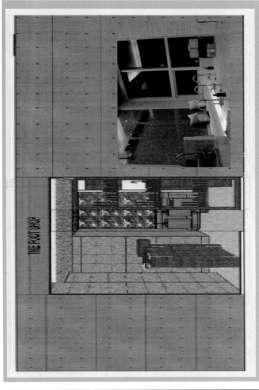

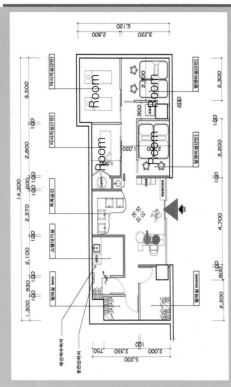

컨셉	중국 정통 발마사지 전문샵		
타깃	20~40대 직장인, 외국인 관광객		
시설구성	마사지 Bed 5개, 발체어 4개, 고객대기석, 탈의실, 직원실		
상품 가격	구분	시간	가격
	기본 풋마사지	40분	30阡원
	럭셔리 풋마사지	60분	45阡원
	등마사지 건식	40분.	30阡원
	등마사지 오일		50阡원
	전신마사지 건식	80분	55阡원
	전신마사지 오일		77阡원
C2차별화	쇼핑몰 1호점		
업체명	업체현황		
	(주)스킨에나세리스파		
전개형태	N/B		
관장	국내		
관령	2006年		
매출	年 30.5億		
점포 수	109 EA (직영 6개점, 가맹 103개점)		

국내외 주요매장	더풋샵		바디디자인	유스트스파
	잠실 러시온	이태원	IFC몰	롯데월드몰
실면적 (평)	30	50	15	34

롯데월드몰 주요 F&B 현황

F&B 주요테넌트

테넌트 입점 절차

위생관리 Key Point

시설관리 Key Point

고객 다수 방문 F&B 테넌트

두반 W

리틀사이공

오행식당

온더보더

고객 다수 방문 F&B 테넌트

폴바셋

캘리포니아 피자 키친

애비꼬

미미네

갓텐스시

후쿠오카 햄버그

서래냉면

코코로벤또

고객 다수 방문 F&B 테넌트

Bills

공차

홍루몽리

바이킹스워프

고객 다수 방문 F&B 테넌트

라멘 S

Natural Soul Kitchen

자문밖

B1F 전경

F&B차별화 요소 - 국내 最初 F&B MD

국내 最初 MD: F&B 총 78개 테넌트 中 12개 테넌트

B1F ~ 4F	SEOULSEOUL3080	29 STEET
웻즐스프레즐(美) 마리코키친(日) CONNECT TO(日) bills(호주) 반고흐카페(네덜란드) 길리안 초콜릿 카페(벨기에) 바이킹스 위프(韓)	하드록 카페 서울(美) Natural Soul Kitchen(韓) Lamen:s(韓)	ABC 쿠킹 스튜디오(日) P.F.CHANG'S(美)

CONNECT TO (한국도요타자동차)

마리코키친

웻즐스프레즐

F&B차별화 요소 - 국내 最初 F&B MD

국내 最初 MD: F&B 총 78개 테넌트 中 12개 테넌트

길리안 초콜릿 카페

반고흐카페

bills

Natural Soul Kitchen

하드록카페 서울

바이킹스워프

부록 3 롯데월드몰 주요 F&B 현황

F&B차별화 요소 - 국내 最初 F&B MD

국내 最初 MD : F&B 중 78개 테넌트 中 12개 테넌트

ABC 쿠킹 스튜디오

P.F.Chang's

Lamen:s

F&B 주요테넌트

테넌트 입점 절차

위생관리 Key Point

시설관리 Key Point

테넌트 입점 절차

개념

- Merchandise의 약자로 상품구성 및 기획을 의미하기도 하지만, 유통업계에서는 테넌트 입점과 관련된 업무를 의미 → 영업점 內 테넌트의 수시이동 및 장/단기 계약 후 입점 관련한 영업담당자로서의 전체 프로세스 관리 및 리싱협의

목적

- 영업점 內 입점 결정된 계약 테넌트의 입점 스케줄 관리를 통해 임대수익 LOSS발생 최소화
- 임/퇴점 테넌트간 시설관련 인수인계 조율 및 점사항 관리 중개로 회사 지사보조 및 원활한 입점 진행
- 임/퇴점 테넌트의 임대수료 마감, 위약금, 임대보증금반환, 사후고객 예치금 등의 명확한 처리
- 점 운영 경험을 기반으로 한 MD 구성 및 테넌트 입퇴점 관련 의견 전달 & 논의

업무 FLOW

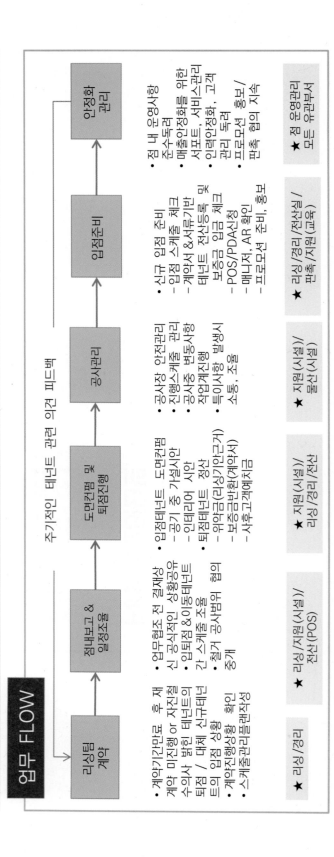

리싱팀 계약 → 점내보고 & 일정조율 → 도면컨펌 및 퇴점진행 → 공사관리 → 입점준비 → 안정화 관리

주기적인 테넌트 관련 의견 피드백

리싱팀 계약
- 계약기간만료 후 재계약 미진행 or 자진철수 의사 받은 테넌트의 퇴점 / 대체 신규테넌트의 입점 상황
- 계약진행상황 확인
- 스케줄관리를 프로세스 작성

★ 리싱/경리

점내보고 & 일정조율
- 업무협조 전 결제상 신 공사팀의 상황공유
- 입퇴점 &이동테넌트 간 스케줄 조율
- 철거 공사범위 중개

★ 리싱/지원(시설)/ 전산(POS)

도면컨펌 및 퇴점진행
- 입점테넌트 도면컨펌
 - 공기 중 가블시안
 - 인테리어 시안
- 퇴점테넌트 정산
 - 위약금(리싱기인근거)
 - 보증금반환(계약서)
 - 사후고객예치금

★ 지원(시설)/ 리싱/경리/전산

공사관리
- 공사장 안전관리
- 진행스케줄 관리
- 공사중 변동사항 작업계진행
- 특이사항 발생시 소통, 조율

★ 지원(시설)/ 물선(시설)

입점준비
- 신규 입점 준비
- 입점 스케줄 체크
- 계약서 &사류기반 테넌트 전산등록 및 보증금 입금 제크
- POS/PDA선정
- 매니저, AR 확인
- 프로모션 준비, 홍보

★ 리싱/경리/전산실(교육) 만족(시설)

안정화 관리
- 점 내 운영사항 준수독려
- 매출안정화를 위한 샤포트, 서비스관리
- 인력안정화, 고객 관리 독려
- 프로모션 홍보/ 만족 협의 지속

★ 점 운영관리 모든 유관부서

위생관리 Key Point

시설관리 Key Point

F&B 주요테넌트

테넌트 임점 절차

식중독 예방 관리

개 념

• 식중독 예방 관리는 위생사고를 사전에 예방할 수 있으며, 고객들에게 질 좋은 음식을 제공할 수 있게 도와주는 업무

목적 및 유형

• 식중독 예방 3대원칙을 영업관리자는 암기하여, F&B 테넌트도 항상 숙지할 수 있도록 함
• 당 店은 실내 환경이기 때문에, 사계절 모두 실내온도가 다소 높기 때문에 반드시 주의 必
• 식중독 예방 수칙 또한 주방 운영에 있어 기본적인 수칙이므로, 주방 담당자에게 주지시켜야 함
• 식중독 관리는 하절기뿐만 아니라 全시기 중점 관리 필요

업무 FLOW & How-to

식중독 예방 3대 원칙 → 청결의 원칙 → 신속의 원칙 → 냉각 또는 가열의 원칙 → 식중독 예방 수칙

식중독 예방 3대 원칙

• 청결의 원칙
• 신속의 원칙
• 냉각 또는 가열의 원칙

청결의 원칙
• 청결의 원칙
- 식품은 위생적으로 취급
- 세균 오염 방지 必
- 손 자주 세척 必

신속의 원칙
• 신속의 원칙
- 세균 증식 방지 식품은 신속히 사용 必
- 조리된 음식은 바로 제공하여 소진하도록 함

냉각 또는 가열의 원칙
• 조리된 음식
-5℃ 이하 또는 60℃ 이상 보관
• 냉각 또는 가열 시
-가열조리 중심부 온도는 75℃ 이상으로 조리
-냉동식품 : 냉장상태로 해동하거나 바로 조리

식중독 예방 수칙
• 재료의 유통기한 확인
• 보관 식품 사용시 70도 이상에서 3분 재가열 후 사용
• 조리 식품, 비조리 식품 분리 보관 必
• 주방도구, 식기류 자주 소독 및 건조
• 바퀴, 파리, 쥐 등 식품 등에 접근 금지

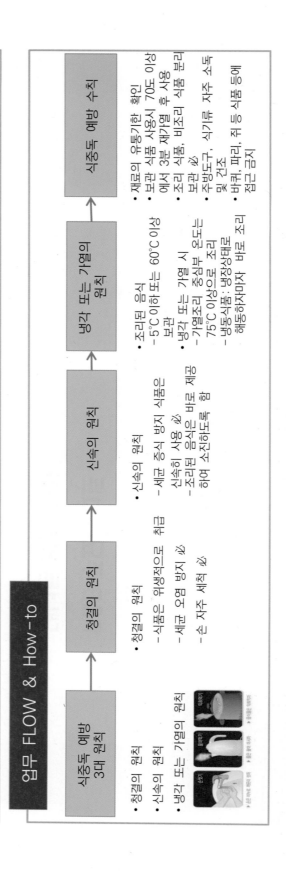

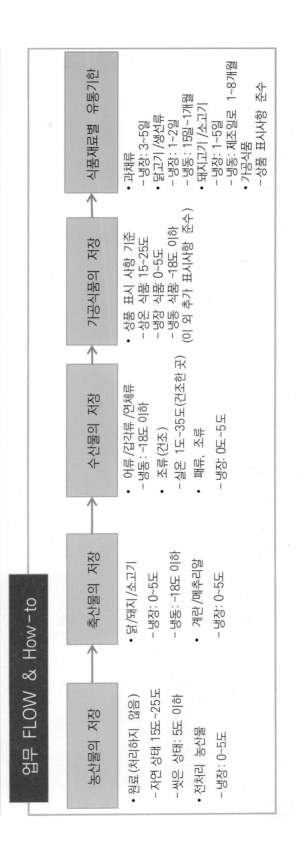

식품재료 저장온도 및 사용기한

개 념
- 다양한 식재료를 취급하는 F&B매장은 각 재료별 저장법과 온도, 사용기한을 숙지하도록 함

목적 및 유형
- 많은 식재료를 관리하는 F&B매장은 종류별로 식재료를 보관하는 방법을 숙지해야 함
- 올바르게 저장하지 않은 식재료를 사용하면, 식중독과 같은 위생사고 발생할 가능성 有
- 각 재료별 다양한 보관방법, 사용기한이 있기 때문에 영업관리자 및 주방담당자는 수시로 식재료 관리를 점검하여야 하며, 당 店 식재료 관리표를 토대로 관리 必

업무 FLOW & How-to

농산물의 저장 → 축산물의 저장 → 수산물의 저장 → 가공식품의 저장 → 식품재료별 유통기한

농산물의 저장
- 원료 (처리하지 않음)
  - 자연 상태 15도~25도
  - 씻은 상태: 5도 이하
- 전처리 농산물
  - 냉장: 0~5도

축산물의 저장
- 닭/돼지/소고기
  - 냉장: 0~5도
  - 냉동: -18도 이하
- 계란/메추리알
  - 냉장: 0~5도

수산물의 저장
- 어류/갑각류/연체류
  - 냉동: -18도 이하
- 조류 (건조)
  - 실온 1도~35도(건조한 곳)
- 패류, 조류
  - 냉장: 0~5도

가공식품의 저장
- 상품 표시 사항 기준
  - 상온: 식품 15~25도
  - 냉장: 식품 0~5도
  - 냉동: 식품 -18도 이하
  (이 외 추가 표시사항 준수)

식품재료별 유통기한
- 과채류
  - 냉장: 3~5일
  - 닭고기/생선류
  - 냉장: 1~2일
  - 냉동: 15일~17개월
- 돼지고기/소고기
  - 냉장: 1~5일
  - 냉동: 제조일로 1~8개월
- 가공식품
  - 상품 표시사항 준수

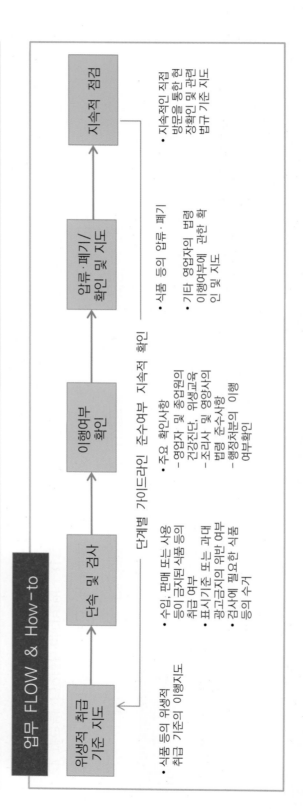

식품위생감사의 개념

개 념
- 식품위생감사원이 영업장소나 시설에 출입하여 감사하거나 식품 등을 수거·검사 하는 것

목적 및 유형
- 식품의 생산, 제조, 가공, 조리, 소비자에게 도달되어 섭취되기까지의 전 과정에 대하여 위생상 영향의 질적 향상 도모
- 식품사고는 피해범위가 매우 크며 생명이나 건강과 직결되어 있음
- 감시방법의 분류
  - 영업시설, 원료, 제조공정 등 확인조사 후 기준에 적합 여부 판단
  - 식품 등을 수거하여 성분규격 검사

업무 FLOW & How-to

위생적 취급 기준 지도 → 단속 및 검사 → 이행여부 확인 → 압류·폐기/확인 및 지도 → 지속적 점검

─── 단계별 가이드라인 준수여부 지속적 확인 ───

위생적 취급 기준 지도
- 식품 등의 위생적 취급 기준의 이행지도

단속 및 검사
- 수입, 판매 또는 사용 등이 금지된 식품 등의 취급 여부
- 표시기준 또는 과대광고지의 위반 여부
- 검사에 필요한 식품 등의 수거

이행여부 확인
- 주요 확인사항
  - 영업자 및 종업원의 건강진단, 위생교육
  - 조리사 및 영양사의 법령 준수사항
  - 행정처분의 이행 여부확인

압류·폐기/확인 및 지도
- 식품 등의 압류·폐기
- 기타 영업자의 법령 이행여부에 관한 확인 및 지도

지속적 점검
- 지속적인 직접 방문을 통한 현장확인 및 관련 법규 기준 지도

관련법규(기준 및 규격)

개 념

• 식품접객업소(집단급식소 포함)의 조리식품'이란 유통판매 목적이 아니고, 조리 등의 방법으로 손님에게 직접 제공하는 모든 음식물(음료수, 생맥주 등 포함)을 의미

목적 및 유형

• 접객업 행정 처분 유형
1) 식중독균 검출기준을 위반한 경우 조리식품 등 또는 접객용 음용수의 경우 적발 시 영업정지에 처한다. (영업정지기간은 1회 1개월, 2회 3개월, 3회는 영업허가취소 또는 영업소 폐쇄. 조리기구의 경우 1회는 시정명령이나 2회, 3회 적발 시 각각 영업정지 7일, 15일)
2) 산가, 과산화가, 대장균, 대장균군, 일반세균의 기준 위반 시 조리식품 등 또는 접객용 음용수의 경우 1~3회 적발 시 15일, 1개월, 3개월, 조리기구의 경우 1회는 시정명령, 2회, 3회는 영업정지 7일 15일

업무 FLOW & How-to

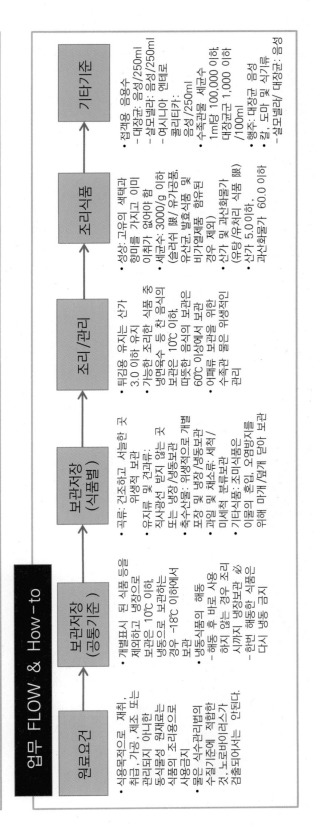

원료요건 → 보관저장(공통기준) → 보관저장(식품별) → 조리/관리 → 조리식품 → 기타기준

원료요건
• 식용목적으로 채취, 취급, 가공, 제조 또는 관리되지 아니한 동식물성 원재료는 식품의 조리용으로 사용금지
• 물은 수수관리법의 수질기준에 적합한 것, 노로바이러스가 검출되어서는 안된다.

보관저장(공통기준)
• 개별표시 된 식품 등을 개별표시 제외하고 냉장으로 보관은 10℃ 이하, 냉동으로 보관하는 경우 -18℃ 이하에서 보관
• 냉동식품이 해동 - 해동 후 바로 사용 하지 않는 경우 조리 시까지 냉장보관 必
- 한번 해동한 식품은 다시 냉동 금지

보관저장(식품별)
• 곡류: 건조하고 서늘한 곳 위생적 보관
• 유지류 및 건과류: 직사광선 받지 않는 곳 또는 냉장/냉동보관
• 축수산물: 위생적으로 개별 포장 및 냉장/냉동보관
• 과일 및 채소류: 세척/미세척 분류보관
• 기타식품: 조리식품은 이물의 혼입, 오염방지를 위해 마개/덮개 닫아 보관

조리/관리
• 튀김옹 유지는 산가 3.0 이하 유지
• 가능한 조리한 식품 중 냉면육수 등 찬 음식의 냉면수는 10℃ 이하, 보관은 따뜻한 음식의 보관은 60℃ 이상에서 보관
• 이때류 보관을 위한 수축판 물은 위생적인 관리

조리식품
• 성상: 고유의 색택과 향미를 가지고 이미이취가 없어야 함
• 세균수: 3000/g 이하 (슬러쉬 등 유가공품, 유산균, 발효식품 및 비가열제품 함수된 경우 제외)
• 산가 및 과산화물기 (유탕/유처리 식품 限) - 산가 5.0이하, 과산화물가 60.0 이하

기타기준
• 접객용 음용수 - 대장균: 음성/250ml - 살모넬라: 음성/250ml
• 야시니야 콜리티카: 음성/250ml
• 수축관물 세균수 1m당 100,000 이하, 대장균수 1,000 이하/100ml
• 향수: 대장균 음성, 살모넬라/대장균: 음성 / 강, 도마 및 식기류

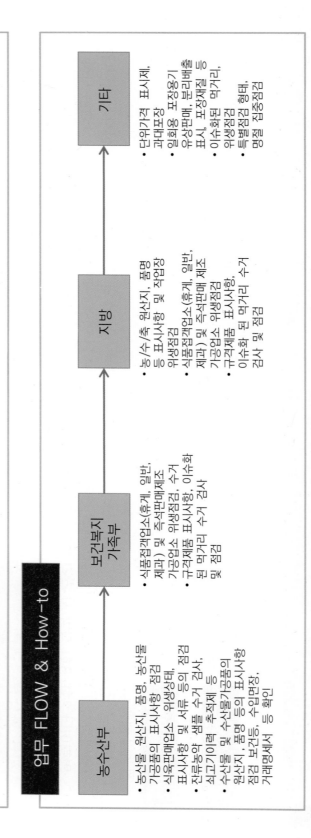

식품 위생 감시원의 역할

개 념

• 출입권한이 부여되어 공장, 사무실 등 기타 유사한 장소에 출입하여 영업상 사용/판매목적의 식품, 용기, 서류 등을 조사 및 제품 수거, 압류 폐기할 수 있는 사람

목적 및 유형

• 소비자식품 위생감시원(소비자단체 등 전문인력)
- 지방식약청장 / 시·도지사(시·군·구청장)이 임명
- 식품위생감시원의 기능보강
- 수거지원 및 검사의뢰
- 불법위반행위의 신고 및 자료제공
- 식품위생에 대한 홍보, 계몽 등

업무 FLOW & How-to

농수산부 → 보건복지가족부 → 지방 → 기타

농수산부
• 농산물 원산지, 품명, 농산물 가공품의 표시사항 점검
• 식육판매업소 위생상태, 표시사항 및 서류 등의 점검
• 전류농약 샘플 수거 검사, 쇠고기이력 추적제 등
• 수산물 및 수산물가공품의 원산지, 품명 등의 표시사항 점검, 보건증, 수입연장, 거래명세서 등 확인

보건복지가족부
• 식품접객업소(휴게, 일반, 제과) 및 즉석판매제조 가공업소 위생점검, 수거
• 규격제품 표시사항, 이슈화 된 먹거리 수거 검사 및 점검

지방
• 농/수/축 원산지, 품명 등 표시사항 및 작업장 위생점검
• 식품접객업소(휴게, 일반, 제과) 및 즉석판매 제조 가공업소 및 위생점검
• 규격제품 표시사항, 이슈화 된 먹거리 수거 검사 및 점검

기타
• 단위가격 표시제, 과대포장
• 일회용 포장용기
• 유사판매, 분리배출 표시, 포장재질 막거리 등
• 이슈화된 막거리, 위생점검
• 특별점검 형태, 명절 집중점검

식품 감사원 방문 시 대처 요령

개 념

- 식품감사원 방문 시 지적사항을 최소화하기 위한 업무 프로세스 공유

목적 및 유형

- 식품감사원 방문 시 테넌트, 위생사, 영업팀이 신속하게 대응하여 지적사항 최소화
- 당 점의 경우 송파구청, 서울시, 중앙연구소, 시민단체 등 여러 기관들의 점검 多
- 일반적으로 관공서 등의 수거검사 시 샘플링 절차는 검사 목적, 계획 및 수거지에 따라 상이할 수 있으므로 수거자의 요구를 최대한 협조적 자세로 수용

업무 FLOW & How-to

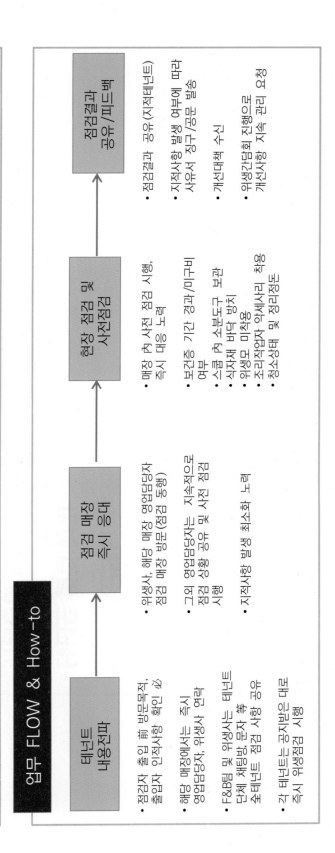

테넌트 내용전파
- 점검자 출입 前 방문목적, 출입자 인적사항 확인 必
- 해당 매장에서는 즉시 영업담당자, 위생사 연락
- F&B팀 및 위생사는 테넌트 단체 채팅방 문자 等 全테넌트 점검 사항 공유
- 각 테넌트는 공지받은 대로 즉시 위생점검 시행

점검 매장 즉시 응대
- 위생사, 해당 매장 영업담당자 점검 매장 방문 (점검 동행)
- 그외 영업담당자는 지속적으로 점검 상황 공유 및 사전 점검 시행
- 지적사항 발생 최소화 노력

현장 점검 및 사전점검
- 매장 內 사전 점검 시행, 즉시 대응 노력
- 보건증 기간 경과/미구비 여부
- 스콥 內 소분도구 보관
- 식자재 바닥 방치
- 위생모 미착용
- 조리작업자 악세사리 착용
- 청소상태 및 정리정돈

점검결과 공유/피드백
- 점검결과 공유 (지적테넌트)
- 지적사항 발생 여부에 따라 사유서 청구/공문 발송
- 개선대책 수신
- 위생간담회 진행으로 개선사항 지속 관리 요청

시설관리 Key Point

F&B 주요테넌트

테넌트 입점 절차

위생관리 Key Point

소방점검관련 사항

개 념
• 테넌트의 매장관리 및 상주직원들의 안전사고에 대비할 수 있는 능력 및 지식 습득

목적 및 유형
• 서울시, 송파소방서, 그룹정책본부 안전팀, 물산 방재팀, 지원/시설팀등 각종 소방관련 점검사항에 대비
• 테넌트 자체적으로 실시할 수 있는 소방관련 사항들을 사전에 안전사고에 대비하기 위함
• 화재/안전사고 발생시 대처요령 및 사후처리요령에 대해 숙지하고 행동화 할 수 있는 능력을 구비
  - 소화기, 소화전, 소방포 사용법 및 사용요령 실습 및 교육(주 2회)
• 전기/소방/위험물질/안전/기타 분야의 유사·반복 지적사항을 방지하고 자율안전 체크리스트 작성실시

업무 FLOW & How-to

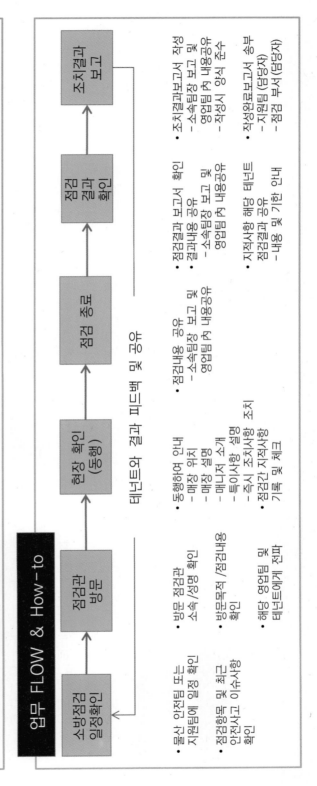

소방점검 일정확인 → 점검관 방문 → 현장 확인 (동행) → 점검 종료 → 점검 결과 확인 → 조치결과 보고

• 물산 안전팀 또는 지원팀에 일정확인
• 점검항목 및 최근 안전사고 이슈사항 확인

• 방문 점검관 소속/성명 확인
• 방문목적/점검내용 확인
• 해당 영업팀 및 테넌트에게 전파

테넌트와 결과 피드백 및 공유

• 동행하여 안내
  - 매장 위치
  - 매장 설명
• 매니저 소개
• 특이사항 설명
• 즉시 조치사항 조치
• 점검간 지적사항 기록 및 체크

• 점검내용 공유
  - 소속팀장 보고 및 영업팀 內 내용공유

• 점검결과 보고서 확인
• 결과내용 공유
  - 소속팀장 보고 및 영업팀 內 내용공유
• 지적사항 해당 테넌트 점검결과 공유
  - 내용 및 기한 안내

• 조치결과보고서 작성 및 소속팀장 보고 및 영업팀 內 내용공유
  - 작성시 양식 준수
• 작성완료보고서 송부
  - 지점팀 (담당자)
  - 점검 부서 (담당자)

시설물 관리

개 념

- 안전한 시설물 관리를 통해 사고예방 및 쾌적한 쇼핑공간 조성

목적 및 유형

- 전용부, 공용부의 개념을 이해하고 테넌트별 매장 및 시설물 관리 방법 숙달을 목표로 함
- 매장별 특성에 따른 관리 방법(홀/주방)과 시설물 기준을 이해하고 적용하여 쾌적한 쇼핑공간을 조성
- 쇼핑몰 안전실태점검간 지적사항 조치를 통해 시설물을 개선하고 안전위해요소를 사전에 제거함
- 쇼핑몰 화재예방 반입금지 품목을 이해하고 창고관리 지침을 숙지하여 안전사고를 예방함
- 자율안전 체크리스트, 최종퇴실자 점검표의 점검항목을 정확히 이해하고 자체적으로 점검하기 위함

업무 FLOW & How-to

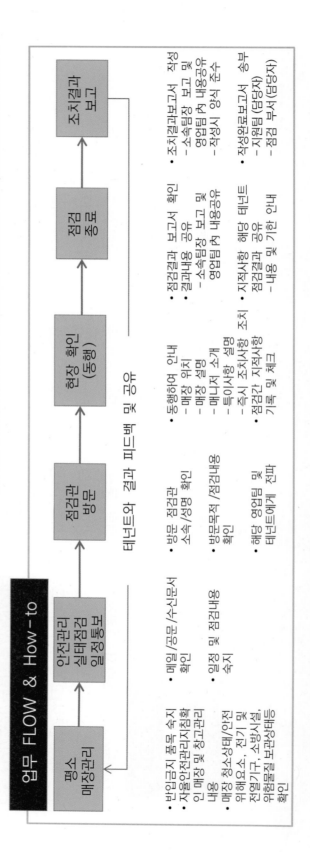

평소 매장관리 → 안전관리 실태점검 일정통보 → 점검관 방문 → 현장 확인(동행) → 점검 종료 → 조치결과 보고

테넌트와 결과 피드백 및 공유

평소 매장관리
- 반입금지 품목 숙지
- 자율안전관리지침에 의매장 및 창고관리
- 인매장 및 창고관리 내용
- 매장 청소상태/안전 위해요소, 전기 및 전열기구, 소방시설, 위험물질 보관상태등 확인

안전관리 실태점검 일정통보
- 메일/공문/수선문서 확인
- 일정 및 점검내용 숙지

점검관 방문
- 방문 점검관 소속/성명 확인
- 방문목적/점검내용 확인
- 해당 영업팀 및 테넌트에게 전파

현장 확인(동행)
- 동행하여 안내
  - 매장 위치
  - 매장 설명
  - 매니저 소개
  - 특이사항 설명
  - 즉시 조치사항 조치
- 점검간 지적사항 기록 및 체크

점검 종료
- 점검결과 보고서 확인
- 결과내용 공유
  - 소속팀장 보고 및 영업팀 內 내용공유

조치결과 보고
- 지적사항 해당 테넌트 점검결과 공유
  - 내용 및 기한 안내
- 조치결과보고서 작성
  - 소속팀장 보고 및 영업팀 內 내용공유
  - 작성시 양식 준수
- 작성완료보고서 송부
  - 지점팀 (담당자)
  - 점검 부서 (담당자)

저자소개

고려대 경영학 박사
現) 을지대학교 식품산업외식학과 교수
을지대학교 취창업지원센터장
사)한국소비문화학회 이사
사)한국유통과학회 편집이사
사)한국조리학회 편집이사
서울주택도시공사(SH공사) 자문위원
중소기업진흥공단 GMD(글로벌 시장개척 전문기업) 평가위원
성남산업진흥원 소공인전문전시회 심사위원
前)롯데쇼핑㈜인사, 마케팅, 경영기획, 경영전략, 마스터플랜, MD팀장, 롯데자산개발㈜롯데월드타워MD, 리징
　　수석부장, 롯데그룹주면접관

외식경영학개론

초판발행	2018년 9월 10일
지은이	차성수
펴낸이	안종만
편 집	배근하
기획/마케팅	임재무
표지디자인	김연서
제 작	우인도·고철민
펴낸곳	(주) 박영사
	서울특별시 종로구 새문안로3길 36, 1601
	등록 1959.3.11. 제300-1959-1호(倫)
전 화	02)733 – 6771
f a x	02)736 – 4818
e-mail	pys@pybook.co.kr
homepage	www.pybook.co.kr
ISBN	979-11-303-0583-7 93320

정 가   36,000원